U0139716

让 我 们 一 起 追 寻

痞子

Ben Macintyre

SAS
THE AUTHORIZED WARTIME HISTORY
ROGUE HEROES

第二次世界大战
期间的
特种空勤团

英雄

〔英〕本·麦金泰尔 著

朱叶娜 高鑫 译

社会科学文献出版社
SOCIAL SCIENCES ACADEMIC PRESS (CHINA)

本书获誉

《华盛顿邮报》（*The Washington Post*）和美国国家公共广播电台（NPR）"2016 年度十佳图书"

"这是迄今为止关于二战中英国特种空勤团最好的一本书——研究无懈可击，讲述精彩绝伦。"

——安东尼·比弗（Antony Beevor），

《诺曼底登陆》（*D-Day*）和

《保卫斯大林格勒》（*Stalingrad*）作者

"没有人能如此戏剧性地、权威性地、极具洞察力地描绘一个有关欺骗和诡计的故事。"

——《每日邮报》（*Daily Mail*）

"麦金泰尔同时盛赞和颠覆了间谍活动的神话，并且对荒谬有着敏锐的洞察。"

——马尔科姆·格拉德威尔（Malcolm Gladwell）

"麦金泰尔用记者的勤奋和洞察力，以及天生的讲故事的人的潇洒气质来写作。"

——约翰·班维尔（John Banville），《海》（*The Sea*）和

《无法企及》（*The Untouchable*）作者

"本·麦金泰尔扣人心弦的新书《痞子英雄》讲述的是二战时期英国特种空勤团的建立，读起来就像是《十二金刚》（*The Dirty Dozen*）和《胜利大逃亡》（*The Great Escape*）的混搭，另外再加上一点《十一罗汉》（*Ocean's 11*）……麦金泰尔对这些人进行了犀利的狄更斯式的刻画，并在此展示了他的一贯天赋，即创造出一种流畅悠长的电影叙事……麦金泰尔巧妙地用细节来说明他笔下英雄的勇敢、活力和顽强毅力……扣人心弦地讲述了特种空勤团早期的故事。"

——角谷美智子（Michiko Kakutani），

《纽约时报》（*New York Times*）

"《痞子英雄》是一本关于人类冒险、耐力和成就的精彩故事，生动展现了一群非凡人物……极富技巧，才华横溢，讲述了一个引人入胜的勇敢者的故事。"

——《华尔街日报》（*Wall Street Journal*）

"［一段］引人入胜的新历史……麦金泰尔又写了一本好书……即便是小角色都充满了生命力……这就是书评中我要找的地方，我应该在这里找到一些争议点、一些纰漏、一些史实错误、一些缺点。抱歉让你失望了，事实是麦金泰尔又写了一本好书。正如'什么什么上尉'可能会说的那样，这是一本很好的书。"

——《华盛顿邮报》

"《痞子英雄》是一部惊心动魄的传奇，扣人心弦，充满勇敢者和英雄……这本书的众多优点之一……就是书中插入了令人惊讶的小旁白，这些微小的事实赋予了本书深度和勇气。"

　　　　　　　——《波士顿环球报》（*The Boston Globe*）

"《痞子英雄》是这个故事最好最完整的版本……一个非常愉快、有趣的故事。"

　　　　　　　——《纽约时报书评》（*New York Times Book Review*）

"麦金泰尔这部受权史（如果说不是官方史）的一个显著特点就是，他在保持边缘叙事的同时，对戏剧效果保持了冷静。这些壮举给人一种真实的感觉……要捕捉到可怕的情况，并通过那样一种方式提炼出来，让那些从没有想过黑暗中的狙击手在哪里的人能体验到，这绝非易事。"

　　　　　　　——《基督教科学箴言报》（*Christian Science Monitor*）

"［这部］有趣的二战历史书会让你在深夜辗转反侧。"

　　　　　　　——《佛罗里达时代联合报》（*Florida Times-Union*）

"《痞子英雄》为一场重要战斗提供了一个内部视角。"

　　　　　　　——《加尔维斯顿每日新闻》（*Galveston Daily News*）

"在这本引人入胜的书中，麦金泰尔展示了他作为记者和作家的高超技巧，带领读者进入一个早已过去但仍令人恐惧的世界，让读者了解真正的战争是什么样子。"

　　　　　　　——《华盛顿时报》（*The Washington Times*）

"［一本］写得很好很全面的历史书……麦金泰尔前所未有地使用特种空勤团的官方记录，还有回忆录、日记和对少数幸存老兵的访谈，记录了二战中该团的主要行动、关键人物、成功和失败。他生动地捕捉到特种空勤团士兵的勇敢和无畏，以及他们在敌后数百英里作战的领导能力……麦金泰尔提供了一段扎实的历史记载和愉快的阅读体验，它将吸引那些对军事历史感兴趣的读者和那些喜欢真实冒险故事的读者。"

——《出版人周刊》（*Publishers Weekly*）

"这是一个精彩的故事，讲述了'无与伦比的勇气和聪明才智，其间夹杂着极度无能、原始野蛮和令人动容的人性弱点'。"

——《科克斯书评》（*Kirkus Reviews*）星级评论

"一部精彩叙述……作者提供了生动的信息……这个故事将回应我们在马库斯·鲁特埃勒（Marcus Luttrell）的《孤独的幸存者》（*Lone Survivor*）和马克·博登（Mark Bowden）的《黑鹰坠落》（*Black Hawk Down*）中听到的未来几代特种部队的声音。麦金泰尔精湛的叙事技巧突出了这些勇士的勇气。"

——《图书馆杂志》（*Library Journal*）星级评论

"对战时勇敢行为的杰出研究。这是一个充满危险的引人入胜的故事：粉身碎骨的空投、对纳粹机场可怕的夜间突袭、嘶嘶作响的引信、呼啸的吉普车里的逃生、痛苦的沙漠行军、与绝望的德国人在冰冻森林相遇，以及最后可能以手雷出现而告终的疯狂豪饮。"

——《每日电讯报》(*Daily Telegraph*)

"才华横溢。特种空勤团仍然是同类中最优秀的，他们是如何实现这一目标的，这确实是一个充满异国情调的传奇故事。没有人能比麦金泰尔讲得更好了。"

——《旗帜晚报》(*Evening Standard*)

"跟随着特种空勤团从它早期的北非日子到战争结束。整个故事中贯穿着令人难以置信的英雄主义，其中的威猛、勇气、友情和忍耐力比维克斯机枪扫射出的子弹还要威力巨大。研究仔细。麦金泰尔以一种任何惊悚作家都会为之自豪的方式，写了一个迷人的主题。作为一部军事史著作，它既透彻又极具娱乐性。如何高度赞扬它都不会过分。"

——《每日快报》(*Daily Express*)

"一个令人耳目一新的故事，讲述二战期间戴着巴拉克拉法帽的沉默杀手团的起源故事。麦金泰尔对怪癖有着奇妙的洞察力，故事中充满着非凡人物。有时，你会感受到不止一丝沃德豪斯（P. G. Wodehouse）或者伊夫林·沃（Evelyn Waugh）的气息。"

——《旗帜晚报》(*Evening Standard*)（年度最佳书籍）

"激动人心。本·麦金泰尔是个理想叙述者。"

——《旁观者报》(*Spectator*)

"麦金泰尔很有才华。一本关于战时冒险的好书。"

——理查德·奥韦里（Richard Overy），

《卫报》（*The Guardian*）

"麦金泰尔是一位让人心跳加速的大师，他讲述了许多关于勇气和胆量的故事。"

——托尼·伦内尔（Tony Rennell），

《每日邮报》

"本·麦金泰尔对特种空勤团在北非以及之后的意大利、法国和德国的报道非常精彩，既有扣人心弦的战斗故事，又有对单个士兵战前的恐惧以及他们对这种恐惧的反应的描述。英国的军事万神殿里到处都是不屈不挠的英雄。亨利五世在阿金库尔的兄弟连、滑铁卢的红衣军、罗克渡口的捍卫者，以及在古斯格林冲锋的伞兵们都是支持特种空勤团的传统的一部分。这本书解释了原因。"

——《泰晤士报》（*The Times*）

"可读性很强。麦金泰尔有力地讲述了特种空勤团的非凡故事。"

——《苏格兰人报》（*Scotsman*）

"迷人、有趣、深刻、深思熟虑。麦金泰尔绘声绘色地讲述了特种空勤团早年的故事。"

——《星期日邮报》（*Mail on Sunday*）

"我们都得从某处而来。《痞子英雄》让我们一窥特种部队的世界是如何开始的。这是一个伟大的视角，让我们看到一群痞子英雄如何改变了战争的潮流，并为我们其他人开辟了道路。"

——马库斯·鲁特埃勒，

前美国海军海豹突击队队员，

《孤独的幸存者》一书作者

"浅显易懂而又具有权威性。讲述了巨大的冒险和大胆的故事，但也讲述了更直接的军事史。这本书有很多优点，但也许它最大的优点就是发人深省。"

——劳伦斯·里斯（Laurence Rees），

《二战：紧闭的门后》（*World War II Behind Closed Doors*）

本书获誉

《华盛顿邮报》（*The Washington Post*）和美国国家公共广播电台（NPR）"2016 年度十佳图书"

"这是迄今为止关于二战中英国特种空勤团最好的一本书——研究无懈可击，讲述精彩绝伦。"

——安东尼·比弗（Antony Beevor），

《诺曼底登陆》（*D-Day*）和

《保卫斯大林格勒》（*Stalingrad*）作者

"没有人能如此戏剧性地、权威性地、极具洞察力地描绘一个有关欺骗和诡计的故事。"

——《每日邮报》（*Daily Mail*）

"麦金泰尔同时盛赞和颠覆了间谍活动的神话，并且对荒谬有着敏锐的洞察。"

——马尔科姆·格拉德威尔（Malcolm Gladwell）

"麦金泰尔用记者的勤奋和洞察力，以及天生的讲故事的人的潇洒气质来写作。"

——约翰·班维尔（John Banville），《海》（*The Sea*）和

《无法企及》（*The Untouchable*）作者

"本·麦金泰尔扣人心弦的新书《痞子英雄》讲述的是二战时期英国特种空勤团的建立，读起来就像是《十二金刚》（*The Dirty Dozen*）和《胜利大逃亡》（*The Great Escape*）的混搭，另外再加上一点《十一罗汉》（*Ocean's 11*）……麦金泰尔对这些人进行了犀利的狄更斯式的刻画，并在此展示了他的一贯天赋，即创造出一种流畅悠长的电影叙事……麦金泰尔巧妙地用细节来说明他笔下英雄的勇敢、活力和顽强毅力……扣人心弦地讲述了特种空勤团早期的故事。"

——角谷美智子（Michiko Kakutani），

《纽约时报》（*New York Times*）

"《痞子英雄》是一本关于人类冒险、耐力和成就的精彩故事，生动展现了一群非凡人物……极富技巧，才华横溢，讲述了一个引人入胜的勇敢者的故事。"

——《华尔街日报》（*Wall Street Journal*）

"［一段］引人入胜的新历史……麦金泰尔又写了一本好书……即便是小角色都充满了生命力……这就是书评中我要找的地方，我应该在这里找到一些争议点、一些纰漏、一些史实错误、一些缺点。抱歉让你失望了，事实是麦金泰尔又写了一本好书。正如'什么什么上尉'可能会说的那样，这是一本很好的书。"

——《华盛顿邮报》

"《痞子英雄》是一部惊心动魄的传奇，扣人心弦，充满勇敢者和英雄……这本书的众多优点之一……就是书中

你"杰出的刽子手呵"——但别吃惊，

这是莎翁的话，用得恰如其分，

战争本来就是砍头和割气管，

除非它的事业有正义来批准。①

拜伦（Byron）勋爵,《唐璜》（*Don Juan*）

---

① 译文引自查良铮译《唐璜》，载《穆旦译文集》第 2 卷，人民文学出版社，2005，第 94~95 页。——译者注

目　录

图片版权说明 ……………………………………… 001

序 ………………………………………………… 001

前　言 …………………………………………… 001

资料来源说明 …………………………………… 001

引子　夜幕降临 ……………………………… 001

第一部分　沙漠之战

1　富有冒险精神的军人 ……………………… 005

2　L分队 …………………………………… 017

3　新兵 ……………………………………… 028

4　进入沙漠 ………………………………… 051

5　沙漠远程突击队 ………………………… 062

6　恶魔之国 ………………………………… 068

7　一群幽灵 ………………………………… 081

8　闪电战车 ………………………………… 091

9　班加西的床和早餐 ……………………… 107

10　七个机场 ……………………………… 123

11　西迪哈尼什大破坏 …………………… 144

12　沙漠医生 ……………………………… 160

13　非常、非常疯狂 ……………………… 174

14　阿拉曼 ………………………………… 188

第二部分 欧洲战争

15 意大利 …………………………………………… 213

16 "布尔巴斯克特行动" …………………………… 235

17 "胡恩斯沃斯行动" ……………………………… 250

18 以牙还牙 ………………………………………… 266

19 帕迪·麦金蒂的山羊 …………………………… 280

20 风险偏好 ………………………………………… 290

21 盟军营 …………………………………………… 306

22 进入第三帝国 …………………………………… 319

23 解放 ……………………………………………… 335

24 勇者幸存 ………………………………………… 344

战后生活 …………………………………………… 353

战时特种空勤团行动 ……………………………… 361

特种空勤团荣誉名册 ……………………………… 368

部分参考文献 ……………………………………… 379

致 谢 ……………………………………………… 381

索 引 ……………………………………………… 383

图片版权说明

我们已竭尽全力联系所有版权持有者。出版商如注意到遗漏或委托错误，将乐于在以后的版本中予以改正。

除非另有说明，所有照片均来自特种空勤团协会档案。每张照片的具体版权情况请见彩插部分。

特种空勤团协会

　　创始人：大卫·斯特林（David Stirling，已故）上校，荣获杰出服役勋章、大英帝国勋章官佐勋章

　　赞助人：斯利姆（Slim）子爵，荣获大英帝国勋章官佐勋章，副郡尉

序

　　关于二战期间特种空勤团（Special Air Service，SAS）的　
起源和初期活动已经有许多著作，大多各有千秋。

　　然而这本书是第一次根据我们自己的二战日志、相关人员的个人记录，以及从未公开过的档案资料撰写而成的特种空勤团早期的完整故事。本·麦金泰尔讲述了一个扣人心弦的故事，讲述该团在诺曼底登陆日到达法国之前，穿越北非、西西里岛和意大利，最后深入德国腹地，将特种空勤团的吉普巡逻队带到波罗的海沿岸的故事。我于 1952 年加入特种空勤团第 22 团（22 SAS），有幸在 1967 年至 1969 年年底指挥该团。我很幸运地认识了大卫·斯特林和许多原型人物，比如乔治·杰利科（George Jellicoe）、大卫·萨瑟兰（David Sutherland）、帕特·莱利（Pat Riley）和吉姆·阿尔蒙兹（Jim Almonds）。

　　我相信作者在捕捉行动的大胆之处和梳理其中古怪的不同个性方面做得很出色；在早期行动中，他们相互联系并协同作战，这是该团成功的关键所在。

　　战争的阴暗面不容忽视，在战争的最后几个月，战斗变得更血腥更绝望，而本·麦金泰尔也没有回避探究这对所有人的影响。事件也被置于更广泛的欧洲战争战略背景之下。这一点很重要，因为他意识到特种空勤团的核心精神以及实际上它的作用和影响都是战略性的。直至今天仍是这样。

xii　　第二次世界大战期间，特种空勤团成为世界各地其他特种部队的蓝本。这是特种空勤团认可的首部历史著述。这是一本非常好的书，而且因为它的真实而更加迷人。

John Slim

约翰·斯利姆

特种空勤团协会赞助人

前　言

就像战争本身一样，战场上的勇气有许多种形式。这本书
展现了一种异于此前的战争风格、一种出人意料的英雄类型，
以及一种不同寻常的勇气。

特种空勤团开创了一种战斗形式，这种战斗形式后来成为
现代战争的核心组成部分。它最初是一支小型突袭部队，但后
来成长为战争中最强大的突击队，也是世界各地特种部队尤其
是美国的三角洲特种部队（US Delta Force）和海豹突击队
（Navy SEALs）的原型。

然而在整个二战期间以及那之后的许多年里，这个特种兵
团的活动都是被严格保密的。这本书讲述了特种空勤团的起源
和在战争中的进化，我写作时前所未有地充分参考了特种空勤
团协会档案——这是一座令人震惊的未经公开的丰富的资料宝
库，其中包括绝密报告、备忘录、私人日记、信件、回忆录、
地图和数以百计迄今未公开的照片。

最重要的一种资料就是特种空勤团的战争日志。这是一份
非同寻常的原始文件汇编，由一名特种空勤团军官于1945年
收集而成，装订为单独一本500多页的皮革册子。在那之后的
70年中，它被秘密地保存在特种空勤团的档案里。

这是一段得到认可的历史，但并非官方历史；在写作的各
个阶段，我都得到了特种空勤团协会的慷慨援助，但书中表达

的观点全都来自我个人，而非该团中的任何人。这不是一部通史。即便能够写作一部通史，它也将变得枯燥难懂。限于篇幅，为了保持连续性，我选择把重心放在关键人物和事件上；有很多人在该团的早期阶段发挥了重要作用，但没有出现在本书中；为避免重复，我还省略了少数重大行动和大量小型行动。相比法国、希腊和比利时的类似情况，我更突出了特种空勤团的英国特点。特别是特种舟艇中队（后来成为特种舟艇部队，SBS）和特种空勤团一起出现，但是这两支部队在1943年分开，基本走上了各自独立发展的道路。因此海军特种部队的战争故事（尽管很了不起）在这本书中并不突出。这并不是一本专业军事史，而是一本写给普通读者的书，我也尽量削减了有关军衔、部队编号、勋章的授予和其他对叙述无关紧要的军事细节。书的最后列出了一份完整的战时特种空勤团行动清单和各团的荣誉名册。

关于特种空勤团已经有很多作品。有些很棒，但它们通常会重点描述一个人，因此就淡化了其他人的影响；有些则转而描绘了圣徒的形象。很多书都过于"肌肉发达"，倾向于强调男子气概而牺牲了客观性，身体上的强壮超过了心理上的毅力，这是该组织最初形成时的特点。虽然战时特种空勤团的很多成员都展现出过人品质，但他们也是人：有缺陷，有时很残忍，也有可能犯下惊人的错误。特种空勤团成了一个传说，但是真实的故事中包含了黑暗和光明，悲剧和邪恶与英雄主义并存：这个故事讲述的是无与伦比的勇敢和机智，其间穿插着无能为力的时刻、残酷无情和令人动容的人性弱点。

成立之初，特种空勤团是一个实验，英国军队中许多思想传统的军官并不欢迎它。在敌后插入一小队训练有素的人员针对重要目标进行特殊行动的这种理念与所有公认的对称战争概念背道而驰，根据后者，军队要在一个明确的战场上面对面交战。特种空勤团最初是一支英国部队，于 1941 年在北非沙漠组建，吸引了来自世界各地的战士：美国人、加拿大人、爱尔兰人、犹太人（来自巴勒斯坦）、法国人、比利时人、丹麦人和希腊人。这个团一开始规模很小，但在三年里迅速扩张。

一些杰出的战士在之后的时间里短暂亮相，但是有几个人一直在特种空勤团里战斗，从特种空勤团成立到战争结束，从利比亚沙漠到意大利海岸再到法国山区直到德国腹地。新兵们往往都不寻常到古怪的地步，他们不容易进入正规军的行列，不合群也不受欢迎，他们有一种转变战争的本能，很少遵循惯例，他们既是士兵，又是间谍，他们是痞子战士。正如一位前特种空勤团官员所说，他们曾经属于"公立学校和监狱里的底层"。要想在特种空勤团取得成功需要一种特殊心态，而本书在某种程度上，试图去确定那些难以捉摸的性格和个性特质。 xv

战争结束时，特种空勤团被解散，因为人们错误地认定这样的特种部队不再有存在的必要。自那之后，特种部队在现代战争中发挥的作用日益重要。

1947 年，英国政府将特种空勤团重组为一支长期存在、深入敌后的突击部队。特种空勤团从未证实或否认参与过自那以后的任何行动：根据国防部信息披露政策规定，该团的战后活动不在本书考察的范围内，因此也就没有包含在下文中。

特种空勤团采用的技术在过去的 70 年中已经彻底改变，但其本质自 1941 年以来几乎没有改变：执行常规部队无法执行的机密和高度危险的任务的精锐部队。

美国国防部部长最近描述了特种部队在打击"伊斯兰国"（ISIS）任务中发挥的作用，"伊斯兰国"是伊斯兰宗教极端主义分子在伊拉克、叙利亚和利比亚（又一次）建立的自封的哈里发政权，特种空勤团的故事就是在 75 年前从那里开始的："我们还有很长的路要走……你不知道晚上谁会从窗户进来。我们想要［'伊斯兰国'］所有领导人和追随者都能有这种感觉。"特种空勤团的创始人大卫·斯特林也会认可这一对特种部队作用的定义并报以掌声。今天，特种部队的部署比以往任何时候都更加广泛和有效。

特种空勤团投身于二战期间最艰难任务的最前线，给敌军造成了巨大的物质损失和心理伤害。在沙漠中，特种空勤团突击队破坏了一队队的飞机，吓坏了隆美尔的军队，进行了至关重要的间谍活动，制造了一个神话；在意大利，他们带头发动了盟军的进攻行动；为了支持诺曼底登陆，他们空降到被占领的法国开展游击行动，帮助扭转了战争局势。他们用鲜血和心智付出了沉重代价。地狱般的战争引起的幻觉与同志情谊带来的快乐、毁灭时的快感和白白牺牲时的恐惧回荡在书页之中。

勇敢有时会以意想不到的形式出现，而且出现在远离战场的地方。特种空勤团的战时史是一个惊心动魄的冒险故事，但在接下来的内容中，我还试图探索秘密的、非常规战争的心理，一种在历史关键时刻的特殊心态，以及普通人面对特殊战时环境时的反应。

这是一本关于勇气的意义的书。

资料来源说明

本书的大部分资料来自特种空勤团协会档案，其中最重要
的是战争日志。我还要感谢那些在我之前探索这个团的历史的
人，尤其是加文·莫蒂默（Gavin Mortimer）、戈登·史蒂文斯
（Gordon Stevens）、马丁·摩根（Martin Morgan）、艾伦·霍
（Alan Hoe）、戴米恩·刘易斯（Damien Lewis）、洛娜·艾尔
蒙兹·韦德米尔（Lorna Almonds Windmill）、斯图尔德·麦克
林（Stewart McClean）、弗吉尼亚·考尔斯（Virginia Cowles）、
哈米什·罗斯（Hamish Ross）、保罗·麦丘（Paul McCue）、
约翰·刘易斯（John Lewes）、安东尼·肯普（Anthony
Kemp）、马丁·狄龙（Martin Dillon）、迈克尔·阿什
（Michael Asher）以及很多人。非常庆幸，那些有先见之明的
历史学家，在一切为时已晚之前将参与者的记忆记录在纸上、
电影上或者录音带上，我很幸运能够使用这些记录。如今特种
空勤团的战时老兵只剩下寥寥几人，而我和迈克·萨德勒
（Mike Sadler）、基思·基尔比（Keith Kilby）及爱德华·汤姆
斯（Edward Toms）一起谈论过去，度过了许多快乐的时光。
前特种空勤团情报官员罗伯特·麦克里迪（Robert McCready）
的家人亲切分享了他的战时日记和其他物品。阿奇·斯特林
（Archie Stirling）慷慨准许我探究大卫·斯特林的文件。除了
档案中未发表的一手资料外，几位曾经的战士，包括马尔科

姆·劳埃德·欧文（Malcolm Lloyd Owen）、罗伊·克洛斯
（Roy Close）、菲茨罗伊·麦克林（Fitzroy MacLean）和罗伊·
法兰（Roy Farran）出版的战后回忆录中也载有许多有价值的
资料。

引子　夜幕降临

1941 年 11 月的一个夜晚，5 架老旧的布里斯托孟买运输
机在埃及海岸的巴古什（Bagush）机场跑道上缓缓滑行，随
后飞入渐渐变暗的地中海雾霭。每架飞机上都搭载了 11 个英
国空降兵，总共大约 55 名士兵，几乎是这支全新的、实验性
的、高度机密的作战部队的全部力量："特种空勤旅 L 分队"，
即特种空勤团。

当飞机轰隆作响地飞向西北时，开始起风了，伴随着电闪
雷鸣，预示着一场风暴即将来临。当太阳滑至沙漠地平线以下
时，机舱内的温度迅速下降，随即变得非常寒冷。

首次亮相的特种空勤团正在执行它的第一个任务。这个代
号为"占领者行动"（Operation Squatter）的任务如下：他们
要在夜里空降到敌后的利比亚沙漠，步行潜入 5 个机场，在尽
可能多的德国飞机和意大利飞机上安置炸药，当炸弹爆炸后，
再向南前往沙漠深处的会合点，他们将在那里被带回安全
地带。

这些系着安全带在 18000 英尺的空中面对扑面而来的黑暗
瑟瑟发抖的人中，有一些是普通士兵，但其他人不是，其中包
括一个酒店搬运工、一个雪糕师傅、一位苏格兰贵族和一名爱
尔兰国际橄榄球选手。有些人是天生的战士，他们沉着冷静，
有几个人因战争的疯狂而变得有点神经兮兮的；大多数人在默

默中害怕，又不想表现出来。没有人敢说对他们即将要做的事情做好了充分准备，原因很简单，以前从来没有人尝试过在北非沙漠中进行夜间伞降突击。但一种特别的战友情谊已经生根发芽，这是一种混合着同样多的冷酷、狡诈、博弈和集体主义的奇特精神。在起飞前，他们被告知，着陆时受重伤的人都将被丢下。没有人觉得这种做法有什么奇怪的。

布里斯托孟买运输机起飞 2.5 小时后靠近了利比亚海岸，此时风力已经达到狂风级别。暴风雨引发的沙尘和倾盆大雨完全遮盖住了地面上的信号弹，这些信号弹是英国皇家空军（Royal Air Force）为了将飞机引导至内陆 12 英里处的空降区而发射的。飞行员甚至看不清海岸线的形状。海岸上德军的探照灯发现了来袭的飞机，高射炮发射的炮弹开始在飞机周围爆炸，发出炫目的闪光。一枚炮弹击穿了一架飞机的地板，与副油箱只差了几英寸。一名中士开了个玩笑，虽然没人能听见，但是大家都笑了。

飞行员提示说伞兵该做好跳伞准备了，但实际上，他们现在是盲飞，导航全靠臆测。首先被空投的是装有炸药、冲锋枪、弹药、食物、水、地图、毯子和医疗用品的降落伞装备筒。

随后，他们一个接着一个地跳入汹涌的暗夜。

第一部分　沙漠之战

1　富有冒险精神的军人

在"占领者行动"的 5 个月前，一名瘦高的军人躺在开 罗医院的病床上，他脾气暴躁又动弹不得。这位 25 岁的军官在 1941 年 6 月 15 日被送到苏格兰军事医院，他腰部以下全部瘫痪。陆军部在给他母亲的信中说"由于敌军的袭击，他背部撞伤"。

严格来说，这并非事实。这名受伤的军人并没有看到敌人：他从飞机上跳下来，没有戴头盔，也没有接受过适当训练，尾翼撕开了他的降落伞，这导致他以建议速度的大约两倍摔到了地面。撞击使他昏迷，脊椎严重受伤，两眼暂时失明，双腿失去知觉。医生担心他再也没法走路了。

即使在跳伞事故之前，这位军官对战争的贡献也微乎其微：他缺乏最基本的军事纪律，不能走齐队列，因为他太懒了，战友们给他起了个绰号叫"大树懒"。自从跟随英国突击队被派往埃及后，他大部分时间都在开罗的酒吧、夜总会或者在赛马场的赌博中度过。医院的护士们都已经认识他了，因为他经常在早上出现，脸色苍白、脾气暴躁，要求给他吸点氧气来缓解宿醉。在因跳伞事故被送到医院之前，他一直在接受调查，以确定他是否在装病，是否应该被送去军事法庭接受审判。他的军官同僚们觉得他很有魅力又很有趣；他的大部分上级指挥官则认为他无礼、无能，而且极度让人恼火。在完成军官培训后，他得到一个直率的评价：
"不负责任、平庸无奇。"

苏格兰近卫团的大卫·斯特林中尉并不是一个普通军人。

作家伊夫林·沃是突击队的一名军官，他在斯特林入院3
周后来看望他。沃被护士长错误地告知，斯特林的一条腿已经
被截肢，而且很可能会失去另外一条腿。"我什么都感觉不到
了"，斯特林跟他的朋友说。英国人在面对残疾时往往感到尴
尬，沃坐在床沿上滔滔不绝地进行毫无意义的闲聊，刻意回避
他朋友瘫痪的话题。然而每隔一段时间，他就会偷偷瞥一眼斯
特林剩下的那条腿应该在的地方，每当他这样做的时候，斯特
林就会非常努力地扭动他右脚的大脚趾。最后，沃才意识到自
己被耍了，用枕头打了斯特林。

"斯特林你这个混蛋，什么时候开始脚趾可以动的？"

"你来的几分钟前。需要一点儿努力，但这是个开始。"

斯特林的双腿功能正在恢复。换作其他人可能会欢呼雀
跃；然而，对斯特林而言，他康复的第一个迹象倒成了一个绝
佳机会，可以用来和英国最伟大的小说家之一恶作剧一下。

再过两个星期斯特林才能站立起来，又过了几个星期他才
能一瘸一拐地走路。他在这被迫不能活动的两个月里进行了大
量的思考，尽管他不负责任、游手好闲的名声在外，但他很擅
长思考。

这些突击队员原本是要组成英国的突击部队，他们是经过
挑选和训练的志愿者，负责对轴心国目标实施破坏性袭击。英
国首相温斯顿·丘吉尔已经决定，部署突击队员的理想战场是
北非，在那里他们可以对地中海沿岸的敌方基地进行海上
突袭。

在斯特林看来，这个想法行不通。大多数时候，突击队员都处在待命状态，等待从未下达过的发动大规模进攻的命令；他们在极少数情况下被派遣出去，但是结果令人失望。德国和意大利军队完全预料到自己会受到海上进攻，所以以逸待劳。突击队规模庞大而笨重，无法在不被发现的情况下发动攻击，即失去了突然性这一要素。

但是，斯特林想知道，如果战斗部队从相反的方向进攻会怎么样呢？南面，在埃及和利比亚之间，是大沙海，那是一片没有水的广阔而完整的沙丘，绵延 4.5 万平方英里。作为地球上最不适宜居住的环境之一，德国人认为这片沙漠实际上无法通行，是一道天然屏障，因此他们基本上没有采取保护措施，也完全没有安排人巡逻。"这是德国人没有注意到的一片海"，斯特林思考着。如果训练有素的机动部队能在黑暗的掩护下渗透到敌方的沙漠侧翼，他们就有可能在破坏机场、补给站、通信线路、铁路和公路后，再溜回沙海的空旷怀抱中。一支几百人的突击部队一次只能攻击一个目标；但是一些较小的部队，快速移动，突然袭击，然后迅速撤退，就可以同时摧毁多个目标。有机会出其不意地从背后攻击敌人，这是每个将军的梦想。北非独特的地理位置提供了这样一种可能性，斯特林心想，而彼时他正半瘫痪地躺在病床上，试图扭动脚趾。

斯特林的主意更多是一种不切实际的想法，而非基于专业知识；这个想法并没有经过长时间的思考和研究，而是源自他在康复期的极度无聊。这个想法基于直觉、想象力和自信，而不是沙漠战争经验，前者是斯特林的强项，而他对后者一无所知。

但这是一个有创造力的想法，这种想法只有像阿奇博尔德·大卫·斯特林（Archibald David Stirling）这样奇特又非凡的人才会想到。

斯特林是那种可以在战争中奋发，在和平时期却消沉的人。在他短暂的一生中，他尝试过各种职业——艺术家、建筑师、牛仔和登山家——但一事无成。他出身高贵，受过良好的教育，又足智多谋，本可以有所成就，但他在年轻的时候没有做任何有意义的事。战争成了他的救星。

斯特林家族是苏格兰最古老、最显赫的贵族之一，有着显赫的地位、悠久的军事传统并相当与众不同。大卫·斯特林的母亲是费沙氏族（Clan Fraser）族长洛瓦特勋爵（Lord Lovat）的女儿，其血统可追溯至查理二世。他的父亲阿奇博尔德·斯特林（Archibald Stirling）将军在第一次世界大战中吸入毒气受伤，曾任议会议员，退休后回到佩思郡占地 15000 英亩的基尔（Keir）庄园，那里在过去 5 个世纪一直是他们家族的居所。这位将军管理着他辽阔的土地和桀骜不驯的家族，就像某个和善的远方首领从远山上观察战场一样。大卫令人敬畏的母亲玛格丽特（Margaret）显得更威严一些：她的孩子们都敬畏她。大卫·斯特林在 1915 年出生于基尔庄园，那是一座大庄园，即便在盛夏时节也让人感觉很冷，庄园里面充满了古老的狩猎战利品、喧闹和恶作剧。斯特林夫妇把良好的礼仪传授给他们的 6 个孩子，但是除此之外很大程度上都让他们自行决定自己的生活。大卫在斯特林家的 4 个男孩中排行第二，他们从小就喜欢追踪鹿的行踪、猎兔子、打架和比赛。其中一个最受欢迎的游戏就是用气枪进行兄弟决斗：兄弟两人轮流向对方的后背乱开枪，每开一枪后都向彼此再靠近一步。

　　尽管大卫·斯特林的生活以这种斯巴达贵族的形式开始，但他并不是一个吃苦耐劳的孩子。他在 8 岁时被送到天主教寄宿学校安普尔福斯（Ampleforth），在那里染上风寒后被送回家接受了很长时间的康复治疗。他的语言障碍最终通过手术治愈。他不喜欢运动，并尽力逃避运动。他的生长速度惊人：在 17 岁的时候，他已经差不多有 6 英尺 6 英寸高了，就像根瘦长的豆芽菜。他任性、鲁莽又非常有礼貌。他被剑桥大学录取，这在很大程度上受益于他所处的社会等级。在剑桥大学，他行为不端，挥霍无度，花在纽马克特赛马场的时间比花在学习上的时间还多。"如果说生活还有严肃的一面，那我完全逃脱了"，他在后来承认。即便他曾经翻开过一本书，那么这件事也不会被记录下来。一年后，学院院长通知他，他将被开除。院长宣读了一份由 23 项应被开除的过错组成的清单，并要求他从中选择 3 项他认为"最不让他母亲生气"的。

　　大卫·斯特林决定去巴黎当一名艺术家。他没有绘画天赋，但他确实戴着贝雷帽，渴望过上放浪不羁的波希米亚式生活。有些人在他的画作中发现了"一种美与恐怖的奇特混合"。但是他的法国艺术导师并没有发现这一点，在一年半声名狼藉的左岸生活后，斯特林被告知，虽然有一天他可能会成为一名还算过得去的商业绘图师，但是他的"画永远不会有什么真正的价值"。斯特林为此深感不安：他作为艺术家的失败成了他永远的烙印，也许这也解释了他自信的外壳下始终存在的不安全感。

　　他回到剑桥大学学习建筑学，但不久后又退学了。他在爱丁堡的建筑师工作也只持续了很短的时间。现在，他的母亲介入并告诉他，他必须停止漂泊，要在有生之年做点什么。斯特林宣布他打算成为第一个登上珠穆朗玛峰的人。

斯特林的体型完全不适合攀岩，他几乎没有正式的登山经验，还有严重的眩晕症。自 1921 年来，勇敢的英国登山家们一直试图攀登世界第一高峰，数十人在尝试中丧生。攀登珠穆朗玛峰是一件耗资不菲、充满危险、条件严苛的事情，斯特林并没有资本去做这件事情，但这丝毫没有影响他要在其他有资格、有经验、资金充足的登山家失败的地方取得成功的决心。在母亲的资助下，他花了一年攀登瑞士阿尔卑斯山，然后加入了父亲所在的苏格兰近卫团补充预备役，寄希望于在军队的兼职训练可能会增强他的登山能力。他很快就脱下了军装，因为练兵场令人难以忍受的无聊使他厌恶。1938 年，年仅 23 岁的他前往美国，打算攀登落基山脉并穿越大陆分水岭。当得知英国处于战争状态时，他正在格兰德河以南，已经在一个被叫作"行乞的"罗伊·特里尔（Roy 'Panhandle' Terrill）的牛仔的陪伴下放牧了几个月——战争的准备工作似乎已经完全与他擦肩而过。他母亲拍了一份电报给他："用最省钱的方式回家。"斯特林坐头等舱飞回英国，匆匆穿回制服。

1939 年秋出现在皮尔布莱特（Pirbright）卫队补给站的大卫·斯特林是一个奇特的混合体。野心勃勃但又毫无目标；受过军人传统的熏陶，但又对军事纪律反感。表面上的充满活力掩盖了他周期性的抑郁，他极好的举止和社交能力掩盖了内心混乱的时刻。斯特林是个浪漫主义者，天生具有交友才能，但很少渴望或需要身体上的亲密关系。他似乎在巴黎学艺术时失去了童贞。和特里尔在一起时，他十分享受"一些来自墨西哥的深色皮肤的姑娘"的陪伴。但是由于天生害羞，加上严格的全男性天主教教育，他似乎害怕女人。"青春期那个完全混乱、充满罪恶感的岁月给我带来了巨大的压力"，他曾经说过。他谈到"欺负弱小的女性"；他很少的几次浪漫邂逅都被他描述为"侥幸逃脱"，好像他害怕被诱捕一样。他承认"任何形式的密切关系都是一种让我觉得很难承受的压力"。他有很多女性朋友，而且根据他的传记作者的说法，他"并不是没有被异性吸引"。然而，他似乎只有在男人堆里和"开阔空间里"才会放松下来。和很多喜好交际的人一样，他有点孤独。作为一名武僧，他渴望作战和士兵们的陪伴，但当战斗结束后，他拥抱孤独。

斯特林还怀有强烈的自信，这种信心来自他的高贵出身和无限机会。他无忧无虑，不受世俗的约束，他视规则为需要无视、打破或者以其他方式克服的麻烦事。他对社会地位比他低的人非常尊敬，对拥有任何军衔的人都毫无敬意。他非常谦虚，很反感自夸和高谈阔论："出风头"或者"浮夸"是他对人最严肃的辱骂了。他的态度举止看起来心不在焉、漫不经心，但他的专注力惊人。尽管身材不佳，学习成绩参差不齐，但他对自己的智力和体能有着坚定的信心。斯特林确实做了他想做的事，不管别人觉得他的目标是否明智，甚至是否可能。特种空勤团得以成立的部分原因在于，其创始人既没有接受上级也没有接受下属的否定。

就像斯特林对登山的后勤工作感到厌倦一样，他也觉得为战争所做的实际准备工作非常乏味。和许多年轻人一样，他渴望战斗，却发现自己被束缚在无休止的行军、装备检查、武器训练和所有其他军事生活的条条框框组成的管理体制中。他也因此不再遵守规矩了。他经常从皮尔布莱特卫队补给站溜出

11

来，到伦敦的怀特俱乐部（White's Club）去通宵喝酒、赌博和打台球；他也经常被捕，然后被关在营房里。斯特林是个惹人烦的新兵：鲁莽、懒惰，经常由于前一天晚上的狂欢而昏昏欲睡。"他非常、非常不负责任，"威利·怀特劳（Willie Whitelaw，后来的子爵）回忆道，怀特劳是皮尔布莱特的一名见习军官，"他简直不能容忍我们按着上一次大战役的路线来接受训练。他的反应就是无视一切。"

在怀特俱乐部——这家伦敦最独特的绅士俱乐部的酒吧中，斯特林第一次知道了一种士兵组织形式，那似乎更接近他想要的冒险和刺激：一支精锐的新型突击部队，旨在以最大的冲击力打击重要的敌方目标。斯特林的堂兄洛瓦特勋爵是第一批志愿加入突击队的人之一。

这支部队由罗伯特·莱科克（Robert Laycock）中校指挥，名为莱科克部队，从近卫步兵（皇家师的正规步兵）和其他步兵兵团招募1500多名志愿者组成了3个突击团，这是一支由专业、训练有素的突击队员和战士组成的精锐部队。英国的叛徒"霍霍勋爵"（Lord Haw Haw）曾为纳粹在英国广播，他将这些突击队员形容为"丘吉尔的刽子手"。

斯特林立即志愿加入这支突击部队。不久，他就随部队穿过了苏格兰西部的荒野，这里是他儿时便已熟悉的地形，并远离了他厌恶的练兵场。突击队员在阿伦岛的沼泽和蕨类植物中训练了几个星期：路线行军、徒手格斗、耐力、作战技术、导航和生存技巧。即使在这个早期阶段，其他一些志愿者也注意到了这个高个子年轻军官的一些不同之处：斯特林是天生的领导者，对自己的决定有着朴素而坚定的信念，并且很有绅士风度地坚持要求他的手下做到或者超过他的要

求。1941 年 2 月 1 日，莱科克部队奔赴中东。斯特林终于走
向战场，但留下了一屁股欠账：债务来自他的赌注登记经纪
人、裁缝、银行经理，甚至亚利桑那州的一个牛仔运动用品老
板还在找他付马鞍的钱。

莱科克部队的任务是破坏轴心国在地中海的通信线路，
并且带头攻占罗德岛。但当突击队员抵达埃及时，军事形势
已经变化了：埃尔温·隆美尔（Erwin Rommel）指挥下的德
国远征军非洲军团（Afrika Korps）抵达了昔兰尼加（利比亚
东部沿海），改变了战略格局。当时，英国正竭力对抗德国
的进攻，北非拉锯战的第一阶段战斗已经打响。最初，非洲
军团的任务是支持意大利对其北非殖民地的防御，但他们以
惊人的速度推进，将英国军队赶回埃及与利比亚的边境，并
包围了沿海城镇图卜鲁格（Tobruk）。突击队员没有猛攻罗德
岛，他们被分散部署开来，到塞浦路斯驻防，掩护克里特岛
上的撤退，加强对图卜鲁格的防御，并沿着昔兰尼加和叙利
亚海岸进行突袭。突击队对利比亚沿海城镇拜尔迪（Bardia）
的袭击收效甚微，并且有 67 名英国突击队员被俘。在 5 月派
往克里特岛掩护撤退的 800 名突击队员中，只有不到 200 人
成功逃脱，其中包括登上最后一艘船离开的伊夫林·沃。
6 月，突击队员在黎巴嫩的利塔尼河上成功建起一座桥头
堡，对抗维希政府的法国军队，但他们损失了 1/4 的进攻
部队。

斯特林感到无聊又沮丧，他随莱科克部队预备队驻扎在
埃及。他还没有在行动中开过一枪。他后来回忆说："我们
经历了一系列的延期和取消，这让人非常沮丧。"在突击队
出发之前，联合作战指挥官曾告诉他们，他们即将"开始一

项震撼世界的事业"。到此时为止，斯特林几乎没行动过。像往常一样，他在无所事事时就开始寻欢作乐了。大卫的弟弟彼得·斯特林（Peter Stirling）在英国驻开罗大使馆工作，他在花园城区舒适的外交公寓成了狂欢派对和城市奢华夜生活的场所。

13　　斯特林开始缺席训练并编造借口。他声称自己身体不好，不过这也并非完全不属实。他得了一场严重的痢疾。然后在一天晚上回来时，他被一根帐篷绳子绊了一下，划伤了一个眼球，需要缝针。斯特林发现这家美国医院特别舒适，便开始想方设法待在那里，并声称自己在发烧。"从某种意义上说，我病得很重，"他后来说，"因为一旦从前一晚在开罗玩的可怕宿醉中恢复过来，我接下来的晚上还是会出去，而晚上的娱乐活动又会让我旧病复发。"在医院护士长的提醒下，斯特林的长官开始质疑他到底有多不舒服。他因为沉迷于酒精和派对而陷入了严重的麻烦，他的这种混乱生活被一通和陆军中尉乔克·刘易斯（Jock Lewes）的谈话改变了。刘易斯是斯特林的同僚，作为突击队中的一员，他自律又焦虑，而斯特林则是放荡又漫不经心。

刘易斯告诉斯特林，他最近获得了几十顶降落伞，它们原本是为在印度执行任务的伞兵部队准备的，但是阴差阳错被运到了塞得港（Port Said），于是他就据为己有了。莱科克上校允许刘易斯在沙漠中尝试一次实验性的跳伞。斯特林问他自己是否也能去，部分是为了好玩，部分是因为知道怎么利用降落伞将在以后的行动中派上用场，但主要还是因为他太无聊了。于是两个截然不同的男人之间开始了一段重要而又难以想象的伙伴关系。

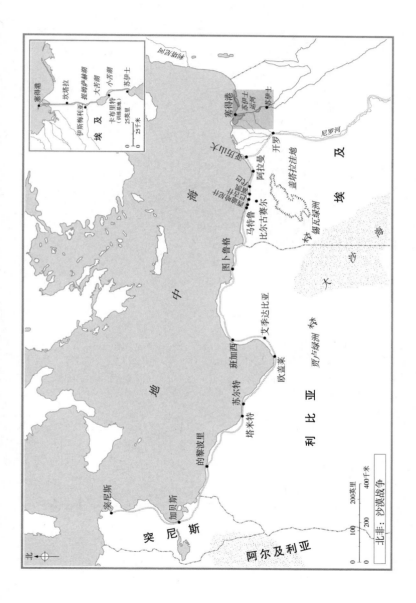

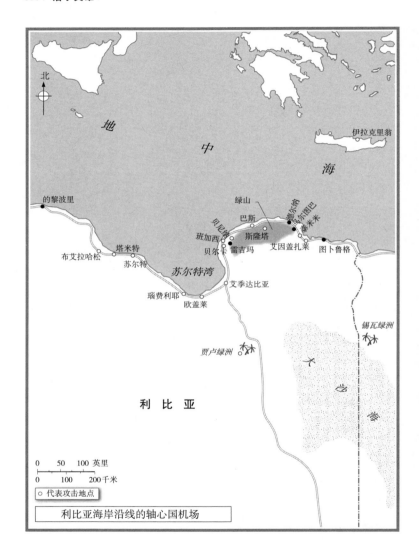

利比亚海岸沿线的轴心国机场

2　L分队

陆军中尉约翰·斯蒂尔·刘易斯（John Steele Lewes）是
一名模范军人，他性格呆板严肃，并且严格遵守纪律。他出生
在印度，父亲是英国人，母亲是澳大利亚人。他曾是牛津大学
赛艇俱乐部队长，毕业于基督教堂书院，似乎注定要从事政治
或军队上层工作。战争爆发时，他加入了威尔士近卫团，被任
命为团训练官，住在桑当赛马场（Sandown Racecourse）。在那
里，他的一名军官朋友、艺术家雷克斯·惠斯勒（Rex
Whistler）给他画了一幅肖像，画中的他坐在正面看台的台阶
上，膝盖上放着一把布伦轻机枪，看起来就像要把赛马和骑手
都干掉一样。

乔克①·刘易斯几乎完美得让人难以置信。他父亲曾对他
说"要做个了不起的人"，刘易斯也是按照这个目标去做的。
他身体强健、富有、爱国又英俊，有一双闪闪发亮的蓝眼睛，
蓄着精心打理的小道格拉斯·范朋克（Douglas Fairbanks Jr.）
式的小胡子。他的形象被登载在社会杂志上，他正在追求一位
名叫米里亚姆·巴福德（Miriam Barford）的名门闺秀，并和
她讲牺牲和努力工作的重要性。"在这个世界上，当我们欣喜
地去做那些我们最不喜欢的工作时，会比花时间做我们喜欢的

---

① "乔克"（Joke）是刘易斯的外号。——译者注

工作获得更多的价值"，他这样写道。

根据刘易斯的传记作者的描述，刘易斯性格严厉，是个工作狂，有些自负，并且对堕落有着深深的鄙视。他毫无幽默感，而且"他简朴的生活对其他人而言都有点太过头了"。"你永远不会看到乔克在开罗匆匆喝上一杯，或者在赛马场上小赌一把"，斯特林说，而他本人总是在干这两件事。

不过这两名军官都迫切希望采取行动，并且都认为突击队员没有被适当地利用起来。作为莱科克部队的后起之秀，刘易斯已经在几次行动中展示出了他的勇气和创造性，包括成功地使用机动炮艇袭击利比亚海岸艾因盖扎莱（Gazala）附近的一个敌方空军基地。德国人在征服克里特岛时使用伞兵部队给刘易斯留下了深刻印象，他认为伞兵部队对盟军未来的突击行动可能是一个有效的补充。他开始游说高层军官们允许他组建自己精心挑选的部队，并写信给家里说："已经得到了我所渴望的一支部队，并且可以用我认为最好的方式完全自由地训练和使用他们。"斯特林被他镇定的举止、高度的职业精神和经验所打动。有一种说法是，他听闻刘易斯要做的事，特意去军官餐厅找他谈。也有其他说法称，这次谈话纯属偶然。无论如何，刘易斯和斯特林的想法正在趋同。

然而，乔克·刘易斯也有外人不得而知的一面，如果斯特林知道的话可能会犹豫：刘易斯曾经与纳粹主义沾边。

在1935年的一次德国自行车之旅中，新生的第三帝国的组织和力量给刘易斯留下了深刻印象。他在给父母的信中提到，"英国并不民主，而德国也远非一个极权主义国家"。受到纳粹主义的"迷惑"，他在接下来的几年里多次前往德国，每次回家后都更为之着迷：他混迹于德国上流社会，参加了

1938年一个由希特勒和戈培尔作为荣誉客人的舞会，并爱上一个年轻的德国女人森塔·阿德里亚诺（Senta Adriano），而她是一个狂热的纳粹党员。他迷恋森塔的"坦率和真诚"，她有"金色的头发，蓝绿色的眼睛距离得当，还有精致的眉毛——没有修过"。他认为修过的眉毛是轻浮的标志。

然后就发生了碎玻璃之夜（Kristallnacht，也叫水晶之夜）事件，纳粹在德国和奥地利横冲直撞，砸抢犹太人的商店、企业和教堂。乔克·刘易斯或许在政治上很天真，但是他并不傻：1938年11月发生的这个事件激起了他内心剧烈而痛苦的改变。突然之间，他极为清楚地认识到这个他曾在政治和情感上姑息、对其做出让步的政权的本性。

"我一直想要努力保持对德国信仰的真诚，但是只有狂热的信仰才能经受得住他们决定摆在我们面前的证据，"他写道，"我发誓，我不会苟活着眼见英国在极权主义的侵略面前彻底抛弃信仰。"他与阿德里亚诺解除了婚约，几乎在一夜之间就成了纳粹主义的强烈反对者。"我愿意拿起武器对抗德国"，他写道。他觉得自己被纳粹和他所爱的法西斯女人欺骗了。"他认为这是针对他个人的谎言"；他去复仇了。

刘易斯的决心和坚定，以及他对与德国作战的全身心投入，是一个受到不忠情人背叛的人的反应，他曾犯了一个严重错误，现在需要改正过来。

当刘易斯、斯特林和另外四个人爬上一架老旧的双翼飞机进行世界上第一次沙漠跳伞时，天色已经暗下来了。对斯特林而言，这是一场短途旅游；对刘易斯而言，这是他向德国纳粹复仇的新阶段。"维克斯·瓦伦西亚"（Vickers Valentia）式飞机被租借给英国皇家空军用来运送邮件；可笑的是，它并不适

19

合用于跳伞。刘易斯挪用的降落伞被设计为用固定拉绳夹在钢索上，首尾相连：当伞兵离开飞机时，绳子会把折叠的降落伞拉出来，直至完全展开，这时一根连接线会断裂，降落伞的伞盖就会充满空气。中东地区没有跳伞教练，但是一位友善的英国皇家空军军官建议他们"像跳进水里一样跳伞"。这个团队通过从机翼上跳下来练习，那是大约 10 英尺的下落高度。为了测试，刘易斯在 800 英尺的高空抛出一个由帐篷杆和沙袋做成的假人伞兵。"降落伞正常打开了，但是帐篷杆在着陆时摔碎了。"

刘易斯和斯特林一致认为他们已经准备好了：他们将降落伞绳绑在乘客座椅的腿上，打开舱门，然后跳下飞机。飞行员从巴古什以南 50 英里的小型机场起飞，盘旋一圈后发出了跳伞信号：刘易斯和他的勤务兵第一个出发，然后是一名叫达尔西（D'Arcy）的志愿者，然后是斯特林。达尔西后来写道："我惊奇地看到斯特林中尉在空中从我身边经过。"但这还不及斯特林中尉一半的惊讶。他的降落伞卡在飞机的尾翼上，严重撕裂。意识到自己不是在跳伞，而是在坠落之后，斯特林闭上眼睛，准备迎接撞击。

斯特林恢复知觉时已经躺在苏格兰军事医院的病床上，下身瘫痪。对此，他轻描淡写地说："我有点倒霉。"

刘易斯不出所料地进行了一次完美着陆，他很感动地写了一首跳伞浪漫诗。

> 出发！就是现在！天啊！缓缓而下！
> 天风微拂，大地亦远，
> 直到被背带挽住，才回过神来。

回望苍穹，爱上头顶那片白伞盖，
那是一位被甲执锐的天使啊，
守卫着这片天空。

斯特林并没有那样的感觉。他的第一次跳伞经历极其不愉快。由于脊椎受伤，他的后半生都会遭受背痛和偏头痛的折磨。这次坠落差点要了他的命，但是让他想出了一个很好的主意。

过了8个星期斯特林才能够再次行走。在那段时间里，他收集了他能找到的所有海岸和内陆地图，记下了沿海地区的机场、公路、铁路和敌军阵地。当刘易斯去医院看望他时，斯特林提出了他的计划："我相信从沙漠侧翼让一小部分人渗透进选定的德军阵地是可能的，实际上也并不困难。我觉得我们可以通过破坏飞机、跑道和临时燃料库来降低他们的效率并挫伤他们的士气。"

以他标志性的慷慨，斯特林后来把这个计划的大部分想法归功于刘易斯。但在这个阶段，刘易斯是持怀疑态度的。伞兵如何才能携带足够的炸药来造成真正的破坏？谁会授权这样的行动？突击者如何在穿越数百英里沙漠进行攻击后逃脱？"你想过在沙漠中训练行走吗？"他如此问道。刘易斯的怀疑与其说与这个计划的可行性有关，还不如说是对斯特林本人的性格的顾虑，那个男人有着放浪不羁的名声和许多刘易斯鄙视的特征。他可能也觉得斯特林正在妨碍他自己的计划。刘易斯正要返回被包围的图卜鲁格。他们同意等他回来后再次讨论跳伞突击的想法。"如果你的想法有什么进展的话，我们再谈一次，"刘易斯起身离开的时候说，"我不抱太大希望。"

21

到 7 月中旬，斯特林已经写好了一份提案的大纲，把功劳归于刘易斯，并指出该计划"很大程度上是基于乔克的想法"。

斯特林最初的备忘录是用铅笔手写的，所以没能保存在特种空勤团的档案中。它的大纲直截了当：隆美尔沿着北非海岸向东推进，使得战局有利于这位著名的德国指挥官，但也创造了一个机会，即敌人的补给线拉长了，让沿海机场容易受到攻击。它们大多数都没有得到很好的保护，有些甚至连围墙都没有。在一个没有月光的夜晚，一小队训练有素的突击队员可以通过降落伞空投到尽可能接近敌人的机场；然后他们分成小组，每组不超过 5 人，在黑夜的掩护下潜入机场，在尽可能多的飞机上放置定时炸弹，然后撤回沙漠，他们在那里可以被沙漠远程突击队——英国侦察部队——接走，斯特林知道，这支部队能够深入沙漠深处。一个晚上就可能发动多达 30 次独立攻击。为确保安全和保密，这样的行动必须得到中东司令部总司令的批准。这支新部队将需要特殊的地位，获得军事情报，并拥有自己的隐蔽训练场地。斯特林正在提出创建"一种新型部队，最大限度地利用出其不意和诡计"。

事后来看，这个计划似乎平淡无奇。但在当时它是革命性的。

英国军队的很多中层军官都参加过第一次世界大战，并坚持一种老式、古典的战争观念：身着制服的士兵在战场上相互厮杀，然后战斗到一方取得胜利为止。到此时为止，虽然战线来回移动，但北非的战争仍遵循着这种模式。斯特林所提议的，就是越过前线，直接把战斗带进敌人的营地。在一些人看来，这不仅是前所未有的，而且有违公平，就像是在一个人朝另外一边看时揍他一样。有些人认为，在半夜三更炸毁飞机然

22

后逃跑，是破坏分子、雇佣兵和刺客干的事，不适合皇家军队的士兵。这不是他们所熟悉的战斗，也不公平。更糟糕的是，斯特林的想法对等级概念本身构成了威胁。在每一支军队中，指挥链都是神圣不可侵犯的，但是斯特林提议绕过它，只向最高指挥官，即向当时新上任的中东司令部总司令、爵士克劳德·奥钦莱克（Sir Claude Auchinleck）将军汇报。斯特林只是一个中尉，一个不起眼的中尉，他提议通过直接与最高指挥官对话以颠覆数百年来的军事传统，以便建立和指挥一支看起来可疑的私人军队。对于他上司中的传统主义者来说，这不仅仅是无礼，简直是造反。

斯特林对于他的计划如何被中东司令部的参谋人员接受并不抱幻想。他公开蔑视中层军事官僚机构，以各种不同的方式称之为"平庸之辈的共济会"以及"一层层僵化的大便"。如果要让他的想法有机会实现，他需要在任何低级别的人有机会否决该提议之前，将它直接交给最高级别的官员。如果这个提案通过正常渠道传递，那么在第一个读到它的参谋人员的桌子上它就会被毙掉。斯特林对待"僵化的大便"的激进办法和他对待前线的态度很相似：他不打算试着穿过它，而是要绕过它。他是怎么做到的，已经成为神话。

在开罗的花园城市，英国中东司令部位于被铁丝网包围的一大片被征用的公寓里。斯特林仍然挂着拐杖，一瘸一拐地来到门口，却发现两名警卫拦住了他的去路并要求他出示通行证，他当然没有。所以，一直等到警卫们全神贯注于其他事情的时候，他从篱笆的一处缺口爬了进去。当他进入大楼时，警卫们发现了被他丢弃的拐杖，然后追了上去。他拖着僵硬的腿飞快地冲上楼，冲进一间标着"副官"的房间。在那里，他发现自己面对的是一位面色尴尬的少校，而这位少校恰好是他曾经在皮尔布莱特学院的一名教官。这位高级军官记得斯特林是他最不专心的学员之一，于是迅速把他打发走："不管你有什么疯狂的想法，斯特林，忘了它……现在，滚出去。"

他在走廊里听到警卫上楼时发出的巨大声响，于是进入了隔壁房间，那正是副参谋长尼尔·里奇（Neil Ritchie）将军的房间。斯特林交出了他已经压缩成一篇短文的提议。据斯特林的说法，里奇匆匆浏览了这份建议书并且兴趣越来越大。然后他抬起头来说："这大概就是我们在找的计划。"副官被从隔壁招来，并被命令向这位年轻军官提供他所需要的一切帮助，这让副官感到既惊讶又怒不可遏。"我不喜欢你，也不喜欢这件事，"里奇走后，副官带怒气地低声对他说，"我不会帮你的。"三天后，斯特林被召回来见奥钦莱克将军。

这几乎是个完美的斯特林故事，里面混合了典型的自嘲、虚张声势和厚颜无耻，描述了一种不太可能成功的大胆行为，同时又抨击了他所鄙视的军事官僚机构。它有着完美故事的光环，在餐后闲谈中被人反复讲述。它甚至可能是真实的，或者是部分真实的。

但是，对于斯特林成功地接触高层，还有另一种更为平淡无奇的说法。奥钦莱克是斯特林家族的老朋友。里奇在基尔打过门球。两人都是苏格兰人，也都曾在第一次世界大战中与大卫的父亲阿奇博尔德·斯特林将军并肩作战。在那个年代，家庭和阶级关系非常重要：如果说有一个下级军官可以只要问一下就能见到将军，那个人就是大卫·斯特林。"我知道我可以和将军争论"，他后来说。

斯特林第二次拜访时见到了奥钦莱克和里奇将军，还有埃里克·多曼－史密斯（Eric Dorman-Smith）少将——他的一个同事认为他近乎疯狂，但他也是少数几个意识到战争随着新技术和机动化而迅速演变的高级军官之一。

三名军官仔细询问了斯特林的初步建议，专心听取了他对自己观点的阐述。 24

奥钦莱克，也就是众所周知的"海雀"（Auk），最近才接任总司令一职，承受着来自温斯顿·丘吉尔的巨大压力，后者要他对隆美尔发动反击并扭转北非战争的局势。一场大规模反攻或早（如果丘吉尔成功）或晚（如果奥钦莱克成功）会发生，而斯特林的突击队可能会在关键时刻在阻碍敌军空中力量方面发挥重要作用。解散莱科克部队的决定为可能的新部队提供了现成的人员储备库。与之前的突击队行动不同，该计划不需要使用昂贵的船只，也不需要和海军进行复杂的合作。从人力物力而言，斯特林的计划成本很低，如果成功的话还能带来可观的回报。而如果失败的话，损失的只是一些冒险家。将军们愿意倾听可能还有另一个原因。他们三人在最近的战争中都经历了激烈的战斗：多曼－史密斯在伊普尔（Ypres）赢得了军事十字勋章（Military Cross）；里奇也因为他在枪林弹雨中"冷静、勇敢和毫不畏惧"赢得了同样的奖章；奥钦莱克则在关于美索不达米亚激烈战斗的报道中被提及。三位将军可能在听这个25岁的士兵解释他打算如何通过与德国人近距离作战来帮助赢得战争时，在他身上看到了自己的影子。

会议结束时斯特林被告知他将被晋升为上尉，并被授权从莱科克部队的人员中召集一支由6名军官和60名士兵组成的部队。

这支新部队需要一个名字。它是由一位鲜为人知的军事天才起的，他在欺骗和诡计方面天赋异禀，又很喜欢戏剧化。达德利·弗兰格尔·克拉克上校（Colonel Dudley Wrangel Clarke）负责中东的战略欺骗，这是一个奇怪但至关重要的军事行动分支，致力于向敌人隐瞒真相，并以谎言代之。克拉克是第二次世界大战中最伟大的欺诈者之一：他先是在一间改装过的浴室里工作，后来又在开罗一家妓院的地下室工作，他完美运用了虚构的战斗命令、视觉欺骗、双重间谍以及错误信息来迷惑和误导敌人。他浮夸、迷人又非常有趣。他还有点古怪。1941 年 10 月，他在马德里被俘，当时穿着非常优雅的女装。这一事件从来没有得到过充分的解释，引起很多暗地里的嘲笑（西班牙警方将照片寄给了丘吉尔），但这对他的职业生涯也没有什么损害。

克拉克在中东的诡计之一就是在 1941 年 1 月策划了一个假的伞兵旅，试图愚弄意大利人，让他们担心英国可能会派空降部队协助下一次袭击。其目的是让意大利军队沉浸于加强防御，对抗不存在的威胁，夸大英国军队的实际规模，并破坏敌人的计划。这次行动的代号是"舷向"（Abeam），这支假部队被命名为"第一特种空勤旅"（First Special Air Service Brigade）。克拉克在埃及报纸上刊登假照片，显示出伞兵在沙漠中训练，在战俘营附近投下假的伞兵，让两名身穿假制服的男子假扮特种空勤团伞兵在埃及各地游荡，假装他们在跳伞时受的伤正在康复。此外，克拉克还向包括一名日本领事官员在内的已知敌方间谍提供了标识着第一特种空勤旅的虚假文件。缴获的敌方文件似乎表明，"舷向"行动起了作用，但是当克拉克得知一支真正的伞兵部队正在准备时，他感到这是一个巩固骗局的机会。克拉克认为，如果斯特林的小突击队使用同样的名字，肯

定能强化对手脑海里的想法，即一支完整的伞兵旅正在准备
行动。

斯特林欣然同意将他的部队命名为"特种空勤旅 L 分
队"。选择 L 这个字母是为了暗示已经存在 A 到 K 的分队；斯
特林后来开玩笑说，它代表"初学者"（Learner）。克拉克则
"很高兴有血有肉的伞兵替代了完全虚假的伞兵"。作为回报，
他承诺将利用自己广泛的人脉网络向外界传播斯特林正在招募
新兵的消息。

特种空勤团是作为一个更大但实际上并不存在的队伍的一
部分而成立的，事实上，这是一个奇怪而又恰如其分的开始，
一个由好运气与坏运气、错误、有着意外和人为安排的最不可
能的组合而产生的部队。

3 新兵

在特种空勤团的新兵中，没有人比乔克·刘易斯更重要，也没有人比他更难屈服，他是一位意志坚定、要求严苛的威尔士近卫团军官，他关于敌后突袭的观点反映了斯特林的想法，也在一定程度上激发了斯特林的灵感。

当斯特林在中东司令部利用个人魅力劝说将军们的时候，刘易斯已经在被包围的图卜鲁格打了一系列血腥的小规模突袭战，那里是北非战争中最活跃的、最令人不快的前线之一。这个至关重要的港口仍然掌握在英国人手中，可以通过海路到达，但其南部被德国和意大利军队包围并遭受持续不断的轰炸。

1941 年 7 月 18 日，刘易斯率部夜袭了意大利防线，袭击了被称为"双丘"的两处岩石高地。他们消灭了 50 多个敌人，刘易斯在信中兴奋地写道："用刺刀把可怜的意大利人从防御工事中挖出来，或者在他躺下的时候甩手榴弹。"刘易斯回到了自己的阵地，但又被告知要他回去抓一个俘虏——他这样做了，抓住了一个倒霉的意大利士兵，那个士兵正离开掩体去排便。刘易斯把他拖进阵地时，他的裤子还缠在脚踝上。

不适、酷热、苍蝇、极度的无聊不时被极端暴力和刺激肾上腺素的事件打断——刘易斯似乎沉迷于这种生活模式。每隔一晚，就会有一小队突击队员冒险进入无人区，穿过雷区和铁丝网。刘易斯写道："我做了大部分巡逻工作，因为沙漠溃疡、痢疾和难以形容的脏乱让其他大多数军官暂时无法工作。"他是一个孤独、刚毅的人，深受战友们的敬仰（有人写道，他是迄今为止我们当中最勇敢的人），但是他与他们距离甚远。作为一个专一的狩猎者，他几乎不需要什么战友情谊。

在6周里，斯特林去了图卜鲁格不下3次，想要说服刘易斯加入他新组建的队伍，成为第一批新兵。刘易斯既专业又自律，几乎到了不近人情的地步，而斯特林认为，这种对细节一丝不苟的关注将让他成为"开展部队训练计划的理想军官"。但是刘易斯犹豫了，拒绝了所有的请求，而斯特林也有足够的自知之明知道这是为什么："如果这只是一时幻想，那他就不想卷入其中……我想我过去遇到他时表现得有点像个乐天派。"

8月底，刘易斯因为迫切需要休息而回到埃及。斯特林看到他躺在床上，"彻底废了"，因此他无法逃脱斯特林的恳求。这与早些时候的会面截然相反，那时是斯特林无法动弹。"我真的能把他招来"，斯特林说，接着他使出浑身解数来说服刘易斯相信他的未来就在特种空勤团。最后，刘易斯崩溃了，同意合作并担任L分队的总教官和斯特林的副手。

这两个人永远不会成为亲密的朋友。"我们相处得很好"，斯特林说，这是来自一个几乎和所有人都相处得很好的人不冷不热的称赞。他们几乎没有共同之处，但他们之间的巨大差异将成为团结和力量的重要源泉。

刘易斯对L分队的首个贡献是带来了英国军队中最强悍的一些士兵，他在图卜鲁格周围的突击行动中亲眼见证了这些人的能力。第一个士兵是个美国人。

帕特·莱利（Pat Riley）中士是美国威斯康星州雷德格拉

尼特一个土生土长的糙汉，他在 20 世纪 20 年代随家人移居英国。十几岁时，他曾与父亲和祖父一起在坎布里亚矿区工作，后来他伪造出生证明和英国国籍，加入了冷溪近卫团（Coldstream Guards），这是仅次于近卫掷弹兵团（Grenadier Guards）的步兵团。莱利是个身材魁梧的男人，长着一张爱尔兰宽脸，带着愉快的笑容，他是早期新兵中最有经验的士兵之一。随莱科克部队来到中东后，他得知，作为一个美国公民，他被征召加入美国军队。他没有理睬征召文件。莱利身高超过 6 英尺，有水牛一样宽广的肩膀，散发出巨大的潜在力量和冷静气场：在面临危险时，他还会哼起牛仔歌曲。在他指挥下的年轻人会跳得比他命令的高出一倍，但还是把他看作保护者，可以瞬间得到信心。士兵们本能地跟随着他。莱科克部队解散后，莱利的一些卫队同僚问他有什么打算："他们决定无论我去哪里他们就去哪里。"在图卜鲁格，莱利听到传言说正在组建一支特别突击队，于是去找了乔克·刘易斯："我猜你们这些人正在组建一支敢死队？"

莱利还带来了另一名中士吉姆·阿尔蒙兹（Jim Almonds），他是图卜鲁格的一名老兵，在双丘突袭战中，他把一名受伤的士兵拖到了安全地带，这引起了刘易斯的注意。1932 年，18 岁的阿尔蒙兹加入了冷溪近卫团。他温柔的嗓音和彬彬有礼的举止为他赢得了"绅士吉姆"的美誉，他身上有一种老派的气质，严肃、谨慎又认真。"我从来不觉得自己做过浪子，真的"，他说。他结了婚，家中还有个尚在襁褓中的儿子，在很多方面，他都是这群人中最不狂野的。阿尔蒙兹非常务实，而且也是一个聪明又敏感的人：他的日记和信件中对早期特种空勤团生活的描述，是一个可以很好地近距离观察和理解特种空勤团的宝库。

在接下来的几年里，特种空勤团将吸引许多粗野凶狠的人，但是有莱利和阿尔蒙兹作为这支部队的基石，这两个人一点儿也不放纵：他们是年长、已婚的军士，是久经沙场的老兵，他们渴望战斗但也知道如何估计胜算，在必要时撤退，然后再次战斗。"我想不出比他们更好的人了"，刘易斯说，他建议莱利和他的战友们先去开罗休假，然后去新的 L 分队总部报到。

与此同时，斯特林也在加大自己的招募力度。在莱科克部队的残余力量中迅速传开的消息称，有不寻常的事即将发生。大多数突击队员都是为了参加战斗而报名的，所以并不缺少志愿者。斯特林很谨慎，没有透露太多，只是说："我正在组建一支部队，准备深入敌后。"这对大多数人来说都是足够的诱惑。

斯特林亲自接触了几个新兵。在苏格兰训练期间，他注意到苏格兰近卫团一个名叫约翰尼·库珀（Johnny Cooper）的士兵。库珀最让人印象深刻的是，他看上去还不到当童子军的年龄，更不用说当兵了。他出身于莱斯特的一个中产阶级家庭，曾在威格斯顿文法学校读书，在那里他最引人注目的成就是在学校话剧中扮演罗宾汉的角色，与迪基·阿滕伯勒（Dickie Attenborough）饰演的梅德·玛丽安（Maid Marian）演对手戏。战争爆发后不久，17 岁的他辞去羊毛贸易学徒的工作，贿赂了一名招募新兵的中士，以掩盖他已满 20 岁这个显而易见的谎言。库珀身材矮小，脸型瘦削，眼神锐利；他孩子气的外表掩盖了他惊人的意志力和几乎令人胆怯的韧劲。他烟酒不沾，经受住了严苛的训练，忍受着去中东途中患阿米巴痢疾的痛苦和沙漠中的单调停滞并且毫无怨言。库珀是由一种轻而坚韧的材料制成的，似乎能够承受任何压力而不弯曲。

"想干点特别的事吗？"斯特林问他。

"想。"库珀如此回答道，都没有停下来追问"特别"是指什么。他还不到 19 岁，是截至此时这支新生部队中最年轻的新兵。

斯特林重视对每个志愿者的面试。他拒绝了很多人，因为他已经对自己需要什么样的人有了一个清晰的概念。突击队员本身已经是军队中最训练有素的士兵了，但是他要找到更有深度、更罕见的一类人：能够独立思考和做出反应的人。在军队中，个性和自主并不总是受到重视。事实上，许多军官更喜欢士兵们毫无疑问甚至是毫不犹豫地执行命令。但斯特林坚持认为，这支部队不会由唯命是从的人组成："我总是支持那些可以提出异议的人。"

这些人还必须愿意近身杀人，而不仅仅是为了杀戮。"我不想要精神病人"，他说。那时，斯特林正在寻找一组不经常一起出现的品质：战士们要异常勇敢但又不乏责任感；要纪律严明但是有独立的思想；要毫无怨言、打破常规，还要在必要的时候毫不留情。那些只是想打破常规的人立刻被排除在外，斯特林认为："仅仅因为新奇而志愿做这种工作是不可取的。"他甚至将自己想要的特质列出来："勇气、健康和最大限度的决心，但同样重要的是，纪律、技能、智力和训练。"

斯特林的团队不可避免地吸引了一些与众不同的人和一些非常奇怪的人，还有少量非常危险的人。斯特林马上就会知道，有独立思想的士兵并不太容易控制。

雷格·西金斯（Reg Seekings）是个很难对付的人。作为

一名业余拳击冠军，他易怒、脾气暴躁，一只眼睛几乎失明，
不太聪明。有个历史学家曾把他比作"一条脾气暴躁的狗，
咆哮着怒目而视"。他相信所有争论都可以用拳头解决；如果
有人不同意他的意见，他就威胁要和他们打架；如果他们拒绝
打架（考虑到他体重14英石①，肌肉发达，还以右勾拳出名，
大多数人都拒绝了），他就说他们是懦夫。和大多数有攻击性
的人一样，西金斯没有安全感，部分是因为他有阅读障碍。在
不顾一切的竞争心理驱使下，他怀着一种病态的恐惧，害怕别
人发现他的不足。他对那些他认定值得尊敬的战友极其忠诚，
对其他人则不屑一顾。他曾把自己描述为"粗犷强悍的某
人"。很多人觉得他是个彻头彻尾的混蛋。

　　但是，雷格·西金斯有一个优点让他与众不同。他很刚
硬，很少有人是真正刚硬的。他愿意做一些别人绝对没有勇气
做的残忍的事情。无论在拳击场上还是战场上，他从不后退一
步，对于流血毫不后悔。这并不是一个有魅力的人格品质，但
对目前正在进行的实验而言，这是极其宝贵的品质。

　　斯特林给新部队分配了一个大本营，但这里几乎没有什么
东西。卡布里特（Kabrit）是个沙漠岬角，位于开罗以东约
100英里处，那里苍蝇成群、被沙土侵蚀、酷热难耐。它位于　32
大苦湖（Great Bitter Lake）西岸，靠近与苏伊士运河的交汇
处，是一个现有军事营地的边缘。新分队到达指定地点后，发
现一个潦草地写着部队名字的牌子、三顶破旧的帐篷、一辆旧
卡车和几把椅子。斯特林同总部就装备和补给方面的斗争将成
为特种空勤团成立之初一个反复出现、相当乏味的主题。这支

---

　　①　1英石相当于14磅或6.35公斤。——译者注

部队急需一个营地，所以他们做了战时士兵在缺乏必需品时经常做的事：偷窃需要的东西。目前尚不清楚斯特林是否对后来发生的盗窃行为下达了直接命令，但是他肯定没有采取任何措施来阻止这一行为。

指定给他们的区域几英里之外是一个新西兰团的营地，这个团碰巧出去演习了。那天晚上，特种空勤团的新兵们开着卡车进入那个团的营地，擅自拿走了帐篷、被褥、桌椅、一台留声机、炊具、防风灯、绳索、脸盆和防水布。那天晚上他们往返了不下4次，把偷来的东西装上车，然后返回卡布里特。他们甚至偷走了一架钢琴和一套乒乓球器材。到了早上，他们已经建立了一个在中东设备最好的小营地。这个故事已经成为特种空勤团的创始神话，结合了许多后来定义这个团的元素：大胆、有效而愉快地打破所有规则。

斯特林是个与众不同的军官。他身材瘦长，弯腰驼背，不太像是一个以体力闻名的兵团的带头人。他一瘸一拐地在营地来回走，想了解每一个人。大多数新兵都习惯于被军官鄙视，被士官欺负，他们通常被视为低等生物。斯特林对所有人都彬彬有礼。"他不会大声发号施令，"约翰尼·库珀很惊讶地说，"他请大家做事。"许多军官永远都处在暴躁的状态，而斯特林从来没有大着嗓门说过话。莱利发现斯特林是一个"非常安静的家伙，十分腼腆"。他手下的新兵大多数都从未遇到过这样的军官，他不仅容忍而且鼓励他们拥有不同的观点。

斯特林在其他方面的独特性格也渗透到部队中，包括他天生的谦逊和极端低调的才能。起初，他就坚持"不应该吹嘘或炫耀"。L分队的成员将执行秘密、危险的任务，这些任务可能会给其他士兵和平民留下深刻的印象，但是他们绝不应该在自己的队伍之外谈论这些。这是合理的军事政策，但也反映出斯特林个人对自夸的反感。特种空勤团的人应该对他们的行动保持谨慎的沉默。

随着小型营地的设立，乔克·刘易斯开始制订一套斯巴达式的严格训练计划，它们非常严苛，以至于许多人几乎要退出了，当然，这正是刘易斯希望不适应者做的事。

刘易斯的意图是建立一支能够在沙漠中空降的部队，然后在那里作战的时间比任何人之前试过的都要更长。在爆炸物、急救（包括现场截肢）、无线电操作和敌机侦察方面的训练立即就开始了。鉴于这是一片广袤而毫无特征的地形，导航至关重要：他们接受了阅读地图、使用指南针和天体导航方面的训练。刘易斯使用汤普森冲锋枪和韦伯利手枪进行了密集的武器训练。大部分训练都是在夜间进行的。白天，由蒙上眼睛的人做同样的行动，这样其他人就能观察到人在夜间的活动和反应。刘易斯还制订了一项记忆训练计划，以便能够提交准确的情报报告，并进行初步测试，看谁对意外情况的反应良好。士兵们甚至被布置了要在帐篷里做的作业，还必须在第二天早上交。雷格·西金斯觉得这实在太苛刻了："体能方面很容易，但是在写作的头脑方面……别人都睡了，我还在努力记笔记。"每个小组由 4~6 人组成，其中有一位导航专家、一位驾驶员兼机械师和一位爆破专家，但是对于这么小规模的队伍和这么高的死亡概率而言，每个人必须什么都会。

"刘易斯行军"是一个特别生动的例子，可以说明这个男人有建设性的严酷训练。在到达卡布里特几天后，刘易斯开始了一系列穿越沙漠的长途行军，"从 11 英里的满负荷行军开始，一直到增加到 100 英里"，同时还逐渐减少配水量。为了弄清楚一个人能在沙漠中走多远，刘易斯首先进行了自测：他独自出发，每走100步就从一个口袋拿出一块石头放到另一个口袋里，最后根据一块石头等于83码的长度算出总距离。由于他要走很远的路，装满石头的口袋就在他艰难穿行沙漠时增加了额外的负担。士兵们被允许携带水，但被告知在一天的行军结束之前不要喝水。与水有关的自我控制不仅关系到生死，而且关系到军事纪律。士兵们被告知永远不要与朋友分享自己的水瓶，因为在极端情况下，这样的行为可能会引起紧张局面，并可能以可怕的方式爆发。"你得训练你的头脑，要带着水，但别去碰那该死的东西。"这样的行军不仅要求很高，而且非常危险，因为刘易斯坚持在没有车辆、医疗和无线电支援的情况下进行沙漠徒步训练。如果出了什么问题，如果导航员计算错误，如果有人生病，结果很可能是致命的。最重要的是，他设法逐步培养他们的超强体力和自信，使他们对困难习以为常，这样当困难真实发生时，他们会感到轻松自如。"自信的人会赢的"，刘易斯坚信。

　　至于刘易斯本人，这种纪律严明下的物资匮乏似乎给了他力量。他写道："早餐时喝一杯茶，午餐时喝一杯茶和一杯水，外加两三个橘子，我几乎可以无限期地坚持下去。"

　　训练这些人跳伞显然是首要任务。由于缺乏任何形式的跳伞专业知识，刘易斯采取了一种实验性的方法：他判定，从正在行驶的车的后部跳下来可以复制跳伞着陆时的横向和垂直运动。这样做其实并不能复制跳伞着陆时的运动，却能非常有效地让人骨折。刘易斯一如既往地把自己当作试验假人：刚开始，他从一辆以每小时15英里的速度行驶的卡车的后挡板处正面跳了下去；然后，他背对着滚翻出去；再后来，他要求卡车逐渐加快行驶速度。最后，他强迫士兵们也这么做。他们一个接一个地从每小时行驶 35 英里的车上跃入沙漠，在腾起的沙尘中着陆（或者更多时候是四脚朝天）。他们绑上一些借来的美国棒球装备，包括护膝和头盔，以此作为基本的保护。有几个人受了伤，有些伤得很重，这与其说是一个有用的训练，不如说是一个简陋的勇气测试。接下来，刘易斯设计了一种手推车，可以载着一名伞兵冲下山坡，然后撞上缓冲器，把伞兵扔出去。一名士官回忆说："第一周训练结束时，部队里的每一个人都绑着绷带或打着石膏，有些人还扎着夹板。"最后，吉姆·阿尔蒙兹中士设计并建造了一个木制跳台，虽然不太安全，但相比之下已经是比较安全的了。后来有一份报告指出："当地建造的设施非常简陋，也没有合格的教官。"

在刘易斯的支持下，斯特林又招募了 5 名军官。他选人的时候十分慎重。

比尔·弗雷泽（Bill Fraser）中尉似乎对生活有点困惑，他太过脆弱，不适合当兵，但他经历过一些艰苦的战斗。他长得高高瘦瘦，耳朵突出，举止拘谨，跟随父亲和祖父的脚步加入了戈登高地人团（Gordon Highlanders）。在对法国维希阵地发动的袭击，即利塔尼河行动（Litani River action）中，弗雷泽面部中弹，子弹从他的帽带上弹下来，只造成了"轻微的脑震荡"。一些士兵认为他"有点奇怪"，像个同性恋，并给他起绰号为"皮囊弗雷泽"。他很可能是个同性恋，但值得注意的是，在一个军队中强烈恐同的时代，他的大多数战友（除了一些明显的例外）对此毫不关心。弗雷泽是一位出色的领导者。

另一名被招募的军官是约恩·麦格尼格尔（Eoin

McGonigal），他是一个信奉天主教的爱尔兰人，曾加入皇家阿尔斯特来复枪团（Royal Ulster Rifles），然后加入了突击队。彼得·托马斯（Peter Thomas）中尉和查尔斯·伯宁顿（Charles Bonington）［后来的登山家克里斯·伯宁顿（Chris Bonington）的父亲］这两名英国人也被列入名单。

斯特林最后选择的下级军官既令人鼓舞又相当奇怪：之所以令人鼓舞，是因为这名军官将为特种空勤团的勇气和领导能力树立一个无与伦比的标准；之所以奇怪，是因为他的脾气像火山爆发一样，有时候甚至会暴力抗命。他脾气暴躁、麻烦不断，而且难以捉摸、非常危险，尤其是喝醉的时候，而这是常有的事。他是一个著名的国际橄榄球运动员，也是一个失意的诗人和酒吧斗殴者，他是一颗 17 英石重的高度易爆的真人炸药。当斯特林招募他的时候，据称他正因为殴打他的指挥官而入狱服刑。

罗伯特·布莱尔·梅恩（Robert Blair Mayne），大家都叫他帕迪（Paddy），是北爱尔兰一个富裕的新教家庭的 7 个孩子之一。他 1915 年出生在邓恩郡的纽敦纳兹，在上学时就擅长橄榄球，后来在贝尔法斯特女王大学攻读法律，并在那里赢得了爱尔兰大学重量级拳击冠军。他身高超过 6 英尺，肩膀宽阔，身手敏捷，在 1937 年首次代表爱尔兰对阵威尔士，当时他是前锋，随后代表爱尔兰参加了 5 次比赛。1938 年，他被选为参加狮子队赴南非巡回赛的 8 名爱尔兰人之一。一名记者注意到他"安静地、几乎残酷无情地、高效率地完成任务"。战争中断了他似乎注定要成为一名伟大橄榄球运动员的职业生涯。他报名加入了皇家阿尔斯特来复枪团，然后加入突击队。在 1941 年 6 月的利塔尼河战役之后，战报中提及他用令人印

36

象深刻的方式指挥部队，实现了他的目标并带回大批战俘。

所有这些都让帕迪·梅恩听起来像是学术、运动和军事美德做成的塑料假人，但他根本不是。

梅恩在第一次见面时给很多人留下的印象是谦逊的、有些害羞的。喝几杯酒之后，他就会变得很闹腾；再多喝几杯，他就会变得易于找人争吵并且十分挑衅；不久之后，他就是时候离开酒吧了。

狮子队在南非进行橄榄球巡回赛期间，他的行为打破了所有酒后失态的记录，而这项运动在场外并不是以清醒和平静著称的。午夜过后，他多次闯入队友房间，把所有的家具都砸成碎片；在威尔士妓女"邦纳"·特拉弗斯（'Bunner' Travers）的陪伴下，他前往德班码头，喝得酩酊大醉，和码头工人打架；他和球队经理吵了一架，然后消失，去参加了三天的狂欢。一天晚上，他发现一群囚犯被用铁链铐在埃利斯公园里，他们正在那里搭建看台。他认为这很野蛮，所以第二天带着断线钳回来，至少放走了一个人，也可能放走了所有人。为了对梅恩进行一些约束，他被要求与边前卫乔治·克罗伊（George Cromey）合住在一个酒店房间，乔治·克罗伊是一位长老会牧师。一天晚上，在正式晚宴后，梅恩不见了。在凌晨3点，克罗伊还在等着他，这时，梅恩穿着脏兮兮的晚礼服突然闯进来说"我刚射杀了一只羚羊"，然后把一只浑身是血、死得透透的南非羚羊扔在地板上。他在酒吧碰见几个猎人，然后就在半夜出去打猎了。

37

这是那个有趣的醉汉梅恩。而恶毒的梅恩、喝醉酒打架的梅恩则完全是另外一回事了。在后一种情况下，他很容易把惹他生气的人提起来，扔出去很远，或者干脆把他们打昏。第二天早上，他从来不记得自己干过些什么。正如他最亲密的朋友所说的那样，梅恩"大多数时候是一个非常好非常善良的人，但是他有可能会变身为其他东西……一旦他喝酒超过一定程度，他就会变成一个完全不同的人"。帕迪·梅恩内心深处有一种充斥着暴力的深深的愤怒：它在橄榄球场上找到一个发泄的渠道，赛后的酗酒破坏则是另一个渠道。在战场上，它会产生英雄气概；但在战场之外，帕迪·梅恩的毁灭性恶魔会伴随着可怕的力量毫无警告地爆发出来。

　　梅恩内心的愤怒源自何处呢？他可能是在潜意识里反抗严格的新教教育。他非常讨厌说脏话。据说，他唯一害怕的人是他的母亲，她被公认为很可怕。梅恩是一个有着深厚文化底蕴的人，特别喜欢 A. E. 豪斯曼（A. E. Housman）偏黑暗的诗歌，他可能怀有成为作家的梦想，有些人认为创作受挫是他愤怒的根源。也有迹象表明他有同性恋倾向。当然，他和女人的关系很紧张，他从未建立过长期的异性恋关系。"怎么会有女人爱上像我这样又壮又丑的男人呢？"他曾这样和他的兄弟说。男性关于女性的荤段子会让他勃然大怒。他对自己的感情生活讳莫如深，对其他许多事情也是如此。梅恩的性取向与他的士兵品质没有任何关系，除了他压抑的情感可能导致内心混乱，使他成为一个极其复杂和易怒的人之外，他是一个非常出色的士兵。

　　据说梅恩在 1941 年夏末因殴打一名高级军官而入狱。据说当时的情况是，他和他最亲密的朋友约恩·麦格尼格尔在下棋时，他的指挥官杰弗里·凯斯（Geoffrey Keyes）中校打断了他们。杰弗里是一名上流社会的伊顿公学校友，是联合作战指挥官罗杰·凯斯（Roger Keyes）爵士的儿子。杰弗里·凯斯是个勇敢的人（几个月后，他企图绑架隆美尔但功亏一篑，被追授维多利亚十字勋章），但他的声音很像伯蒂·伍斯特（Bertie Wooster），而正是这种贵族风度让梅恩火冒三丈。紧接着是一场争吵，梅恩推了凯斯，凯斯摔倒在桌边划伤了自己。根据一些人的说法，这场冲突以梅恩用刺刀顶着凯斯从帐篷里跑出来而告终。不久之后，梅恩申请调往远东。如果说他曾被捕，那档案中并没有证据支持这一说法。然而，斯特林一遍又一遍地讲述他如何在监狱里发现帕迪，安排撤销指控，以便让他进入 L 分队。梅恩从未否认这一点。

梅恩不喜欢上流社会的人。作为一名激进的北爱尔兰统一党成员，他本能地反对天主教。他鄙视某些军官似乎是靠社会关系获得晋升的方式。所以梅恩和大卫·斯特林——这个拥有无与伦比的老同学关系网的上层阶级天主教军官——的第一次会面并不轻松。据斯特林说，当他阐述自己的计划并问这个爱尔兰人是否愿意入伙时，梅恩带着怀疑的眼光打量着他。梅恩听着他的话，然后开始用"温和而略带讽刺的声音"提问，带着淡淡的北爱尔兰鼻音。

最后，梅恩向后靠了靠："我看不出在你的计划中有任何真正的战斗前景。"

斯特林马上回答："是没有……除了对抗敌人之外。"

梅恩笑了。他动心了。但在他们握手之前，斯特林提出一个要求："我要你答应我，永远不会对我这个指挥官动粗。"

"我答应你。"梅恩答道。

斯特林并不是完全在开玩笑。他一直警惕着梅恩的"坏脾气，他有时候残暴得不近人情"。招募梅恩就像是收养一匹狼：令人兴奋，也肯定会让人产生恐惧，但未必明智。

军官们接受的训练和士官以及其他士兵的训练完全一样：他们一起行军，从以同样速度行驶的卡车后面跳下，一起研究地图、指南针和炸药，直到深夜。当刘易斯认为他们已经准备好了时，他们一起跳伞。

第一次真正的跳伞定于 1941 年 10 月 16 日进行。英国皇家空军 216 轰炸机和运输中队已经同意提供一架布里斯托尔孟买运输机，虽然它并不是最理想的跳伞机型，但要比 4 个月前斯特林那场灾难性跳伞使用的"维克斯·瓦伦西亚"式飞机安全得多。

10 名伞兵组成的第一组或者说第一排跳伞时没有发生意外，固定拉绳平稳地拉出降落伞，然后安全断开。年轻的约翰尼·库珀轻轻飘向地面，惊叹于苏伊士湾和远处大苦湖的景色。他轻轻落在松软的沙地上，"感受到无比的喜悦"。

然后第二排登机，布里斯托尔孟买运输机腾空而起。第一个跳下去的是来自曼彻斯特 21 岁的肯·沃伯顿（Ken Warburton），他是一位热心的业余钢琴演奏家，曾在一团糟的营地里好好弹奏过几次偷来的钢琴。第二个是他的朋友，一个名叫乔·达菲（Joe Duffy）的苏格兰年轻人。沃伯顿跳下去了；达菲几秒后跟着跳下。第三个人正要跟上时，皇家空军调度员惊恐地把他拖了回来。

固定拉绳上的前两个夹子已经扭断了。沃伯顿和达菲未打开降落伞就垂直坠向地面，他们的尖叫声被地面上的人听得清清楚楚。一个完全有知觉的人在没有支撑力的空气中翻滚，没有比这缓慢的几秒钟更可怕的死法了。这两个人着陆地点靠得很近，均当场死亡。看起来达菲在落地时还在拼命地想要用手把降落伞拉出来。

40

达菲和沃伯顿的死震惊了整个部队。乔克·刘易斯立即召集部队，宣布这两人的死因是降落伞的绳索出现故障，现在已经修复了；所有人都将在第二天早上再次跳伞。这是让胆怯的人退缩的时刻，但是没有人退缩。"我们走向食堂，每个人都有自己的心事，但没有人说话……在特种空勤团历史上，从来没有哪一天的食堂像那个晚上一样死气沉沉。"

第二天一早，大卫·斯特林第一个跳下飞机，他必须这样做。他比大多数人更有理由不喜欢跳伞，因为他刚从第一次跳伞尝试中恢复过来。他知道自己的经典神话，一定想知道自己在试图组建一支伞兵突击部队时是不是太得意忘形了。他说，那是他跳得最艰难的一次。他很好地落在地上，打了个滚。人们一个个紧接着跳下来。有一个叫鲍勃·班尼特（Bob Bennett）的快活伦敦人还在下降的时候吹着口琴。一名军士回忆说："在那天晚上的食堂，我们又成了一个快乐的大家庭，50个人吵吵闹闹，但是我们没有忘记为我们两个已经不在的兄弟干一杯。"

斯特林从一开始就明确表示无法容忍失败：任何不适应或者达不到刘易斯标准的人都会被逐出队伍。有几个人已经退出了，因为无法跟上训练的节奏。"不会有第二次机会了"，斯特林跟他们说。在拒绝别人的时候，他尽量不去伤害别人的感情，但他还是礼貌而坚决地拒绝了相当多的人。害怕"被送回部队"（用军队的话来说是"返回部队"）的心理一直纠缠着这支部队，但同时也激励着他们继续前进。"每个人都害怕被送回部队，"雷格·西金斯说，"它一直在那里，在脑海深处。"拥有合适装备的人准备挑战极限，去完成另一些人逃避的培训计划。文件中的注释记录了一条信息，一名士兵"在鞋子坏掉以后宁可在沙漠中只穿袜子不穿鞋地走了40英里，也不愿意掉队"。

41　　害怕在同龄人面前丢脸可能并不是最高尚的动机，但是在很多群体里，特别是有身体竞争的年轻男性群体中，这常常是最强大的推动力。在特种空勤团，对失败的集体恐惧是成功的动力之一。唯一可以接受的方向就是前进。"永远不要逃跑，"乔克·刘易斯告诉他们，"因为一旦开始跑，你就停止思考了。"

随着死亡、退出、疾病和淘汰等因素导致人数减少，开始出现了另一种作用机制：一种归属于精英部队的感觉，只有名列前茅的强者经过考验，存活下来。甚至在行动开始前，这个奇特而又混合着独立思想的个体们就开始形成一种集体认同。"他们不太容易控制，"斯特林后来承认，"他们是可以利用的。要给他们一个相同的目标……那群流浪者必须领会他们必须做什么才能达成目标。"

所有的士兵都抱怨。发牢骚是优良的军事传统，它是一种释放压力的形式，不一定反映了真正的不满。L分队的关系越来越紧密，也不断抱怨。后来一项官方调查指出，刘易斯的训练方案是"中东地区有史以来最艰苦的训练方案"，这些人平均每天要接受9~10小时的训练，"外加夜间训练"。卡布里特营地的食物极其难吃，主要是牛肉、饼干、鲱鱼、干面包和洋芋。虽然这些人变得非常健康，但他们也一直处在极度饥饿的状态。一天晚上，作为犒劳，厨师端上了果酱布丁。雷格·西金斯觉得自己那份太小了，就像往常一样做出了反应：他把盘子扣到可怜的厨房勤务兵的脸上。还有一次，经过大约一个月的艰苦训练后，爆发了一场小小的叛乱：一群人已经在沙子上挖了好几小时的洞了；那里很无聊，热得难受而且"看起来很蠢"。他们放下工具，踏着沉重的步子走向食堂帐篷。根据西金斯的说法，是乔克·刘易斯将这一插曲变成了对男子气概的考验，从而避免了兵变。他跳到桌子上喊道："你们都是懦夫！你们就是无法承受！除非你们能证明自己不是这样。"

小小的叛乱虽然平息了，但紧张局势仍在酝酿。

42

在这么小的部队里，不可避免地会产生亲密的情感和强烈的敌意。友谊发展得很慢，但是冲突爆发得很快。斯特林已经下令，不允许"打架斗殴"："强硬应该完全留给敌人。"但摩擦不可避免。

库珀和西金斯，一个是文法学校的小男孩，一个是好斗的拳击手，一见面就相看两厌。库珀有更优雅的口音，受过更高的教育，这激怒了西金斯，后者14岁就离开学校在农场当雇工，之后加入了剑桥郡兵团。库珀可能从未见过像西金斯这样粗鲁好斗的人，他也几乎没有掩饰自己对这位年长者的看法，认为他是个暴徒恶棍。"我们恨透了对方，"西金斯回忆说，"我是个乡巴佬，而他是良家子弟。"两个人都尽量避开对方。

比尔·弗雷泽中尉喜欢独处，大部分时间都和一条流浪狗待在帐篷里，这只狗有点像腊肠，是他收养的，名叫威瑟斯（Withers）。帕迪·梅恩注意到弗雷泽是同性恋这一谣言，并因此肆意取笑他，这种取笑的行为丝毫没有削弱，甚至可能只是强化了梅恩本人是同性恋的说法。"帕迪曾经让弗雷泽过了一段地狱般的时光，因为后者认为自己有这种倾向，"一位同期的人注意到，"帕迪让人很痛苦，尤其在几次取笑之后。"

部队里唯一既不敬畏也不害怕梅恩的人就是约恩·麦格尼

格尔。"黑头发、黑脸、苗条又整洁",麦格尼格尔也在利塔尼河战斗过,他在那里赢得了在炮火中保持冷静的名声。这两个人在战前就认识了。麦格尼格尔的父亲曾是蒂龙郡的一名法官,但在爱尔兰分治后,他们一家搬到了北方。两个年轻人很可能是在橄榄球场上认识的,他们互相去过对方的家,见过对方的家人。1940 年年初他们加入皇家阿尔斯特来复枪团后加深了友谊,然后一起申请加入突击队。"他们绝对是不可分割的",一位同期者说。麦格尼格尔身材瘦小,性情温和,善于调解,喜欢金发女郎。"除此之外,他们似乎对几乎所有其他事都有着共同的品味。"当梅恩喝醉酒后变得咄咄逼人时,只有麦格尼格尔似乎能让他平静下来。作为一个来自爱尔兰南部的天主教徒,麦格尼格尔可能很容易成为梅恩的宗教偏见的靶子,但没有证据能表明他们之间说过一句重话。似乎是梅恩催促斯特林招募麦格尼格尔,并对他的福利待遇带有强烈的责任感。"麦格尼格尔和我在一起",梅恩 9 月给妹妹的信里写道,就像一个小学生发现自己和最好的朋友在同一个班级里一样高兴。

到了 10 月,这些人已经进行了两个月的高强度训练,但他们并不清楚训练的目的。等待加剧了紧张气氛。斯特林被迫在开罗待了很长时间,向"一贯阻挠和不甚合作的"军事官僚机构寻求补给和后援。他为满足分队的后勤需要所做的工作和训练一样重要。刘易斯也承认:"我们共同打造了这支部队。大卫建立了部队的外部,而我想我可以说,我建立了部队的内部。"但是,斯特林清楚地知道,当其他人在沙漠中艰难跋涉、住在帐篷里时,他却常常置身于案牍之间,睡在舒适的床上。在他长期的缺席期间,团队产生了自己的内部动力、摩擦和对抗。

斯特林担心"帕迪会自然而然地成为部队的领导者"。

第一个展示团队真实实力的机会是以打赌的形式出现的。赫利奥波利斯机场（Heliopolis）是英国皇家空军216轰炸机和运输中队的基地，距离卡布里特94英里，周围有铁丝网。英国皇家空军的一名上尉告诉斯特林，想要潜入英国机场而不被发现的可能性"根本不存在"。斯特林对此表示异议，并提出通过打赌来解决此事。双方同意，这次假袭击将在月底一个没有月光的夜晚进行。

士兵们被分成5组，每组10人，分别由刘易斯、梅恩、弗雷泽、麦格尼格尔和查尔斯·伯宁顿带领。他们每个人背了一个包，里面装着相当于一整包炸药重量的石头，还有4品脱水、半磅硬糖，以及绰号为"沙子槽"的饼干，因为它们硬得足以支撑吉普车碾过，还有一些葡萄干。他们夜间行军，白天则躲在外面，每个人都裹着一条混合着沙子的黑纱作为伪装，以防被人从空中发现。10月的太阳仍然非常灼热：在正午的酷热中，裹着一块布是一种特别残忍的自我折磨。脱水三天后，一些人出现了幻觉，几近崩溃。"我每次闭上眼睛都会梦见在流水的水龙头"，来自伦敦的口琴家班尼特后来回忆说。第四天晚上，他们到达赫利奥波利斯机场，穿过外围，开始在一排排整齐停放的英国皇家空军飞机上贴上不干胶贴纸。如果被警卫发现的话，他们可能会被击毙。每个组都放了大约40张贴纸（后来发现有些飞机上贴了好几张贴纸），然后他们沿着进来时的路线又溜出了机场。然后他们在阿巴斯的军营自首，守卫们看到这一群臭烘烘、脏兮兮、被太阳晒黑的男人从沙漠里冒出来，起初以为他们肯定是投降的意大利人。斯特林因此赢了 10 英镑。

然而，摧毁一架飞机远比简单地在上面贴上不干胶标签要棘手得多。对付静止的飞机最有效的武器是能够同时爆炸和引燃的定时炸弹，它可以点燃飞机的油箱。这意味着要将两枚炸弹、两个引信和一个时钟定时器结合到一起，这是一个重达 5 磅的笨重设备，需要 10 分钟的准备时间。斯特林需要一种新型炸弹，于是乔克·刘易斯开始研发，他运用小时候和他弟弟玩化学玩具时学到的一点点知识和巨大的决心。他用了好几个星期在营地外的一个临时搭建的露天实验室用各种各样的硝铵炸药、碳混合物炸药和火棉做实验。爆炸声在沙漠中回荡。最后他胜利了，提出一个解决方案：1 磅塑性炸药，卷着 1/4 磅燃烧铝热剂和一些机油。它可以用一根铅笔雷管触发，那是一根类似圆珠笔的玻璃管，用铜线固定住一个弹簧撞针；轻轻挤压雷管顶部的小玻璃瓶就会释放出酸，然后酸会腐蚀掉金属丝并释放撞针，这个速度的快慢取决于金属丝的厚度。雷管可以在 12 秒到 2 小时之内延迟引爆。这种自制的爆炸性燃烧弹将被证明是这场战争中最引人瞩目的创新之一：其重量轻、用途广、黏性大、可以粘贴在飞机机翼上、在黑暗中很难被发现、破坏力巨大——一种可以装在背包里并在几秒内引爆的万能定时炸弹。吉姆·阿尔蒙兹称它为"一个漂亮的小黑布丁"。"刘易斯炸弹"将永远加入军事武器库，它是特种空勤团创造出来的理想沙漠突袭炸弹和第一个为特种空勤团量身定做的武器。

奥钦莱克的进攻将是英国至此为止规模最大的装甲行动。总司令的目的是要把隆美尔赶出昔兰尼加（Cyrenaica），解放图卜鲁格，夺回沿海机场，以便为前往马耳他的船队提供至关重要的空中掩护。这场代号为"十字军行动"的攻击将于 11 月 18 日发动。

11 月 10 日，中东总部的加洛韦准将（Brigadier Galloway）发表了《占领者行动纲要》，扩大了大卫·斯特林在其最初备忘录中提出的计划：11 月 17 日晚，也就是奥钦莱克的坦克开始向西进发的前夜，L 分队的 55 名士兵将从埃及巴古什机场起飞，飞越敌方领空后空降到距离海岸 12 英里的沙漠中。空军事先会对敌方的跑道进行猛烈袭击，产生的火光能够将己方飞行员导向降落地点；英国皇家空军投掷的照明弹也将把它照亮。着陆后，5 组 11 人小队将攻击泰米米（Timimi）和艾因盖扎莱附近的 5 个前线机场，目标是"尽可能多地摧毁飞机"。他们将部署带有交错计时器的刘易斯炸弹，以确保这些炸弹基本上同时引爆。命令中建议，"摧毁战斗机比摧毁轰炸机更为重要，德军飞机也比意军飞机更为重要"。据估计，这 5 个机场大约有 300 架飞机；每个小组都会带上 60 枚刘易斯炸弹。因此，理论上来说，他们应该能够摧毁这片土地。

完成任务后，士兵们要向内陆行进大约 50 英里，到达特里戈阿布德（Trig al Abd）十字路口以南 3 英里处，那是一条与海岸平行的古老的沙漠贸易路线。在那里，他们将被沙漠远程突击队的一支侦察部队接到并运至锡瓦绿洲（Siwa Oasis），然后乘运输机飞回卡布里特。沙漠远程突击队将在白天为返回的特种空勤团放哨，并在夜间于会合点悬挂一盏显眼的红色防风灯；他们会等三天；如果期限到了特种空勤团仍没有出现，沙漠远程突击队会把两个 12 加仑水箱和一些罐头埋在事先安排好的地方，然后离开。此后这些特种空勤团的士兵就要在沙

46

漠中自力更生了。

　　L分队计划的贡献虽然很小但很重要：是为获得潜在的高回报而进行的低风险赌博。如果成功，可能在关键时刻严重削弱敌军的空中力量；如果失败，最坏的情况也就是几十人牺牲，这只是向西汹涌而去的巨大钢铁洪流中的沧海一粟。

　　刘易斯对行动的前景感到兴奋。他写给家里的信中带着十字军战士的骑士风度："我们等着证明自己……这支部队现在不会随着莱科克部队的消亡而消亡，它还活着，并将光荣地活着。不久后我们的名字将受人尊重，而我们的队伍中将充满那些前来追求荣誉和高尚的人。"

4 进入沙漠

在起飞前两小时，英国皇家空军举行了一场宴会。按照战
时标准，这可以称得上是一场盛宴了：食物多到 L 分队的人
想吃多少就有多少，每个人还有一瓶啤酒；甚至有英国皇家空
军的军官来服务。这场"国王级别的"晚宴原本是为了向即
将离开的伞兵致敬，但是有些人发现这一场精心安排的送别仪
式有一种忧郁的意味："我们被当作要上绞刑架的人。"就在
士兵们吃着饭的时候，一丝先兆性的焦虑像沙漠中升起的风一
样，在巴古什机场的英国皇家空军帐篷飘来飘去，这是有充分
理由的："占领者行动"本不应该启动。

预报的天气糟透了。预计风速至少为 30 节，这是安全跳
伞允许的最大速度的两倍，并伴有大雨。旋转的沙子可能会给
飞行员带来严重的导航问题，而阵风可能会把伞兵和他们的装
备筒吹得偏离航线很远。没有月光的夜晚能见度无论如何总是
有限的，要在沙漠风暴中的地面重新集结将是一个严峻挑战。
总参谋部的加洛韦准将建议取消这次行动，但是最终决定权在
斯特林手上。他咨询了他的军官们。不存在推迟的问题，因为
不管什么天气，奥钦莱克的第 8 集团军主力进攻都将在第二天
进行：空降要么继续进行，要么取消。这些人之所以加入这支
部队，是因为他们对困扰莱科克部队的无休止的行动推迟感到
沮丧；再来一次行动取消对士气的影响可能是致命的。斯特林

担心他在中东总部的敌人可能会借此机会彻底解散他的部队。他后来将这一决定认定为事关部队前途的至关重要的决定，尽管他在当时还不能确定这一点。他的内心深处一定明白，如果他退出，自己的领导地位将受到严重影响。他对传记作者说："我在成立特种空勤团的时候就发过誓，如果我们承诺在某个特定的夜晚要袭击一个目标，我们会完全不顾一切去完成。""在我看来，我们必须要冒这个险。"乔克·刘易斯和帕迪·梅恩同意；这个决定受到士兵们的欢迎。斯特林的选择是由信念、勇气和希望所推动的；这是个勇敢的决定，但也是错误的。

行动前一天，斯特林给母亲写信，信中透露着一种他自己都可能没有感觉到的愉快，他说自己很快要参加一场"有可能是最棒的行动，比起它的危险程度，它更多的是令人兴奋"。

5 队伞兵将由斯特林、刘易斯、梅恩、麦格尼格尔和伯宁顿分别率领。一旦安全着陆，每组将再分成 4 ~ 6 人的更小队伍，然后继续攻击 5 个独立的机场。每架飞机还携带了降落伞装备筒，里面装有炸药、毯子、武器、备用弹药、引信和额外的口粮。每个人装备了一件挖掘工具和一个小背包，里面有手榴弹、左轮手枪、地图、指南针和口粮（有枣、葡萄干、奶酪、饼干、糖果和巧克力）。他们穿着标准的沙漠制服——卡其布短裤和衬衫，配上橡胶靴、头盔和机械师的工作服。美国人帕特·莱利和年轻的约翰尼·库珀都会和乔克·刘易斯一起跳伞；西金斯则由梅恩指挥。

"风越来越大了。"在军人们爬上飞机的时候，一名飞行员沮丧地说道。

在这些军官中，只有弗雷泽缺席了，他因为跳伞训练时手腕骨折而被留下；他计划和沙漠远程突击队一起走，并与其他人在会合地点会合。吉姆·阿尔蒙兹也被迫留在营地，因为他年幼的儿子疑似患上脑膜炎，病情严重，他随时可能被叫回英国。"看着他们登上飞机，然后飞机起飞，"阿尔蒙兹在日记里写道，"他们是一群很好的小伙子。我还能再看到他们中的多少人？"

大卫·斯特林重重摔在沙漠地面上，昏了过去。几分钟前，飞机的飞行员无法在暴风雨中准确导航，问他是否应该中止跳伞。"不，当然不"，斯特林说，然后他跳伞了。当他苏醒过来时，他发现自己正被降落伞"像个风筝一样"在时速40英里的风中拖着走，被锋利的砂砾和岩石击打、摩擦。经过一番挣扎，他终于拧开了降落伞脱离夹，伞盖摇摆着飞进暴风雨。斯特林在黑暗中摇摇晃晃地站起来，身上满是伤口和血迹，但其他无恙。他打开手电筒，在风中大喊起来。飞行员之前已经告诉他士兵们被投放的方位：顺着这个方位，第一个掉下去的人会遇到第二个人，以此类推。他花了两小时才把剩下的队员集合起来。有一个人不见了，显然是因为没能把自己从降落伞中脱离出来，可能被拖死了。另一个人脚踝骨折，无法站立。伤得最严重的是乔克·切恩（Jock Cheyne）中士，他是个25岁的苏格兰人，来自阿伯丁，身材高大，"充满苏格兰人特有的幽默"。切恩在着陆时背部骨折。所有人都曾被告知，如果伤势严重，他们最佳的生存机会是"爬到路边，保持希望"。几英里内都没有公路，可怜的切恩一点儿也爬不动了。他们的装备筒也不见了。斯特林的小队现在只剩左轮手枪和一些手榴弹，以及只够维持一天的水，已经丧失了进攻能力。

49

当从沮丧中平复下来后，斯特林就变得务实起来。他将继续向海岸前进，并试图对目标机场进行侦察，也许还会和鲍勃·泰特（Bob Tait）中士一起发动一次攻击，泰特中士和他一样似乎只受了点轻伤。准尉副官耶茨中士则要和四名还能行走的人前往与沙漠远程突击队的会合点。两名重伤人员将被留下。"这种感觉很糟糕，"一位离开的士兵回忆说，"要留下两位朋友，但你不得不这样做，不能带上他们，只能希望他们被德军发现并带走。"他们给两名重伤者留下了水和两把左轮手枪。没有说什么话，也没什么好说的。切恩昏迷不醒地"蜷缩在发给他的毯子里"。他们再也没有见到这两名伤员。

帕迪·梅恩的小队的情况稍微好一些。雷格·希金斯在沙漠里被拖行了50码远，直接被拖过了荆棘丛，他的双手、胳膊和脸上的皮肤都被划破了，这让他怒火中烧。"我能感觉到自己的血在往外流，天呐，这简直让我火冒三丈。"最后他挣脱了降落伞。梅恩毫发无损地着陆了，召集了他那支衣衫褴褛的部队。他估计，他们已经降落到离预定跳伞区至少12英里的地方。戴夫·克肖（Dave Kershaw）是一名退伍军人，曾在西班牙内战中为共和党而战，他摔断了一条胳膊。另外两人伤势严重，无法行走。他们只找到两个装备筒，里面有两把冲锋枪、八瓶水、六条毯子、一些食物和炸药。梅恩坚持按计划执行任务。伤员拿到水和口粮后被留下。"我们和他们握了手，祝他们好运，然后出发去寻找我们的目标。"（第二天这两名士兵被意大利巡逻队抓获。）

5个跳伞队中，只有乔克·刘易斯的队伍降落时差不多算是完好无损的。他们乘坐的飞机遭到海岸防空炮的攻击，飞行员一边躲避探照灯并与风搏斗，一边喊叫着他对飞机的位置只有模糊的概念。"我们在瞎跳",约翰尼·库珀跃入黑暗中时这样想着。他下降时唯一能听到的声音就是风从降落伞的吊索上呼啸而过。下面是一片漆黑。突然与地面的撞击使他喘不过气来,但库珀摇摇晃晃站起来后,惊讶地发现自己没有摔断骨头。队伍中的 12 个人都安然无恙地完成了跳伞,只是觉得要在狂风中从降落伞安全带中解脱出来,应该是"魔术师胡迪尼干的事"。他们只找到两个装备筒,但是至少里面有刘易斯炸弹和机枪。他们仍然具有战斗力。"喂,伙计们,"刘易斯毫不掩饰地高兴说道,"我不知道我们现在在哪里,所以我们只能假定我们可能距离原定降落区有 5～10 英里,然后执行行动。"帕特·莱利身材魁梧、让人安心,在他的带领下,他们向北方进发,希望这是机场的方向。

载有查尔斯·伯宁顿和他们一队人的飞机由查理·韦斯特(Charlie West)驾驶,他是来自德文郡的一名英国皇家空军普通飞行员,也是 L 分队成员们的最爱。随着黑色的风暴云从邦巴湾(Gulf of Bomba)滚滚而来,韦斯特驾驶飞机低空飞行,在 300 英尺的高度穿越海岸,立即遭到地面的猛烈攻击;防空炮火击穿了左舷发动机、驾驶舱仪表和油箱。由于飞机受损,任务被中止,韦斯特向东朝着基地飞去——他以为是在向东边飞,并没有意识到罗盘下面嵌入了一块弹片。飞机在绕圈子飞行。由于燃料不足,韦斯特顶着该地区 30 年一遇的风暴,在黑暗中降落在一片灌木丛生的沙漠上,这一成就后来被称为"无懈可击的飞行壮举"。

黎明时分,这群人发现他们在距离海岸只有几英里的地方。现在艾因盖扎莱机场的飞机即将发动攻击,这些正是他们曾想破坏的飞机。韦斯特立即再次起飞,带着仅剩的一点儿燃

51

料，希望翻过邦巴湾进入仍在英国人手里的图卜鲁格港，它位于西边 30 英里处。韦斯特将飞机拉到 200 英尺高度时，一架意大利布雷达机枪从下方开火，子弹砰砰地打在机身上。片刻之后，一架从艾因盖扎莱机场派出的梅塞施密特 109 战斗机加入了对他们的攻击。韦斯特的领航员在他身边中弹牺牲了。几名士兵也被击中了。韦斯特试图躲避，然后还设法成功将受损的飞机着陆。飞机撞上一连串低矮的沙丘，"在崎岖的沙地上剧烈颠簸后"终于停了下来。有些人被甩了出去；有几个人被困在燃烧的机身下；韦斯特本人颅骨骨折、肋骨断裂，还受了内伤，仍在驾驶舱中，奇迹般地活了下来。那名在训练中穿着袜子走了 40 英里的士兵受了致命伤，第二天就牺牲了。士兵们准备战斗，但是当飞机再次受到地面部队的攻击时，很明显，局势已经没有希望了。这支部队于早上 7 点向纳粹德国的一名空军飞行员投降。查尔斯·伯宁顿中尉和其他幸存者全部被俘。（韦斯特在不同的战俘营里待了一年，然后从一列火车上逃了出来，这列火车要将他从意大利带到德国，他在火车上挖穿了地板。）

52 　　约恩·麦格尼格尔的队伍从着陆那一刻起就注定要失败。麦格尼格尔在撞击地面的时候似乎摔断了脖子，他可能再也没有恢复意识。队伍等了一夜。到了早上，麦格尼格尔牺牲了，年仅 20 岁。其他人沉默地将他埋在沙中，然后向会合点出发。他们迷路了，走到了泰米米机场，被意大利守卫俘获。

　　在卡布里特后方，吉姆·阿尔蒙兹先生正在为同志们的命运发愁。

　　　　小伙子们现在在敌人的领地内 280 英里，躲在沙子里，等待夜幕降临后开始进行可怕的行动和破坏。在杀戮结束、炸毁敌机后，仍然要继续艰难的行军穿越沙漠。生病或者受伤的人根本不可能做到这些，也没有人能够提供帮助……我不在那里。我安全地坐在这里的营帐中，真希望自己能在那里……现实比起小说要更纯粹、更冷酷、更需要勇气。有些小子是打不倒的。电影和冒险小说与真实相去甚远。如果这次突袭按计划进行的话，将会有更多人听说特种空勤团。我的同伴们在敌人的地盘上……可怜的家伙啊，他们需要尽可能多的运气……

着陆后的几小时里，风似乎减弱了，梅恩和刘易斯带领的两支队伍在黑暗中向北进发。然后天空打开了口子。不是头一天晚上下的那种小雨，而是来了一场瓢泼大雨，让人全身湿透的暴雨。沙漠风暴和暴雨泛滥是非常糟糕的体验：干涸的河床或者说干涸的河谷在几分钟内就灌满汹涌的激流。"水涨到齐胸那么深"，约翰尼·库珀回忆道。刘易斯命令部下撤到地势较高的地方，那里现在已经是洪水中的一个岛屿了，并宣布他和莱利中士将继续前进并尝试确定目标机场的位置。几小时后他们回来了，他们只看到了一望无际的潮湿沙漠，确信他们一定是被空投到了目标以南很远的地方。"天亮之前赶到机场是不可能了"，刘易斯说。他们把毯子当成临时帐篷，挤在一起度过了湿漉漉又饥寒交迫的不眠之夜。"我们不断地被挤出毯子，偶尔喝一口陈年的朗姆酒，才得以幸存下来"，一个人回忆说。天一亮，雨就停了，但是很明显，这次行动将不得不中止了：炸药都被水浸泡，没有用了。刘易斯命令下属转向前往会合点。"至少我们不会渴死"，刘易斯愉快地说，他们出发了，交替着在仍然湿漉漉的沙地上前进和涉水前行。莱利走在前面，逼迫、催促加上哄骗大家：每前进40分钟，然后休息20分钟，然后再前进40分钟，如此往复1小时又1小时。

梅恩的队伍也陷入了类似的困境，和刘易斯不同的是，梅恩清楚地知道自己身在何处。在着陆后的5小时里，他的队伍在黑暗中行进了6英里。黎明时分，他们在距离目标泰米米机场以南5英里处的一条干涸的河道中休整。梅恩迅速进行了侦察，宣布他们将在当天晚上发动进攻。紧接着就下起了倾盆大雨。"我们在沙漠中央遇到如此汹涌的洪流，"西金斯回忆道，"我这辈子从来没有这么冷过。"有几个背包被冲走了。"我从没见过下那么大的雨——浓云密布，我们所处的美丽干燥的小河床在几分钟内就变成了一个湖。"士兵们浑身湿透，甚至连他们的香烟也被水浸透了，这让士兵们感到深深的烦恼，因为他们对烟草的渴望要胜过食物。

梅恩命令大家尽己所能地抢救物资并爬到地势较高的地方，但是大雨已经对他们的武器造成了无法弥补的损坏。"我试了两个铅笔雷管，但它们都不管用了……我试了一下瞬时引信，它也不管用了。"梅恩准备继续行动，只用手榴弹去攻击飞机。"我们费了好大劲才说服他不要这样做，"西金斯说，"没有必要因为一个没有希望达成的目标而被打倒。你没法用手榴弹把飞机炸飞。"梅恩极不情愿地放弃了这次任务，当夜幕再次降临，他们开始进行35英里的跋涉，前往会合点。

刘易斯和他的士兵们拖着沉重的步伐向南跋涉。在11月19日晚上，也就是行动的第三天，天色开始变黑了，这时约翰尼·库珀发现沙漠里有一根极不协调的杆子：一个用来标记特里戈阿布德的标志，这是一个旧的意大利路标，上面有法西

斯主义的标志，一个方向指向埃及，另一个方向指向班加西，　54
这表明他们距离会合点只有几英里远了。大家欢呼雀跃。一些
人亲吻了那个路标。然后他们向西进发。走着走着，库珀看见
地平线上有两颗静止的星星，它们渐渐变成挂在相距 100 码的
两座小山丘上的两盏防风灯。口令是那首《滚啤酒桶》
（"Roll out the Barrel"），士兵们高声唱起那首老歌。黑暗中传
来一个声音："在这里，英国佬。"他们遇到了 R1 巡逻队，这
是一支新西兰沙漠远程突击队。他们的卡车围着一个小火堆，
藏在浅浅的沙漠谷地中。欢迎宴上的炖罐头牛肉配着加了朗姆
酒的茶是"我这辈子吃过的最好的一顿饭"，一位幸存者说。
几小时后，梅恩小队衣衫褴褛的残余人员跌跌撞撞地走进了
营地。

第二天早晨，营地里其他人还没有醒来，沙漠远程突击队
的大卫·劳埃德·欧文（David Lloyd Owen）正在沏茶，一个
高大的身影在黎明的黑暗中出现了。"我叫斯特林，"这个人
说，"你有没有见到我的兄弟们？"劳埃德·欧文当然没见到，
因为斯特林小组所有其他人都被俘了。在耶茨中士的带领下，
他们拐错了弯，跌跌撞撞地遇到了一支意大利巡逻队。斯特林
和泰特中士设法成功到达了海岸悬崖，找到了海岸公路，但没
有找到机场，然后掉头在雨中跋涉 50 英里到达会合地点。他
们是自己队伍中仅有的幸存者。

斯特林在沙漠会合点又待了两天，扫视着地平线，希望其
他掉队的人最终会出现。并没有人来。

L 分队的幸存者试着往好的一面看。他们遭遇了一些残酷
的不幸，天气甚至比预报的还要糟糕，而且条件"根本不适
合跳伞"。飞行员看不见海岸，也看不见空投区域的照明弹，

他们只是猜测在正确的时机和高度空投了这些人，结果这些人"降落得到处都是"。没有一个小队落到了预定着陆区域的 10 英里以内。没有人能预料到第二天的滔天洪水。

55　　斯特林说，他曾从沙漠中走到海岸公路上，看到了大海，这证明"在适当的条件下，我的设想是可能的"。这些士兵在可怕的条件下有着令人钦佩的表现。"整个团队都表现得非常好，"帕迪·梅恩写道，"并且尽管他们在着陆时都有不同程度的划伤和擦伤，又湿又冷，但仍然保持了乐观。"库珀很有哲理地说："好吧，我们挨了顿打。这是一场惨败，但都是天气造成的。总体的计划还是好的。"和往常一样，西金斯摆出一副毫不妥协的姿态："你不能坐在那里考虑伤亡问题。我们参加了一场战争。我们知道这是怎么回事。"但在这种虚张声势的背后，即使连西金斯也很慌乱。

残酷的事实是无法掩盖的："占领者行动"是一场彻头彻尾的灾难。在 11 月 16 日跳伞进入大风的 55 人中，只有 21 人回来了。其余的人或死或伤，或失踪或被俘。没有打出一枪一弹，没有攻击敌人，也没有引爆一颗炸弹，L 分队就已经损失了大部分力量。他们不是被武力打败的，而是被风雨打败的。这次任务没有为"十字军行动"提供任何支持。更糟的是，这次失败的行动提醒了敌人，英国人正在后方进行积极的破坏活动。被击落并被俘的伯宁顿小队奉命只向俘虏他们的德军透露姓名、军衔和序列号。但有人泄露了秘密。11 月 19 日晚些时候，当 L 分队残余人员艰难返回会合点时，英国密码破译人员截获并破译了一条艾因盖扎莱机场指挥官发给纳粹德国空军和非洲军团装甲部队指挥官的情报："信息来自被击落的布里斯托孟买运输机上的莱科克部队〔原文如此〕的破坏小队。

请注意，在 11 月 16～17 日夜间，还有 5 架布里斯托孟买运输机在昔兰尼加上空活动。因此，你必须考虑到有可能其他破坏小队也被空投了。"

显然，其中一名俘虏透露了他们是一个更大规模的破坏小组的成员。在返程途中，载有特种空勤团幸存者的沙漠远程突击队遭到意大利萨伏亚－马切蒂战斗机（Savoia-Marchetti fighter）的攻击。破译后的情报也许可以解释原因：敌人已经在沙漠中寻找其他的英国破坏部队了。

大家的士气低落。每个人都失去了一个亲密的朋友。乔克·切恩因背部骨折被遗弃在沙漠中，他曾是帕特·莱利的密友。吉姆·阿尔蒙兹得知伯宁顿小队的损失后感到一阵愧疚。"我应该在那架飞机上，"他想到，"命运的安排是无法理解的。"虽然帕迪·梅恩从来没有提起，但是失去约恩·麦格尼格尔对他是个巨大的打击。"在帕迪成为英雄之前，约恩·麦格尼格尔是唯一喜欢他的人"，一个和他们俩都认识的人说。梅恩的一位传记作家说得更深刻："如果梅恩的生活中有一个真正的爱人，那就是他的朋友约恩·麦格尼格尔。"麦格尼格尔死后，梅恩心里有什么东西断了。

斯特林承认，本应是一场胜利的第一个任务，却"彻底失败了"。他原本担心取消这次行动可能会危及特种空勤团的未来；但他推动行动实施，却几乎摧毁了特种空勤团。"这是一场悲剧……我们失去了那么多的人才"，他想到。人数减少的分队似乎很可能被解散。

但在灾难中，往往埋下了得到拯救的种子。

5 沙漠远程突击队

　　大卫·斯特林也许是在返回第 8 集团军前沿基地贾格布卜绿洲（Jaghbub Oasis）的 200 英里的旅途中受到启发的。莱利说，在到达沙漠会合点那天晚上，他们和乔克·刘易斯一起躺在防水布下时，斯特林萌生了一个想法。西金斯则坚持说，斯特林是在他们于地平线上搜寻掉队者时灵光乍现的。最有可能的灵感来源是大卫·劳埃德·欧文，他是一个非常聪明的军官，将继续指挥沙漠远程突击队。但好像回想起来，这个想法最不寻常的地方就是它如此明显：如果沙漠远程突击队可以把特种空勤团毫无困难地带出沙漠，那么侦察部队肯定也可以把他们带进来，因此就去除了所有因为在黑夜里跳下飞机带来的危险和不确定性。为什么之前没有人想到这个显而易见的好主意，这是特种空勤团历史上一个至今未解的谜团。

　　组建沙漠远程突击队是拉尔夫·阿尔杰·巴格诺尔德（Ralph Alger Bagnold）的主意，他是一名军人、探险家、科学家、考古学家、沉积学家、地貌学家，也是当时世界上最杰出的沙漠专家。巴格诺尔德是小说《玉女神驹》（*National Velvet*）作者伊妮德·巴格诺尔德的弟弟；他自己在文献方面的贡献虽然不那么为人所知，却影响深远，那就是《风沙和荒漠沙丘物理学》（*The Physics of Blown Sand and Desert Dunes*）。这本书于 1941 年首次出版，至今仍影响着美国国家航空航天局

（NASA）正在进行的火星沙丘研究。巴格诺尔德是索姆河和伊普尔河战役的老兵，是沙漠探险先驱，好奇心强、坚不可摧。巴格诺尔德在 1930 年花了很多时间开着一辆福特 A 型车在开罗和艾因达拉（Ain Dalla）之间的广袤沙漠中寻找传说中的泽祖拉（Zerzura）城。1932 年，他驾车行驶了 3000 多英里，实现了首次东西向穿越利比亚沙漠，并获得了英国皇家地理学会颁发的奖章。然后，他驱车穿越乍得东北部的穆尔迪洼地（Mourdi Depression），返回利比亚。他发现降低轮胎胎压和使用更宽的轮胎可以提高穿越沙漠地带的速度；他发明了一种可以连接到汽车散热器上的冷凝器，以防止散热器内的液体沸腾；还发明了用于让陷入软沙的汽车脱困的钢制导轨。他发明了"巴格诺尔德太阳罗盘"，与传统的磁罗盘不同，太阳罗盘不受沙漠铁矿床的影响，用巴格诺尔德的话说，太阳罗盘也不受"汽车上不确定的磁性零件位置变化"的影响。他被沙漠的风吹了那么久，鼻子都永久性地变成了玫瑰色。"在和平时期的旅行中，我们从来没有想象过战争会到达内陆沙漠中巨大空旷的荒无人烟的地带，那里被遥远的距离、缺水和无法通行的沙丘之海所阻隔，"巴格诺尔德写道，"我们做梦也没有想到，我们为长途旅行和导航而发明的任何一项特殊设备和技术会得到真正的应用。"但显然，事情就那样发生了。战争爆发 9 个月后，巴格诺尔德少校获准组建并指挥一支机动沙漠侦察部队，在意大利的后方开展行动：远程巡逻队（后来更名为沙漠远程突击队）在 1940 年 6 月于埃及成立，"在沙漠高原从事海盗活动"。

利比亚沙漠覆盖了地球表面 100 多万平方英里的面积，相当于整个印度。从地中海向南绵延 1000 英里，从尼罗河流域向西绵延 1200 英里到突尼斯和阿尔及利亚山区，这是地球上最不适合居住的地方之一，对人类而言，也是最空旷的地方之一。到此时为止，大部分时间里北非战争都是沿着狭窄的沿海地带进行的，这里有一条铺设好的公路环绕着地中海边缘。只有几条古老的贸易路线通往内陆。这里白天的气温会飙升至 60 摄氏度，然后在晚上又骤降至冰点以下。只有屈指可数的几个小绿洲里能找到仅有的水。这不是一个容易活下去的地方，却是非常容易死亡的地方，但它为一场最为非常规、最令人不安的战争提供了机会。理论上，这片广袤的沙漠是敌人的领地；实际上，巴格诺尔德算出，意大利人和德国人的"机动车辆的活动半径只有区区 100 英里"。剩下的地方都是他的。沙漠根本不是一个无法通行、充满敌意的荒野，只要人们接受适当的训练、拥有合适的装备，就可以在那里穿越、反复穿越、导航、监视、隐藏以及无限期地生存下去。对于外行人来说，这里的景色苍凉而单调；但这片表面上平坦的广袤地带隐藏着无数的凹陷、洼地、斑驳的岩石、斜坡和峭壁，还有危险的软沙海。只要你知道怎么看到它们，就可以通过这些点来导航。

沙漠远程突击队的主要目的是进行侦察和突袭，找出敌人在哪里、在做什么，并不时地攻击他们。最初，巴格诺尔德招募新西兰农民，他们很皮实，从事户外工作，习惯在恶劣的地形中长期生存；渐渐地，随着部队的扩大，罗德西亚和英国兵团的志愿者也多了起来。在沙漠中度过漫长的几周后，这些沙漠海盗形成了一种独特的海盗形象，他们戴着阿拉伯头饰，不穿靴子而穿着凉鞋，蓄有浓密的胡须。沙漠远程突击队装备了改装的轻型且装备精良的车辆，在敌人后方进行深度渗透和隐蔽任务，在大片敌方领土上悄无声息地穿越，完善了沙漠伪装和躲避的艺术。沙漠远程突击队变得善于在不被发现的情况下溜上海岸公路，观察敌军行动；这些道路监视行动提供了战争中一些最重要的军事情报。轴心国军队从未以同样的方式适应沙漠的挑战。当斯特林第一次遇到他们的时候，沙漠远程突击队是他们所处的沙漠地形的主人："他们似乎对于沙漠无所不知。"

埃及的锡瓦绿洲距离利比亚边境约 30 英里，是沙漠远程突击队的作战总部和前方基地，由盖伊·普伦德加斯特（Guy Prendergast）上校指挥。他也是一位沙漠探险家，战前曾和巴格诺尔德一起旅行。斯特林在锡瓦等着飞机把自己送回开罗时，曾问普伦德加斯特，沙漠远程突击队是否能够将特种空勤团往返运输至各个沿海目标。普伦德加斯说，这完全可能，只要任务不干扰该部队的主要侦察任务就行。就这样，战争历史上最富有成果的合作伙伴关系开始了，特种空勤团的战士们和沙漠远程突击队的沙漠航海家们聚集到了一起。特种空勤团满怀敬意地称沙漠远程突击队为"利比亚出租车"（Libyan Taxi Service）。沙漠远程突击队中那些毛发浓密、强硬的、经验丰富的男人都是与众不同的出租车司机。

斯特林曾担心，"占领者行动"的悲惨失败会导致特种空勤团的解散。但是，比起一场次要战争中几十人的损失，中东司令部的要员们更关注主战场。"十字军行动"进行得并不顺利：隆美尔的装甲部队重创英国第 7 装甲师，而非洲军团在一次戏剧性的反击中攻入了埃及。斯特林最初的支持者和世交尼尔·里奇将军，在 11 月 26 日接管了第 8 集团军的指挥权；有那么多事情要做，里奇根本没有注意到一次失败行动的糟糕细节。奥钦莱克认为隆美尔向东反攻使得德军沿海补给线完全延展开来，很容易受到攻击，而这正是 L 分队所要完成的任务。但如果特种空勤团要从陆地发起攻击而不是从空中，那么它就需要一个前沿基地来发起行动。理想场地已经有了：利比亚沙漠深处的一处绿洲避难所，但它距离海岸很近。

贾卢绿洲（Jalo Oasis）位于苏尔特湾东南约 150 英里处，在大沙海（Great Sand Sea）以西，这片起伏的沙丘海洋占据了利比亚沙漠的 1/4。贾卢有着白色的木制堡垒、泥屋、棕榈树和闪闪发光的湛蓝海水，看起来就像童话里绿洲的海市蜃楼一样。事实上，这里绝不是天堂：酷热难耐，不间断的狂风足以把人吹疯，这里住着少数柏柏尔人、几头脾气暴躁的骆驼和一大群苍蝇。绿洲的水咸得几乎无法饮用，富含矿物质，但是作为数百英里内唯一的水源，贾卢的战略意义至关重要。战争期间，它几经易手。

1941 年 11 月 18 日，为了支持"十字军行动"，陆军准将丹尼斯·里德（Denys Reid）率领 E 部队从埃及边境的贾格布卜绿洲出发，这支部队由印度、南非和英国军队混合而成，打算从意大利人手中夺取 300 英里以西的贾卢。里德乘坐装甲车前进，但是汽油只够单程行驶，这表明了他的决心。6 天后，里德的部队到达贾卢，与震惊的意大利守军激战一天后，夺取了贾卢。里德命令飞行纵队继续向北，攻击轴心国沿海岸线延展的补给线，与此同时，第 8 集团军对隆美尔的非洲军团发动了另一场反攻。沙漠远程突击队奉命对苏尔特湾的苏尔特、欧盖莱和艾季达比亚机场发动一系列袭击，以阻止敌机的行动，否则这些敌机可能让从南部逼近的里德部队遭受打击。可能是在和斯特林谈话之后，盖伊·普伦德加斯特提出 L 分队可能更适合这项任务："由于沙漠远程突击队没有接受过爆破训练，建议使用伞兵来炸飞机场。"

这是特种空勤团的一个机会，或者说是现有的特种空勤团人员的机会，以证明自己的价值。斯特林悄悄地命令乔克·刘易斯带着现有人员以及尽可能多的武器、弹药和炸药前往沙漠深处的贾卢。比尔·弗雷泽中尉的手臂现在已经痊愈，他和他的狗威瑟斯一起重返现役。吉姆·阿尔蒙兹尽管仍在焦急地等待有关儿子健康状况的消息，但也回到了队伍中。

特种空勤团于 12 月 5 日在新的前线基地驻扎。约翰尼·库珀觉得贾卢看起来像是一个"出自《火爆三兄弟》（*Beau Geste*）的外籍军团前哨"。里德准将热烈欢迎新成员的到来，他必然如此：他奉命要在 12 月 22 日之前向北推进到靠近海岸的艾季达比亚地区；如果特种空勤团能够在那之前的两周内对敌方空军造成严重破坏，那么里德的任务就会轻松很多。

斯特林在一个废弃的仓库里建立了他的指挥部，召集他的军官们，开始为特种空勤团下一次行动制订计划——他知道，如果这次行动再失败，那就是最后一次了。

6 恶魔之国

　　苏尔特湾的机场像系在绳子上的浮标一样沿着地中海海岸排列：苏尔特、塔米特（Tamet）、瑙费利耶（Nofilia）、欧盖莱、艾季达比亚。它们过去只是沉寂的金枪鱼小渔村；现在则成为德国和意大利空军在北非的基地，轴心国的战斗机和轰炸机从这些重要机场出发，袭扰英国的防线，攻击来往马耳他的护航队，并为非洲军团提供至关重要的空中支援。奥钦莱克的反攻把隆美尔击退到艾因盖扎莱，但是前线仍然离这里太远，对生活和工作在这里的人来说，对方似乎不太可能对机场发动直接攻击。这些空军基地由沿海公路连接起来；根据情报，大多数空军基地疏于防守，只有一道围墙、几个哨兵，也许还有几颗地雷；有些空军基地根本就没有守卫。这些确实是诱人的目标：漫长而令人沮丧的等待即将以一种令人惊叹的方式结束。

　　斯特林提出一个"三管齐下"的进攻计划。第一支突击队由斯特林本人和帕迪·梅恩率领，他们将穿越沙漠，被运到苏特尔湾西岸距离苏尔特机场不远的地方。苏尔特机场被认为是其中最大的机场。他们将于12月14日进行监视和攻击。同一天晚上，一支由乔克·刘易斯率领的部队将袭击苏特尔湾最南端、距离贾卢最近的欧盖莱机场。最后，12月21日，就在里德准将率领地面部队北上进攻前，比尔·弗雷泽的部队将攻击海湾东侧的艾季达比亚机场。

抵达贾卢两天后，斯特林部队的14人登上沙漠远程突击队罗德西亚巡逻队的卡车，开始出发前往350英里之外的苏尔特。出发前，包括雷格·西金斯和约翰尼·库珀在内的特种空勤团队员们在绿洲发生了一场激烈争吵，加深了他们对彼此的反感。西金斯的睡毯不见了。他怒气冲冲地在营地里转来转去，要求偷毯子的人归还，并威胁要痛打偷毯子的人。"哦，该死的，躺下吧"，库珀说，他正想要睡觉。西金斯气得双眼发红，这是他给人的惯常视觉形象："你给我站起来，你这个混蛋，我要揍你一顿！你那该死的大嘴巴！我受够你了！"打斗虽然被阻止了，却留下一触即发的局面。西金斯和库珀沮丧地发现他们都被部署在斯特林的特别小组里；在接下来的6天内，他们必须肩并肩坐在一辆卡车的后面颠簸，然后一起行动。"我们很不高兴。我们互不搭理。在工作过程中互相怒目而视。"

没有什么经历比乘坐一辆几乎没有悬挂且配置木制座椅的卡车在沙漠中长途旅行更不舒服了：颠簸和嘎嘎作响的声音让人无法入睡；炎热和乏味让人处于一种汗流浃背的半清醒状态。3天来，他们轰隆隆地向西北方向进发，沙海和岩石地貌被不时出现的峡谷和意想不到的陡坡击碎。卡车抛锚或者陷在泥坑里时，他们就不得不修车或者用沙垫费力把车弄出来。轮胎经常爆裂，但这又无法预测。夜里冷得要命，白天酷热难耐，没有中间的温度可以让人舒服片刻。L分队的人已经把这里称为"恶魔之国"。

沙漠远程突击队罗德西亚巡逻队的领航员是迈克·萨德勒，他是一个安静、谦逊、非常聪明的21岁小伙子。萨德勒出生在格洛斯特郡（Gloucestershire），战争爆发时，他正在罗德西亚的一个农场工作。他立即放下农具，加入了一个炮兵部队，该部队后来被部署到北非。"我不想错过任何事情。有些人在那个年龄就是这样的。我当然也是。"他在开罗的一个酒吧里遇到沙漠远程突击队的一些成员后，便转去了沙漠远程突击队。萨德勒天生具有几何头脑。在第一次穿越沙漠的探险中，他看着领航员拿着罗盘和航海图指引方向，觉得这比军队至此为止提供的任何东西都要有趣和有挑战性得多。一名前商船海员曾培训他靠太阳等天体导航，于是他很快成为沙漠远程突击队最好的向导之一。尽管从表面上看，沙漠既不平坦也非毫无特色，但在 1941 年，大片的沙漠地区仍然没有被绘制成地图，在地图上显示为一片空白。沙漠导航和海上导航一样，在很大程度上是数学和观察的问题，但是好的导航者也依靠艺术、直觉和本能。不平整的地面导致太阳罗盘上的阴影向这个方向或那个方向倾斜，需要导航者做出动态调整。萨德勒有一种不可思议的、几乎准确无误的能力，他知道自己身在何处，将去向何方，以及何时能到达那里。

　　第三天晚上，萨德勒宣布，这支小车队现在位于苏尔特以南 70 英里处，在敌机的射程之内。卡车被涂上了一种迷人的但也不太可能搭配起来的伪装色：淡绿色和玫瑰色。在任何其他环境中，它们都会很滑稽地凸显出来，"就像游乐场的什么东西"，但是当它们静止不动时，就会融入单调、浅淡的沙漠颜色。然而不幸的是，它们在移动过程中很容易被人从空中发现。果然，在第二天中午时分，当车队缓缓穿过布满巨石的平原时，一架意大利吉卜力侦察机出现在头顶，扔下两枚炸弹，然后调头飞向海岸，炸弹落在相当远的地方。司机们发动引擎，仓促地把车开到南边一小片低矮的刺槐灌木丛中寻找掩护，灌木丛大约有半英里长。士兵们将伪装网罩在车上，然后分散开，在带刺的荆棘下寻找掩护。几分钟后，又出现了两架意大利飞机。他们的飞行员推断车队一定是躲在这片低矮的灌木丛中，所以在接下来的15分钟里，他们不停地轰炸那片干燥的灌木。"意大利空军进行了轻率而低效的炮轰"，帕迪·梅恩报告说，他在那段时间里平静地读着一本平装书。最终，在耗尽耐心和弹药后，意大利飞机离开了。这是一种最令人不快的预演，而这种体验即将成为常态：在空旷的沙漠中遭到来自空中的追捕和攻击。没有人员伤亡或车辆损失，但这支部队也失去了出其不意这个因素。沙漠远程突击队的老兵预测道："他们会报告我们的存在。"

　　卡车在黑暗中隆隆前进，关闭车灯行驶，完全依靠着萨德勒的罗盘和方向感。他们走的路线靠近卡斯尔阿布哈迪（Qasr Abu Hadi）村，它在苏尔特以南约15英里，那里只有一堆帐篷和低矮建筑。在其中一个羊皮帐篷里睡着一个孕妇，她是当地一个牧羊人的妻子：特种空勤团突袭队员经过的那晚的6个月之后，1942年6月7日，她生下了利比亚未来的独裁者穆阿迈尔·卡扎菲（Muammar Gaddafi）。

　　12月14日晚上9点，萨德勒指示停车，并宣布他们现在距离苏尔特机场只有4英里了。考虑到意大利飞行员肯定已经对机场发出了警告：有即将到来的突袭者。斯特林宣布改变计划：他们将队伍一分为二。他和几个人当天晚上继续前进，评估进入苏尔特机场的可能性，如果可能的话，他们将在第二天晚上发动袭击。与此同时，帕迪·梅恩和队伍中的其他成员向西行驶大约28英里，前往塔米特机场，同时在那里发动攻击。斯特林说："如果我们中的一方失败了，那么另一方也许会走运。"

午夜时分，斯特林的小队慢慢摸索着向苏尔特机场走去，其中一人回忆说，"他们背着大背包和冲锋枪，头戴长筒袜帽"，看上去特别"邪恶"。前面隐约可见一架停放着的飞机轮廓，然后又是一架。他们正小心翼翼地绕着飞机走，突然脚下传来一声尖叫。斯特林踩到一名熟睡的意大利士兵。枪在黑暗中走火了。三名不速之客转身就跑。他们听到身后响起高射炮的声音，显然是射向海上。防御者似乎觉得他们面临的是海上入侵。库珀回忆说："意大利人变得异常紧张，大喊大叫。"那天晚上，英国情报部门截获并破译了一条苏尔特镇长发出的特殊信息，声称他的城镇受到了袭击。

当枪声平息时，斯特林的队伍已经安全回到南面大约1英里处一座低矮山丘的后面。黎明时分，斯特林从山顶往外看，心潮澎湃。刷成白色的苏尔特小镇此时清晰可见，机场也清晰可见，还有一排排停放整齐的意大利军机，主要是卡普罗尼轰炸机。斯特林数了一下，至少有30架。上午，有更多的飞机到达，其他的则起飞了。士兵们挖了壕沟等待夜幕降临，那时他们将发起进攻。但随着炎热一天的过去，他们发现机场里正在发生一些奇怪的事情：起飞的飞机比降落的飞机要多。到了下午，只剩下几架飞机了。而到了晚上，一架飞机都没有了。前一天发生的事情吓得意大利人从机场全面撤离了。

斯特林非常沮丧，他等待夜幕降临，然后返回海岸公路附近的会合点，他安排沙漠远程突击队在那里将他接走。

帕迪·梅恩此时正忙着放火。

半小时前，这个爱尔兰人和他的10人小组成单列纵队悄悄溜进塔米特机场，没有被发现。几十架飞机在跑道上排成一行。然而，梅恩没有立即安置炸弹，而是瞄准了场地边缘的一间大棚屋：灯光从门底下照出来，里面传来欢乐的声音，有意大利人的声音，也有德国人的声音。"一定是在举行什么聚会。"梅恩、雷格·西金斯和另一个人拔出枪，蹑手蹑脚地走到门口。梅恩描述了随后发生的事情：

> 我踢开门，拿着我的柯尔特点45口径左轮手枪站在那里，我身边的人一个拿着冲锋枪，一个拿着自动手枪。德国人盯着我们看。我们看起来又奇特又可怕，胡子拉碴，头发蓬乱。似乎过了一个世纪那么久，我们只是站在那里，默默地看着对方。我说："晚上好。"这时，一个年轻的德国人站了起来，慢慢向后退。我开枪打了他……我瞄准了，向6英尺远的另一个人开了枪。

然后另外两个人开枪了。"这时房间里一片混乱。"

当袭击者撤退时，幸存者开始还击。梅恩命令4个士兵把德国人和意大利人压制在这个混乱的小屋里，然后带着剩下的6个人去攻击停着的飞机。在15分钟里，他们在14架飞机上设置了定时30分钟的刘易斯炸弹，然后爬进另外10架飞机的驾驶舱，开枪击毁了仪表盘控件。据说梅恩徒手拆了一块驾驶舱面板。汽油箱、一排电线杆和一个弹药库也被迅速放置了炸药。68

最后一阵射击和手榴弹攻击似乎使小屋内最后的抵抗归于沉寂。梅恩发出撤退回会合点的信号。"我们还没有走出50码远，第一架飞机就爆炸了。我们停下来看了看，但是第二架爆炸的飞机距离我们很近，所以我们开始跑了起来。"西金斯回过头来，看到塔米特机场着火了，因为飞机在短时间内相继爆炸，汽油库爆炸时发出震耳欲聋的轰鸣声。迈克·萨德勒在沙漠中目睹了这场破坏："这是一个戏剧性的场景。天空被闪光照亮。我从未见过这样的景象。"几分钟后，梅恩和他的人到达了会合点，气喘吁吁又得意扬扬。卡车司机发动引擎，萨德勒确定路线，车队在黑暗中向南驶去，在他们身后，天空颤抖着，闪烁着光芒。

当斯特林和他的两个人等着被接走的时候，西边的天空出现了一片青灰色的光芒，空气似乎颤抖了一阵，隆隆的雷声在风中荡漾。"一连串闪光"照亮了夜空，一名目击者回忆说，接着夜间云层反射出怪异的粉红色火焰。沙漠远程突击队的一名官员说，这景象就像北极光，是一幅巨大的粒子画作，划过北极和南极高纬度的天空。"多么美妙啊"，一个人喃喃道。

梅恩对军官食堂的袭击大胆、残忍又相当鲁莽。这使得在第一颗炸弹放置好之前就提醒了敌人注意袭击。可以说，杀死训练有素的飞行员比摧毁飞机本身能更有效地摧毁敌军空军力量，但是它偏离了破坏行动，更接近于暗杀。在面对近距离杀人的机会时，梅恩似乎无法阻止自己。"没有俘虏"，阿尔蒙兹在日记中写道，此外没有更多的评论。斯特林在听到报上来的杀伤规模时感到震惊。"冷酷无情是有必要的，"他后来写道，"但是帕迪已经越界了……我不得不责备他处决敌人时的冷酷无情。"

69　　在一份关于塔米特突袭的官方报告中，梅恩只简短地提到了对军官食堂的袭击："屋子受到冲锋枪和手枪袭击，周围还放置了炸弹。大约有 30 人。伤亡情况不明。"梅恩简短的报告与不久后发表在英国报纸上的一篇报道大不相同，后者显然是一位极富想象力的新闻官员制作简报的结果。该文标题是

《袭击塔米特机场》，其中写道：

> 一天晚上，30 名德国和意大利飞行员坐在科尔特
> （Cirte）［原文如此］附近的轴心国机场军官食堂里，边
> 喝酒边谈笑风生。战役进行得不太顺利。隆美尔在撤退。
> 但是他们距离前线很远。屋子里的人昏昏欲睡，屋里燃着
> 一堆火。有些人在打牌。
>
> 突然，门猛地开了……一位英国中尉、一位战前著名
> 的国际体育人物和另一个男人走进了食堂。
>
> 打牌的人和在吧台喝酒的人被冲锋枪扫射。德国饮酒
> 歌变成了恐怖的叫喊。那些没有被射杀或受伤的人试图逃
> 出去。他们还没能跨出一步就被扫射倒地。他们在前线后
> 方 500 英里处，但一支英国巡逻队来到了他们中间。

那些参与其中的人故意轻描淡写，而那些没有参与的人则
在事后写下富有想象力的描述，两者之间的对比很好地说明了
自那以后一直困扰特种空勤团的事实和神话之间的紧张关系。

萨德勒熟练地带领车队回到贾卢绿洲，在干燥的沙漠里待
了一个多星期以后，这里的咸水似乎成了最大的奢侈。一场成
功微妙地改变了部队内部的化学反应。雷格·西金斯和约翰
尼·库珀，在阶级、教育背景和气质脾性上都截然不同，但他
们找到了一条纽带。危险让肾上腺素激增，而他们以前的对抗
情绪似乎消失了。正如西金斯所说："他有勇气。我也有勇
气。我们恍然大悟。我们之前有点争斗，但随着黎明的到来，
我们开始谈论那个晚上是多么令人兴奋。"随着交谈，这个很
有思想的中产阶级年轻人和这个好斗的工人阶级拳击手发现，

70

他们之间的共同点远多于分歧。库珀表现出的胆识是西金斯没有预料到的，他很欣赏这一点。与之相对应的是，库珀似乎想到一种方法来拿自己与这个年长者的残酷无畏做比较。"我可能比他更害怕，"他后来承认，"但是我绝不会在他面前让自己失望。"西金斯意识到，不管发生任何情况，库珀都不会逃跑。"我们完全相互信任，我们对彼此非常有信心。在你身边有个你知道可以信任的人是一件很棒的事，不论发生什么事，他都不会跑掉。"斯特林注意到这两个人突然之间产生的联系："库珀机智敏捷，意气风发。西金斯则是缓慢、稳定而精明的。他们是完美的互补。"

从此，库珀和西金斯将形影不离，无论在战场上还是在战场外，他们都将建立持久的伙伴关系，这种关系在他们有生之年一直持续。

同一天晚上，乔克·刘易斯和他的队伍出发去袭击欧盖莱机场，并在斯特林和梅恩的行动结束几小时后回到贾卢绿洲，乔克·刘易斯们带回来一个可以与他们的冒险故事相媲美的故事，如果不看结果的话。他们抵达了往北 160 英里的目标，没有发生任何意外，却发现机场里一架飞机都没有，而根据情报，这个机场本该是个人满为患的航空枢纽。刘易斯炸毁了一排电线杆和两辆卡车，然后撞上一支由当地士兵组成的巡逻队，这支隶属于一个意大利殖民团的巡逻队立即投降。刘易斯俘虏了敌人的下士。刘易斯从来不是会错过种族标签的人，他立即给那个人起了个绰号叫"桑波"。他决定不能完全浪费这次旅程，于是想出了另一个方案：沙漠远程突击队有一辆缴获的蓝旗亚卡车。"在研究了敌人的车队程序之后"，刘易斯下令用这辆意大利卡车做一个简单伪装。沿着海岸公路走几英里，在名为卜雷加港（Mersa Brega）的小堡垒旁边，有一个军用卡车停靠站和补给站，还有一个客栈，据说经常有德国和意大利的高级军官光顾。数十辆卡车、油罐车和其他诱人的目标都会停在建筑物附近。 71

刘易斯一直等到海岸公路空无一人后，才把意大利卡车开上沥青路面，后面跟着两辆英国卡车。德国人在早些时候的战斗中缴获了一些车辆，幸运的是，英国的卡车没有引起过多注意。刘易斯命令他的人吸烟，尽量显得放松。他们开了9英里，数出有47辆敌人的车辆迎面驶过。没有人注意到这群和其他人一样穿着满是灰尘的卡其布衣服的人。

当车队开进卡车停车场并停下的时候，正值日薄西山。刘易斯爬出来，暗中评估了可能性。他数了数，有27辆车。几个司机在卡车下面的阴凉处打瞌睡，其他人在客栈里吃东西，新来的人没有引起任何注意。就在这时，一个意大利司机出现了，向刘易斯要了一根火柴。

"你是意大利人？"这个友好的意大利人问道。

"我是英国人。"刘易斯答道。

意大利人礼貌地笑笑，显然认为这一定是德国人在展示该国众所周知的难以理解的幽默感。当刘易斯把左轮手枪压在他的后背并说"上卡车"的时候，他的笑容停住了。这个意大利俘虏被绑住塞到后面，他立即大哭起来，于是刘易斯等人不得不堵住他的嘴。

此时，一个超现实的场景正在卜雷加港客栈上演。刘易斯的手下在停车场周围悄悄移动，在每辆车上都安置了快速引信炸药，其中包括一辆3吨重的意大利卡车，车上装着燃烧弹。就在几分钟后，有人发现了正在发生的事。

戴夫·克肖打开一辆卡车的门，准备扔进去一枚炸弹，里面的司机开了一枪，火光闪花了他的眼睛。子弹差几英寸就击中他了。"我只是举起了点 45 口径手枪，然后扣动扳机。我一定是打中了他的鼻梁，因为他的脸被打裂了。"克肖永远无法忘记他近距离射击时看到的人脸内部的样子。"这让人很不愉快。"

突然，空气被枪弹搅动起来，虽然敌人的火力"很弱，而且不稳定"。吉姆·阿尔蒙兹操控着安装在蓝旗亚卡车后部的 20 毫米布雷达机枪，瞄准客栈并扣动扳机。什么都没有发生。随着温度下降，机枪的击发装置中的滑油变稠了。"所以我们就用我们的小口径枪猛烈射击这个地方"，射击持续了 20 分钟，他们"在大约 30 码的范围内进行了激烈的战斗"。

看到刘易斯发出的信号后，这些人挤进沙漠远程突击队的卡车，留下了被遗弃的蓝旗亚卡车和 15～20 名伤亡的敌人。刘易斯算了一下，他们在不同的车辆和客栈周围引爆了 38 枚炸弹。在路上，他们经过一辆外表奇特、涂装鲜艳、窗户漆黑的汽车，他们在快速驶过时，用机枪扫射了这辆车。直到后来才发现，他们开枪摧毁了一家流动的意大利军队妓院。又开了几英里之后，刘易斯命令司机离开大路，向南驶往贾卢。那名意大利俘虏，现在似乎很庆幸自己被俘，在回绿洲的路上喝朗姆酒喝得酩酊大醉，一路高歌。

参与者们后来将在卜雷加港发生的事情描述为一场"狂欢"、一次"枪战"和"一点儿乐子"。没有人描述它真实的情况：一场激烈的近距离枪战，既令人惊心动魄又异常血腥。

其他三支巡逻队回到贾卢的时候，比尔·弗雷泽和他的队伍已经出发前往艾季达比亚。在某种程度上，弗雷泽的队伍是突袭活动中最关键的。E部队指挥官里德准将应该在12月22日到达该区域并与另一支飞行纵队会合；如果弗雷泽未能对艾季达比亚空军中队造成严重破坏，那么战斗机和轰炸机就会在空中拦截里德的部队，将它撕成碎片。里德的飞行纵队精神饱满地出发了；只有他和几个军官知道，要获得成功和幸存下来很可能取决于一辆装满炸药的卡车上坐着的5个人，后者就在他们出发几小时前已经向北进发了。

弗雷泽和他的队伍总共携带了40枚刘易斯炸弹，在距离目标16英里时被沙漠远程突击队放下；他们从一个安全的观察地点，数了机场上一共有39架飞机，包括一些并排停放的意大利战斗机。到了晚上9点15分，在一片漆黑中，他们来到机场外围，溜进围栏里，小心翼翼地跨过一些绊线陷阱；在接下来的30分钟里，他们放置了37枚炸弹，使用交叉定时装置，以确保所有炸弹几乎同时爆炸，其中1枚炸弹的雷管受损，剩下2枚炸弹被放置在一个装满炮弹、弹药和燃烧弹的沙袋状建筑上。第一枚炸弹在0点42分爆炸，随后又有3枚炸弹接连爆炸，那时袭击者们正在逃离机场。他们以最快的速度向会合点行进，试图数一下爆炸的次数。然后弹药库爆炸了，伴随着令人毛骨悚然的轰鸣声，在半英里外的他们都感觉肺里的空气被挤了出来。这支小队的成员"欢呼雀跃"。

第二天早上，载着弗雷泽和他的队伍的沙漠远程突击队卡车遇到了正向北进发的里德飞行纵队的先头部队。弗雷泽被叫去向准将汇报。他对里德说："抱歉，长官，我不得不留了2架飞机在地上，因为我的炸药用完了，但我们炸毁了37架。"里德高兴地拍着他的背，大声说道："现在没有什么能阻止我们了。"后来得知隆美尔本人当晚也在艾季达比亚镇，"他一定有点头痛"，里德写道。弗雷泽是军官中最神秘、最冷漠的一个，他取得了最出乎意料的成功，也确立了一项重要原则：一个只有 5 个人的小组也可以在几分钟内摧毁整个机场。

12 月 23 日，弗雷泽的队伍到达贾卢。当晚提前庆祝了圣诞节，他们在回程路上打到了羚羊，所以有烤羚羊，还有圣诞布丁和热乎乎的酸橙汁朗姆酒。在卜雷加港客栈抓到的意大利战俘唱了很多歌。伦敦人班尼特写道，这是"一个非常、非常美好的圣诞节"。

在仅仅两周里，从梅恩突袭塔米特开始，到弗雷泽袭击艾季达比亚为止，L 分队造成了惊人的破坏：60 多架飞机，至少 50 个敌人伤亡，包括一些飞行员，以及几十辆汽车、几英里长的电话线、加油站、一个弹药库和一家妓院。护送弗雷泽团队的两名沙漠远程突击队成员被一架英国轰炸机意外炸死，但是特种空勤团中无一人伤亡。全部损失只有一辆二手意大利卡车。库珀写道，L 分队的成立终于被证明是"无比正确的"。

斯特林没有打算休息。隆美尔正在后退，他比以往任何时候都更需要空中支援。特种空勤团将再次出击。

7 一群幽灵

弗雷泽回到营地才几小时，斯特林就以一种让他无法反驳的礼貌问他，"是否介意"再次出发去发动一次袭击，"如果他不是太累的话"。斯特林说，这将会很"有趣"，甚至可能带来"大满贯：一晚上50架飞机"。当然，这是一个伪装成邀请的命令，这让接受命令的人感觉自己好像是自愿的。不知为何，斯特林成功地让一项在敌人后方进行的危险而艰巨的任务听起来就像是在赛场上的一天，具备了一种与战友开展竞争的兴奋感。斯特林建议，在他的首次成功后，弗雷泽可能想攻击马伯拱门（Arco dei Fileni）那里的机场，这座宏伟的石拱门是墨索里尼在沿海高速公路附近竖立的，标志着的黎波里塔尼亚和昔兰尼加之间的边界。它是法西斯主义者纪念胜利的庸俗艺术作品和意大利殖民利比亚的纪念碑，英国人嘲笑地称之为"大理石拱门"。弗雷泽从来没想过要拒绝斯特林彬彬有礼的战争召唤；从来没人拒绝过。

与此同时，乔克·刘易斯在制订袭击西边的瑙费利耶机场的详细计划，那里距离苏尔特和大理石拱门的距离相等。斯特林和梅恩将对塔米特和苏尔特发动第二次袭击：他们现在了解地面情况，敌人却不会想到这么快就会再次发生袭击，而且即使他们想到了，他们也没有时间建立更坚固的防御工事。

圣诞前夜，斯特林、梅恩和他们的人马乘坐 6 辆卡车出发，返回海岸。这一次，导航员迈克·萨德勒向塔米特河道（Wadi Tamit）进发，这是一条又长又深的峡谷，从塔米特镇延伸到沙漠。进入峡谷需要在陡峭的山坡上艰难地行驶，但一旦到达底部，卡车就可以在相对平坦的路面上高速行驶，不太可能被敌人从空中发现并遭到攻击。3 天后，晚上 9 点，在距离塔米特大约 6 英里的地方，队伍再次分开：梅恩的队伍出发前往机场，两周前他们在那里大开杀戒；斯特林和他的手下则爬上卡车，沿着海岸公路开往苏尔特。两支队伍都将在凌晨 1 点发动攻击。第一次袭击的经验似乎表明，他们可以沿着公路行驶而不引起注意；但他们必须先行驶到公路上。斯特林和他的队伍在到达公路之前就听到路上的声音：整个德国装甲师、载着坦克的拖车、卡车和装甲车正在向欧盖莱前线挺进，那里正是隆美尔挖壕固守之处。他们不可能在不被发现的情况下驶上公路。长长的德国车队持续前行了 4 小时。凌晨，正如他们计划的那样，塔米特的天空被点亮了。"帕迪又生了一堆篝火"，库珀说。最后，凌晨 3 点 30 分前后，德国车队的最后一辆车开过去，3 辆沙漠远程突击队的卡车才小心翼翼地开到公路上。斯特林坚持要在机场附近下车，但是时间已经不多了。机场周围竖起了新的围栏。沙漠远程突击队在会合点等待的时间不会超过凌晨 5 点。"不可能在这么短的时间里切断电线，摧毁飞机。"斯特林又一次因沮丧而怒火中烧，他取消了袭击行动。

作为安慰，沙漠远程突击队同意沿着公路行驶，并像几天前刘易斯做的那样，"稍微开几枪"。沿路走了几英里后，他们看到 12 辆补给车停在路边，司机们在附近的帐篷里睡觉。

76

队员们悄悄安置好刘易斯炸弹，继续往前开。稍远一点儿的地方，有一排卡车和其他车辆，旁边是一个更大的帐篷营地。黎明时分，3辆卡车呼啸而过，一边用冲锋枪和步枪开火，一边投掷手榴弹，然后转向沙漠。这一举动无疑吓坏了很多昏昏欲睡的德国人，但是驾车经过时进行的射击能造成多少实际破坏还不得而知。库珀描述说他们留下"一片混乱的燃烧车辆"，但这也无法掩饰斯特林的第二次突袭也失败了的事实。回到塔米特河道后，他们与梅恩的队伍会合，后者在塔米特又摧毁了24架飞机，其中许多是刚从意大利飞过来替换上周被破坏的飞机的。斯特林试图在提到自己的失败时表现得不以为意。"我得加紧努力了，"他说，"竞争太激烈了。"这句话是半开 77 玩笑的。和战斗机飞行员一样，这些人也在记录他们的战果，这就产生了"个人竞争的精神"。在这些军官中，只有斯特林到此时为止还没有给敌人造成过严重破坏。

　　在弗雷泽和他的队伍的护送下，乔克·刘易斯在圣诞节那天出发前往瑙费利耶机场。崇高的尚武情怀仍在刘易斯的心中燃烧，令人想起早年骑士的英勇和圣洁的牺牲。"我感到我的力量和恐惧都离我远去，"他写道，"我不会寻求保住性命，而是会选择最困难最危险的工作……如果我牺牲，那也是为了那些活着的人以及那些我本可以活着帮助到的人。"有消息称，在加入特种空勤团之前，他很可能因在图卜鲁格的行动而获得勋章，这只会增强他值得称道的使命感。在10月，他曾写信给米里亚姆·巴福德（Miriam Barford），向她求婚。在圣诞前夜，他给家人发了一封电报，祝他们圣诞快乐，并说他现在"胡子很长，可能会获得一枚勋章"。吉姆·阿尔蒙兹在刘易斯的队伍里。他的思绪也回到了家里，回到了他生病的儿子和妻子那里，他向他们隐瞒了自己的行动。"多么难忘的圣诞节啊，"他在写给妻子看的日记中写道，"你以为我在某个地方接受训练。这样欺骗你让我觉得自己是个混蛋，但是告诉你真相只会让你担心。"

弗雷泽和他的队伍于 12 月 27 日被派往攻击大理石拱门，只带了 3 天的口粮和水。刘易斯继续往前走，并告诉弗雷泽他会在回来的路上接他。

第二天，沙漠远程突击队在距离瑙费利耶机场 18 英里的地方放下了刘易斯的队伍。在一场急行军和黎明侦察后，他们可能会收获颇丰。机场被强大的德国斯图卡（Stukas）俯冲轰炸机所覆盖，从鲜明的涂装可以判断出它们是全新的。吉姆·阿尔蒙兹数了数，一共有 43 架。"在这样一个早晨飞越沙漠一定很壮观。"他在日记里如此写道。他们将在晚上发动袭击。

在机场外围大约 1 英里的地方有个废弃的水箱，或称 ber，那是一种老式的从岩石中挖出来的储水池，用来收集罕见的沙漠降雨。这是一个干燥、隐蔽而方便的藏身之处，他们可以躲在那里等待夜幕降临。但这里也不是空无一物的。在一个角落里，躺着一具风干的、带着表皮的沙漠狐的骨架，它一定是掉进了这口古井，发现自己无法逃脱。尽管阿尔蒙兹勇猛凶狠，但他也很敏感。当他们等待夜幕降临时，他发现自己在想象那只注定会死去的狐狸最后的挣扎。"它给我留下了很深的印象。它显然会一直跳，直到它虚弱到再也跳不动为止。我对那只动物深表同情。那种想要活下去的渴望。那种想要挺过难关的渴望。"

凌晨 2 时许，他们收拾好背包和枪，蹑手蹑脚走向机场。

刘易斯在他们发现的第一架飞机上安装了一枚炸弹，然后是第二架飞机。但当他们向机场深处推进时，很快就发现其他飞机都不见了。因为他们待在舒适的地下洞穴里，所以没有听到飞机起飞的动静。看起来很有希望的一次任务却一无所获，或者说几乎没有成果：即便是留在机场的两架飞机也未能正常爆炸，因为它们几乎没有燃油了。

他们花了一整天，跋涉 25 英里回到会合点。黑夜中，沙漠远程突击队的卡车掉头返回弗雷泽和他的队伍原定等待的地方。

上午 10 点，双引擎的梅塞施密特（Messerschmitt）战斗机出现在地平线上，直接朝着车队的 5 辆卡车飞来。司机们猛踩刹车，希望飞行员在上午的炎炎烈日下看不到他们。梅塞施密特战斗机从他们的头顶飞过，似乎继续前进了。"每个人都松了口气"，阿尔蒙兹写道，这时战斗机突然倾斜，做了一个急转弯下降盘旋，然后在离地不到 30 英尺的地方呼啸而来。"它回来了"，阿尔蒙兹喊道。车队分散开来。梅塞施密特 110 战斗机是德国空军破坏力最强的战斗机之一，装有 4 挺机枪和 2 门 20 毫米机炮，每分钟可发射 650 发子弹。当飞机冲向刘易斯和阿尔蒙兹所在的卡车时，阿尔蒙兹抓起一把布朗轻机枪，从后面爬出来。另一个人在子弹砰砰打进卡车，撕裂车地板中心并炸飞右侧两个轮胎时，抓住了弹匣。坐在前排的刘易斯似乎在摆弄一些文件，毫无疑问他销毁了一些行动指令，以防他们不得不放弃卡车。阿尔蒙兹发现附近的一座岩石小丘，大约到头部那么高，这至少可以提供一点儿掩护。他和那个拿着弹匣的人跑了过去，另外还有 3 个沙漠远程突击队的新西兰人也跑了过去。那架德国飞机已经转弯，又要飞过来了。阿尔

79

蒙兹在露出地面的岩石后面架上机枪，然后开始射击。那里随之而来的是一场"围绕岩石展开的'编一个玫瑰花环'①的致命游戏"；德国飞机速度很快，但是转弯很慢；一旦飞机进行扫射，这些人就爬到小山的另一边，然后从后面向飞机发起猛烈攻击。

"我想你击中他了。"一个新西兰人如此喊道。阿尔蒙兹确实击中了飞机后部的机枪枪手。梅塞施密特战斗机离开了，这场攻击开始得突然，结束得也突然。喘息的时间很短，几分钟之后，两架斯图卡俯冲轰炸机加入了战斗，它们俯冲下来攻击空空如也的卡车。卡车上的人四散开来，一头扎进低矮的灌木丛，然后躺平，一动不动，希望不会被敌机发现。一些人铲起沙子盖住自己，试图融入地面。有些人躲在灌木丛中，有些人蜷缩着身子装死。一个人讽刺道："没有哪一门课程能像机枪近地扫射那样提高大家的伪装本领。"

第一组进攻的斯图卡俯冲轰炸机被另一组所替换，袭击持续了8小时，毫无章法，但很可怕。在短暂的平静中，阿尔蒙兹抬起头，看到远处升起油乎乎的黑烟：斯图卡俯冲轰炸机至少找到了几辆已分散开的车。下午3点前后，一架德国侦察机飞过来评估战况；这些人静静地躺着一动不动。飞机满意地飞走了。一边倒的战斗结束了。"他们以为击毙了所有人"，阿尔蒙兹后来写道。慢慢地，队伍的残余成员从藏身之处冒了出来，满身尘土，精疲力竭。直到这时，阿尔蒙兹才意识到刘易斯不见了。"乔克坐在卡车里。我不知道他为什么不下车，真的不知

---

① "编一个玫瑰花环"（"Ring a Roses"）既是19世纪一首著名的英文儿歌，也是一种边唱边跳的游戏，歌词以"We all fall down"结尾，参与游戏的人最后全部围成一圈倒在地上。——译者注

道为什么。"刘易斯似乎遵循了自己的指令：永不逃跑。

一枚 22 毫米口径的机炮子弹击穿了刘易斯的大腿，切断了他的股动脉。另一枚子弹可能击中了他的背部。他在几分钟内因失血过多而死。

乔克·刘易斯被埋在沙漠中的一个浅坟里。有人做了祈祷。一支刻有他名字的步枪竖着插在地上，上面支着一顶头盔，作为一个临时标记，"希望有人能承其衣钵"。

卡车被严重击毁，但油箱奇迹般地完好无损。沙漠远程突击队里有一个近乎天才的工程机械师，他设法重新发动了卡车。阿尔蒙兹和另外两名特种空勤团士兵，以及沙漠远程突击队的幸存者爬上车，再次向南进发。其他卡车无一完好，所以其余的幸存者已经步行出发前往贾卢。阿尔蒙兹首先前往大理石拱门附近的会合点，"好让比尔·弗雷泽知道我们没有忘记他，还有我们还会派其他卡车去接他"。会合点空无一人。因为不可避免地被空中轰炸耽搁了时间，阿尔蒙兹到达会合点时晚了 8 个多小时。比尔·弗雷泽和他的队伍早就行动了。"没有他和任何队伍成员的踪迹。"他们等了几小时，然后也继续前往贾卢。

12 月 31 日午夜前，这辆卡车晃晃悠悠地驶入贾卢。斯特林对于刘易斯的尸体被留在原地感到愤怒，尽管刘易斯本人在训练中坚持说带回尸体是一种危险的浪费时间的行为。

虽然斯特林不想表现出来，但失去刘易斯对他是一个毁灭性的打击。除夕夜的聚会简朴而忧郁：有一些果酱、一壶茶和一罐炼乳。"我们失去了一位最好的军官，我们最棒的兄弟，"库珀说，"每个人都很难过。"就连一向以掩饰所有情绪而自豪的西金斯，也暗自神伤："在某种程度而言，失去乔克要比

80

1941 年 11 月那次失败的突袭中损失 40 名士兵还要严重。"

在刘易斯空空的帐篷里，放着一封还未拆封的信，这封信是米里亚姆·巴福德在 10 月写给他的，她在信中欣然接受了他的求婚。

那天晚上，阿尔蒙兹在日记里写道："我想到乔克，这位我见过的最勇敢的人之一，一名军官也是一位绅士，躺在沙漠中，仅有薄沙覆体。没有人会在他墓前驻足，也没有人会向这颗停止跳动的勇敢的心致敬。他的墓甚至连一块石头标记都没有。"

再也没有人找到乔克·刘易斯的坟墓。这位来自另一个时代的朴实无华的战士被埋葬在他倒下的地方，融入战场，没有留下任何痕迹。

81　　　　比尔·弗雷泽和他的 4 人小队完全不知道刘易斯的遭遇。他们只知道自己没能与沙漠远程突击队和刘易斯的队伍取得联系，此时被困在距离贾卢绿洲 200 英里的沙漠中，每个人只剩大约半品脱的水，以及最多维持两天的沙丁鱼、牛肉罐头和饼干。大理石拱门的跑道似乎坚不可摧，那里有新挖的战壕防御工事和数十名看上去很警惕的德国警卫。两支特种空勤团的小队在会合点错过了彼此，经过两天的紧张等待，弗雷泽和他的队伍徒步向西南方向出发。

最后一点儿水很快就喝完了。第三天，他们遇到一摊咸水。咸水必须蒸馏后才能饮用，这是一个费力的过程，产生的水很少，不足以对抗因高温、强行军和腹泻带来的脱水。他们喝自己的尿，吃从岩石下找到的浆果、蜗牛和小蜥蜴。

1942 年 1 月 6 日，在被放在大理石拱门附近的 10 天后，弗雷泽的队伍差点撞上一队正在铺设电话线的意大利工程师。他们一直躲到天黑，然后发动了伏击：他们持枪控制住意大利人，然后从卡车散热器里吸出了生锈的水。随后，他们带着两罐水、一些不明的果酱、一罐梨和另一罐鱼味意大利面逃回沙漠。尽管在美食上有意外收获，但是一些人的身体状况正在迅速恶化。用弗雷泽后来的话说，他决定"搭个便车"。当天晚上，他们一路返回海岸公路，埋伏等待，然后拦下一辆载有 2 名德国无线电报员的梅赛德斯 - 奔驰轿车。车上惊慌的乘客被解除武装，被命令开车，而 5 名英国士兵都挤在车后座上，弗雷泽用左轮手枪指着司机的脖子："我们不打算开车超过德国佬来引起他们的警觉。"1 小时后，弗雷泽命令司机驶出公路，向南进入沙漠，他希望那里是开往前线的方向。大约 15 英里后，当他们试图穿过一个盐沼时，车子被卡住了。他们指着北方，让德国人开始步行。弗雷泽估计，英军第 8 集团军应该在东面 50 英里左右。接下来的 48 小时变故丛生：他们遭到意大利哨兵的射击，穿越了雷区，吃掉了最后一点儿食物——一口带果酱的沙丁鱼。一些友善的贝都因游牧民族给了他们一些椰枣。在早些时候的战斗中，他们从一辆被烧毁的德国汽车里发现了几听烧焦的肉罐头，这些肉罐头在高温下被烤过了，吃起来别有风味。沙尘暴来袭。透过旋转的砂砾，依稀可以看到远处的部队：弗雷泽的部队是否会在饿死之前被射杀或遭俘虏似乎还是个未知数。

　　然后传来了一个英国人的声音。从艾季达比亚出发的英国士兵对这些从风暴中向他们蹒跚走来的毛发浓密、饥肠辘辘的人非常怀疑。"他们一定以为我们是一群野蛮人，"一位幸存者说，"我们的头发和胡子又长又乱，脸上手上沾满泥土，衣衫褴褛。"弗雷泽写道，这些人"表现得令人钦佩"，在整个艰难的过程中表现出毫不掩饰的"乐观"，"特别值得注意的是，他们在任何情况下都怀着不被俘虏的决心"。

几天后，他们就在返回卡布里特特种空勤团总部的路上了，其他的小组现在已经从贾卢回来，在这里接受应有的疗养。分散的刘易斯小队也徒步穿越了沙漠，只有一个人因无法继续行走而选择在原地等待并被俘虏。如此多的人幸存下来，他们的同伴都感到惊讶和高兴，仿佛"一群幽灵"死而复生。

这场艰难旅程对比尔·弗雷泽的胃口产生了永久性的影响：因为曾经濒临饿死，所以每当他"闻到烹饪食物的味道时……他就必须马上吃点东西来满足自己的欲望"。在两周里，弗雷泽几乎渴死，他喝过自己的尿，爬过雷区，躲过子弹，劫持了一辆德国汽车，吃了一罐半焦的牛肉，穿越过前线，在沙漠中用 9 天跋涉了 150 英里。在和他的狗威瑟斯重逢后，他筋疲力尽地走向 6 周前腾出的帐篷，惊讶地发现，因为大家认为他已经死了，所以他的床现在被别人占了，这也能理解，尤其因为占他床的这个人是兰开斯特（Lancaster）的保守党议员。

8 闪电战车

菲茨罗伊·休·罗伊·麦克林（Fitzroy Hew Royle Maclean）
是一位外交官、语言学家和探险家，是特种空勤团的最新成
员，他是英国军队最勇敢的人之一，也是最有趣的人之一。和
斯特林一样，他也是一个古老好战的苏格兰家族的后裔；和斯
特林不同的是，他是一位知识分子和学者，精通意大利语、俄
语和德语（还有希腊语和拉丁语）。麦克林身材高大挺拔，有
一张棱角分明的脸，下巴上有酒窝，看起来就像一个刚刚听到
非常有趣的笑话的罗马参议员。他 1933 年加入外交部后，在
巴黎和莫斯科都表现出色，并被认为是外交界的"未来之
星"。他决心参军走向战场，但是根据战时规定，外交事务被
列为一项"保留职业"，这意味着，他被禁止离开自己在苏联
的官方职位，这让他极度沮丧。

麦克林曾试图说服外交部放他走，但以失败告终。他突然
想到一个解决办法，这个办法非常符合他对于荒谬的戏剧性的
极好品位。外交部条例的细则规定，高级职员如果当选议员就
必须辞职。令他自己感到惊讶而让他的上级愤怒的是，1941
年 10 月，麦克林以有史以来最短的政治竞选，成功赢得了兰
开斯特的补选。他马上退出外交部，以列兵身份加入了卡梅伦
高地部队，并被派往北非。1941 年晚些时候，在开罗的一场
晚宴上，麦克林与一个"身材高大、皮肤黝黑、体格健壮的

年轻人交谈起来，这个人大多数时候态度含糊，但有时候极其机警"。

"为什么不来特种空勤团呢？"大卫·斯特林问他，他在战前曾与菲茨罗伊·麦克林有过短暂的会面。

"那是什么？"麦克林问。

"进来是件好事。"回答很神秘。

84 "听起来很有前途，"麦克林后来写道，"我当时说我很乐意加入。"

菲茨罗伊·麦克林被任命为中尉，在1942年1月中旬来到卡布里特。一个来自阿伯丁的大个子卫兵把他领到一顶空帐篷前，并告诉他之前住在帐篷里的人是比尔·弗雷泽，然后悲伤地说："那位可怜的先生已经不再需要它了。"麦克林刚坐下来，一个"留着胡子、长相粗野"的身影掀开了帐篷的门帘，他抱着一只小狗，要求把他的床还给他。弗雷泽长途跋涉穿越沙漠的史诗般的故事给麦克林留下了深刻的印象，"他是靠喝废弃卡车散热器里生锈的水活下来的"。

尽管乔克·刘易斯牺牲了，但用斯特林的话来说，前面几周的经历还是给小分队注入了"巨大的自信和振奋的感觉"。90多架飞机被摧毁；弗雷泽和其他人在逆境中生存下来，这支部队对战争做出了巨大而明显的贡献。斯特林拜访了位于开罗的中东司令部，在一个亲切友好、愿意倾听的氛围中与奥钦莱克将军会面。

中东司令部认为，这场战争似乎突然进展得顺利起来：隆美尔被击退，图卜鲁格解围了，班加西已被攻占。奥钦莱克将军祝贺斯特林在进攻敌人"前线"机场方面取得的成绩，并授权他再招募6名军官和40名士兵。斯特林被提升为少校；

帕迪·梅恩被任命为上尉。两人都被推荐获得杰出服役勋章
（Distinguished Service Order，DSO）。弗雷泽将被授予军事十字
勋章。奥钦莱克将军愿意在计划和执行行动方面给予斯特林特
别的自由度。斯特林的部队通过无线电来保持与司令部的联
系，但是没有证据表明指挥官要求或者期望斯特林在完成任务
之前要明确告知他在做什么。而这正是斯特林想要的方式。

随着晋升、勋章和战斗荣誉的到来，出现了一种新的永恒
感，一种日益牢固的集体认同感油然而生。这支部队开始自称
为"特种空勤团"，而不仅仅是 L 分队了。

不过，仍然有在背后诋毁这支部队的人。一位批评人士质
疑道："一些部队指挥官，比如斯特林，想要完全独立……我 85
们过去的经验证明这是不能接受的。"新任命的副参谋长 A. S.
史密斯（A. S. Smith）写道："我认为，拥有一些小型的私人
军队当然是不对的。"中东司令部因循守旧的人仍然对其存有
深深的怀疑，这也并不是完全没有根据的，那就是斯特林是在
通过自己制定的规则打他自己的战争。但是至少在短期内，在
奥钦莱克将军的指挥期间，特种空勤团的存续不再是个问题
了。为了加强这种稳定感，他们制作了新的写有座右铭"运
行之翼"的徽章和独特的白色贝雷帽，以此来将训练有素的
伞兵和新手区别开来。帽子的颜色是个问题：休假时他们戴着
贝雷帽出现在开罗的酒吧，贝雷帽引来了其他士兵的挑逗口
哨，尽管斯特林禁止斗殴，但打斗还是不可避免地发生了。最
终，白色贝雷帽被替换成稍微不那么显眼的米黄色版本。

早在 10 月，斯特林就要求这些人想想徽章设计的点子。
和他一起参与第一次苏尔特突袭的鲍勃·泰特（Bob Tait）中
士提交的作品获胜了：一枚帽徽，上面画着一把燃烧的王者之

剑（Excalibur）——亚瑟王的传奇武器。这一主题后来一直被误解为一把"带翅膀的匕首"。"攻击并摧毁"的口号因为过于直白而遭到拒绝；"下降上升"似乎不合适，因为跳伞已经不再是他们主要的运输方式。最后，斯特林决定用"勇者必胜"（Who Dares Wins）的口号，这似乎在勇气与自信之间取得了恰当的平衡。"行动之翼"徽章是乔克·刘易斯设计的，它是带有降落伞的圣甲虫翅膀的形象。任何完成跳伞训练的士兵都可以把这个徽章戴在肩上；完成三次任务后，就可以把它缝在胸前的口袋上。这些标记和区别对外行来说可能毫无意义，但是在特种空勤团这样的小组织中，它们几乎受到精神上的崇敬，是私人兄弟会的象征。斯特林注意到，"行动之翼"徽章"被视为他们自己的奖章"。严格地说，作为一个分队，这个组织并没有资格授予这种徽章；而这正是斯特林喜欢藐视的那种规则。

86 　　斯特林有了一个新计划：这是该分队的第一次两栖作战。他估计，如果班加西落入同盟军手中，隆美尔将被迫通过西面约350英里的地中海港口布艾拉哈松（Bouerat）运送更多补给。如果特种空勤团能携轻便船只和一批水下爆破弹进入港口，他们就能划向抛锚停泊的轴心国船只，其中可能还有一些大型油轮，并对其造成重大破坏。他提议带上两名特种舟艇小组（Special Boat Section）的成员，那是一支附属于莱科克部队的特种海上突击队。特种舟艇小组的人会负责折叠艇，那是一种用木头和帆布制成的折叠皮划艇。

　　这次行动时间定于1月23日，一个没有月光的夜晚。空中侦察将在他们即将突袭前，为其提供有关港口船只的情报。

征兵海报印出来了，帕特·莱利这位最有魅力的士官被派往中东各地的军营寻找合适的人选。

在招募部队、策划布艾拉哈松袭击和为特种空勤团的大规模扩张做准备时，斯特林自己住在他弟弟位于开罗的公寓里，部分原因是那里比中东司令部舒服得多，但主要原因还是在那里他不太会受到官僚主义好管闲事者的干扰。斯特林的作战计划会议在大多数人看来是个聚会。彼得·斯特林的三室公寓里是一片欢快的混乱景象，地图、枪支、文件、空瓶子和装满烟头的烟灰缸被扔得到处都是，公寓由足智多谋的埃及管家穆罕默德·阿布迪（Mohamed Aboudi）管理。阿布迪是管家、酒保、非官方的军需官和反抗权力的第一线。"默"① 拥有不可思议的天赋，他在调制粉红杜松子酒、获取弹药和汽车零部件的同时还能接电话。在斯特林和他的军官们在餐厅里举行了深夜左轮手枪射击比赛之后，"默"还能熟练地修补墙壁和安抚邻居。

在初春时节，乔治·贝尔热（Georges Bergé）上校指挥的由 52 名自由法兰西（Free French）伞兵组成的小分队突然加入了他们。这些伞兵很"棘手"，用斯特林的话来说，这些非常爱国的法国人，逃离了被纳粹占领的法国，在英国接受了伞兵训练。他们渴望任何与德军战斗的机会，并且乐于在英国的指挥下这样做。大多数英国军官多少会一点儿法语，也有一些法国伞兵会说英语；即便如此，为了避免语言上的障碍，大家同意较小的战斗部队一般由同一个国籍的人组成，并在斯特林的总体命令下作战。把法国和英国士兵混在一起可能会导致紧

87

---

① 穆罕默德·阿布迪的昵称。——译者注

张的局面；事实上，尽管双方无休止地互相捉弄，但双方的关系几乎始终是和平的。法国军队将在特种空勤团的发展过程中发挥至关重要的作用。

贝尔热是法国沦陷后逃到英国的一名正规军的军官。1941年3月，他空降到被占领的法国执行一项任务，伏击一辆载有协调闪电战的德国空军导航员的大巴——这次行动失败了，原因是这辆大巴没有出现，这种情况在法国大巴中并不少见。贝尔热被潜艇接上并返回英国，在那里，戴高乐（Charles de Gaulle）任命他指挥自由法兰西的伞兵部队。他的副手是奥古斯汀·乔丹（Augustin Jordan）中尉，后者曾是一名殖民地公务员，受过高等教育，衣着考究，举止优雅，是从北非逃到英国的。乔丹的处事方式容易让人迷惑：他很有礼貌又冷酷无情。

在所有新抵达的法国人中，最引人注目的是热尔曼·盖尔皮隆（Germain Guerpillon），他是一名前领事官员，可能是这支分队中最不像军人的人。盖尔皮隆胖嘟嘟的，个子矮小，行事没有章法却又充满无限热情。"他不能跑，也不能跳，还恐高"，他的一个同胞回忆说。起初，其他士兵嘲笑他，特别是英国人，他们给他起了个绰号叫"笨蛋"；后来，他们开始喜爱他，并最终深深地尊重他。因为盖尔皮隆是勇敢坚定的。

这些新人需要接受爆炸、沙漠战争和夜间行动方面的训练。跳伞训练还在继续，因为斯特林认为从飞机上跳下来是"判断新志愿者性格的良好基础"。刘易斯不在了，斯特林失去了一位优秀的教练；而斯特林选择了一个可以证明刘易斯的方法是切实有效的活生生的例证——帕迪·梅恩来代替刘易斯成为训练教官。当斯特林、西金斯、库珀和其他十几个人将要前往布艾拉哈松去击沉船只时，梅恩奉命留在卡布里特营地训练新兵。

如果说梅恩对这一命令感到心烦意乱，这还不足以完全说明他愤怒的程度。他接到这个消息时的态度是冷冰冰的，差一点儿就公然违抗命令。"我看得出他很生气"，斯特林写道，但他仍然坚持"没有其他人能够胜任这个职务"。然而，梅恩感觉到他被斯特林留在后方是因为他们之间没有挑明但十分激烈的个人竞争。梅恩已经摧毁了数十架飞机，而斯特林还没有一个"破坏"记录；这位初级军官确信（也许是有道理的），这是一种策略，目的是让斯特林追平比分，甚至可能"超过他的飞机'猎物袋'中的数量"。

梅恩努力控制住了自己的脾气，但是当他接受这个命令时，斯特林注意到他的语气"有点预兆了"。

布艾拉哈松突袭并没有完全按计划进行。由迈克·萨德勒率领的7辆卡车组成的车队在马上就要抵达塔米特河的安全地带时，被一架意大利侦察机发现了。车队散开到峡谷中寻找掩护。几分钟后，6架敌机出现了，它们在溪谷里上上下下盲目扫射和轰炸了1小时，直到夜幕降临才消失在地平线上。斯特林从藏身之处出来，发现没有人员伤亡，于是松了口气，但是无线电报卡车及3名操作员不见了。（事实上他们已经被俘，并将在接下来的战争中一直被囚禁。）现在无法与总部联系取得最新的情报和侦察报告了。

那天晚上，20个人挤在一辆卡车的后部，还有几十枚炸弹和一艘可折叠的独木舟。在距离布艾拉哈松5英里的地方，卡车陷入一个坑里，许多人和装备都飞了出去；精致的折叠船被砸碎得无法修复。"我们得重新安排一下，"斯特林说着，

89　展现出一种他肯定没有感觉到的冷淡，"布艾拉哈松有很多目标等着我们。"运气好的话，他们可能会找到一艘可以使用的划艇。午夜过后不久，萨德勒把这些人放在小镇边的田野里。突袭小队分成三组：一组前往破坏无线电台，另外两组由斯特林和莱利带领，潜入海边。

布艾拉哈松不过是一个小海湾周围的一排房子，两边各有两个码头，两旁排列着大型仓库。这地方静得出奇，没有哨兵的影子。在机场安放炸弹是一回事，但现在他们是在敌人后方500英里处，要悄无声息地穿过敌人控制的城镇。斯特林和他的人蹑手蹑脚地走下码头。唯一的声响是水浪拍打的声音。空气中弥漫着强烈的汽油味。透过黑暗，他们可以辨认出一些渔船的形状，除此之外，港口空空的。很显然，油轮是最近进港的，但是现在它们已经开走了。

接下来的20分钟里，他们把炸弹安放在港口的车间和仓库里，那里似乎装满了机器、飞机零部件和储备食物。黑暗中，双方撞到一起，差一点儿就开火了。斯特林和莱利都不得不忍住傻笑。斯特林低声说："我很高兴你学会了悄悄行动的技能，莱利中士。"在离炸弹爆炸还有20分钟时，这些人回到山上，待在路边，停下来把炸弹安放到18辆装满汽油的卡车上，这些卡车集中在一个大型卡车停车场。当他们开着沙漠远程突击队卡车向南行驶时，布艾拉哈松上空的天空变成了"浅灰粉色"。摧毁隆美尔船只的计划一无所获，但是斯特林第一次感受到自己"真正打出了狠狠一击"，端掉了无线电台，让港口瘫痪，击毁了一支价值不菲的汽油运输车队，所有这些都发生在距离熟睡的敌人仅仅几英尺之内。

回程中，他们遭遇了伏击，被迫击炮和重机枪扫射。当天早些时候的一场沙尘暴使得他们所有的冲锋枪都无法使用了。卡车后部有一门维克斯防空炮,对伏击者产生了所需的"挫伤士气"的效果,他们成功逃脱了。然而,在武器无法使用的情况下就出发正是斯特林常犯的错误;帕迪·梅恩绝不会犯同样的错误。

90

斯特林在回程的路上可能在想为什么他和他的部下发现港口空无一人。答案来自英国广播公司。当这支喜气洋洋的队伍接近贾卢时,广播里传来一些令人不安的消息:大范围战争的钟摆再次摆动了起来。隆美尔进行反击,夺回了班加西,把英国人赶到远在利比亚另一端的艾因盖扎莱,重新夺回了他最近失去的领土。由于失去了无线通信,斯特林完全不知道这场战斗。重新夺回班加西后,布艾拉哈松就不再是隆美尔的主要港口了。沙漠远程突击队已经撤出贾卢,随着隆美尔的继续推进,贾卢也将很快回到敌人手中。斯特林最终在2月7日回到卡布里特;仅仅过去了两周,战争看起来就大不相同了。

斯特林发现帕迪·梅恩在他的帐篷里,郁郁寡欢地喝得醉醺醺的,躺在床上读着一本书——自从突击队丢下他出发后,他就一直待在这个地方,处于这种状态。他没有按照指示训练新兵,而是把两张床拼到一起爬了上去,还带着一大堆平装书("大多是诗歌")和大量的威士忌。

斯特林很少发脾气,而梅恩经常发飙。在两个事件同时发生的少数情况下,结果是惊人的。当看到他最优秀的士兵躺在床上生闷气、"周围都是酒瓶"的情景,斯特林用典型的委婉口吻称之为"一场狂风骤雨":一场激烈的争吵爆发了,一直持续了一个多小时,整个营地的人都听得清清楚楚。当飓风终于平息下来后,两人又开了一瓶酒,坐下来进行了他们唯一一次亲密交谈。梅恩可能是第一次提到他最亲密的朋友约恩·麦格尼格尔，后者在第一次突袭中牺牲。"我想我直到那时才真正了解到帕迪和约恩·麦格尼格尔有多么亲密，或者说他们之间的关系是什么样的，"斯特林后来有点含糊其词地写道，"帕迪和他在一起时能够完全放松……约恩能够在不同的层面上和帕迪沟通。"而斯特林则讲述了当被告知自己永远成不了艺术家时的痛苦失望和挫败感。"这种挫败感如此之大，"他跟梅恩说，"它驱使我去用我能给自己设定的最严格的体能目标来弥补——攀登珠穆朗玛峰。"这种对自己脆弱的承认似乎触动了帕迪·梅恩的心弦。

斯特林后来写道："是帕迪·梅恩回应这段对话的眼神，而不是他说的话（他语无伦次），让我确信他正在遭受巨大的挫折。""他说，他唯一想做的就是写作。"

斯特林感觉自己已经发现了驱使帕迪·梅恩的恶魔。他说："因为他的创造力没有发泄的出口，它被压抑到了一个无法忍受的程度……这导致了他的酗酒行为、一些暴力举动和坏脾气。"斯特林相信，梅恩内心那个没有得到满足的作家完全不为人知，"除了他的母亲，也许还有约恩·麦格尼格尔"，这就解释了他的情绪波动和攻击性，以及"他在战场上惊人的直觉和灵感"。在那次漫长而又醉醺醺的倾诉中，梅恩暗示了自己内心的挫败感，包括艺术和文学方面，可能也包括心理和性取向方面。斯特林一直没有忘记他们在最激烈的争执之后进行的这次谈话。他的余生都被梅恩这种矛盾性格的谜团所"困扰"：他的"爱和奉献能力几乎达到了精神层面"，但他同时还有"对女性（和男性）的性冷淡以及对女性的社交回避"的问题。括号里的内容是斯特林加的。斯特林认为，"他在日常生活中是富有同情心和温柔的"，这与他"有时候甚至是针对那些与他亲近的人爆发出的极端暴力"形成了鲜明对比。

那天的傍晚时分，两个人握了手，友好地分开了。梅恩似乎对宿醉免疫，不管是酒醉还是情绪激动，"到第二天早上，他恢复了，甚至加倍有活力了"。斯特林诚实地承认了强迫梅恩担任训练教官一职是一个"可怕的错误"。帕特·莱利现在是准尉副官了，他代替梅恩被任命为训练教官。帕迪·梅恩将 92 回到前线作战，或者更准确地说，将深入敌境。

贾卢现在回到了敌人手中，特种空勤团和沙漠远程突击队需要一个新的前方基地来继续沙漠行动。最符合逻辑的地方是锡瓦绿洲，它位于埃及境内，距离利比亚边境 30 英里，处在大沙海的东部、卡塔拉洼地的边缘。锡瓦绿洲曾是塞努西部落（Senussi）的要塞，围绕着阿蒙神庙（temple of Ammon）而建，这里与蚊虫肆虐的不适的贾卢有着天壤之别。这里清澈的天然泉水从地下涌出来，在沙漠里孕育了一片生机勃勃的绿色植物，有高耸的椰枣树和整齐的橄榄树。据说克里奥佩特拉[①]本人曾在这里的一个天然石头温泉池中游泳。那里有几间欧洲人的屋子，还有一大片传统的村民小屋。菲茨罗伊·麦克林被克里奥佩特拉的水池迷住了，他立即跳入水中："棕榈树下是清澈的水池，水从很深的地方涌出来……就像在苏打水里洗澡一样。"

斯特林的注意力已经转向了班加西。2500 多年以来，相互竞争的各方——希腊人、斯巴达人、波斯人、埃及人、罗马

---

① 即埃及艳后。——译者注

人、汪达尔人、阿拉伯人和土耳其人——一直在争夺这一古老的地中海海港。意大利人在 1912 年入侵这里，残酷地压迫当地人，并建起一座迷人的意大利式海滨别墅。班加西作为墨索里尼帝国主义理想的展示地而繁荣起来，到 1939 年，大约有 2 万名意大利人生活在这个繁荣的殖民地，这里有商铺、餐馆和电影院。1941 年 2 月，英国和英联邦部队在西部沙漠战役的第一次主要盟军军事行动中从意大利人手中夺取了这片土地。两个月后，它被隆美尔的非洲军团夺回。这个港口在圣诞节前夜又被盟军夺回，仅仅一个月后，隆美尔的军队向东横扫，港口再次易手。班加西及其周边机场是这场拉锯战中的重要目标，具有很强的象征意义和战略意义。随着图卜鲁格回到盟军手中，班加西就成了非洲军团的主要补给港，而附近的机场——贝尔卡（Berka）、贝尼纳（Bennina）、巴斯（Barce）、斯隆塔（Slonta）和雷吉玛（Regima）——在争夺地中海上空制空权的战斗中对轴心国空军至关重要。

这场战斗的主战场在马耳他，那里目前正受到轴心国空军的猛烈围攻。那里是直布罗陀和亚历山大之间唯一的盟军基地，双方都认为该岛是取得军事胜利的关键。1940 年至 1942 年，德国空军和意大利空军发动了大约 3000 次空袭行动，其中许多次空袭的飞机都是从班加西周围的机场起飞的，目的是通过袭击马耳他的港口、城镇和为该岛提供补给的盟军船只，打击马耳他，迫使其投降。丘吉尔认为，如果马耳他投降，德国将绝对控制地中海，其补给线将无懈可击，而埃及将成为下一个沦陷的国家。隆美尔同样认为，如果马耳他能经受住这次猛攻，战局最终会对同盟国有利；1941 年 5 月，德国指挥官说："没有马耳他，轴心国将失去对北非的控制。"如果可以

摧毁或者至少严重破坏班加西机场和港口,那么马耳他可能会
坚持下去。

班加西是一个熙熙攘攘的小镇,到处都是身穿各国军装的
人。最近的经验表明,目标越是拥挤,一群破坏者就越不引人
注目。占领过这里两次以后,英军对该镇的布局有了清晰的认
识;在亚历山大港的情报总部,甚至有一个精心制作、细节详
尽的班加西缩尺模型。苏尔特湾的大港口通常挤满了敌人的船
只。斯特林再次计划乘坐轻便船只,对停泊的敌方船只发动攻
击——这将向司令部证明 L 分队有能力摧毁船只、飞机、油
罐车和仓库。如果再早几个星期,那么这份计划会因为轻率而
被否决,但是随着两军在艾因盖扎莱一线陷入僵持,丘吉尔要
求进行反击,奥钦莱克将军急于证明进攻行动仍在继续。这是
一个双重解决方案:破坏轴心国补给线,并缓解马耳他的压
力。斯特林获得授权,在 1942 年 3 月 10 日之后没有月光的时
候对班加西发动袭击——或者至少确定这样的行动是否可行。 94
其他三支特种空勤团突击队将同时对附近的机场发动攻击。

这一次,突击队伍不会采用跳伞、乘坐沙漠远程突击队卡
车甚至步行的方式前往。作为替代,斯特林计划驾驶自己的定
制汽车驶入班加西市中心。

特种空勤团在偷窃上很有天赋,在其中一次精心策划的行
动中,他们"获得"了一辆福特 V8 旅行车。这辆车引擎强劲,
每排三个座位,一共两排,最高时速可达 70 英里。这辆车被涂
成了德国国防军(Wehrmacht)的灰色,去掉了车顶和车窗,从
空中看的话,它就像一辆德国军车。德国人在军用车辆的引擎
盖上画上每月更换的"识别标志",以防止本国飞机的攻击。英

国情报部门给特种空勤团提供了相关标志。机枪可以装在车的前后部，但在必要的时候可以卸下来放在地板上，让车辆"看起来更没有恶意"。袭击车队于 3 月 15 日从锡瓦出发，由斯特林领队，他自豪地驾驶着他的"闪电战车"。

绿山（Jebel mountain）位于班加西以南约 40 英里处。小山上降水充足，植被繁茂；灌木和小树使这里成为隐蔽和准备攻击的理想地带。青翠的山麓绵延约 25 英里，形成了悬崖峭壁，俯瞰着海岸平原，15 英里之外就是班加西了。这里的景色让帕迪·梅恩想起了南唐斯丘陵（South Downs）。"这里有低矮的山丘和山谷，有许多野花和长长的野草，"他在给兄弟的信里写道，"就像是来野餐一样。"这个地方人烟稀少，主要居住着塞努西人（一个部落和宗教组织），他们中的许多人对意大利殖民统治者怀有强烈的仇恨，对德国人无甚赞赏，对英国人相当亲和。

绿山也有很多间谍。英国情报部门的中东分支，以三军联络部的模糊头衔开展工作，他们已经安排沙漠远程突击队将其特工运送到后方。其中一些特工伪装成阿拉伯人，已经在部落中生活了几个月，招募当地的线人收集班加西和周边地区发生的事情信息，然后用无线电把情报发回来。就在斯特林抵达之前不久，沙漠远程突击队刚运送了由特工 52901 领导的最新的英国间谍小组过来，"他是一名 60 多岁的犹太学者"，能说一口流利的阿拉伯语，与"友善的酋长们建立联系，报告班加西周围的部队动向"。但是，德国人和意大利人在绿山也有他们自己的秘密特工，那里正在进行一场小型但激烈的间谍战。每当英国军队出现时，一小群塞努西人就会神奇地从灌木丛中冒出来，用鸡蛋、情报交换香烟。大多数人看起来都很友好。

有些人肯定是为敌方工作的。有几个人毫无疑问同时为敌对双方工作。在绿山的英国特工的棘手任务就是要搞清楚到底哪个人是为哪方工作的。在绿山山麓，突击队分了组：梅恩向贝尔卡进发，那里有一个主要机场和一个附属机场；而弗雷泽向东北部的巴斯进发，那里是围绕一座土耳其古堡修建的行政中心；另一支队伍的目标是东部的斯隆塔机场。

斯特林对班加西的第一次突袭完全失败了。橡皮艇无法充气，大风天气下橡皮艇根本也无法下水。

任务被中止了，但在此之前斯特林对港口进行了彻底的侦察。

其他人的情况也没好到哪里去。斯隆塔戒备森严，他们不敢贸然进攻。弗雷泽在巴斯只找到一架飞机可毁。攻击贝尔卡的队伍没能找到主机场。只有帕迪·梅恩成功了，他在贝尔卡的附属机场跑道上炸毁了 15 架飞机，然后躲藏在离目标几英里远的一个友好的贝都因人部落里。第二天早上，完全是侥幸，一个沙漠远程突击队的人出现了，他想从阿拉伯人那里买一只鸡，于是领着特种空勤团的人回到了会合点。"永远不要再怀疑运气或者巧合了。"梅恩在给兄弟的信中如此写道。勇敢和聪明才智是梅恩成功和幸存下来的关键；而人们很少注意到的是他那惊人的好运气，尽管可以说这是一个比其他因素都更重要的因素。"与其要一个聪明的将军，不如要一个幸运的将军。他们能打胜仗"，艾森豪威尔曾这样说过，以此来呼应拿破仑。梅恩无人能及的冒险意愿与他那非凡的好运气平分秋色。

第二天晚上在沙漠里举行了一场即兴晚会，"有朗姆酒加柠檬、朗姆酒加茶、朗姆酒煎蛋和纯朗姆酒"。帕迪·梅恩是

最热情的参与者。根据一份有关这次行动的报告，喝醉之后，
"梅恩上尉用一个奇怪的仪式，向大家证明了不应该在夜间开
枪：机枪、轻型机枪、冲锋枪、手枪，天知道还有什么其他复
杂的机械设备"。梅恩把他能找到的每一把枪都朝向夜空射
击，沙漠炸响，然后他在沙地上睡着了。《战争日志》报告总
结道："伤亡人数：尽管看起来很不可思议，但为零。"

斯特林并没有因为自己没能摧毁任何目标而灰心丧气。这
次任务与其说是一次全面的突袭，还不如说是一次侦察行动，
是一次为了"最终的大规模行动而侦察这片区域"的机会。
他们对班加西的夜间造访证明，轴心国部队对斯特林所采取的
战术毫无准备：只要有足够的胆识，加上天公作美，他们就能
开车进入小镇中心并造成严重破坏。斯特林现在打算做的是战
争中最大胆（也最热闹）的行动之一。这次他将带上更多的
炸药、充气艇和温斯顿·丘吉尔的儿子。

9 班加西的床和早餐

1942 年 5 月 21 日晚上 11 点 15 分，当一辆载有 6 名乘客的德国军车在班加西的路障前停下时，驻守在那里的 5 个意大利士兵吃了一惊。汽车和里面的乘客并没有什么特别值得关注的——德国人总是在奇怪的时间东奔西跑——但是它发出的声音很特别：一种奇怪、尖锐刺耳的金属声音，在半英里外都能听到，在汽车停下来时声音就消失了。有什么东西把车轮撞歪了，轴承在全速运转时发出了这种声音。尽管德国规定所有夜间行驶的汽车都要调暗灯光，以减少遭到空袭的危险，但这辆车当时打开了全光束前照灯。坐在副驾驶座位上的那个人说话带着浓重的外国口音。

"军人（*Militari*）。"菲茨罗伊·麦克林如此说道，他已经大约三年没有说过意大利语了。

意大利哨兵手持机枪，看上去有点疑惑。"参谋，参谋（*di stato maggiore*），"麦克林补充说，"赶时间（*Di fretto*）。赶时间。"

另一名意大利士兵站在右边 30 码开外。还有三人持步枪，在警卫室旁边观察着动静。所有人都把刺刀装好了。在他身后，麦克林听到约翰尼·罗斯（Johnny Ross）中士手中的冲锋枪保险栓打开了，发出咔嗒声。库珀在黑暗中拔出了刀。麦克林的左手拿着一块吃了一半的巧克力；而他的右手，在看不到的地方，抓住一个大扳手，如果必要的话，他打算用它来让这个意大利哨兵脑袋开花。

士兵抬起路障，挥手让汽车通过。"你们应该把那些灯调暗"，他指着车头灯说。随着车轮的摩擦声再次响起，大卫·斯特林在夜空下加速驶向班加西。

如果这个意大利哨兵发现自己差一点儿被一名英国国会议员打昏，他一定会大吃一惊。如果他知道车的地板上藏着两挺大口径机枪，车内还有两艘充气橡皮艇和足够炸毁半个班加西的炸药的话，他会更加震惊。当他得知坐在后排中间的那个矮胖的男人是最有价值的潜在战俘之一时，一定会目瞪口呆：他是伦道夫·弗雷德里克·爱德华·斯宾塞 – 丘吉尔（Randolph Frederick Edward Spencer-Churchill）上尉，英国战时首相的儿子。

伦道夫·丘吉尔是一个狡猾的人，也是一个分裂的人，他是一个失意的儿子，一生中大部分时间都在试图给他赫赫有名的父亲留下好印象，但基本都以失败告终。他固执己见、举止粗鲁，经常喝得酩酊大醉。遇到挫折，他往往会大哭起来。身为一个伟大名字的继承者，他却被无情地取了个"伦道夫·希望与荣耀"的绰号。但他也很聪明、慷慨、勇气惊人。他随莱科克部队来到中东，并在突击队解散时，接管了中东司令部的宣传部门。乔克·刘易斯很少喜欢什么人，却喜欢他："他过于直言不讳和好战，并因此不受欢迎……但是他坚强阳光的性格使我深受鼓舞。"

斯特林也很喜欢丘吉尔，尽管不是毫无保留的。"他是个可爱的小伙子，可是天呐，他的话太多了。他总是忍不住大谈应该如何进行这场战争……但他确实非常勇敢。"斯特林允许丘吉尔加入 L 分队，但是后者很难适应严酷的沙漠战争。在第一次跳伞时，伦道夫重重地摔到地面上，用斯特林强硬的评价来说，原因就是"他实在是太胖了"。丘吉尔用热情洋溢的语气写信给他的父亲，盛赞这支新部队及其指挥官。"我在这里非常开心。我的指挥官大卫·斯特林是我非常好的朋友。他只有 25 岁，最近因为袭击德国机场而获得杰出服役勋章。目前这支部队已经摧毁了 121 架敌机。除了鲍勃·莱科克之外，他是我见过的最具独创性和进取心的军人。他不是普通的军人，他对战争比对军队更感兴趣。他是为数不多的用立体的角度思考战争的人。"

这是一个非常敏锐的观察，切中斯特林方法的精髓所在。大多数军官的思维是线性的，关心的是获得晋升、赢得勋章和前线的稳步推进，与他们不同，斯特林从业余的角度，从侧面研究战争。杀死敌人只是这个过程中的一个方面。如果运用出其不意和狡诈的手段可能使敌人迷失方向、惊慌失措、尴尬难堪，那么这种三维立体化的冲击将取得远远大于传统战术的效果。

在一番死缠烂打之下，斯特林勉强同意让丘吉尔参与班加西突袭行动，条件是他不能参与行动，而是留在沙漠远程突击队会合点的车辆上。斯特林的这一决定包含了不少算计：丘吉尔受邀作为一名观察员，来"看个热闹"。作为一名训练有素的记者，他一定会向他的父亲汇报特种空勤团的大胆品质，而斯特林从高层获得的支持越多，他就能越好地绕过军事机器中间的阻碍因素。

在第一次突击港口失败后，斯特林完善了班加西突袭的作战计划。如果有两艘大型船可以在港口入海口处触雷沉没，就能把港口阻塞了，这可以让轴心国的海上补给线暂时瘫痪。如果隆美尔缺乏食物、燃料和弹药，那么战争的僵局就可能被打破。即便这种影响只是暂时的，但对德国和意大利士兵的士气都可能产生巨大的影响。他们必须部署更多的部队来保卫港口。隆美尔会考虑后方的防守，而不是再向东剑指开罗。对班加西进行一次精彩的突袭可能会改变战争的进程。

航拍照片和情报报告证实，在防波堤和港口岸壁之间有一小片鹅卵石滩，那里特别适合小型船只下水。英国皇家空军将在袭击前一天晚上对港口进行轰炸，以转移敌人的注意力。菲茨罗伊·麦克林被派去寻找可靠的船只，而不是那些靠不住的折叠船。斯特林说，唯一的要求就是它们"必须非常好用"。麦克林找到两艘橡皮艇，"又小又黑，很方便使用"，用一对风箱就能迅速充气。风箱发出的声响很大，但除此之外这些船几乎完美。为了测试船只，斯特林在苏伊士港对盟军船只进行了一次模拟的夜间突然袭击，结果证明，苏伊士港几乎和班加西一样防守不足。一名路过的英国士兵在午夜时分看到三个人在港口附近给一艘船充气时，问他们在做什么，他得到如下回答："关你屁事。滚。"他照做了。如果在班加西受到怀疑的话，袭击者们打算还是采用这种战术。

这支队伍由斯特林和麦克林、西金斯和库珀、戈登·奥尔斯顿（Gordon Alston）和罗斯中士组成，奥尔斯顿是一名情报官员，在最近一次英国占领班加西期间在那里待了三个月，而罗斯中士是沃尔沃斯一家分公司的前经理，也是一名专业机械师，他负责保障闪电战车正常行驶。丘吉尔将以官方观察员的身份加入这支队伍。

他们花了 5 天驱车 400 英里来到了班加西悬崖。麦克林惊叹于变幻莫测的沙漠之美，"时而平坦，时而破碎起伏，时而满目黄沙，时而坚硬多石，这里混合了灰色、褐色、黄色和红色，所有这些都被太阳晒得发白并融为一体"。旷野里点缀着一片片灌木丛和低矮的草地，当车队隆隆驶过时，受惊的瞪羚从草丛中冲出来，"个头还没有野兔大"。在寒冷的早晨，他们在车上穿着大衣挤在一起，但是随着太阳升起来，他们慢慢脱得只剩短裤和阿拉伯头巾，头巾被当作特种空勤团制服的非正式部分。"除了浪漫的外形之外，它们还很实用"，麦克林写道，可以用作遮阳帽、毛巾和面罩，可以抵挡苍蝇和沙尘。在穿越古老的商队路线特里戈阿布德时，麦克林注意到骆驼"和无疑是人类的枯骨，在几个世纪中，他们被遗弃在路上自生自灭"。再往前走，他们经过被烧焦的坦克和卡车的外壳，有些还载有冬季战斗受害者的尸体。在北边的某个地方掩埋着乔克·刘易斯的尸骨。

斯特林坚持亲自驾驶闪电战车，尽管他是一个特别粗心大意和危险的司机："一只手握着方向盘，静静吸着烟斗，看着周围的风景，一直保持很酷的 60 迈车速，就好像沿着大北路（Great North Road）跑步一样。"麦克林想知道是什么促使士兵们追随这样的一个人，他认为另一名沙漠战士——阿拉伯的劳伦斯的话很贴切。在《智慧七柱》（*Seven Pillars of Wisdom*）一书中，T. E. 劳伦斯（T. E. Lawrence）描述了军事将领那难以捉摸的本质："90% 的战术是确定的，书本上会传授；但是非理性的 10% 就像池塘中闪光的翠鸟一样，是对将军们的考验。"在麦克林看来，斯特林是那不合理的 10% 的完美例证，"他有永远不会辜负期望的胆识，这是一种大胆的随机应变的天赋"。

5 月 20 日早上，小队在绿山的安全地带扎营。像往常一样，好奇的塞努西牧羊人几乎立刻就出现了，用鸡蛋交换小队的香烟：他们泡茶并一起喝茶，在接下来的仪式中，他们向当地人展示了部落宗教领袖赛义德·伊德里斯（Sayed Idris）的照片，他现在流亡埃及，受到英国保护。他是大塞努西的孙子、秩序的建立者、未来的利比亚国王伊德里斯一世，受到他的部落子民的虔诚敬畏。他的照片象征着塞努西人和英国人之间的非正式联盟。"他们钦佩地抚摸着照片……咧着嘴笑。"麦克林如此写道。

那天晚上，麦克林吃了一顿丰盛的晚餐，吃了热腾腾的炖罐头肉，喝了茶，接着又喝了一小杯朗姆酒，然后他躺进沙子上的睡袋，看着班加西上空的闪光，那是英国皇家空军按计划发动的空袭。第二天早上，西金斯和库珀正在准备炸药，麦克林在测试他的充气船，这时又一个塞努西人出现在营地，他戴着一顶毡帽，拿着一把收拢的雨伞。麦克林立刻给他起了个绰号叫"都市滑头"。这个人"说一口流利的意大利语，对我们的事情表现出过分的兴趣"。他们低声交谈，讨论这个人有没有可能是个间谍，以及要不要把他抓起来以防万一。等他们再环顾四周时，这个都市滑头已经不见了。他们还没来得及进一步思考这件事，就听到一声巨响，接着是一连串咒骂声。一枚有瑕疵的雷管在雷格·西金斯手里爆炸了：伤势不是很严重，但是也足以让他无法继续参加行动了。西金斯很愤怒；而另一方面，伦道夫·丘吉尔却喜在心头，因为现在他将要代替伤员参加行动了。不一会儿，丘吉尔就在"给他的冲锋枪上油，擦亮手枪，为晚上的行动做准备"。

他们用了 5 小时才把闪电战车从悬崖上开下来，穿过布满巨石的沟壑；晚上 10 时许，在班加西东面的水泥路上，路况对转向杆造成的损坏就很明显了，噪声非常大。随着斯特林的加速，尖叫声越来越大。罗斯下士花了5分钟在汽车下面捶打底盘，试图让它安静下来，但是无济于事。他们前往班加西的方式没法做得很隐秘了。

出城3英里后，他们到达了关卡（而根据最新的情报报告，关卡本不应该在那里），车辆发出的噪声在沙漠中回荡。"就算是一辆鸣笛的消防车，也不会比我们弄出更大的声响了"，麦克林后来写道。他的厚脸皮和糟糕的意大利语让他们兵不血刃地通过了第一次检查，但在路障的另一边再次出现了威胁。两辆德国车迎面开了过去，然后停下来，转向开始跟着他们进城。斯特林放慢车速，让他们超车；他们也减速了。他开得快一点儿，他们也加速。他停下来，他们也刹车。斯特林踩下油门，福特V8引擎轰鸣，闪电列车以70英里的时速在夜里冲向班加西，发出女巫般的尖叫。根据丘吉尔的描述，当他们到达城区时，斯特林"急刹车，急转弯冲进了一条狭窄的小街"。更为刺耳的是，空袭警报响起了，伴随着警笛声和喊叫声。奥尔斯顿大声喊出方向："右手边第二个，没错。不，你已经开过了。该死。继续。继续走，在下一个路口转弯。"坐在后排的士兵从一边滑到另一边，努力稳住自己："我们只是单纯地向前飞驰，用两个轮子在转角处疾驰，不停地发出能把死人都吵醒的声音。"

在到达一个似乎是被炸毁的死胡同时，斯特林把车倒进去，刹车，关掉了引擎。追赶的人被甩掉了。由于那天晚上没有皇家空军的袭击，所以警报声响起一定是表明他们的袭击被发现了。"看来这次警报是为我们而响的，"麦克林写道，"敌人盯上我们了。"他们是不是走入了陷阱？那个都市滑头是不是出卖了他们？闪电战车的刺耳声音现在成了累赘；它必须被

103

遗弃和摧毁，以防止落入敌人手中。为了节省时间，他们只使用其中一艘船。船被从大工具包里拿出来，同时被拿出来的还有炸药和机枪；他们在汽车油箱旁边放置了一枚将在半小时后引爆的刘易斯炸弹。他们离开班加西的时候要靠步行了——如果他们能离开的话。伦道夫·丘吉尔处在极度兴奋的状态中，这是体内的纯肾上腺素和水杯里的纯朗姆酒的混合导致的。他后来在给他父亲的信中写道，这是"我人生中最刺激的半小时"。

这六个人在奥尔斯顿的带领下排成一列纵队向码头进发。他们绕过一条小街，迎面遇到一个站在路灯下的意大利警察。麦克林重回了他的意大利语巅峰。

"怎么那么吵啊？"

"又是一次该死的英国空袭。"这位百无聊赖的警察说。

"会不会是敌军在突袭这个城镇？"

警察觉得这真是个不错的笑话。

"不会，不用为此担心，"警察笑着说，"英国人几乎回到埃及边境了。"

"谢谢。晚安。"

"晚安。"

这次谈话虽然有点离奇，但让他们换了个角度来看待这件事情。

警报声似乎只是虚惊一场，而不是对他们的到来的警告，而追赶他们的汽车可能只是空袭督察员，仅仅想要他们把汽车灯光调暗。如此一来，他们就不必毁掉闪电战车了。而且，警报声现在已经停止了。库珀被派回去拆除炸弹引信，这时距离炸弹爆炸还有大约5分钟。他手指颤抖着将安全栓插回计时管

里，拔出雷管，把它扔到墙上。他后来承认道："我这辈子都 104
没那么害怕过。"

丘吉尔和罗斯被留下来找个地方藏车。其他人再次向码头
进发。他们穿过粉刷成白色的欧洲区建筑物后，在港口周围的
铁丝网上割了一个洞，然后溜到水边。斯特林出发去侦察港
口，奥尔斯顿也朝相反方向出发去做同样的事，麦克林和库珀
开始在银色的沙滩上给橡皮艇充气。麦克林在黑暗中辨认出几
艘停泊着的大船，"就在扔一块石头就能打到的距离"。那天
晚上的设备似乎成心不配合，又发出很响亮的声音。风箱呼哧
呼哧的声音引起一艘船上一名守夜人的注意，一个声音在水面
上响起。"谁在那里？"（*Chi va là?*）

"军人。"麦克林答道。

沉默了片刻。

"你们在那儿干什么？"

"不关你的事。"

这似乎奏效了。

泵了几分钟后，船没有任何膨胀的迹象。不知何故，在来
班加西的路上，它被扎破了。他们回去找另一条船，发现罗斯
和丘吉尔正把车开进一个半废弃的小车库里。这次行动现在有
可能会演变成一场危险的闹剧：斯特林回到沙滩，发现空无一
人，于是去找其他人；麦克林他们回到同一地点后，震惊地发
现斯特林和奥尔斯顿还没有回来，于是麦克林去找他们。整个
队伍现在都在黑暗中四处奔走。库珀开始给第二艘船充气，结
果发现这条也被刺破了："真是令人心碎。"小组成员一个一
个重新集结起来。最后出现的是斯特林，他解释说，他撞上了
一个哨兵，但他"语无伦次地咕哝着把他推到边上"，从他身

边走了过去。他们在岸上来来回回，引起更多船上的夜间哨兵的注意，后者在黑暗中再次询问他们到底在做什么。麦克林不耐烦地回答说他"被问得很烦，他们最好闭嘴"。天色越来越亮了，船上"金属门砰砰的开关声和激动的喊叫声"表明船员们现在彻底地怀疑他们了。显然，他们将不得不再次放弃这一任务。他们收拾好令人恼火的橡皮艇，往回走去。麦克林接近围栏时，发现自己正和一名来自意属索马里兰（Italian Somaliland）的非常高大的非洲士兵面对面。哨兵咕哝了一声，为了问话，用刺刀戳了戳麦克林的肚子。麦克林滔滔不绝地讲起意大利语来，哨兵一个字也没听懂。他轻描淡写地写道："这似乎是我们迄今为止遇到的最棘手的问题。"但是麦克林的解决方式非常简单，也非常有英国人的风范。"我发现，在和语言不通的外国人打交道时，最好是大喊大叫。"他现在就是这么做的，做着夸张的手势，绝佳地模仿了一位愤怒自大的军官，在履行重要职责时被无礼的下属打断。哨兵战战兢兢，最后放下刺刀，带着"自尊受伤的表情"退开了。但是当他们排成纵队走进黑夜中时，麦克林意识到队伍已经奇迹般地扩大了：又有两名意大利哨兵被骚动惊醒，显然他们以为正在进行什么演习，于是加入队伍，跟在后面——这是极少数轴心国和盟军士兵一起行军的情况，也许是唯一一次。

麦克林现在选择厚着脸皮去虚张声势。他领着这支英国－意大利小分队，行进到警卫室，和孤零零的哨兵打了个招呼，怒气冲冲地要求见警卫指挥官。过了一会儿，一个昏昏欲睡的意大利中士提着裤子出现了。那两个意大利跟班察觉到有麻烦，又消失在夜幕中了。麦克林现在开始高谈阔论。他的意大利语大部分是通过学习艺术习得的，使用晦涩的巴洛克风格术

语可能为他的演讲增添了力量。后来经过伦道夫·丘吉尔的重
构，大致是这样的："我们是德国军官，来这里是为了测试你
们的安全部署情况。结果很糟糕。我们已经经过这个哨兵四五 106
次了。他一次也没有看我们的身份证。他只知道，我们可能是
英国人。我们把大袋子搬进了码头。他怎么知道里面没有装满
炸药？他的表现确实很糟糕。我们把这些东西带进来，现在我
们要把它们带出去了。"

　　然后麦克林僵硬地转身，昂首阔步走了出去，其他人在后
面跟上。一头雾水的意大利中士敬了个礼。"当我们经过门口
的哨兵时，他做出巨大努力，举起了双臂，在这个过程中差点
向后摔倒。"

　　这群人在死胡同里重新集合的时候，天已破晓。这辆车现
在已经用碎石和木板彻底掩藏在这座被炸掉一半的车库里。在
它上面，沿着外面一段摇摇欲坠的木楼梯，丘吉尔和罗斯找到
一座破旧的小公寓，那里显然荒废已久，门窗紧闭，是个
"令人安心的废弃之地"，也是白天理想的藏身之所：丘吉尔
将之命名为"唐宁街 10 号"。这六个人在地板上睡着了，一
晚上的警报和长途跋涉让他们筋疲力尽。他们醒来时整个城镇
都很忙碌，他们"情绪高昂，感觉在班加西没有什么我们无
法摆脱的东西"。

　　要回到绿山就必须在黑夜里出发；等待夜幕降临既无聊又
让人神经绷紧。他们发现，自己的藏身之处并不像在黑夜中看
上去那么隐蔽。透过墙上的一道裂缝，他们看到一对上了年纪
的阿拉伯夫妇从隔壁的公寓出来，开始在房子后面的院子里生
火做饭。前面的街道上传来一阵德语、意大利语和阿拉伯语的
嘈杂声。对面的大楼似乎是某个德军地区司令部，"通信员骑

着摩托车进进出出，忙碌的军官来来去去"。这些人轮流透过百叶窗进行监视。气温逐渐升高。因为他们事先没有计划在班加西停留，所以没有人想到要带食物和水。伦道夫·丘吉尔阅读 F. S. 奥利弗（F. S. Oliver）写的美国开国元勋之一亚历山大·汉密尔顿（Alexander Hamilton）的传记来打发时间。太阳把一小片光斑投进房间；罗斯看着它慢慢爬过地板，他发明了一个游戏跟自己玩来消磨时间。"它要多久才能到达有裂缝的那块木板？它到达远处角落时我还在这里的概率有多少？"中午，有人闹哄哄地爬过屋顶。飞机嗡嗡地从头上飞过。他们只能低声交谈，这是健谈的伦道夫·丘吉尔觉得几乎不可能做到的事情。

下午早些时候，斯特林宣布他再也无法忍受这种紧张状态了：他要去港口游泳，同时会对可能的破坏目标进行侦察。他穿着灯芯绒长裤、沙漠靴和圆领套衫，留着浓密的黑胡子，脖子上挂着一条毛巾，在库珀看来，他毫无疑问是个英国人。"我们想着：这就是我们最后一次见他了。"

过了一会儿，听到有沉重的脚步声伴随着吃力的呼吸声从木楼梯上传来，这些逃亡者都紧张起来。伦道夫·丘吉尔抄起他的冲锋枪，站在门后。所有人的眼睛都盯着门把手。"我们看起来就像被催眠了一样"，罗斯说。把手一转，一个明显喝醉了的意大利水手跟跟跄跄地走进了房间。他看了一眼挥舞着机枪像海盗一样的人，大叫一声逃走了。丘吉尔后来写信给他的父亲说："我的相貌把他吓坏了（我留了很长的胡子，我想你一定不会喜欢），他一头栽下楼梯跑了出去。"库珀从窗口紧张地注视着，想看看他是不是会冲进德军司令部。看到那个人快速地朝着相反方向跑过去以后，他松了口气。这个水手可能是个抢劫犯，但是这场遭遇并没有减轻等待的焦虑。接下来的2小时里，这些人手里拿着枪和手榴弹，准备"热情接待任何一位来访的客人"。斯特林终于回来了，他说在镇上散步时看到两艘德国鱼雷艇系在码头，当天晚上在他们出城的路上很容易将之炸毁。

罗斯一直在摆弄转向杆，他相信他终于可以让发出啸叫声的闪电战车安静下来了。傍晚时分他们出发了，但刚开了几百码，噪声又开始了。斯特林把车停在路边，罗斯带着工具到车底下修车。过路的人几乎看都不看他们一眼。"修车的人是最不会引起关注的，"丘吉尔写道，"没有人跟我们说一句话。"罗斯说，如果不大修的话，这问题是解决不了的。斯特林坚持他们按计划继续进行。到码头附近后，他把车停下来，罗斯和库珀每人拿起两枚炸弹，这一小群人朝码头走去，"并肩走在街道中间，吹着口哨，尽我们所能表现得我们在那里出现非常合理"。让斯特林恼火的是，码头边站了一名哨兵，当他们走近停泊着的鱼雷艇时，有四个德国人站在里面，好奇地看着接近的那群人。"我们拿着炸弹，并尽量让自己看起来好像并没有拿着炸弹"，库珀回忆说。小分队尽量不慌不忙地回到车里，然后开走了。开出几百码之后，刚才让人紧张的情景喜剧般的场面让人忍俊不禁："我们都咯咯地笑了起来。"

他们朝相反的方向，以几乎相同的方式，发出同样的响声，通过了检查站。

"军人。"麦克林说。

"哪类军人？"哨兵问道，比他前一晚的同胞更为好奇。

"德国参谋。"

"很好（*Molto bene*）。"

108

闪电战车载着筋疲力尽的乘客在早上 6 点抵达了贾卢的会合点，足足晚了 24 小时。沙漠远程突击队以为小分队已经被俘或者被杀了，正在准备撤离。

伦道夫·丘吉尔写道，这是"我所知道的最漫长的一天"。

福祸相依。男人们和女人们都做好准备在战争中因为某个原因而死去，但在战争中，死亡可能像在其他任何时候一样，毫无意义，变幻无常。战争中的一个残酷的讽刺是，很多人不是在战斗最激烈的时候，而是常常在远离战场的那些冷冰冰的、出人意料的事故中丧生。

109　四天后的大约午夜时分，斯特林驾驶着闪电战车，行驶在从亚历山大到开罗的路上。坐在他旁边的是罗斯下士。坐在后排懒洋洋地靠着打瞌睡的是麦克林和丘吉尔，旁边还有一位著名记者——阿瑟·默顿（Arthur Merton），他是《每日电讯报》的记者，是报道这场战事最杰出的记者之一，是一位老兵，他在 1922 年报道了图坦卡蒙陵墓的发现。斯特林和他有些交情，当默顿在亚历山大港与他共进晚餐时请求搭他的车回开罗时，斯特林欣然同意了。伦道夫·丘吉尔的母亲克莱门廷·丘吉尔（Clementine Churchill）讲述说，派对是如何"在当晚的一轮明月下开始的"。派对后每个人都精疲力竭，昏昏欲睡。斯特林像往常一样，开得太快了。

在以大约 70 英里的时速急转弯时，他惊恐地看到一辆卡车正停在他们将要经过的路上，那是一个缓慢行进的车队的末尾。斯特林刹车太迟了，车子突然转向沙堤；闪电战车从公路上飞驰而下，在路堤下翻滚了两圈。

阿瑟·默顿死了。他被卡在敞篷车下，头部受到了致命伤，在被送往亚历山大的医院的路上就死亡了。三天后，麦克林在医院清醒过来，他手臂和锁骨骨折，颅骨严重骨折。"其他人都被扔出去很远。"伦道夫·丘吉尔被压碎了三块椎骨，而罗斯的手臂也有三处骨折。斯特林的手腕骨折。他从未谈及那次事故，但据说在事故发生后的一段时间里，他一直"惊魂未定"。他们在班加西死里逃生，却在回家的路上，在一场平淡无奇的交通事故中出了事。麦克林后来说，"大卫·斯特林的驾驶技术是二战中最危险的事情"。他们可能对这次事故不以为意，但对于一项没有取得任何成果的任务而言，这是个让人震惊的结局。斯特林拒绝讨论去开罗的路上发生了什么，这大概暗示了这件事对他的影响有多深。

战争不是一门科学：它经常无法达到预期的结果，也可能会在偶然的情况下获得胜利；它会杀错人，却让那些准备好面对死亡的人幸免于难。斯特林打算消灭所有穿着制服的敌人；但他杀死的第一个人，却是自己这边的一位平民。

现在斯特林已经两次造访班加西而没有被俘，但两次行动都没有对轴心国的船只造成任何损害，也没有削弱敌军的士气。隆美尔的重要补给线没有受到破坏，对马耳他的威胁也没有减弱。110

但是，斯特林的计划有一个方面是完美的。

伦道夫·丘吉尔从车祸中恢复过来，背上装着一个铁支架，他请求斯特林允许他为父亲写一份关于这次袭击的"秘密的私人"报告，斯特林非常高兴地同意了。6月24日，伦道夫为温斯顿·丘吉尔写了一篇长达10页的私人报告。这份报告在某些方面有些夸张和吹嘘，但在大体上是准确的，它生动描述了事件，强调了L分队和特种空勤团的大胆和战略价值，并对斯特林和麦克林大加赞赏。"菲茨罗伊价值千金……有他在身边，我会非常愿意在罗马待上一周"，他写道。斯特林成功地领导了进入和撤出班加西的袭击行动，"这让我们对未来的行动充满信心"。

这正是温斯顿·丘吉尔喜欢的那种故事，他很喜欢在晚饭后重复听这些故事，那里面充斥着秘密任务、汽车狂飙、濒临死亡、死里逃生和英国人的英勇行为。而这次任务的失败则根本不重要。这个故事也证明了他儿子的勇气，当然，这也是伦道夫写这篇报告的主要原因。毫无建树的班加西突袭将是伦道夫·丘吉尔在特种空勤团执行的第一次也是最后一次袭击。他的背伤严重到必须因伤退役的地步。但他对特种空勤团做出了虽然间接但至关重要的贡献，不是用枪，而是用他的笔。

在看到伦道夫扣人心弦的描述之前，温斯顿·丘吉尔可能根本不知道 L 分队的存在。这个故事给首相留下了深刻的印象。

10　七个机场

前线从图卜鲁格以西 30 英里的艾因盖扎莱，一直延伸到往南 50 英里的比尔哈基姆，后者是古老的奥斯曼帝国要塞，两支强大的军队仍然蹲踞在阵线两边对峙着。自 1942 年 2 月起，双方都在为西部沙漠的下一轮战斗积蓄力量；随着时间的推移，马耳他被包围的困境变得更加糟糕。丘吉尔再三敦促奥钦莱克发动反击，夺取昔兰尼加的机场，缓解岛上压力，"如果马耳他失守，大英帝国将面临史无前例的灾难，从长远来看，这还可能对尼罗河三角洲的防御造成致命打击"。但是将军拒绝仓促行事，他坚称需要更多时间来建立后备部队。最终，他收到了最后通牒。在 6 月中旬的一个黑夜，两支车队将从亚历山大和直布罗陀出发，试图将重要补给运送到马耳他；届时，奥钦莱克必须发起进攻，否则就要放弃指挥权。奥钦莱克开始行动了。

斯特林被召集到军事行动主任办公室，被问及 L 分队能对即将到来的进攻做出什么贡献。一天后，他提出了至此为止最全面的计划：特种空勤团将于 6 月 13 日夜里同时袭击班加西周围的六个机场；第七队将乘潜艇前往克里特岛攻击赫拉克里昂（Heraklion）机场。

计划和装备多个特派小队是一项艰巨的后勤任务。大部分行政工作都留给了库珀和西金斯，他们俩都晋升为中士。"帕迪·梅恩和我将会决定我们的下一次行动，然后把所有的细节交给他们俩，"斯特林说，"他们非常可靠，他们之间几乎有一种直觉上的默契。"在库珀和西金斯准备必要的口粮、武器、伪装和弹药时，迈克·萨德勒计算着距离和所需要的汽油。

112　　　作战的压力和艰苦的沙漠生活开始影响斯特林。他的手腕愈合缓慢，他还患上了慢性沙漠溃疡，这是高温和被沙子擦伤造成的皮肤溃疡，没有特别有效的治疗方法。如果这些溃疡感染，被感染的组织可以用牙刷清除，这是一个非常痛苦的手术，常常会让情况变得更糟。斯特林只是在他的溃疡上贴块膏药，并没有加以理睬。他表现得和以前一样漠然处之，但也可能是遭受了车祸引起的迟发性创伤。最令人担心的是他开始出现偏头疼，这是他第一次跳伞失败留下的后遗症，毫无征兆的剧烈头痛让他动弹不得并痛到失明。尽管斯特林对自己的健康漠不关心，但他已经意识到自己需要一名医护官，后者既要照顾行动中的伤者，还要维持营地里士兵的健康。

皇家陆军军医队的马尔科姆·詹姆斯·普雷德尔（Malcolm James Pleydell）医生在1942年6月初到达卡布里特时，完全不知道自己被派到这里来做什么。他只被告知，自己将隶属于一支在沙漠作战的部队，由一位年轻而勇敢的军官指挥。"那里的一切都很安静，"安排他调动的军官说，"我们也从来没有真正了解过他们在做的事情。他们总是在冲来冲去地突袭。"普雷德尔被带到一个帐篷里，周围都是沙袋。一个"又高又瘦"的人站起来迎接他。虽然他手上缠着脏绷带，但握手还是很有力。

"啊，你是普雷德尔。天呐，我们有自己的医生了，真是太好了。真是奢侈！顺便问一下，你吃午饭了吗？没吃？好吧，那我们去那边喝一杯怎么样，然后我们再好好谈谈。"当他们漫步穿过营地时，普雷德尔能听到远处的爆炸声。斯特林解释说，大多数人马上"就要去参加派对了"，而"海滩上那些可怕的砰砰声"都是为了在沿海机场发动一系列夜袭而在做的准备。"帕迪和我本周末必须离开。我知道，你一到我们就这样走了一定显得很不礼貌。"普雷德尔以为这会是一个铁血心肠的人、一个训练有素的残酷杀手；但事实相反，他觉得自己好像刚加入一个特别欢乐的海滨别墅派对，只不过带着炸弹。这些人"以一种特别大胆惊人的方式去冒生命危险"，但表现得好像"整件事只是一个很棒的恶作剧"。普雷德尔拿定主意去享受自己成为特种空勤团的 L 分队一员的时光。

113

　　普雷德尔 27 年前出生在肯特郡的路易斯汉姆，他温柔、认真、敏感又有点严肃。在敦刻尔克大撤退中治疗伤员的经历让他"极不愉快"，但至少这要比他下一份在开罗一家军事医院的工作更有意思，他在那里几乎没有什么医疗挑战，军官们都自命不凡，没完没了的文书工作枯燥乏味。就像许多身穿军装的人一样，普雷德尔想要"证明自己并消除良心上的所有不安"，然而他并不是一个战地医生，而且"通常对危险非常谨慎"。他决心从战争经历中得到一些东西，但并不确定那是什么。这支神秘的部队也许给了他一个机会来测试自己的医术、勇气和真实感觉。沙漠的质朴和路易斯汉姆精致的做作与战时开罗的矫揉造作相去甚远。"我不知道我是否能在那里找到真诚；因为，对也罢错也罢，在我看来，最重要的就是真诚：这是给硬币赋予真正价值的那枚印记。"

　　和所有优秀的医生一样，普雷德尔对人性着迷。作为一名医生，他和战士们的距离稍微有点远，战士们认为他是一个常驻的萨满，与众不同，有点古怪，但是管用。他将成为特种空勤团最敏锐的观察者和编年史家。

在普雷德尔到达时，斯特林正在分配班加西的任务。帕迪·梅恩将袭击贝尔卡的附属机场，他在 3 月曾成功突袭了该机场。斯特林、库珀和西金斯打算袭击贝尼纳，他们相信那是主要的飞机维修基地。法国部队将袭击巴斯、德尔纳、马尔图巴和贝尔卡的主要机场。对纳粹占领的克里特岛上伊拉克利翁的进攻将由法国伞兵指挥官乔治·贝尔热领导。

114　　　马尔科姆·普雷德尔没过多久就意识到他加入了一支非常奇怪的战斗部队。从外表看的话，这是一群"凶神恶煞、胡子拉碴、蓬头垢面、衣衫褴褛的暴徒"。这里完全没有他在正规部队遇到过（并且憎恨）的那种整洁和派头。这些人对军官的尊重与传统军事纪律要求的机械服从截然不同。"这些人很少受到军官说的话或他说话方式的影响；重要的是他做了什么。"斯特林对待所有士兵都是同样的彬彬有礼，从不提高嗓门，也不摆架子。他的权威似乎源自一种总是能得到他想要的，并且知道如何去得到的平静的笃定。"他身上有一种难以形容的魅力，加上他的谦逊和对别人的恭维，这让人很难拒绝他。"

在食堂里，斯特林的军官们坐在用装降落伞的圆筒做成的酒吧凳子上，友谊和"个人竞争精神"的结合常常表现在肢体打闹上："如果有人的裤子在酒吧关门前没有被脱掉，那肯定是出了什么问题。"只有比尔·弗雷泽一个人忍住不去胡闹，并因此遭到无情的嘲笑。他和他的狗威瑟斯在一起时显得最放松，威瑟斯穿着海军蓝的外套跟着弗雷泽到处走，"目光沉静而深情"。

　　斯特林本人是一个"令人困惑的人物",他"华丽的表达方式"似乎掩盖了他隐藏的羞怯。以普雷德尔训练有素的眼睛来看,他看上去"一点儿也不强壮",他的偏头痛恶化了,伤口也感染了。他用一把剪刀把他受伤的手腕上打的石膏剪掉了("这太麻烦了"),并断然拒绝再戴一个。斯特林显然是个"棘手的病例"。

　　其他军衔的人也和他们的长官一样难以归类:戴夫·克肖"身材精瘦,双眼受沙漠影响布满血丝,给人一种海盗的感觉";帕特·莱利"高大魁梧,维持着队伍整体上粗糙的规则体系和秩序"。最让这位年轻医生感兴趣的人是热尔曼·盖尔皮隆,他是一个身材矮小的法国人,非常不适合特种空勤团的士兵生活,但下定决心要成为其中一员。"事实上他加入这样一支部队只是你在战争中会遇到的各种稀奇古怪的事情之一",普雷德尔回想道,他满怀深情地关注着"这个笨蛋"的进步过程。一天早上,他看到盖尔皮隆在跳伞训练架的顶部犹豫不决,绝望地想跳下去,却又做不到,而"大家都在嘲笑他"。最后,盖尔皮隆跳下来了,摔到地上,向前一倾,脸部着地,鼻子骨折。当盖尔皮隆跟跟跄跄站起来时,普雷德尔冲了上去。"没关系,医生(C'est rien, docteur)",他坚持说,脸上淌着血,笑容灿烂。

　　在他的新伙伴中,只有帕迪·梅恩让普雷德尔停下来思考。梅恩身材魁梧,衬得他坐的椅子非常矮小,他在酒吧里一泡好几小时,不停地抽烟,很少说话。当他开口时,似乎就要挑衅:他告诉普雷德尔,他不赞成红十字会,并说特种空勤团每死去一个人,他都要杀死一定数量的敌人作为报复,"这样就两清了"。普雷德尔毫不怀疑,"一旦有机会,梅恩就会

115

杀人。不可能宽恕敌人。没有人要求宽恕，也没有人给予……对他来说没有什么规则"。在贝尔卡附属机场应该有"一些不错的杀人机会"，梅恩轻快地说。年轻的医生反复思考着这句话，一直也没有忘记："我不知道自己是否能想到什么'不错的杀人机会'，因为自己做不到那样而感觉自己很软弱，缺乏战争意识。"这个所有本能都是救人的人在想，在紧要关头（in extremis），他是否也有能力杀人。"我知道那之后我很快就会后悔。"梅恩似乎喜欢杀戮，"战斗是他的天性：他乐在其中"。

在发动大规模进攻的两个月前，士兵们获准了他们急需的休假。大多数人都在开罗的酒吧和声色场所度过。但是帕迪·梅恩没有和他们一样。相反，在 4 月中旬，他消失了几天。大家猜想他一定是独自出去喝酒了。事实上，梅恩去进行了一次私人瞻仰之旅：试图去找朋友约恩·麦格尼格尔的坟墓。麦格尼格尔在第一次灾难性的任务中在艾因盖扎莱丧生，那里现在是英军防线的最北端。无人区向西延展。梅恩搭乘英国皇家空军的便车前往艾因盖扎莱，然后花了几天时间"调查和搜索"。六个月前，麦格尼格尔因伤势过重去世；由于他手下的人不是死了就是被俘，没有人确切知道他被埋在广袤沙漠中的什么地方。梅恩的寻找是浪漫的、堂吉诃德式的，也许在他出发之前他就知道，那是非常不切实际的。回到卡布里特后，他写信给麦格尼格尔的母亲，解释了他所做的一切。玛格丽特·麦格尼格尔回信给他："你去艾因盖扎莱费了那么大的劲找约恩的墓，这真是太好了。我知道他没有身份牌——我想他只是想成为一位无名战士……所以这样也许更好，正如他所希望的那样。"梅恩从来没有跟任何人说起他曾秘密地试图找到他心爱的朋友的遗骸，因为那样会暴露帕迪·梅恩温柔的另一面，以及一颗隐藏起来的破碎的心。

1942 年 6 月 13 日是特种空勤团短暂的历史上最疯狂、最狂暴的一天，这支小部队同时对从班加西到克里特岛的敌军机场发动了攻击。大多数的军事行动都有一个唯一的、确定的目标；但斯特林的小型部队即将要攻击七个不同目标，并由七个不同的领导带领各个支队，跨越陆地和海洋，使用多种车辆，携带着不同的武器并取得不同的战果。但最终的目的是一样的：在一天里尽可能多地摧毁敌人的空军力量，并确保盟军的船队抵达四面受敌的马耳他。

前公务员奥古斯汀·乔丹举止优雅，现在晋升为上尉，在他的全面指挥下，法国巡逻队将面临特别严峻的挑战。和班加西机场不同的是，要到达德尔纳和马尔图巴的目标，意味着他们要穿越数不清的路障和满是敌军士兵的领地，长途跋涉。图卜鲁格以西 100 英里的地区被用作德国和意大利军队往返前线的集散地。他们需要做一些额外的伪装。

赫伯特·巴克（Herbert Buck）上尉一年前在艾因盖扎莱受伤后被德军俘虏。他能说一口流利的德语，弄了一身非洲军团的制服设法逃跑，从战俘营的前门溜达出来，步行前往英军的前线。巴克的逃跑让他有了一个主意，他把这个主意告诉了军事情报部门的策划人员：组建一支能讲德语的队伍，穿着真正的德国军装，就能够在不被发现的情况下深入敌后，在敌军中穿插，获取有价值的情报。巴克开始从巴勒斯坦招募德国犹太人，其中一些人已经加入了最近解散的第 51 中东突击队，还有会说德语的法国人和捷克人。这些特别背景的人通常对纳粹怀有深深的仇恨，他们加入巴克的队伍，并且知道如果他们穿着德军的军装在后方被俘，就会被当作间谍枪毙。这支总人数在 20~30 人的部队故意起了一个误导人又毫无意义的名字——特别审讯小组，简称 SIG。巴克安排他的士兵驻扎在格涅法（Geneifa）中东突击队基地边缘一个偏僻的营地里，并对他们进行了严格训练：他们只说德语，接受德国军事指挥训练；每个人都持有德国身份证、工资单甚至是虚构的德国情人用德语写的情书。其中最重要的两名新兵是德国战俘赫伯特·布鲁克纳（Herbert Brückner）和沃尔特·艾斯纳（Walter Essner），他们都曾在法国外籍军团（French Foreign Legion）服役，后来因战争爆发被选入非洲军团。[①] 两人于 1941 年 11 月被俘，自称是反纳粹分子，军事情报部门经过仔细审查，宣布他们"完全值得信赖"。一些犹太新兵不喜欢他们中间有德国人，但是布鲁克纳（"他高大、性子急、一头金发"）和艾斯纳（"他安静而和善"）很快融入团体，因为"他们俩都是轻松有趣的伙伴"。巴克在德国人的训练计划里添加了一项重要内容：由于他们最近加入过德国军队，所以他们能够把最新的军事俚语、闲言碎语、流行歌和荤段子教给大家。特别审讯小组的人不仅是穿着、行军和说话都像真正的德国士兵，他们还像德国士兵一样骂脏话。

118　　　斯特林在 5 月底联系了巴克，并提出一个建议：特别审讯小组穿着德国军装，开着缴获的德国车辆通过被敌人占领的区域，把假扮成俘虏的法国部队运送到机场。巴克欣然接受了这个任务，他相信这"完全在他的小部队能力范围内"。法国军

---

① 法国投降后外籍军团分裂，部分说德语的士兵投靠德军。

队指挥官奥古斯汀·乔丹也接受这一想法，这似乎反映出法国人某种张扬的风格。

* * *

大卫·斯特林躺在绿山山脚下，距离袭击贝尼纳还有1小时，他做了一个关于猎鹿艺术的即兴演讲。他告诉西金斯和库珀，关键是始终要处于鹿的下风向，使用所有可用的伪装，动作要足够隐蔽，以免被猎物发现。最重要的是，除非确定要猎杀，否则跟踪者永远不应该开枪，因为那样是不公平的。"沉浸于他在高地的成绩之中能让我们忘记手头的工作［然后］时间就过得飞快"，库珀写道。在那1小时里，斯特林仿佛回到了基尔。"好了，"他最后说，瞥了一眼手表，"准备行动。"

接近猎物的猎人们偷偷进入了贝尼纳机场。每个人都携带了20枚刘易斯炸弹。在接下来的半小时里，他们从一个机库爬到另一个机库：前两个机库里停有一架梅塞施密特战斗机，两架Ju-52运输机和两架斯图卡俯冲轰炸机。库珀和斯特林安放炸药，西金斯拿着冲锋枪守在门口。第三个机库装满了备件、技术设备和至少30个新的飞机发动机。他们在这里放置了最后的炸弹。

当三个人准备撤离时，斯特林发现了一个与机库分开的小警卫室，门下有微弱的闪烁的灯光。也许是想起了梅恩在塔米特的行动，或者也许只是突如其来的战斗冲动，斯特林现在做了一件事，他后来承认，"这是不正常的"。他转向另外两个人，建议他们来给德国人"一点儿东西，让他们记住我们"。

他至少拉出一枚手榴弹的安全栓（官方报道称是"多枚手榴弹"），打开警卫室的门。里面大约有20个德国士兵和1个军官，后者显然正在一张小桌子上写报告。"好好享用吧"，119

斯特林喊道，把手榴弹扔进去，砰的一声关上门就跑。据西金斯回忆，吓坏了的德国军官可能在其中一枚手榴弹爆炸前抓住了它。"爆炸将警卫室夷为平地"，库珀写道。片刻之后，刘易斯炸弹开始在机库里爆炸。三个人没入黑夜。

1小时前，斯特林还在做一个关于跟踪鹿的伦理演说。现在他刚刚在一次袭击中造成十几人死伤，这也许可以被作为正当的战争行为，但算不上公平竞争。他永远无法完全解释是什么驱使他"干掉了警卫"，这件事在他余生中一直困扰着他。"我想，这是一种愚蠢的逞强的表现，"他告诉传记作者，"在战斗中，我会像其他人一样充满激情地开枪杀人，但我对那次行动感到不安。那几近于谋杀了。"

三个人正在往悬崖上爬，突然斯特林因为刚才发生的事情所带来的压力而出现了严重的偏头痛并昏倒了。在他们下方，贝尼纳机场爆发了一场"精彩的烟花表演"。"所有东西都沸腾了，因为有那么多的汽油、机油和润滑油。"大火的热量点燃了梅塞施密特战斗机的20毫米口径加农炮，飞机在跑道上发射出色彩鲜艳的曳光弹。在黑暗中，库珀和西金斯拖着斯特林，"踉踉跄跄、视线模糊地"爬上山。黎明过后不久，他们就被沙漠远程突击队接走了。

与此同时，在东面40英里处，一支法国队伍成功引爆了巴斯机场的燃料堆，而另一支队伍在安德烈·泽恩赫尔德（André Zirnheld）中尉的指挥下，正在贝尔卡的主要机场与德军激战。

泽恩赫尔德是法国军队中的明星人物：聪明、富有诗意、英俊又非常勇敢。战前他曾在突尼斯做哲学教授，但是随着法

国的沦陷，他立即投笔从戎，志愿成为乔治·贝尔热手下的伞
兵。所有法国新兵中，没有一个人能完全适应特种空勤团的生 120
活方式。在一篇给法国杂志撰写的文章中，泽恩赫尔德写道：
"我不必抱怨战争。因为它，我不得不学会在任何情况中都可
以生存下来……战争结束后，问题将是如何找到一种类似的心
境的安宁。"

泽恩赫尔德和他的队伍成功地在六架德国轰炸机上安置了
炸药，然后被警卫发现了。在随后的交火中，几个哨兵被打死
或被击伤，但是这支法国队伍奇迹般地冲出了机场，没有人员
伤亡，完好无损地返回了会合点。

自由希腊海军的"特里同"号（*Triton*）潜艇在深夜的马
利亚海湾（Gulf of Malia）浮出水面。两艘橡皮艇缓慢地驶向
克里特岛海岸，拖着装载着刘易斯炸弹、给养和水的第三条
船。船上有乔治·贝尔热、三名法国特种空勤团成员以及一名
希腊皇家军队的军官，此人是土生土长的克里特人。陪同他们
的还有 L 分队的另一名新兵乔治·杰利科（George Jellicoe）
上尉，也就是第二代杰利科伯爵，这是战争中最著名的名字
之一。

1916 年海军上将约翰·杰利科（John Jellicoe）在日德兰
海战中指挥英国舰队。在特拉法尔加广场（Trafalgar Square）
上有一尊纪念这位海军上将的半身像，他的墓地在圣保罗大教
堂，他还获得了一系列的荣誉和头衔；他在 1935 年去世，给
他 17 岁的独子留下了一个伯爵爵位、一位教父——乔治五世，
以及很多要做的事情。

1939 年杰利科报名加入了突击队，并随莱科克部队一起

前往中东。他对危险的鉴别力、他的聪明才智，以及"自嘲的厚外套"让他成了一个斯特林式的人物。他们在开罗施普赫尔德酒店的长廊酒吧相遇；1942 年 4 月 30 日，杰利科被派往 L 分队，担任斯特林的副指挥官，并立即自愿参加了赫拉克里昂的进攻。

这六个人都伪装成克里特岛的农民，他们装备了博莱塔机枪和柯尔特点 45 口径左轮手枪。他们唯一的共同语言是法语。

6 月 13 日晚上，他们割开了赫拉克里昂机场周围的铁丝网，并在停放在那里的 Ju 88 容克轰炸机上安放了炸弹。第一批炸弹爆炸时，引发了一片混乱。一支德国巡逻队从前门冲出来；特种空勤团的队员跟在他们后面，然后"消失在黑暗中"。半小时后，贝尔热停下来，正式宣布他们将因为晚上的行动获得英勇十字勋章。然后，他带着队伍往南。或者更确切地说是往北走，因为他在兴奋中把地图看反了。"好吧，既然你那么聪明，你就带路吧"，当有人指出来时，他愤愤不平地说。在确定方位后，他们再次出发，向南海岸克罗托斯附近的海滩走去，那里应该有一艘英国帆船，"豪猪"号（*Porcupine*），在等着接他们。6 月 19 日黎明时分，他们在山上隐蔽起来。几小时后，一个克里特人在他们的藏身之处偶然发现了他们。他看上去很友好，主动提出带食物和饮料过来，但是贝尔热后来说自己"不喜欢他的长相"。那天下午，离约定时间还有几小时，杰利科和希腊军官走到克罗托斯，与当地的游击队队员联系，检查一切是否准备就绪。晚上 7 点，贝尔热命令四名法国人收拾行囊，准备去海滩和另外两人会合。几分钟后，他喊道："小心！我们被包围了。"随后发生了一场短暂而激烈的枪战。最年轻的法国人，17 岁的皮埃尔·莱奥斯蒂克（Pierre Léostic）

被打死。在德军的火力和包围下，他们唯一的选择只有投降。

山上传来的战斗声响让杰利科和希腊军官意识到他们的队伍被出卖了；他们被划艇接走，然后被运到等候他们的帆船上。走到半路上，他们受到另一艘向相反方向航行的船主的赞扬，那个人说的是上流社会的英语。他是帕迪·利·弗莫尔（Paddy Leigh Fermor），是作家、情报人员和二战时期最伟大的冒险家之一，他肩负着与克里特游击队建立联系的使命。他和杰利科在暮色中"互致了含糊的问候"，然后划着船继续前进。

这次袭击至少摧毁了 21 架飞机、2 辆卡车、12 台飞机发动机、几个燃油库和 1 个弹药库。第二天，德国人怀疑当地克里特人与盟军勾结，出于报复枪杀了 50 名赫拉克里昂居民。

6 月 12 日，一支小车队轰隆隆地沿着公路向德尔纳驶去。车队由一辆大众桶车（Kübelwagen，军用大众汽车）、一辆欧宝汽车、一辆德国卡车和一辆涂有纳粹党徽表明已被缴获的英国卡车组成。车队的情况并不像看上去的那样。那辆英国卡车并不是被德国人缴获的，而所有的德国车却都是被英国人缴获的。第一辆卡车的司机穿着德国列兵的制服，他是苏格兰近卫团的赫伯特·巴克上尉和特别审讯小组的首领。他身边的人是赫伯特·布鲁克纳和沃尔特·艾斯纳，他们曾是非洲军团的士兵，现在则为以前的对立方工作。后面的法国俘虏是由奥古斯汀·乔丹率领的自由法国伞兵。他们小心翼翼地把机枪、手榴弹和刘易斯炸弹藏在看不见的地方，打算用它们来炸毁机场。端着机枪和鲁格手枪看守着他们的是犹太人。

在意大利的第一个检查站，一名少校要求他们说出本周密码：布鲁克纳完美扮演了自己的角色，威胁说要向这个意大利士兵的上级报告，因为他耽误了重要的俘虏押送工作。路障被抬起了。车队用同样方式通过了下一个关卡，一名胖胖的德国下士建议巴克在附近的中转营地停车过夜，因为"附近有英国突击队员"。在营地里，法国人坐在那里，试图让自己看起来像是一群沮丧的俘虏，而特别审讯小组的士兵则和德国人混在一起，用德国人的钱买了一些给养，并给卡车加了油。下士阿道夫·舒伯特（Adolf Schubert）［真名为阿里耶·沙伊（Ariyeh Shai），来自耶路撒冷］在食堂排队买了一盘小扁豆和水果布丁。

第二天早上，布鲁克纳开车将法国指挥官送到德尔纳机场进行侦察。乔丹被看到的景象所鼓舞：有一队梅塞施密特 110 战斗机停在西边的飞机跑道上，至少十几架斯图卡俯冲轰炸机停在东边。巴克将留在会合点协调行动：一支法国特种空勤团小分队将袭击附近的马尔图巴，而乔丹将带领一支由 9 名特种空勤团成员和 3 名特别审讯小组成员（包括布鲁克纳在内）组成的较大的小分队袭击德尔纳机场。

布鲁克纳驾驶的卡车出了点问题。发动机一再熄火。他们在上午 9 点出发，但是 1 小时后，这辆车还没有走完通往机场的 6 英里。每次熄火，布鲁克纳都跳下车，骂骂咧咧，在引擎盖下面敲敲打打后又将车发动。然后车还会再熄火。乔丹和其他几个人坐在后面，在防水油布下热得发昏，越来越恼火。在德尔纳机场影院附近，德国司机再次跳下来，跺着脚向附近的哨所走去，说他丢失了工具箱的钥匙。"没事，"特别审讯小组成员之一彼得·哈斯（Peter Hass）小声说，"他去跟德国人要扳手了。"时间一分一秒地过去，乔丹和其他人都在紧张等待。

在哨所里，正在发生下面一幕（根据两个被俘的德国空军飞行员证词拼凑而成）。

布鲁克纳是个叛徒。他向德尔纳要塞的指挥官致敬，解释说自己是一个德国战俘，驾驶着一辆卡车，上面满载意图炸毁飞机的敌人。指挥官很怀疑他的话的真实性。布鲁克纳变得越来越激动，他敦促指挥官"尽快组织尽可能多的人，并尽可能全副武装地除掉突击队"。他接着解释说，他是去年11月被俘的，英国人给他钱，让他把他们带到前线。一开始他拒绝了。"但是他们开出的价钱越来越高，他就接受了，因为他觉得这是他重获自由最好的办法了。"要塞指挥官现在确信无疑，他召集了人手。几十个全副武装的德国哨兵悄悄包围了这辆卡车。

乔丹无法再忍受这种悬念了，他从防水布下面钻了出来，透过后面的挡板往外看。他立即被拖出来并被抓住。"所有的法国人都出来！"接下来发生的事件还原是带有争议的。一些法国人可能投降了，一些人可能开火了，紧接着卡车爆炸了。据乔丹的说法，彼得·哈斯是最后一个留在车上的人。哈斯知道，作为一个犹太人，他很快会被折磨并被杀害，于是他用机枪向一堆炸药射击，把炸药和自己都炸成碎片。"他决定牺牲自己来试着救我们"，乔丹说。在硝烟和混乱中，乔丹挣脱了俘虏他的人，跑掉了。

布鲁克纳后来飞去德国，被授予德意志十字勋章，以表彰 124 他揭露法国暗杀队的英勇行为。在沙漠中的共同生活掩盖了这个叛徒。如果有一个人一起共同经历过饥饿、干渴和酷暑，人们会很容易认为他肯定是个朋友。布鲁克纳也像其他人一样，快乐地围着篝火放声歌唱。但这个德国人一直想要将特种空勤团引入陷阱。布鲁克纳是第一个利用这支部队的团队精神来掩盖自己真实意图的内奸；他不会是最后一个。

这一次，帕迪·梅恩运气不佳。贝尔卡附属机场不再是几周前那个易于破坏的目标了。每架飞机都部署了警卫，后来有人声称，因为泽恩赫尔德率领的法国人总是蔑视时间表并提前攻击了主机场，给守卫敲响了警钟。正如杰利科对自由法国军队的评价那样："他们非常非常自由、非常非常法国人。"接近机场时，梅恩和他的小队被哨兵发现，对方立即开火。经过短暂而激烈的交火后，特种空勤团人员安全撤退，只在一个加油站稍做停留来安放数枚炸弹。在黑暗中，展开了一场"孤注一掷的捉迷藏游戏"，敌人的巡逻队向四周散开，对该地区进行了彻底搜查。天亮前，小队分成两组，每组两个人。梅恩和他的同伴最终到达了塞努西的一个营地，他们在那里吃了一顿炖羊肉后，留下来过夜。第二天早上，他们醒来时看到另一个团队成员骑着自行车穿过沙漠朝他们奔来。

鲍勃·利利（Bob Lilley）是第一批加入 L 分队的人。他年近 40，是部队里年龄最大的人之一，也是其中最能吃苦耐劳的人之一，有着一头乌黑的卷发、一双乌黑的眼睛。"从不闹着玩，也从不灰心丧气，"普雷德尔写道，"他总是保持着一贯的好脾气，就好像生活不会给他带来任何让他感到意外的事情似的。"在这之前的 24 小时，甚至连利利惊人的镇定也受到了考验。

在和梅恩他们分开后，他和同伴在机场附近发现了一所房子，房子的花园被厚厚的树篱环绕。在黎明时分，最好的选择似乎就是隐藏起来。利利爬到树篱下，以一种几乎非人类的镇定睡着了。当他醒过来时，只剩他自己了。另一个人再也没有出现。他前途未卜。这时一只友善的德国牧羊犬出现了，坚持不懈地要舔利利的脸，直到利利一拳打在它的鼻子上，它才鸣咽着走了。四面八方都可以听到意大利人的声音。利利得出结论，如果他继续躲在树篱下，几乎肯定会被抓住，但如果他试图逃跑，那么被抓住的可能性就更大。于是，他采取了一种极端冷静的策略。"我走出灌木丛，站起来，开始闲逛。"他继续走着，在敌人醒来的过程中穿越敌营。四面八方，都是意大利和德国士兵在刮胡子、洗漱、排队吃早餐。他们根本没注意到另一个穿着衬衫和短裤的男人正缓慢地穿过营地。最后，他发现自己走在一条荒芜的与铁路线平行的路上，并开始朝着他希望是东边的方向走去。

前面的路上出现一个小点，并渐渐地变成一个骑自行车的意大利士兵。意大利人靠近利利时放慢了速度，眼睛盯着他。然后他停下来，下了车。利利估计骑自行车的人大概20岁左右。利利不懂意大利语，但是通过这个人不怎么友好的手势，他显然在说利利是个战俘，应该跟他一起回营地。"我不打算这样做，"利利后来回忆道，"所以我们开始搏斗。"在沙漠中一条铁路线旁，属于战争双方但原本毫无敌意的两名战士此时在沙漠中展开了短暂、激烈而致命的肉搏战。年轻的意大利士兵身体更好，但是利利带着一种绝望的情绪在战斗，他知道自己别无选择。"我用手掐住他的喉咙，把他掐死了。"

鲍勃·利利后来向马尔科姆·普雷德尔描述了这一情节。"真是让人不舒服，当你亲手杀了一个人时，医生。我还能很清楚地看到他苍白的脸和深棕色的眼睛。我让他躺在那里，伸开四肢，抬头看着太阳。"利利捡起死者的帽子，盖在他脸上，好像他在睡觉一样。然后他骑上自行车，开始向地平线上的部落营地骑去。

126　　大卫·斯特林以自己"不爱炫耀"为荣，从不吹嘘自己或自己部队的成就。但是回到绿山的会合点，在终于参加了一次成功的突袭后，他忍不住对帕迪·梅恩炫耀了一番："看到我的火光照亮了天空，而不是你的，感觉真有点不一样。"

　　这两个人之间的竞争幼稚到极点，但对于斯特林来说，这也是有目的的。多年后，这位特种空勤团创始人承认，尽管他一直竭力表现得勇敢无畏，他也经常要与自己的恐惧做斗争。"我害怕过很多次。我毫不怀疑我们都是这样，但秘密是——或许也是最难的事情——就是要控制这种恐惧。"然而，梅恩似乎完全不受焦虑的影响。斯特林害怕在梅恩面前被发现他在恐惧，这种害怕比他恐惧的事情本身还要巨大。"有帕迪这样的人在竞争，而我们都很好胜，就让我几乎没有被恐惧占据的危险。"

　　斯特林"开玩笑"（但只是半开玩笑）地问梅恩是否愿意去看看他的作品："去看看那些碎片是否还在燃烧可能会很有趣。"

　　"我当时有点自大"，他后来承认。梅恩立即接受了这个建议，而这实际上是个挑战。"我要确保你没有夸大其词"，他咧嘴一笑，说道。

　　于是，第二天早上，他们开着从沙漠远程突击队借来的一辆崭新的雪佛兰（Chevrolet）卡车出发，进行第二次突袭，这是一次计划外的、没有必要的、危险的突袭，完全是出于成年男人之间的一场小学生般的竞争。"这样当然很蠢，"斯特林承认，"但我们就是这样。"梅恩开车。坐在他旁边的是斯特林和卡尔·卡汉（Karl Kahane），这是一个来自巴克的特别审讯小组的奥地利犹太人，他在德国军队服役了20年，然后移居到巴勒斯坦。后面坐着西金斯、库珀和利利，他们把刘易斯机枪藏在防水布下面。

在距离机场大约10英里的贝尼纳公路上，他们遇到一个路障。这不是那种脆弱的意大利路障，而是一个由混凝土和带刺的铁丝网组成的新建建筑，既不能撞开也无法绕过。梅恩停车时，一名德国士官长从警卫室走了出来，一手拿着一枚"马铃薯粉碎器"手榴弹，一手拿着手电筒。至少有十几个德国哨兵站成半圆形，准备好了自动武器。卡尔·卡汉不等哨兵说话就先开口："我们是从前线来的。好几个星期没洗澡了，还很饿。所以省省你们的手续，让我们过去吧。"

士官长似乎无动于衷。

"口令。"他哼了一声。

卡汉不知道口令。但是，他知道怎么用流利的德国军事术语来进行训斥。帕迪·梅恩转述了随后的演讲："我们他妈的怎么知道口令是什么，也不要问我们要什么狗屁的身份证。那些都丢了，我们过去70小时里一直在和那些该死的英国兵战斗。我们的车被毁了，还好我们幸运，缴获了这辆英国卡车，才最终逃了回来。所以快点把那该死的门打开。"

德国人仍然不相信，他转到司机那一边，直至站在离窗户只有3英尺的地方。

这时，帕迪·梅恩做了一件非常愚蠢（或者说非常勇敢）但肯定有效的事。他把放在膝盖上的柯尔特点45口径左轮手枪扳上，发出咔嗒一声巨响。士官长听到了这个声音，完全明

127

白了这是什么意思：他离枪战只有一步之遥，一旦枪战发生他
将成为第一个受害者。大家都"一动不动地待了几秒钟"，然
后，正如梅恩后来写到的那样，这个人做出了一个明智的计
算："如果有人会受伤，那他就会是最早倒下的那个。"这个
德国人示意他的人把路障抬起来，卡车缓缓开了过去。

军士长肯定用无线电报告了前方有敌军正在逼近。不出所
料，4 英里外又有一处哨所，6 个意大利士兵"挥舞着步枪"
在马路对面站岗。梅恩加速；意大利人散开。卡车冲过去的
时候，西金斯用刘易斯机枪开火了。敌人现在有了充分的警
觉，但是斯特林坚持他们必须留下"一张名片"才能离开。
在接下来的半小时里，他们炸毁了一个无人看守的运输加油
站和油库，在停车场的一支重型卡车小型车队上安置了刘易
斯炸弹，并向旁边的一间客栈开枪，一些德国人和意大利人
正在那里喝酒。"简短、干脆、令人振奋"是梅恩对这次行
动的描述。

128　　　在一辆德国装甲车的追赶下，他们在岩石平原上狂奔了 5
英里，当卡车到达一个深谷的安全地带时，这段旅程告一段
落。德国追击者因为害怕遇到伏击而后退了。他们把卡车开到
陡峭的峡谷另一边又花了几小时。"最后我们几乎把它抬了上
去"，西金斯抱怨说。

回会合点的路很长。这些人昏昏欲睡地靠在卡车的两侧。
突然利利大喊："保险丝着了！出去，快。"梅恩甚至没有时
间刹车。在震耳欲聋的爆炸把他们全部轰倒在地之前，这些人
都跳了出来，而车还在开。根据特种空勤团战时日志的记载：
"卡车爆炸时，利利刚刚疏散完所有人。"旅程的颠簸引燃了
计时器，利利在爆炸前几秒闻到了保险丝燃烧的味道。这辆崭

新的卡车剩下的东西"可以用一个行李袋装完",利利说。他们再次步行出发,扑哧笑出声。

6月14日和15日,各队在绿山重新集结,斯特林对结果进行了评估并计算了费用。奥古斯汀·乔丹将接替被俘的贝尔热成为法国特遣队的队长,他是他所在的小队中唯一的幸存者,而且心急如焚。但是在这次联合突袭中,数十架飞机被摧毁,轴心国机场在关键时刻被分散了注意力,大量敌军在处理威胁时束手无策。在17艘前往马耳他的盟军船只中,只有2艘带着急需的补给品成功抵达该岛,但是斯特林对这次行动感到满意。他相信,如果特种空勤团没有如此成功地破坏机场和飞机,一艘船都无法到达马耳他。他后来以一种不同寻常的"傲慢态度"坚称:"我认为我们所做的就是拯救了马耳他。"

直到6月21日,部队返回锡瓦绿洲,发现沙漠远程突击队匆忙撤离基地,斯特林才发现,在他不在的时候,战争图景被彻底地重新绘制了。那天下午,英国广播公司(BBC)宣布图卜鲁格再次落入德军手中。5月26日,在奥钦莱克进攻前,隆美尔发动了进攻,一场辉煌的闪电袭击战将盟军逼退150英里。非洲军团正在向埃及推进,而英国人节节后退,奋力抵抗,在阿拉曼(El Alamein)和盖塔拉洼地(Qattara Depression)之间建立起一条新的防线。英国皇家海军正在从亚历山大港撤出,秘密文件正在开罗被销毁,而处于上升期的轴心国嗅到了北非战场的胜利气息。希特勒提拔隆美尔为陆军元帅,并告诉墨索里尼,决定性的一击将毫无拖延地实施。"战斗女神只会拜访战士一次",他用一种历代独裁者都喜欢用的那种浮夸姿态宣称。

丘吉尔更加直言不讳:"必须不惜一切代价守住埃及。"

129

11　西迪哈尼什大破坏

　当车队隆隆驶入沙漠时，马尔科姆·普雷德尔兴高采烈、兴奋不已，还有点茫然。几个月来，他第二次完全不知道自己要去哪里，也不知道到了那里以后要做什么。他只知道自己是庞大的突击队中的一员，但除此之外，整个行动"被一种令人愉快的模糊氛围包围"。斯特林只承诺他们"会玩得开心"。这种不确定性是经过深思熟虑的，因为开罗到处都是间谍。这些人看起来"轻轻松松、无忧无虑"，他们唱着欢乐的歌，出发执行一项任务，在这个过程里，其中一些人肯定再也回不来了。大家从不讨论这种可能性。"暗示一个人即便只有一点点担心，也等同于最卑鄙的虐待"，普雷德尔写道。这名医生之前一周里一直在发放紧急急救包。没有一个人请他指导该如何使用急救包，甚至没有人承认自己认为这样做可能有必要。普雷德尔觉得这种拒绝承认他们所做事情的风险的做法很诡异，却又相当奇妙。他原以为只是离开营地几天；但接下来的5个星期，他都将在沙漠中度过。

　　非洲军团离亚历山大港只有40英里，军事形势再次发生了变化。隆美尔拉长的补给线提供了诱人的新目标，包括沿埃及海岸新增的几个机场。斯特林没有在漆黑的夜晚发动零散的攻击，他现在打算把他的整支部队——100多人，部署到沙漠中的一个先遣营地。卡雷特塔尔图拉（Qaret Tartura）位于埃及西北部盖塔拉洼地边缘的一片偏远的灌木丛，从那里出发，他们可以一次连续突袭数周而不用返回基地。为了把士兵和补给运送到前线基地，斯特林获得了一支由 3 吨重的卡车组成的车队，最关键的是，还有 12 辆全新的四轮驱动美国吉普车。后者将改变特种空勤团的战术。随着飓风式战斗机（Hurricane）上的防弹挡风玻璃、防止水过度沸腾的冷凝器、装甲散热器、伪装涂装、加强型悬架和额外的油箱的加装，这些汽车成了最灵活的沙漠交通工具。"吉普车惊人的灵活性让我们能够在夜晚接近几乎任何一个国家的目标"，斯特林说，然后他补充了一个更重要的改装——维克斯 K 型机枪，每分钟可发射 1200 发子弹，最初被装载于轰炸机上以防御战斗机。他们在亚历山大港的一个仓库里发现这批被隐藏起来的威力强大的枪支，并将它们安装在三辆吉普车上作为试验：两辆车的前部装有两挺机枪，第三辆车的前后部各装了两挺机枪。当维克斯机枪同时开火时，后坐力使车辆像受惊的马一样颤抖和颠簸起来，但其破坏的效果是惊人而可怕的，可以形成一道坚实的火力封锁。L 分队的工程师把吉普车改装成全副武装的全地形作战车辆：轻便、坚固、多功能且杀伤力惊人。

与沙漠远程突击队极具价值的合作关系即将结束。经过 6 个多月的行动，沙漠已经成为他们熟悉的地形，特种空勤团现在已经拥有了足够的导航专家，可以在没有"出租车"的情况下作战。"到［1942 年］6 月底，L 分队已经突袭了前方 300 英里内所有较重要的德军和意军机场，每个机场至少被突袭了一两次，有些甚至是三四次。"迈克·萨德勒被邀请加入该部队，担任高级导航员；他根本不需要什么劝说。斯特林决定提拔他。"你最好到市集给自己买点'好东西'"，他跟 22

岁的萨德勒说，萨德勒照做了，把自己打扮成了一名中尉。没有人把他升职的事通知当局。

有了自己的运输工具和导航员，以及从前沿基地随意进攻的能力，L 分队很快就变成了斯特林一直想要的样子：一支小型而独立的军队，能够打另一种类型的战争。"我们现在自给自足"，斯特林后来回忆说，从那时起"我们真正开始练肌肉了"。

车队穿过第 8 集团军的防线，进入了外面的无人区。"在亚历山大港的城门前，牵制隆美尔的防线看上去是多么脆弱和纤细啊"，普雷德尔想着。往南，巨大的盖塔拉洼地延伸开来，一片盐碱地和沙丘覆盖了 7000 平方英里，那里是非洲地势第二低的地方，也是最荒凉的地方之一。1927 年，沙漠远程突击队的创始人拉尔夫·杰克·西利托曾绕过洼地的北部边缘，认为该地区无法通行。现在它形成了一道天然屏障，挡住了前线的南端，也就是阿拉曼战场的边缘。德军在这片空旷地带部署了一个单独的前哨站，负责监视敌人的行动，这是一项吃力不讨好的任务。每天，无线电操作员都发送同样的信息，"无事可报"，这句话既单调又老套，帮助布莱切利公园的密码破译员破解了恩尼格玛密码。

在普雷德尔看来，这是一幅"满目疮痍的景象……只有古老的阿拉伯人留下的足迹能表明以前有人走过这条路，到处都是光滑的骆驼白骨，它们如此古老，以至于一触即碎"。超载的车队一再陷入沙漠地壳下的细沙，这在阿拉伯语中被称为 *fech fech*。透过薄雾，普雷德尔的司机指了指远处的一个男人，他站在一块露头岩石上看着他们。是贝都因人吗？还是一个德国侦察兵？或者是沙漠远程突击队巡逻队的侦察员？似乎没有人过于担心，但是普雷德尔永远忘不了"对那个孤独身影的记忆，以及在那片荒凉的沙漠上被人注视的那种不可思议的感觉"。那天晚上他们在一条小溪谷里安营。累得筋疲力尽的普雷德尔躺在沙地上，用毯子把自己裹了起来："我睡着了，想着我是不是能像其他小伙子一样长出像样的胡子。"第二天晚上，进攻部队向卡雷特塔尔图拉前沿巡逻基地以北移动了60英里，然后分成了几支突击小组。乔治·杰利科和法国哲学家安德烈·泽恩赫尔德出发前去侦察海岸公路，并用机枪扫射碰巧出现的任何目标。斯特林和梅恩向巴古什机场进发，灾难性的"占领者行动"就是在那里开始的，现在那里已经落入了德国人之手。法国指挥官奥古斯汀·乔丹和比尔·弗雷泽计划袭击富凯（Fuka）的两个机场，普雷德尔将以非战斗成员的身份陪同他们。医生担心地看着弗雷泽做的准备工作。"可怜的比尔。天呐，我希望他们不要抓到他，"他想着，"他似乎太年轻也太孩子气了，不适合干这种事。"当弗雷泽没入夜幕时，普雷德尔和两名司机仍留在车上。

2小时后，他又出现了，还活着，但是非常暴躁。他抱怨说攻击另一个富凯机场的法国小队已经先开火了，这引起了哨兵的警觉，使他无法发动自己的攻击。（事实上，乔丹和他的法国小队摧毁了8架梅塞施密特战斗机，只有一个人受了点轻伤。）在回去的路上，弗雷泽给普雷德尔讲了一个发人深省的故事。他在飞机跑道周围的黑暗中爬行，听到意大利人的声音，意识到有一小群哨兵就站在离他不到10码远的地方。弗雷泽平静地取出一枚手榴弹，正要拔出保险栓时，他重新想了想，把手榴弹藏了起来，然后溜走了。弗雷泽没有解释这一仁慈的行为。"也许他觉得他们太孩子气了，不该被冷酷无情地

134

杀害，"普雷德尔想，"如果不是这个善念……三四个意大利人现在将被埋葬在富凯的沙下，三四个家庭将失去亲人。"弗雷泽和梅恩、斯特林一样勇敢，必要时也完全可以杀人；他就是无法在没必要的时候杀人。

回到会合点，斯特林跟返回的队伍打招呼，把得分加起来，"好像我们刚打完高尔夫球一样欢迎我们"。杰利科和泽恩赫尔德炸毁了 1 辆卡车，在附近的代巴（Al Daba）机场搜集了有用的情报，并抓到 3 个德国战俘。最成功的一组是斯特林自己的队伍完成的，他们摧毁了 37 架飞机。

在袭击巴古什的过程中，斯特林发现了一种新的战术——用吉普车。

他们在巴古什机场的 30 多架飞机上安置了炸弹，但由于导火索受潮，至少有 12 架没能引爆。斯特林建议他们立即返回，用吉普车上的机枪完成任务。"毕竟，"他指出，"它们本来就是设计出来用于击落飞机的。"斯特林驾驶着闪电战车带路，库珀操纵着他身边的一支刘易斯机枪，另一名枪手坐在后方的两把机枪后面；梅恩开着一辆武装吉普车跟在后面，他后面还跟着一辆：枪手们奉命瞄准油箱低射。巴古什的守军还没有从第一场进攻中回过神来，没有料到会再来一场袭击，更不用说这支现在正驶向机场的斗志昂扬的小队伍了。这些车以每小时 15 英里的速度，保持 10 码的车间距，在剩余的飞机周围行驶，以每分钟接近 1 万发子弹的速度，倾泻出毁灭性的猛烈攻击。当每架飞机爆炸时，大火照亮了下一架飞机。在库珀在打完第三个弹匣时，他的机枪卡住了。"维克斯机枪是为飞机设计的，因此是风冷原理的。它只能发射出一定数量的子弹，然后就需要强制降温了。"车队留下一片"完全混乱的景象"。

普雷德尔从 18 英里外都能看到大火，不断的爆炸就像"夏日的闪电一样照亮了地平线"。黎明时分，在接近会合点时，他们遭到了意大利战斗机的攻击，这些战斗机很可能沿着他们的车辙穿越了沙漠。一架飞机俯冲下来，斯特林和库珀跳出车外。几秒钟后，爆炸发生了，闪电战车短暂而非凡的生涯就此结束。剩下的路他们是徒步走完的。

斯特林担心意大利侦察机可能已经发现了卡雷特塔尔图拉的营地，于是下令在前沿基地向西 25 英里处重新部署，那个地方叫作波尔奎西尔（Bir el Quseir），是一个又长又低洼的悬崖，有许多裂缝和沟壑，是车辆隐蔽的理想地点。接下来的一个月里，这里将成为特种空勤团的沙漠之家。突袭仍在继续：在 7 月 11 日晚上，梅恩带领的一支队伍在代巴机场摧毁了至少 14 架飞机。乔丹在富凯又击毁 8 架飞机。但是随着得分的增加，伤亡人数也在增加。在梅恩率队突袭的第二天，由一个名叫罗宾·古尔登（Robin Gurdon）的帅气的沙漠远程突击队军官（斯特林认为他可能是副指挥官）带领的巡逻队遭到了意大利战斗机的袭击；古尔登腹部和胸部中弹，在普雷德尔赶到前就牺牲了。医生和古尔登很熟，对他的牺牲感到很痛苦。这些人几乎从不谈论他们牺牲的同志。"你永远不能在这个问题上表露你的真实感情"，普雷德尔写道。但是他在没人看到的时候哭了。"沙漠战争看起来好奇怪啊，"他写道，"我们穿越广袤的荒野，只为了寻找并杀死对方。"

在沙漠营地里，形成了一种奇怪的平静，这几乎是家常便饭了。医生在小山洞里建起一个临时手术室，士兵们来这里治疗沙漠溃疡和其他疾病。为了打发时间，他研究当地的动物群，比如蛇、蝎子，还有夜间偶尔嚎叫的豺狼。帕迪·梅恩"躺在吉普车的阴影下，一边读着一本企鹅出版的书，一边拍打着偶尔飞来的苍蝇，脸上挂着睡意蒙眬的笑容"。普雷德尔看到他正在读拉尔夫·黑尔·莫特拉姆（Ralph Hale Mottram）的《西班牙农庄》三部曲（*The Spanish Farm* trilogy），这是第一次世界大战时期的小说，描述了残酷战争中一片平静的绿洲。斯特林在安静的时光里愉快地对最近的袭击复盘并计划着接下来的袭击，"仰卧在一辆 3 吨重的卡车车底下，一条腿懒散地搭在另一条腿上，安静地吸着空烟斗……好像他沉浸在关于点对点战术形式的思考中"。斯特林从不放松对自己的着装要求：无论是在参加战斗时还是在战斗结束后的放松时间，他总是打着领带。男人们在炎热的天气里闲聊，使用共同的俚语，带着委婉语、黑色幽默和脏话，这是一种陌生人听不懂的私人语言：进入沙漠说成"走上蓝色"；突袭说成"派对"或者"玩笑"；抱怨说成"滴答"；陷入沙坑说成"紧急潜水"或者"潜望镜作业"。

一天晚上，在篝火旁吃完炖罐头牛肉后，有人又开了一瓶朗姆酒。"天色越来越暗，这些人开始唱歌，起初有点难为情和害羞，但随着歌声的传唱，越来越自信。"他们唱的歌并不是战士们的军歌，而是当时流行的伤感浪漫情歌：《我将不再微笑》（*I'll Never Smile Again*）、《忧郁如你》（*My Melancholy Baby*）、《和我眼中的泪跳舞》（*I'm Dancing with Tears in My Eyes*）。普雷德尔注意到，唱歌的人越是高大魁梧，歌声就越是动情而发自肺腑。这时法国分队唱起了《玛德琳》（*Madeleine*），这是一首苦中带甜的歌，讲的是一个男人送给情人的紫丁香在雨中枯萎了。然后轮到德国俘房们，他们一番讨论后高唱起《莉莉玛莲》（*Lili Marleen*），这是非洲军团的非官方国歌，用和声完成："*Vor der Kaserne / Vor dem grossen Tor / Stand eine Laterne / Und steht sie noch davor...*"（大意为：在灯下，在军营门口，亲爱的，我记得，你曾如何等待……）当最后一节唱完时，听众爆发出响亮的口哨声和掌声。

令普雷德尔惊讶的是，他自己深受感动。"那个夜晚有点特别，"几年后他写道，"我们组成一个小小的声音孤岛；声音在荒野中回荡着渐渐消失。一小群男人在沙漠中歌唱。一种不顾周围广阔环境的情感表达……一群奇怪的人因为战争而聚在一起待了几天。"

这位来自路易斯汉姆的医生是来寻找真实感的，而他在沙漠深处找到了这种真实感，在军人们用三种语言唱着感伤的歌给想象中的情人听的时候。

在任何时候导航穿越沙漠都不容易。午夜在沙漠中穿行 70 英里，后面跟着 17 辆全副武装的吉普车，没有车头灯，只有一张古老的地图和一位越来越不耐烦的指挥官，这是一项要么是天赋非凡要么是疯狂的领航员才会考虑承担的任务。

"我们在哪里？"大卫·斯特林凝视着黑暗问道。

"据我估计，我们离战场不到 1 英里了，"迈克·萨德勒说，"它就在我们前面。"

就在那一刻，前方沙漠突然被一片人造光照亮了。埃及海岸上距离开罗西北偏西 235 英里的西迪哈尼什（Sidi Haneish）机场，跑道上的着陆跑道灯已经打开。一架德国空军夜间轰炸机即将着陆。那一天是 1942 年 7 月 26 日。萨德勒直接把他们

137

带到了目的地，及时又正好。

多年后萨德勒用轻描淡写的口吻说："这让我松了一口气。"

在斯特林给出信号后，18 辆吉普车向前开动，每辆车都配备了 4 挺维克斯机枪，火力足够摧毁整个空军：那正是他心中所想达到的目标。

138　　几天前，斯特林懒洋洋地躺在卡车下面，吸着烟斗，想出了一个新计划，并改变了战术：用吉普车发动大规模袭击。在 7 月的第一次阿拉曼战役中，盟军阻止了德军第二次攻入埃及。第 8 集团军伤亡超过 13000 人，北非战争再次陷入僵局；但是隆美尔向东面对亚历山大港和开罗的进攻已经停止了。根据空中侦察报告，西迪哈尼什或者富凯 12 号机场是德军来往前线飞机的主要集结地，主要是隆美尔所依赖的 Ju－52 运输机。L 分队是建立在隐蔽和经济的概念上的，用一小群人取得不成比例的战果；这些技术的成功现在需要一种更加有影响力的、直接的方法。

英国突击队员能够溜到战线后方，造成毁灭性的破坏，然后迅速返回沙漠的故事已经开始在前线的两边传播开来。据说德国电台甚至给这群劫匪的影子指挥官起了个绰号叫"幽灵少校"。这个绰号可能是英国宣传部发明的，但它一直流传下来了。斯特林的活动当然引起了隆美尔的注意，他在日记中写道："这些突击队员从库夫拉（Kufra）［靠近埃及边境的一个绿洲］和盖塔拉洼地出发，有时候直接进入昔兰尼加，在那里造成相当大的破坏，让意大利人非常不安。"英国的审查制度（以及良好的判断力）阻止了对特种空勤团行动的报道，但在第 8 集团军的队伍中，有关该部队英勇事迹的报道成了酒吧聊天的主要内容，也是最有效的招募工具。L 分队的人奉命永远不得吹嘘自己的成就；他们不需要这样做。其他人为他们吹嘘了。被叫作"波普斯基"（Popski）的冒险家弗拉基米尔·佩尼亚科夫（Vladimir Peniakoff）率领一支单独的沙漠突击队，从他的话语中，斯特林很快成为"中东战争中的浪漫人物"，而他的英勇事迹（部分是传说）成了英国军队士气的支柱。

在北非战争进展不顺利的时候，对战争的戏剧性叙述就像枪支和子弹一样是一种重要的武器，斯特林和他的部下表现出了反击德国军队的意愿和能力。"这种战争带有明显的浪漫色彩"，普雷德尔写道。L 分队的士兵们很在意他们自己的戏剧性，因为他们的外表、穿着和某种程度的扮演成就了神气活现的沙漠战士的角色。普雷德尔想，有些人是为了追求荣誉，来做一些"可能会一夜成名的大胆行为"。他们是正规军中的非正规军，可以携带各种各样的枪支。"如果有哪个家伙喜欢某一种武器——比如鲁格手枪、伯莱塔手枪或者是柯尔特点 45 口径左轮手枪——他就可以带着它。"有些人戴着阿拉伯头饰或头巾；很少有人穿军装制服；几乎所有人，包括斯特林在内，都留着浓密的胡须。在沙漠战争最艰难、最无聊、最枯燥和最危险的时期，斯特林的突袭队员们加入了一点儿异国情调的冒险，在隆美尔威胁要统治战场时，他们以不屈不挠出名。部队里很少有人意识到这一点，但他们所扮演的角色是心理上的，甚至是戏剧上的，也是军事上的。

斯特林声称对酒吧里所有关于他和他的部队的"胡言乱语"感到困惑；事实上，他陶醉于这种关注。

但声名远播是有代价的。轴心国部队受到重创，现在正采取相应措施：他们在机场周围架设铁丝网、照明灯和壕

139

沟，增派警卫，有时候每架飞机配备一名警卫，并在一些机场配置了装有强光照明灯的装甲车驻守。由于越来越难在不被发现的情况下溜进机场了，于是他们将反其道而行之，全副武装地冲进去。

又有 20 辆吉普车从开罗开来，每辆车上都装备了 4 挺维克斯机枪，两两安装在一起，固定在车的前部和后部。随着新车一并带来的还有额外的水、口粮、汽油、弹药、炸弹、备件和一些受欢迎的奢侈品：朗姆酒、烟草、新烟斗、黏糊糊的土耳其软糖和一品脱古龙水——来代替香皂。这些人也许无法洗澡，但是他们会带着浓浓的香水味去打仗。波尔奎西尔宁静的沙漠藏身处变成了一个繁忙的交通枢纽，悬崖里到处都是吉普车。这地方开始"像皮卡迪利大街"[①] 了，普雷德尔高兴地嘟囔着。

140　　第二天晚上，"一长列面目凶狠的吉普车"排成一队，准备进行正式彩排。就像在组织一场苏格兰舞一样，斯特林对这个计划进行了说明：由法国和英国军队驾驶的吉普车将排成两列，每列 7 辆，每辆车之间间隔 5 码，向外射击。斯特林将带路，向前射击，后面几码远的地方有两辆吉普车在他侧翼排成箭头状。每挺机枪都装有红白两种曳光弹（填充有曳光剂的子弹，有利于更精确地射击，尤其是在夜间），以及穿甲弹和燃烧弹。斯特林向天空发射了一枚绿色照明弹，行动开始了，整个场景沐浴在"一片炫目的绿色电光中"，伴随着刺耳的声音。左手边这一列的司机面临着特殊危险。他们车辆前部的枪装在右边，这意味着一束子弹会直接从司机脸颊前飞过，而车

---

①　伦敦的繁华街道。——译者注

辆后部的枪手则从他的头后面射击。如果他突然刹车，或者不小心后倾，他就会身首异处。"声音震耳欲聋，"普雷德尔写道，"曳光弹在每一边的地面上飞舞和弹跳。"约翰尼·库珀认为，向敌后空旷的沙漠发射数千发子弹是"战争中最诡异的时刻之一"。

24 小时后，两排吉普车又出现在了黑暗中。西迪哈尼什机场沐浴在前方几百码的照明灯下。斯特林发射了信号弹。夜幕变成绿色，然后爆炸开始了。

车队在冲破边界时开始了猛烈的炮火射击，机场的守军争先恐后地寻找掩护。在两排停着的飞机之间的跑道停机坪上，两列吉普车以步行速度隆隆前进，68 挺机枪从 50 英尺处开火，左右两旁的扫射铺天盖地。那声音仿佛来自地狱，是一种可怕的"咆哮和喷火"的交响乐，与燃料燃烧的隆隆声和弹药爆炸的声音融合在一起。对斯特林而言，这是胜利的声音，一场"巨大的鸣枪礼"。第一架飞机爆炸的威力之大，让近旁的人感到自己的眉毛和睫毛都在灼烧。有些飞机不仅在这种炼狱般的场景里爆炸，而且似乎"随着子弹的猛烈射击而破碎和瓦解"。一架即将着陆的轰炸机被领先的吉普车截击：飞机突然起火，并滑行着停了下来。"这就像在打鸭子，"斯特林的前部枪手约翰尼·库珀说，"我真的不可能打偏。"后面的西金斯在烟雾中一举炸毁了目标。不知从什么地方，迫击炮响了起来，接着是布雷达机枪的连续轰鸣和轻武器射击的嗒嗒声。守军在反击了。

斯特林的吉普车震动着停下来。

"怎么不走了？"斯特林大喊。

"发动机坏了"，西金斯吼了回来。一枚 15 毫米口径的布

141

雷达机枪子弹穿过气缸盖，离斯特林的膝盖只有几英寸。

他们爬上后面一辆吉普车，一个人一动不动地坐在后座上，"背部挺得出奇地直，头和肩膀靠在机枪上"。约翰·罗布森（John Robson），一名 21 岁的炮兵，头部中弹。这个纵队又在外围绕了一圈，把停在主跑道外的飞机击毁。这时第二道信号弹——这次是红色的——向上飞去，斯特林发出了撤退的信号。一名军官回忆起一段简短而又经典的结尾："就在我们离开机场时，帕迪·梅恩发现一架未受攻击的轰炸机，然后他就从吉普车上跳下来，手里拿着一枚炸弹，跑到飞机跟前，把炸弹装进发动机里，然后跑回来又追上了我们。"

吉普车不再排成队形，它们向篱笆上的缺口冲过去，开进开阔的沙漠。迈克·萨德勒在场地的西南角稍做停留，观察是否有人掉队，并拍下了这场灾难。当德国人开始把飞机残骸拖走时，有些还在燃烧。不到 1 小时，机场又恢复了运转。他们捅了"马蜂窝"，萨德勒回忆说。很快，黄蜂就会飞起来，愤怒地追赶他们。一旦进入距外围 1 英里外的开阔地带，吉普车就每三四辆分成一组，向南方分散开来，奉命找个地方在伪装下躺一天，然后在夜幕的掩护下前往会合点。官方估计有 37 架飞机被毁，大部分是轰炸机和重型运输机。

黎明时分，斯特林带着 4 辆吉普车、14 个人和 1 名阵亡士兵的遗体躲进一个碗状凹地。罗布森的尸体上盖了一块毯子。当时是早上 5 点半。光线下显露出"一群衣衫褴褛的人。脸、头发和胡子被厚厚一层灰黄色的尘土覆盖"。坐在罗布森旁边的那个人用一根棍子刮了刮他裤子上的沙痂血迹。头一天晚上的大火让很多人头痛欲裂，口中都是汽油味，眼睛发炎。西金斯把汽油倒进一个装满沙子的罐子里，点火煮茶。两个人开始挖坟墓。1 小时后，约翰·罗布森身上盖上了"很可怜的一点儿沙子和石头"，这一小群人聚在他周围，上面是一个用旧的给养箱做成的十字架。"我们脱帽站着，看着坟墓，各有所思，"一名军官回忆说，"我们大多数人甚至都不认识他，他是新来的；他对我们来说只是一个名字，或者也许只是一张欢快的红脸庞和一头浓密的黑发。这真的是一场奇怪的葬礼，只有两分钟的默哀和几个疲惫不堪、脏兮兮的战友。然而，在这短短的一段时间里，在遥远的偏僻之地的牺牲，是有尊严的。"

几小时后，在东面大约 20 英里的地方，法国人举行了同样一场凄凉而简单的仪式。

安德烈·泽恩赫尔德带领的 3 辆吉普车因爆胎而减速，当晨雾散去时，他们发现自己危险地暴露在空旷的沙漠中。低矮的山脊上点缀着灌木丛，至少提供了一点儿伪装。4 架斯图卡俯冲轰炸机在中午发现了他们，并蜂拥而下。泽恩赫尔德在第二波袭击中被击中肩膀和腹部。他的一个战友将他拖到掩体下。在 9 次攻击后，俯冲轰炸机因弹药耗尽而离开了。吉普车被打得"千疮百孔"，但有一辆还能开。泽恩赫尔德被抬上车，神志清醒，但渐渐衰弱，他们动身前往会合点，希望能及时赶到普雷德尔医生那里。泽恩赫尔德伤势过于严重，无法承受颠簸，几小时后，这支法国队伍躲进了一个小洼地里。在午夜过后不久，泽恩赫尔德转向他的副手弗朗索瓦·马丁（François Martin），然后说："我要离开你们了。我心里一切都好。（*Je vais vous quitter. Tout est en ordre en moi.*）"不一会儿，他就牺牲了。这位 29 岁的法国哲学家被埋在一个用包装盒做成的十字架下，上面写着："安德烈·泽恩赫尔德少尉牺牲于 1942 年

143

7 月 27 日。"

　　回到营地后，马丁在整理泽恩赫尔德的随身物品时发现了一个笔记本，泽恩赫尔德在里面写了一首诗。此后，这首诗被称作《伞兵的祈祷》，成为法国空降部队的官方诗歌。

　　　　　主啊，我求你，
　　　　　将我不能为自己所得的赐给我。
　　　　　我的主啊，求你将你所剩下的赐给我。
　　　　　没有人向你要的，就赐给我。
　　　　　我不求身体或灵魂的
　　　　　休息或安宁。
　　　　　我不求财富，
　　　　　不求成功，甚至不求健康。
　　　　　我的主啊，太多人向你要这些，
　　　　　你已经不剩什么了。
　　　　　我的神啊，求你将你剩下的赐给我。
　　　　　别人不要的，请赐给我。
　　　　　我想要不确定性和怀疑。
　　　　　我想要折磨和战斗。
　　　　　主啊，求你将这些全赐给我，
　　　　　使我可以一直拥有它们。
　　　　　因为我不会一直有勇气
　　　　　向你求这些。
　　　　　我的神啊，求你将你所剩下的赐给我。
　　　　　别人不要的，请赐给我。

但也要赐我勇气、
力量和信念。
主啊，因为这些，
只有你能赐予我。

12　沙漠医生

　　外科医生马库斯·卢特罗蒂（Markus Lutterotti）上尉，或者用他的完整头衔来称呼是加佐利和朗根塔尔的马尔库斯·冯·卢特罗蒂（Markus von Lutterotti di Gazzolis und Langenthal）男爵，正在享受穿越沙漠的快乐旅程。这趟飞机之旅是他在治疗德军部队的沙漠溃疡和其他疾病的单调生活中的一种调剂。这位年轻的医生坐在一架费斯勒鹳式（Fieseler Storch）侦察机的副驾驶座上，俯视着下方一片平坦的荒地，它似乎一直延伸到无限的空旷之中。他从未见过如此毫无生机的地方。卢特罗蒂想近距离观察沙漠，活动一下腿脚，于是命令飞行员着陆。这位空军中士是隆美尔的私人飞行员，他没有掩饰自己的愤怒。他在沙漠里漫无目的地飞行了 1 小时，只是为了取悦这位年轻的军官。他开始下降，几乎懒得去看下面是什么，因为在他看来，这一切都一模一样。两人都没有发现隐藏在低矮悬崖下的伪装车辆。

　　卢特罗蒂上尉穿着德国军装，但如果说他是德国人，他会很生气，如果有人说他是纳粹，他会更生气。卢特罗蒂家族是天主教贵族，来自意大利北部讲德语的南蒂罗尔，那里曾经是奥匈帝国的一部分，在第一次世界大战后被意大利吞并。墨索里尼不信任讲德语的意大利少数族裔，而马库斯直言不讳的父亲与法西斯当局发生了冲突。马库斯是家中八个孩子中最年长的一个，他在体检后被迫去服意大利兵役，在墨索里尼入侵并占领阿比西尼亚（Abyssinia）后，他被短期派往非洲之角（the Horn of Africa）。他在非洲的经历激发了他对热带医学的兴趣，回到欧洲后，他在汉堡热带研究所学习。战争终止了他的医学学术生涯。加入非洲军团似乎是逃避加入纳粹党最好的办法。

146

卢特罗蒂于1941年年初被派往北非，并参加了5月的进攻行动，然后在德军后方的拜尔迪管理一家小型帐篷医院。他精通两国语言，他的语言技能使他成为意大利军官和德国军官的翻译。他甚至还为隆美尔做过翻译，并对这位非洲军团指挥官深表钦佩。作为一个有着自由信念和专业奉献精神的人，他坚持对北非人民、盟军战俘和自己的战友给予完全相同的照顾。马库斯·卢特罗蒂文质彬彬，好奇心盛，学究气十足，他天生就不适合战争的残酷无情。在前进的过程中，他遇到一名伤势严重的士兵，后者在战壕里尖叫，无法救治。他用大剂量的吗啡使这位士兵摆脱了疼痛。这件事是他标志性风格的体现。

德国将赢得这场战争，卢特罗蒂对此深信不疑，但是这一前景并没有让他特别高兴。他29岁，他想要结束战争，他想要继续他的热带医学研究，他想回到南蒂罗尔的山区。但首先他想看看开阔的沙漠。说服他的指挥官借一架侦察机和一名飞行员给他用一下午并非难事。

费斯勒鹳式侦察机在沙地上轻轻着陆，距离两辆烧毁的卡车几百码远，这两辆车是英军撤退时遗留下的。卢特罗蒂和飞行员爬下飞机，点燃香烟，"谈笑着"开始检查车辆残骸。就在那一刻，一辆汽车突然冲进视野，漆着奇特的粉红色和绿色组合图案，车上坐着一个满脸胡须、戴着阿拉伯头饰、大喊大叫的男人。卢特罗蒂认定这是一支德国巡逻队，尽管看起来有点奇怪，他走上前去迎接他们，却被一阵震耳欲聋的枪声阻止了。蓄着胡子的枪手正在扫射那架停着的飞机。卢特罗蒂脸上"惊讶的表情"看起来很滑稽。他从口袋里掏出一个红十字臂章，在头上挥舞。"你不能朝我开枪，"他用英语喊道，"我是个医生。"

沙漠远程突击队的尼克·怀尔德（Nick Wilder）中尉结束了对巴古什机场的牵制突袭后返回，当这个意外的战利品从天而降时，他用吉普车发动了猛烈攻击。怀尔德的人在被打成筛子的费斯勒鹳式侦察机上安放了炸弹，两个惊愕的俘虏被塞进卡车后座。在卡车加速离开时，卢特罗蒂看着飞机爆炸。

晚饭后，两位医生懒洋洋地躺在凉爽的沙子上，谈论医学、战争和运气。"这是一次愉快的航行，"马库斯·卢特罗蒂向被逗乐的马尔科姆·普雷德尔解释说，"我去找点乐子，结果很不幸……这就是战争（C'est la guerre）。"普雷德尔断定，这位认真、满脸雀斑的德国医生"是个好人"。

抓获俘虏不属于特种空勤团的任务范围。"我们一般不抓捕俘虏，"西金斯之后回忆说，"但并不是说我们就要枪毙他们。"通常他们会被解除武装，短暂拘留，然后被释放；但在沙漠腹地，简单抛弃俘虏就等于杀死他们。相反，斯特林提出"假释"卢特罗蒂，这是一种古老的军事惯例，在这种情况下，俘虏将不被看守，作为交换，俘虏要庄严承诺自己不会逃跑。

卢特罗蒂听到这个古怪的建议后笑了。"如果是你，你会怎么做呢?"他问。

斯特林笑道:"我肯定不会接受假释。"

"那我也不接受。"

卢特罗蒂被移交给普雷德尔,他奉命随时严密看守俘虏。两位上尉医生发现他们有很多共同之处。卢特罗蒂童年时曾在克拉顿海滨度过几个假期,英语说得很好,当他发现自己身处距离前线这么远的一个营地时,他似乎更多是感到有趣,而不是惊慌失措。吃晚饭的时候,这位蒂罗尔贵族无意中听到杰利科这个名字,便尖叫起来:"不是杰利科勋爵吧?"乔治·杰利科点了点头。"我想你认识我的妻子",卢特罗蒂说。这世界真小啊,即便在这广阔的沙漠中亦然。据说,杰利科伯爵和卢特罗蒂男爵夫人是在1936年汉堡的一次正式午宴上认识的。杰利科是个精力充沛又非常有女人缘的男人,消息很快传遍了营地,说伯爵不仅仅是和男爵夫人共进了午餐。波尔奎西尔的营地变得太过舒适了。车辆川流不息,在洼地周围的沙地上留 148下了很深的痕迹,敌军侦察机都可以看到。来自开罗的无线电报道似乎表明,作为对西迪哈尼什突袭的回应,德国正派出侦察巡逻队,试图拦截突击队。在将近5周后,厕所坑里的粪便堆积,引来一群令人恶心的苍蝇。斯特林宣布,他们将再次转移营地,在西边30英里处安营,然后对德国补给线发动又一轮密集的突袭。斯特林承诺,打击目标将"非常诱人"。

德国医生和他的飞行员是模范俘虏。"如果你需要医疗协助,只要跟我说就行了,"卢特罗蒂对普雷德尔说,"如果能帮到你我会很高兴。"这位德裔意大利医生对英国人每天下午4点准时喝茶的习惯很感兴趣:他从不错过喝茶的时间,坚持要把杯子都洗干净。

在新的营地安顿下来后，两位医生之间不同寻常的友谊加深了。他们谈到热带病、苍蝇问题、红十字会的作用以及BBC，卢特罗蒂在拜尔迪时经常偷偷收听这些节目。他们甚至开始汇集有关治疗沙漠溃疡的专业知识。只有当话题转到这场冲突的未来时，气氛才会变冷。

"你觉得你们会赢得战争吗？"普雷德尔问。

"是的，我这么认为。"

"要多久呢？"

"大概两年内。"

卢特罗蒂那平淡无奇的肯定让人不安，也让人恼火。普雷德尔在特种空勤团期间，从来没有人提到过失败的可能性。

"那埃及呢，现在？你觉得你们能在这里征服我们吗？"

"是的。我想我们会在两个月内占领埃及。"卢特罗蒂并不咄咄逼人，只是自信满满。"他说得很平静，"普雷德尔注意到，"没有丝毫得意的意思。"

尴尬的沉默最终被卢特罗蒂打破："那么，你说你们会赢得战争吗？"

"是的"，普雷德尔戒备地说道。

"那你们要怎么打败德国呢？"

普雷德尔正准备用满怀激情的语言预测盟军必会取得胜利，但是他突然停了下来。

"当我想到我们现在的处境——我们只是在亚历山大港前的一小片沙漠中，为我们的性命而挣扎；我们似乎无处可逃——我意识到，我对如何赢得这场战争连一个最模糊的概念都还没有。"

这个想法在某种程度上很有趣。普雷德尔哼了一声大笑。

突然，两个人都在沙子上打起滚来，咯咯地笑成一团。

"我觉得他并不真的明白我在笑什么，"普雷德尔后来写道，"我这辈子都解释不清楚。"

斯特林曾希望能一直留在沙漠里，进行永久性的进攻。但是开罗的军事策划者们有其他野心勃勃的想法。8月初，来自中东司令部的无线电报命令该部队返回卡布里特。斯特林被告知要向开罗报告，并听从下一步的命令。他强烈反对，并要求留下来继续进行被证明是最有效的行动。上个月，该部队摧毁了至少86架飞机和几十辆敌方车辆。答复来得很快也很坚持：L分队必须立刻返回基地。斯特林后来声称他被这一命令激怒了，但命令的语气让他确信有什么重要的事情正在发生。

装好卡车后，大家被告知去睡几小时，并准备好在凌晨1点前后离开，以便在夜里最黑的时候开车。两位医生和吉姆·阿尔蒙兹仰面躺着，在睡前抽着烟。夜空很晴朗，天空中布满了星星。卢特罗蒂所受的耶稣会教育包括了天文学，他解释说，小时候在蒂罗尔，他就喜欢"在星光下漫步乡下"。他用德语标出了这些星座：大熊星座（Grosser Bär）、天鹅座（Schwan），还有银河（Milchstrasse）。

他指着北方，挑出了小熊星座中最亮的一颗星："小北极 150 星，很小但很重要。"

关于天文学的谈话逐渐变少然后终归沉默，他们睡觉了。

"晚安"，卢特罗蒂说，在警卫的陪同下，他和飞行员前往他们位于一辆卡车旁边的休息区。

"晚安"，英国医生回过头来喊道。

"真的晚安了，"普雷德尔想着，"这是一个说晚安的好时机，因为再过 3 小时，我们就会回到可怕的夜间驾驶的车上忍受颠簸了。"但是卢特罗蒂并不是在说晚安；他在说再见。

普雷德尔已经铺开毯子，打算伸个懒腰，这时候阿尔蒙兹又气喘吁吁地来了。"那两个德国人……不见了。"

这两个俘虏耍了个简单的花招。德国空军飞行员告诉警卫，他要从卡车后面取一下毯子。一分钟后那人还没有回来，警卫去调查。飞行员已经不见踪影。警卫冲回卢特罗蒂之前躺着的地方，那会儿他看起来显然睡着了。现在，医生也消失了。

卢特罗蒂计划得很周密。他知道，一旦卡车开动，就没有机会逃跑了。最近的德国军队肯定至少在北边 60 英里处。几天来他一直在偷偷地收集茶叶，把杯子里的茶叶渣倒进他在一辆卡车下面找到并藏起来的水瓶里。逃跑那天晚上，他喝了一品脱多的酒，吃了一块巧克力。他和飞行员一致决定分头行动，以增加至少有一个人可以逃脱的可能性。英国人会以为他往北走了；相反，他走向了营地的西侧，然后飞奔而去。他跑了大约 300 码，这时第一道闪光出现在他身后，照亮了地面和他右边的一片灌木丛。卢特罗蒂钻进灌木丛，静静躺着，气喘吁吁。

回到营地，整支部队都被叫醒并动员起来追捕逃跑的德国人。普雷德尔给左轮手枪装上子弹，想着他自己是否能够向他新结交的这位朋友开枪。"我做了一个小小的祷告，希望其他人能抓住他们"，他写道。

151   搜索队呈扇形散开，开始搜索周围的地区。但是，根据特种空勤团的经验，躲在沙漠里要比想象中容易得多，而在黑暗中，逃亡者占了上风。2 小时后，斯特林极不情愿地取消了搜寻。他们不能再耽搁了；不值得为了抓两个逃犯而冒险在白天开车。"振作起来，大卫，"帕迪·梅恩说，想要看起来率性一点儿，"这些德国佬［很快］就会对我们有一个完整了解了。幸好我们要走了。"

卢特罗蒂听见车队离开。然后他小心翼翼地从矮树丛中走出来，喝了一口不新鲜的凉茶，开始向北极星的方向走去。

四天后，隆美尔元帅对这位疲惫不堪、皮肤晒出水疱的医生说："你真是愚蠢至极。"然后这位"沙漠之狐"笑了："不过你能回来真的很牛，非常好（*sehr anständig*）。"

卢特罗蒂估算在第一个晚上他走了不到 10 英里，然后黎明来到，星星不见了。他一整天都躺在骆驼刺的稀疏阴影下。沙漠无情地向四面八方延展开去。他吃了一小块巧克力，但是不喝上一口宝贵的茶就没有唾液来咽下去。午夜时分，北极星再次出现，卢特罗蒂再次出发。他开始忘记时间了。第二天是最糟糕的。酷热难当，卢特罗蒂躺着等待夜幕降临时，开始出现中暑的初始症状。他知道，无论如何，第三天晚上的徒步肯定是他最后一次了。他已经没有茶了，巧克力也早就吃没了。黎明时分，他听到黑暗中有动物的声音。"如果是狗的话，"他想，"那么附近肯定有人。"他朝着声音的地方走去。3 小时后，他回到德军阵地，然后经历了多次汇报中的第一次汇报。

在后来的生活中，普雷德尔经常想知道卢特罗蒂医生怎么样了，他有没有在沙漠中幸存下来，有没有回到南蒂罗尔。当卡车颠簸着返回卡布里特时，这个英国人想，他现在在做什么

152 呢？"他在帐篷病房里工作吗？在和他的上校一起喝酒？他有
没有接受高级军官的接见？无论如何，我敢打赌他会好好对我
们做一个描述。"

普雷德尔赌对了。卢特罗蒂（还有那名飞行员，他遇到
了德国巡逻队，比较舒适地返回了营地）对英国沙漠突击队
员、他们彬彬有礼的指挥官以及他们对下午茶传统的恪守都给
予了详尽而非常正面的描述。对于隆美尔和他的军官们来说，
到此为止一直神秘莫测的英国突击队变得更清晰了。卢特罗蒂
报告说，斯特林指挥着一支由"英国、新西兰、自由法国和
自由德国军队"组成的混合部队；他描述了这些汽车、武器
和营地。英国皇家空军侦察部队及时报告说，德国装甲车在特
种空勤团刚刚撤退的区域展开了"沙漠搜索"。

温斯顿·丘吉尔对中东战局的停滞感到沮丧，他决定做出
改变，就像他通常听到让他要有耐心的建议时所做的那样。奥
钦莱克将军被解职，由哈罗德·亚历山大将军接替他担任中东
地区总司令。第 8 集团军的指挥权很快就会移交给充满活力、脸
型瘦削、一板一眼的伯纳德·蒙哥马利（Bernard Montgomery）
将军。中东司令部笼罩着一种新的期待和紧迫感。无论隆美尔
发动什么样的进攻，强化后的阿拉曼防线都要能抵挡得住；盟
军计划在 10 月发动一次新的大规模进攻。但与此同时，轴心
国部队继续依靠来自意大利的海上运输队获取食物和物资。斯
特林计划对昔兰尼加港口发动全面进攻，这可能是出于他至此
为止在班加西炸毁船只的行动都徒劳无功——但是在他不在场
的情况下，这个想法被夸大并被延伸到更激进的行动上去了。
斯特林奉命再次进攻班加西，但是这一次，他将率领一支由

200 多名士兵组成的军队，其中一半以上的人没有接受过特种空勤团的训练，他们组成一支有着 80 辆汽车的车队穿越 1000 英里沙漠，而不再是一支夜间潜入班加西的小队了。他甚至分配到两辆"甜心"坦克①。进入班加西以后，他的命令就是"摧毁眼前的一切"。突击队和步兵将同时对图卜鲁格进行海上突袭，而英国军队最早建立起来维护苏丹边界的苏丹国防部队（Sudan Defence Force）将试图从意大利人手中夺回贾卢绿洲，沙漠远程突击队将攻击班加西西北 60 英里处的巴斯机场。代号为"重婚"（Bigamy）的班加西袭击是一次典型的联合突击行动：海军将参与进来，以征用港口内的任何船只，并击沉一些船只来封锁入口；城里的盟军战俘将被解救并配发武器。

这与斯特林的理念中小型、高度机动、秘密行动的攻击部队相去甚远。拖着几辆坦克是不太容易保持出其不意的。斯特林声称他从一开始就对这次行动深感忧虑，但是他没有正式反对；事实上，他没有能力反对。赞同这个计划的另一个诱因可能是有承诺说（也是非正式和没有记录的）如果取得成功就可以进一步扩张特种空勤团。仍然有人批评这支部队——7 月，参谋长给奥钦莱克的一份备忘录中轻蔑地称特种空勤团为一支"暴徒组成的小型突击队"。有人说要把 L 分队降级为"次要角色"。对班加西的大规模袭击可能不是这支部队成立的初衷，但是如果成功了则能确保其继续存在。

斯特林要为特种空勤团的未来而战：他在这场战役中的第一次出击将在一场正式晚宴上。

①　斯图亚特轻型坦克（Stuart tank）的非官方昵称。——译者注

8月8日晚上，大卫·斯特林刮了胡子，洗了个澡，穿上他弟弟的晚礼服，准备向温斯顿·丘吉尔发起魅力攻势。

能受邀在英国驻开罗大使馆与英国首相共进私人晚宴，基本上肯定是因为伦道夫·丘吉尔写给他父亲的那封热情洋溢的信件，信里描绘了 L 分队的英勇事迹及其无所畏惧的年轻指挥官的功绩。斯特林当然相信"伦道夫用我希望的方式和他的父亲谈过了"。菲茨罗伊·麦克林现在已经从车祸中完全康复，他也收到了邀请。其他的客人还有新上任的总司令亚历山大将军，以及陆军元帅扬·史末资（Jan Smuts），他也是南非总理、帝国战争内阁成员。短短几天内，斯特林从用机枪炸毁飞机，到穿着晚礼服与首相和将军共进晚餐。这是一场奇怪的战争。

丘吉尔是在去莫斯科和斯大林第一次面对面会晤的途中在开罗停留，他的妻子克莱门汀（Clementine）把这次会面描述为"拜访在老巢里的怪物"。首相精神抖擞，戴着领结，身穿天鹅绒的"长罩衣"——一种军装式连体套装，再过 70 年，随着"连体衣"的发明，这套衣服就不再流行了。丘吉尔在餐桌的上座滔滔不绝，"红光满面，满脸笑容"。大家吃了很多，但更多是喝酒。"那有点儿不真实，"斯特林后来回忆说，"餐桌上摆放着最好的银器，有最好的食物，英国首相主持着宴会，而这里距离盟军前线只有 40 英里左右。"丘吉尔和史末资还一度玩起了游戏：看谁能不间断地背诵出更多莎士比亚的作品。15 分钟后，这位有着惊人记忆力的杰出学者、南非领袖就背不出来了，但是丘吉尔仍在继续，滔滔不绝。几分钟后，史末资才意识到丘吉尔根本没在背诵原文诗句，而是在即兴创作类似莎士比亚作品的台词。

晚餐后，点燃雪茄，倒上白兰地，斯特林和麦克林被召去陪首相在高雅的大使馆花园里散步。这两个年轻人都是丘吉尔欣赏的冒险家，他们都是亡命之徒、胆大妄为，最重要的是，他们都把冒险当作爱好。他很清楚麦克林利用他当选下议院议员的机会参战的计谋，而且非常认可这一点。

他转向史末资说："这个年轻人把英国国会当成了公共厕所。"

斯特林和麦克林曾被警告说，绝不能和丘吉尔讨论即将对班加西发动的袭击。（首相被他的一些幕僚视为一个积习难改的流言蜚语爱好者和重大安全隐患，他习惯于把绝密信息当成茶余饭后的娱乐谈资。）他们无视了这项禁令。接下来的几分钟里，丘吉尔聚精会神地听这两位年轻军官讲述 L 分队的情况、作战方法、取得的成功和未来的计划。斯特林坚持认为，这是我们正在开发的一种具有"惊人潜力"的新型战争形式，他认为在战争后期，这支部队可能在欧洲的后方发挥重要作用。

丘吉尔被斯特林"迷住了"，他被"这个年轻人温和的举止和对敌人的穷追不舍之间的鲜明反差"所吸引。当首相回到大使馆会客室见到史末资后，向他描述了斯特林的破坏记录，并引用了拜伦在《唐璜》中的著名诗句："虽说他凿船底、切脖子，是个能手，却也最是温文尔雅。"那段引用后面连着的诗句也符合斯特林的性格："他有着正人君子的那种涵养，从来不教人猜出他心里的话。"①

---

① 译文引自查良铮译《唐璜》，载《穆旦译文集》第 1 卷，人民文学出版社，2005，第 202 页。——译者注

临走前，斯特林请丘吉尔、史末资和亚历山大在一张纸上签名，作为当晚的纪念品。

第二天早上，斯特林还在宿醉时，一张纸条送到了彼得的公寓。纸条来自莱斯利·罗文（Leslie Rowan）爵士，他是丘吉尔的私人秘书，上面写着："我的上司让你给我（给他，不容迟疑）一份简短说明，他要求你对如何集中和协调你正在做的工作提出建议。他要求我确保今天要拿到这份说明。你可以在大使馆找到我。"撇开公务员的累赘修辞不谈，意思很清楚：丘吉尔很感兴趣，现在就要听更多的内容。

斯特林立即打开他弟弟的打字机，飞快地写了一份两页纸的备忘录，标题写上"绝密"。他写得很快，里面有几个拼写错误和漏掉的单词："解散中东现在所有的特种部队，根据需要由 L 分队选择吸收人员……指挥权属于指挥 L 分队的军官，不属于任何外部人员……行动规划仍然与迄今为止一样，是 L 分队的特权。"换句话说，斯特林提议接管所有特种部队，为他自己的队伍挑选他想要的人，然后按照他认为合适的方式展开行动。他说，这个方案"从安全的角度来看，将增加灵活性和能力，具有明显优势"。但这也会让他不受干涉，言外之意是司令部的官僚们无能又爱管闲事。这是一场夺权，简单明了，而且奏效了。

那天晚上，斯特林被召回大使馆进行进一步讨论。在跑上大使馆的楼梯时，他撞上了大块头的首相本人。"不可抗拒的力量和不可移动的物体相遇了"，丘吉尔咕哝道。这在哲学中被称为"剑与盾悖论"，即两种绝对权力形式相互对立的难题。但是它也抓住了丘吉尔战时哲学的某些东西：岿然不动会带来胜利（"我们永不投降"），但是它必须与压倒性和激动人心的力量相结合。战争不仅是炸弹和子弹的问题，而且是一个激发想象力的问题。斯特林展示出了大胆和浪漫的完美结合。从此以后，丘吉尔便称他为"红花侠"——珀西·布莱克尼爵士（Sir Percy Blakeney）是出自奥希兹女男爵（Baroness Orczy）小说的英雄人物——他看起来是一个富有的英国纨绔子弟，实际上却是一个秘密的隐蔽战线的大师。斯特林正是丘吉尔一直在寻求为北非战争注入一些活力的那种人物。

与丘吉尔的会面将确保特种空勤团的未来；它也有直接的实际用途。斯特林拿出由首相、总理和中东地区总司令签名的"纪念品"，并在签名上方打了一行字："请尽一切可能协助此便条持有人。"特种空勤团非官方的军需官西金斯和库珀发现，至此为止很难获取的补给、车辆、武器和弹药，现在只要挥挥这张便条就能得到了。斯特林对这种明目张胆的伪造毫无顾忌：丘吉尔是这支部队的坚定支持者，因此，他坚称，从某种意义上讲，这便条也算是真实的。

13 非常、非常疯狂

　　罗伯特·玛丽·伊曼纽尔·梅洛特（Robert Marie Emanuel Melot）出生在比利时，是一个从事棉花贸易的商人，在北非工作多年，能说一口流利的阿拉伯语，直觉和兴趣让他成为一名出色的间谍。在第一次世界大战期间，他曾是比利时空军飞行员。二战爆发后，他和妻儿住在亚历山大，并立即自愿加入了英国军队。梅洛特在该地区游历过很多地方，很少有外来者能比他更好地理解利比亚部落复杂而易受人控制的忠诚，以及贿赂的价值。

　　1942 年年初，梅洛特以情报官员的身份为 L 分队提供服务，并迅速证明了自己的价值，他与绿山的其他英国特工保持联系，并汇报他从众多线人那里收集到的情报。梅洛特已经 47 岁了，身材魁梧、性格开朗，无论是外表还是举止都不像是贝都因或塞努西部落的人，但是他有一种无形融入当地居民的诀窍。他深入封锁线几个月，从一个藏身地转移到另一个，"以躲避敌人派来抓他的搜查队"，靠沙漠远程突击队在预先安排好的地点留下的食物和水为生。梅洛特看上去像一个富有的银行经理，但又像红木一样坚强。他在特种空勤团的战友觉得他的名字发音很难，所以就叫他"鲍勃·梅勒"（Bob Mellor）①，从而把他提

①　下文多称其为"鲍勃·梅洛特"。——译者注

到荣誉英国人的地位。

菲茨罗伊·麦克林是 1942 年 9 月 9 日到达绿山会合点的第一批人员，比原定袭击班加西的日子提前了四天。梅洛特从他待了三个星期的山洞里出来，面带微笑，热情又饥肠辘辘地欢迎他们。麦克林煎了一些裹着燕麦片的罐头牛肉炸肉饼，梅洛特狼吞虎咽，仿佛在吃布鲁塞尔最好的厨师为他做的美食。情报官员一直在密切注意事态发展，他所听到的情况并不令人放心。绿山边境上的敌军巡逻队和哨所的戒备似乎加强了，班加西内外都出现了可疑的部队调动。一些当地人开始搬离这里。麦克林有所警觉，但并不完全感到吃惊。只有少数参与"重婚行动"的人知道攻击目标，但在离开开罗之前，麦克林就看到"太多人知道了太多事情的迹象"。梅洛特建议派他的一名特工去班加西调查，后者是一名意大利军队的利比亚籍逃兵。麦克林看着那个人离去，心想着"他看上去太不可靠了"。24 小时后，这名间谍带着一份最让人不安的报告回来了。镇上充斥着即将发动袭击的谣言，平民已经开始撤离，一支德国机枪部队和多达 5000 名意大利士兵已经抵达。更令人担心的是，"人们随意提及"袭击的日期是 9 月 14 日。

这个时候，其余的突击部队已经抵达绿山，对于一段痛苦的旅程而言，情况更糟了。这支队伍主要由特种空勤团组成，但也混合有突击队员和海军人员，他们怀着高度乐观的心态出发。普雷德尔被告知，他和三名新招的医疗勤务兵有望在本周结束前接管班加西医院。一名中士异想天开地声称，他打算劫持一艘德国驱逐舰，然后开着它返回英国。但是，探险队几乎是立刻就遇到了问题。一辆坦克被困在距库夫拉绿洲仅 50 英里的盐沼中，另一辆坦克发生了故障，不得不被遗弃了。卡车和吉普车在大沙海中一再遇到麻烦，车轴以下部分沉入沙地，队员们不得不费力地把它们挖出来。一辆卡车撞上一座小山丘，翻倒在地，把一名中士的腿压断了。普雷德尔用夹板固定住他的股骨，给他注射了一种快速见效的全身麻醉剂硫喷妥钠，然后车队继续前进。

意大利人在通往山区的南部道路上埋下了热弹，这是一种空投的杀伤性地雷，形似真空烧瓶，在沙漠中难以被发现。在绿山以南约 60 英里处，一辆吉普车从这些致命的小玩意上碾过，油箱被引燃后车辆起火。海军上尉理查德·阿德利（Richard Ardley）是团队中的几名海军军官之一，他被严重烧伤。司机马洛试图把他从车里拉出来，但踩在了另一枚地雷上，地雷炸断了他的右腿。普雷德尔检查了伤口，断定他必须截肢。阿德利的情况则更糟，他痛得神志不清，意识时而模糊时而清醒。普雷德尔跪在沙地里，开始切除马洛膝盖以下的部分。斯特林很焦急地来到他肩膀后面，问他这些人有没有可能活下来。普雷德尔无法给出承诺。"需要多久？"医生回答说他应该可以在 1 小时内把伤员移走。斯特林留给他一辆 3 吨重的卡车和一辆吉普车，以运送他们前往会合点。"恐怕我最多只能做到这样了。"车子开得很慢，犹如地狱一般可怕，伤员被绑在地板上以减少颠簸，而汽车每颠一次，这名海军军官就痛得大叫一声。马洛脸色灰白，静静躺着，陷入深深的震惊。他们在太阳落山时到达了会合点。普雷德尔尽可能让伤员舒服一些。帕迪·梅恩端来热腾腾的甜茶，轻轻地把茶喂给这些人，把他们扶起来喝，默默地安慰他们。

凌晨 3 点，一位叫约翰逊的戴眼镜的伦敦人把熟睡的普雷德尔叫醒，他因为熟练操作手术刀而赢得"剃须刀片"的绰号。"先生，那名军官刚刚死了"，约翰逊报告说。阿德利在吗啡带来的沉睡中安静死去。至于马洛，"他一直在坚持着，就这样，没别的了"。黎明时，阿德利被埋在"一个小洞里，上面堆了很厚的土，没有举行任何仪式"。

这项任务还没有开始就遭受了重大伤亡。在收到梅洛特的间谍那份令人沮丧的报告后，斯特林仔细考虑是否要中止这次行动。

"这个阿拉伯人很可靠吗？"他问比利时人。

尽管如此，斯特林还是向司令部发了无线电，警告说这次行动可能被泄露了。司令部的答复平淡地命令说："不要理会集市上的流言蜚语。"这就是秘密情报的问题之一：当它符合接收人自己的先入之见时，他们倾向于毫无保留地采信；而当它不符合他们的先入之见时，他们就同样坚定地拒绝采信。

司令部的回应让麦克林感到"放心"。普雷德尔却没有。"我们已经失去了我们最强大的牌：让人意想不到。"帕迪·梅恩只是说，在接下来的几小时里可能会有"一些硬仗"。"看起来你要忙了，医生"，阿尔蒙兹说。

9月13日下午早些时候，由鲍勃·梅洛特和特种空勤团新招募的克里斯·贝利（Chris Bailey）率领的12人先遣队出发了。他们的任务是摧毁绿山悬崖边的一个意大利无线电台。一旦完成，攻击班加西的路就清出来了。大约2小时后，部队主力会跟上来：法国人、英国人、训练有素的特种空勤团、新兵和少量海军人员。队伍里有很多熟悉的脸孔：梅恩、弗雷泽、西金斯、库珀、阿尔蒙兹和小个子法国人"笨蛋"热尔曼·盖尔皮隆。斯特林开着带头的吉普车，萨德勒跟在他旁边。普雷德尔和他的队伍在悬崖边建立了一个医疗站和前沿会

160

合地点，等待部队返回并治疗伤员。麦克林注意到医生已经在忙着准备绷带、夹板和血浆，这时，由梅洛特麾下的阿拉伯间谍率领的突袭队从陡峭的悬崖出发了。

普雷德尔留在后面，在黑夜中等待。"彻底的沉默"被豺狼的"尖叫声"打破，这令人毛骨悚然、牙齿打战。医生试图借着电筒的光来阅读《福尔赛世家》（*The Forsyte Saga*）。大约凌晨2点前后，传来马达的声音，一辆吉普车闯入视线。"梅洛特先生受伤了，先生，伤在腹部和腿。他失血严重……贝利先生也被抓了。"

20分钟后他们赶到梅洛特躺着的地方，他裹着一件大衣，对自己的伤几乎漠不关心，这简直荒唐。"我没什么大问题。手榴弹的伤，你知道的"，他用略带古典味道的英语说道。梅洛特成功领导了对意大利哨所的袭击，但在随后短暂激烈的战斗中，一枚手榴弹在他身旁爆炸，弹片射中了他的腹部、小腿和大腿。他摧毁了无线设备，带走两名俘虏，并设法用骨折了的股骨走了一大段回会合点的路后才倒下。他起初拒绝麻醉——"我这辈子还没有吃过任何药……"——但最终还是屈服于普雷德尔的吗啡注射，并宣称这是"我长久以来用过的最好的东西"。

几分钟后，贝利被担架抬进来，他的心脏上方有一个弹孔，肺功能衰竭。普雷德尔回到吉普车上去拿更多补给，惊讶地看到一个完全陌生的人从黑暗中出现，他穿着在英国乡村漫步时的那种乡村绅士服装。

那个人穿着格子花呢夹克、马裤，手里拿着一根多节的手杖。他的脸上装饰着华丽突出的络腮胡须和一对夸张的八字胡。

"哦……我想说……呃，打扰了！"这位穿着花呢的幽灵用"优越的牛津腔"说道，"你最近有没有在这附近见到大卫·斯特林或者鲍勃·梅洛特？"

普雷德尔一时被这十分奇怪的情况惊呆了。他们正站在一座沙漠悬崖的边缘，半夜里，几英里外即将发生一场大战，一个长相酷似萧伯纳（George Bernard Shaw）、说话酷似乔治六世的人突然凭空出现了。

"你是谁？"他最后反问道。

"我？我的名字是法默（Farmer）。我在附近工作，你知道的。可是听着，老伙计，你最近见过斯特林吗？我想和他谈谈。"

普雷德尔指了指躺在大衣下面的梅洛特。

"真的吗！很抱歉"，男人说，然后他走过去和梅洛特说话，后者现在已经完全被吗啡麻醉了。他们交换了几句话，然后法默挥舞着拐杖，消失在黑夜中。

普雷德尔后来想，这是"一件相当奇怪的小事"。

法默的真名是艾伦·塞缪尔·莱尔－斯迈思（Alan Samuel Lyle-Smythe），别名"卡由"（Caillou），他是警察、演员、作家，当时也是英军情报部队（British Intelligence Corps）的秘密特工。他负责收集敌后情报，但是毫不掩饰自己的身份，他显然认为，他的方式越是公开的，越是具有明显的英国人特征，就越有可能得到一些有趣的小道消息。莱尔－斯迈思非常勇敢，而且非常古怪。在沙漠中与普雷德尔偶遇的几个月后，他被俘并被监禁在战俘营中，之后他从那里逃脱了。

1942 年 9 月 13 日晚上，他穿着花呢夹克出发去警告斯特林，他从班加西的一个线人那里收到一份可靠报告：袭击计划已经完全泄露，敌人正埋伏在那里伺机行动。但是他太迟了。

在梅洛特的阿拉伯间谍的带领下，一支由 40 辆吉普车和 200 人组成的突击队主力从悬崖上下来，在黑夜里沿着道路艰难地向班加西进发。一扇悬臂门挡住了去路，道路两边都挂着两排带刺的铁丝和新埋设雷区的标志。透过夜幕，可以看到前方 150 码处还有另一个路障。这是以前没有的。比尔·坎珀（Bill Cumper）是一名爆破专家，也是一个非常爱开玩笑的人，他跳下车检查，甩开障碍物。"开战吧！"他边说边匆匆行了个纳粹军礼。然后战斗打响了。

道路两边都爆发出猛烈的机枪扫射，接着是 20 毫米口径布雷达机炮和迫击炮。他们径直开进了一个陷阱。吉姆·阿尔蒙兹驾驶的领头吉普车向前冲去，后座的炮手用维克斯机枪开火，疯狂地朝着开枪的方向扫射。这样做似乎挫伤了袭击者的热情，尽管零星的交火仍在继续。斯特林迅速计算了一下：他们也许能够通过这次伏击和下一个路障，但是镇上的守军显然已经警觉并严阵以待。"车队调头，我们改天再战"，他对司机说。吉普车司机艰难地进行三点调头，子弹继续在他们周围飞溅，空气中"充满了一串串示踪剂"。人们最后一次看到阿尔蒙兹是"他在敌人的炮火下猛烈地还击"；片刻之后，他的吉普车被一枚燃烧弹击中油箱，熊熊燃烧起来。吉普车队冲回悬崖，不再是一个有序的队伍，而是陷入一片混乱，"争先恐后在太阳升起之前到达掩体"。斯特林以为阿尔蒙兹和他吉普车上的另外两个人已经牺牲了；实际上，就在吉普车爆炸之前，他们就跳了出去。阿尔蒙兹和一名叫弗莱彻（Fletcher）的爱尔兰卫兵藏在了路边的沟里；太阳升起时，他们看到一个由 20 名意大利士兵组成的小队正在前进，他们装好了刺刀，正在寻找幸存者。"我们最好的机会就是站起来投降"，阿尔蒙兹低声说。

这两名特种空勤团士兵被囚禁在班加西军营里，戴着镣铐接受审讯。阿尔蒙兹拒绝透露任何信息，他被锁在一辆卡车的后面，跪在地上，遭到居民的唾骂和嘲笑。回到班加西监狱，阿尔蒙兹发现自己现在和另一个俘虏关在一间牢房里，那名俘虏自称是约翰·理查兹（John Richards）上尉，是军种间联络部的一名情报官员。理查兹解释说，他在班加西附近被俘，但后来逃跑了，并开始向英军防线走去。在被抓回班加西之前，他几乎已经走到了图卜鲁格。这位被俘军官健谈又友好，说话带着浓重的伦敦腔，似乎非常乐意谈论他在沙漠中的冒险经历。然而，理查兹身上有一些东西让阿尔蒙兹觉得奇怪：他声称自己步行了将近80英里，但是他看起来"毫不疲倦，没有瘸腿，穿着一双崭新的意大利靴子"。他还问了很多问题。一天早上，一名军官来到牢房门口把理查兹带走了。两天后，阿尔蒙兹被运往意大利，关在阿尔塔穆拉（Altamura）的51号战俘营。

对绅士吉姆的囚禁，以及他与特种空勤团的分离，都将是暂时的。

太阳升起时，主力部队的先锋已经到达悬崖。菲茨罗伊·麦克林回头看了看班加西机场，看到几十架敌机"像愤怒的黄蜂一样升空"。部队散开来，躲在峡谷里，并匆忙地把车辆伪装了起来；几分钟后，飞机向他们飞来。普雷德尔正在照料受伤的梅洛特，后者"把假牙放在身旁，正幸福地打着鼾"，这时，第一架飞机在头顶上咔嗒咔嗒地响着，正在用机枪扫射。进攻的飞行员知道他们的猎物藏在悬崖上，但是看不清确

164 切的位置，因此他们的战术是尽可能多地向该地区扫射和投弹，以确保总会击中一些目标。他们轮番攻击，轰炸和扫射峡谷。西金斯估计，有时候大约有 20 架飞机在上空行动。逃亡者们只好躲起来，希望躲过一劫。"在那个早晨漫长而炎热的几小时里，我们能听到炸弹爆炸时发出的强烈震动以及炸开的声音，间杂着机枪发出的快速而断断续续的射击声。"不时会传来更大的爆炸声，那表明有一辆隐藏的卡车或吉普车被直接命中了。在一段平静的时间里，几个伤员被带到普雷德尔那里，其中一些伤势严重，他尽全力地治疗。黄昏时分，飞机离开了，部队的剩余人员爬上幸存的车辆，开完到绿山的剩下25 英里。"那天晚上开车很惨"，普雷德尔写道，伤员在卡车后部呻吟，浑身是血、烧焦的肉和烧焦的衣服。他们在凌晨 3点到达了会合点。"回家，他妈的，甜蜜的家。"有人在黑暗中咕哝。

苦难尚未结束。上午 10 点前后，敌机在绿山找到了他们，并再次俯冲而下。几名伤员躺在那里被机枪击中了。一名年轻的下士被带了进来，一颗子弹穿过他的臀部，使他受了重伤。普雷德尔的医疗运输车被直接击中起火。几分钟后，一个人被用毯子包着送进来，轻轻地放在医生面前。普雷德尔立刻认出他是前领事官员热尔曼·盖尔皮隆，他是早期法国新兵中最没有军事天赋却又最坚定的一个。他脸色苍白，呼吸急促。医生立刻知道那个法国人已经奄奄一息，"我无法给他任何简易的帮助"。普雷德尔一直很喜欢并钦佩盖尔皮隆，并不是因为他天生是个军人，而恰恰因为他不是：他是一个下定决心战斗的平民。他看上去异常平静，尽管他的手"因为生命消逝而无意识地"握紧又松开，这让普雷德尔想起他曾经看到"一只鸟在死亡时张开又合上它的爪子"。不一会儿，盖尔皮隆就死了。这个矮小的法国人成功地战胜了自己的恐惧，并在这种努力中牺牲了，他的结局和任何一个传统的战场英雄一样高贵。盖尔皮隆不需要去克服更多的障碍或考验了，普雷德尔一边想着，一边用毯子覆盖住他的身体。 165

斯特林把普雷德尔叫过来。"你好，马尔科姆，"他说，"你刚刚很忙。一定累坏了。"即便在战斗最激烈的时候，也还是要互相寒暄一下。

斯特林透露了令人沮丧的消息。"我们在 2 小时后就要出发了。"他们在绿山的藏身之所已经暴露了，飞机很快就会回来，可能会带着地面部队来铲除和消灭剩下的进攻部队。随着时间的推移，他们逃跑的机会越来越小。但他们的大部分交通工具已经被摧毁了。"我们根本没有足够的空间把伤员带走，"斯特林说，"不可能用担架，非常抱歉。"

普雷德尔面临着一项严峻的任务，那就是选择哪些病人还适合乘坐满载的卡车回去，以及哪些人必须留下来面对抓捕。有 6 名伤员需要持续的医疗护理，其中，梅洛特和另一名手臂受伤的士兵可能会被伪装网抬着走。其余 4 人，包括被截肢的马洛和胸部伤势严重的贝利，似乎都有可能死亡，除非他们很快被送往医院。当一名伤员抗议自己被留下时，雷格·西金斯采取了典型的残忍路线。"对不起，你受苦了。可你们只是个数字，"他说着，指了指其余的士兵，他们现在正准备离开山区，"他们很健康，可以继续下一场战斗。你做不到。对不起。"后来他形容这是"我一生中做过的最艰难的一次小演讲"。他不可能真的这样做，因为这个决定并非他的责任，但是这肯定也反映出了他的人生观："你必须让自己变得冷酷无情……毕竟，这到底是为什么？为了赢得战争，不是吗？所以你必须做这些事情。"这些人筋疲力尽。一些人在震惊的状态中出神。西金斯威逼他们就范，把他们推上卡车，又喊又骂："我把人踢起来，用皮带抽他们。这样粗鲁又残暴，但这是唯一的办法。"西金斯很残忍，但他是在救人性命。

166　　　一名医疗人员必须留下来照顾伤员，他要驱车前往班加西，投降并确保伤员们得到恰当的医疗救治。普雷德尔毫不犹豫地自告奋勇，但斯特林命令他继续留在战斗部队，因为可能会有更多的伤亡。勤务兵们抽签决定由谁来执行这项任务，这意味着肯定会被囚禁，或者面临更糟的情况。里奇（Ritchie）是突击队中一名团级医疗勤务兵，他抽中了签。"他似乎并没有过分不安。"

"再见，"普雷德尔说，"我为这一切感到抱歉。真倒霉。"

"没事，总得有人留下来，先生。"

"是啊。"

当他们看着卡车排好队准备离开时，这段生硬、奇怪而又感人的对话停顿了一下。

"你确定知道自己要做什么吗？"普雷德尔问。

"是的，先生。"

"你有吗啡和注射器吗？"

"有的，先生，谢谢。"

"那，再见了。祝你一切顺利。"

"再见，先生。"

普雷德尔和里奇握了手。

第二天，这支伤员小队和唯一的勤务兵被意大利军队俘虏，并被送往班加西的军事医院。所有人都会在囚禁中死去。

18 个月后，里奇死在一个集中营里，死因不明。

"重婚行动"是一场灾难。它已经背离了斯特林的理念：小型、高度机动性的部队，秘密行动，造成最令人不快的结果。"我们太庞大了"，约翰尼·库珀承认。斯特林说："他们知道我们要来。"这项计划需要"完全出其不意、周密计划并迅速的行动"，但是他们一条也没有做到。他的部队超过四分之一的人被打死、受伤或被俘，一半以上的车辆被毁；除了调动了一些敌军部队来保卫班加西之外，这次行动造成的影响微不足道。同时发动的对图卜鲁格的突袭被证明是更加昂贵和无效的。当特种空勤团艰难地行进回开罗时，他们被误认为是"一群脏兮兮的德国俘虏"。

军队是变化无常的有机体。几个月前，这样的一场失败可能会给特种空勤团带来厄运。然而，斯特林并没有受到指责，反而得到了嘉奖。当他回到开罗时，他那衣衫褴褛的部队正在休整，而他被晋升为中校，并被告知该部队已被授予完整的团级地位。一支以一个虚构的名字起家的部队现在已经成为英国战斗序列的正式组成部分：9 月 21 日，特种空勤团奉命进行一次大规模扩张，扩充至 29 名军官和 572 名其他官兵。丘吉尔的热情、特种空勤团的声誉及其破坏记录（如果部署得当的话），也许是为了安抚斯特林"重婚行动"的失败，这些因素结合起来，把一场悲惨的失败变成一场不可能的胜利。这支部队的序列号为 14521，从 L 分队升级为团级的地位，"取得了显著战果，士气高昂"。

新部队将分为四个中队：A 中队由帕迪·梅恩指挥；B 中队由斯特林亲自指挥；C 中队是法国中队；D 中队是特种舟艇小组（在 1943 年 4 月，这支中队将从特种空勤团分离出来，成为乔治·杰利科指挥下的特种舟艇中队)。26 岁时,斯特林成为自布尔战争(Boer War)以来第一个建立自己的团的人。他感到自豪,也完全震惊了,这也可以理解。然而,如果他认为这意味着他现在可以自由行动了,那么他就错误估计了这位脾气暴躁的第 8 集团军新指挥官——伯纳德·蒙哥马利将军。

前任指挥官宽容地对待斯特林非常规的作战方法。蒙蒂(Monty,即蒙哥马利)则是完全不同的一类将军:他没有在斯特林的苏格兰庄园打过门球,不是天生的赌徒,不喝酒,不喜欢别人告诉他应该做什么,至少不是被一个喜欢极端冒险的少壮派军官告诉他应该做什么。他们第一次见面并不愉快。

回到开罗后不久,斯特林就约好了去蒙哥马利的宿营拖车见他。斯特林认为,这位将军就像一只"体重不足的斗鸡",都是那种全身肌肉发达、趾高气扬的样子。他尖锐地问斯特林想要什么。由于没有礼貌的开场白,斯特林感到措手不及,他解释说,他的部队能够为即将到来的进攻提供重要支持,他们可以突袭隆美尔过度延伸的补给线,摧毁燃料仓库、弹药库和机场;为此,他需要从其他兵团招募至少 150 名一流的战士。蒙蒂用刺刀般的目光盯着他。

"如果我没有理解错的话,你想带走我的一些手下。事实上,他们是我最好的士兵,我最信任、最可靠、最有经验的士兵。我为我的手下感到骄傲。我对他们寄予厚望。斯特林中校,你凭什么认为,你能把我的人用得比我自己用还要好?"

斯特林感到震惊并被激怒了,他进行了争辩,坚称已经没有时间训练新兵来执行他想进行的那种进攻。但是将军听不进去。

"很抱歉,中校,但答案是否定的。绝不可能。坦率地说，你的要求让我觉得有点傲慢。你给我的印象是你觉得你比我更了解我自己的事。你在班加西失败后来到这里，要求我把最好的拿出来。说实话，斯特林中校，我不愿意把自己和失败联系在一起。现在我必须走了。很抱歉让你失望了，斯特林中校，我更愿意留下我最好的士兵，自己来用。"

斯特林气炸了。至此为止，他总是通过魅力和辩论的结合来达到目的。现在这个将军对两者都免疫，甚至比斯特林本人更坚决地我行我素。斯特林不能从中东部队中挑选新兵，而是要从步兵基地招募人员，来组建一支规模更大的特种空勤团部队，那里的大部分人没有在沙漠中生活的经验或作战经验。这就意味着要重组部队：大多数 L 分队的老兵将在梅恩的指挥下在 A 中队作战，而斯特林的 B 中队主要由新兵组成，在投入战斗前必须在卡布里特接受训练。

斯特林并不知道这一点——蒙哥马利也小心翼翼地加以隐瞒——这个年轻人给新上任的第 8 集团军司令留下了深刻的印象。蒙蒂脾气暴躁又粗鲁无礼，但他也很聪明、品行端正，是一位战争大师。在他们第一次火药味十足的会面后不久的一次晚宴上，蒙蒂评价说："斯特林这小子是个疯子。非常、非常疯狂。然而，在战争中，疯子总是有一席之地的。现在来看看他的计划：深入敌后数英里，沿着 400 英里的前线攻击沿海公路。除了斯特林这小子，还有谁能想出这样一个计划？"

169

14 阿拉曼

帕迪·梅恩躺在沙地上，在 10 月的一个凉爽夜晚，把他最近一次袭击的战利品汇总起来：两部相机，包括一部带着取景器的禄莱福莱（Rolleiflex）相机，以及一些德国自动武器、一把猎枪和几个意大利俘虏。"战利品已查清。我们就像很多海盗一样，"他给他的哥哥写信说，"我们现在身处沙海，离最近的绿洲大约 200 英里，从这里出去干傻事。"梅恩的大本营位于大沙海边缘的沙丘上，距海岸公路以南大约 150 英里，在敌机射程之外。A 中队的海盗们从这里出发进行夜间突袭。"干傻事"是对最残忍、最有利可图的海盗行径的委婉说法：破坏铁路线、伏击车队、摧毁通信线路、在图卜鲁格和马特鲁港之间的路上埋地雷，在蒙哥马利即将向西增兵之前，在德军后方制造混乱。在短短 20 天里，通往图卜鲁格的铁路被切断了 13 次。夜间袭击的威胁迫使德国和意大利车队白天在公路上行驶，这让他们很容易受到英国皇家空军的空袭。

梅恩的部队有 80 人，大部分是 L 分队的老兵，包括利利、库珀和弗雷泽。雷格·西金斯不在其中；令西金斯懊恼的是，他被派去训练 B 中队的新兵。梅恩带领的队伍中有一个叫克里斯·奥多德（Chris O'Dowd）的 23 岁爱尔兰人，他很不羁又坚定开朗，参与过班加西的失败行动。有张照片是奥多德在一次突袭前在沙漠营地里清洗左轮手枪的：他的头发乱蓬蓬的，胡子也没有修剪；他穿着短裤和一件破旧的运动衫，咧着嘴笑；看起来脏兮兮的，很开心，而且是个极具危险性的人物。在社交和着装方面与之截然相反的是来自英属海峡群岛的哈里·沃尔·波阿特（Harry Wall Poat）中尉，他原先是个种番茄的农民，说话带着优雅的中产阶级上层人士的口音，蓄着整齐的胡须，即使在沙漠生活了数周之后，他的着装也始终整洁。

这一时期的官方报告是严格实事求是的，一长串枯燥的暴力事件被故意用轻描淡写、简朴写实的方式记述："用重机枪、步枪和 20 毫米机关炮射击……无法接通无线电台……不得不追赶［一个］车队，它发现我们时加快了速度……由于缺乏汽油和水，队伍分开了……所有吉普车上的 K 型机枪都开火了……躲了三天……遇到雷区……在道路埋了地雷，炸毁电线杆，在路上挖坑……"唯一提到的危险极其讽刺："被一只猎豹吓了一跳，我们和它一起躺在洼地里。"关于烹饪的细节要多于杀戮："追了一只瞪羚 10 分钟，用 K 型机枪打伤了它，最后用手枪把它打死。美餐一顿。"

传统战争往往是线性的：前进、后退、战场、前线、先锋队、防御部队和交战点。特种空勤团开创了一种新型战争，这种战争极不对称，几乎是一边倒的。随着他们对战术和地形越来越有信心，独立的吉普车作战单位在目标出现时便做出抉择，根本不经过深思熟虑。这是一场即兴战争，是临时发动的、不可预测的、很高效，但也常常很混乱。在 1942 年 10 月中旬，被称为"杰克"的下士约翰·威廉·西利托（John William Sillito），驾驶一辆吉普车去炸毁图卜鲁格附近的一段铁路，这时他所在的部队遭到了德国夜间巡逻队的袭击。在随

172

后的混乱中，西利托和其他人分开了："突然间他发现自己完全落单了。"他只带了一支左轮手枪、一个指南针和一个小水壶，里面的水够用 24 小时。西利托是个正直的人，参军前过着农民生活。他思考了一下，得出结论，现在有三个选择：他可以往北走去投降；他可以向东进发，希望能避开轴心国军队，到达英国在阿拉曼的防线；或者他也可以往南走，试着穿越 180 英里走到梅恩的沙漠营地。他选了第三个，尽管他知道"几乎不可能遇到任何形式的活物或水，而且一旦在方向上犯错就意味着必死无疑"。

173　　起初，这段长途跋涉并没有令人不快，尽管很孤独。最近下了一场雨，水坑里留下了可以饮用的水。但是随着西利托艰难跋涉，湿气蒸发了，天空"无情地变得湛蓝，而且一成不变"。第二天他的水就喝完了，他开始储存和喝自己的尿，尿越来越浓，越来越让人恶心。他晚上走路，白天在他能找到的任何遮阳物下面睡觉。到第四天，他的脚起了水疱并且开裂；第五天，他的舌头肿了起来，四肢开始抽筋。尽管如此，他还是艰难地向南跋涉，"平坦的景色在他面前绵延不绝"。到了第七天，他虚弱得可怜，开始产生了幻觉，他看见远处有一队吉普车。西利托跳上跳下，大喊大叫，但是汽车似乎要开走了。他摸索出他的火柴盒，脱下衬衫点燃，然后在头顶挥舞燃烧的衬衫，但是烟似乎在高温中蒸发了。吉普车消失在地平线上。"他再次独自一人，伴随他的只有热浪、汗水和他的思想。"现在他没有衬衫了。到了第八天，在垂死边缘，他发现了沙海边缘的白色沙丘。在沙海深处大约 40 英里的某处就是营地了。如果他能找到吉普车在沙海里进出的地方，就可能得救了；他知道自己无法再走 40 英里了。

一个由三辆吉普车组成的特种空勤团突击小队在一次计划外停车修理时发现了"一个脚上满是溃疡，流血不止的骷髅"，在热浪中跟跟跄跄地走过来。把他带回营地后，马尔科姆·普雷德尔给他洗了澡，用绷带包扎了西利托严重透支的身体，听了他的事迹，普雷德尔震惊地赞叹不已。然后这位下士痛苦地站起来，让大家拍一些纪念照片。斯特林认为，在他惊人的沙漠跋涉两周之后，这个人已经"完全康复了"。普雷德尔知道杰克·西利托永远无法完全康复了："西利托迟缓的举止和眼神表明了他精神上的负担和行动上的困难。"

10月23日，蒙哥马利发动了攻击，他的第8集团军近20万人和1000多辆坦克冲向隆美尔的装甲部队。11月4日，德军撤退了；4天后，一支庞大的英美联军在摩洛哥和阿尔及利亚登陆了，并开始向东挺进。第二次阿拉曼战役标志着战争的转折点：这是自1939年以来盟军的首次决定性胜利，这鼓舞了士气，也解除了埃及和苏伊士运河受到的威胁。当蒙哥马利的胜利之师向西推进时，由肯尼思·安德森（Kenneth Anderson）将军率领的英美陆军组成的第1集团军经突尼斯向东挺进：隆美尔被困在一个巨大的虎钳里，那里很快就会以巨大的冲击力闭合。尽管蒙哥马利最初对斯特林不太友好，但他预测特种空勤团"能够对我即将发动的攻势产生决定性的影响"。当然，特种空勤团对军事形势的确切影响是无法衡量的，但是蒙蒂本人相信，该部队在阿拉曼战役前后的几周发挥了关键作用。敌人战线后方的一连串突袭破坏了敌方通信，造成了混乱，进一步打击了德国人的士气。

11月底，两支特种空勤团中队在比泽尔滕（Bir Zelten）和斯特林会面，这是一个在更西边的新的沙漠基地：从那里，

174

帕迪·梅恩的人开始骚扰苏尔特周围撤退的德军，造成进一步的混乱，伤亡人数非常少。

但在 12 月的袭击中，向的黎波里（Tripoli）以西进发的 B 中队遭受重创。该中队当时在一个人口较为稠密的地区执行任务，当地的许多阿拉伯人明显不友好，更有可能向敌人告密。德国人对突袭的威胁保持着警惕，现在正积极追捕特种空勤团。隆美尔在他的日记里写道，他的部队"正在搜查这个地区，希望能碰巧找到英军士兵"。截至 12 月底，B 中队已经损失了十余人，6 名军官中有 3 名被俘或被杀。雷格·西金斯的部队遭遇敌人巡逻队后侥幸逃脱。他以其特有的直率把高伤亡率归咎于 B 中队缺乏经验，因为 B 中队的士兵没有经过"适当的训练"。但 B 中队遭受的一系列挫折还有另一个不太明显的原因：约翰·理查兹（John Richards）上尉，他是一名英国间谍。

吉姆·阿尔蒙兹在班加西的战俘营遇到理查兹，立刻发现他是一个线人（stool pigeon），是最老套、最卑鄙的一类间谍。这个词来源于把一只鸽子用线绑在凳子上来引诱其他鸽子的行为：线人（也叫作走狗）是一种诱饵，是一个告密者，通过伪装成和他们一样的身份潜入其中，为敌人秘密收集情报。在沙漠战争中被俘的战俘为这类间谍的活动提供了相当大的空间：在战俘中的间谍表面上是一个俘虏同伴，他只需通过偷听、问一些明显无伤大雅的问题获得同胞的信任，就可以获取重要信息。

几个月来，意大利驻北非军事情报部门负责人马里奥·雷韦特里亚（Mario Revetria）中校一直试图挖出更多有关神秘的英国突袭者的情况，他们从沙漠中现身，经常在距前线数百英里的地方，袭击机场，伏击车队。关于这支部队的谣言满天飞，但很少有确凿的情报。雷韦特里亚是一位精明且经验丰富的情报官员，他知道对付这样一支部队的唯一办法就是发现它的秘密：他需要知道特种空勤团的领导、规模、训练方式和战术；他需要一个告密者，一个专业的线人。在约翰·理查兹上尉身上，他找到了一个办法：这是一种在对抗特种空勤团时，比任何持枪士兵都有效得多的武器。

理查兹的真名是西奥多·约翰·威廉·舒尔希（Theodore John William Schurch）：一个贸易会计，一名英国士兵，一个坚定的法西斯分子。舒尔希1918年出生于伦敦，母亲是英国人，父亲是在萨沃伊做夜间搬运工的瑞士人。舒尔希16岁离开学校，但他后来被描述为拥有"天生的智慧和精明"。他还患有严重的被害妄想症。"从我记事起，我就因为我的外国名字不受人们待见，"他后来这样为自己辩解，"这导致我的观念在我很小的时候就扭曲了。"他在温布利担任兰开盖安全玻璃公司初级会计的时候，遇到了该公司23岁的电话接线员艾琳·佩吉（Irene Page）。佩吉是一名年轻女子，有着"丰满匀称的胸部"和极端右翼的观点。每个周六，她都穿着法西斯制服——黑色衬衫、灰色法兰绒裙子、领带和贝雷帽——与其他右翼狂热分子会面。艾琳引荐舒尔希进入一个英国郊区法西斯分子的网络。虽然最初他主要是对艾琳·佩吉的胸部感兴趣，但他很快就被法西斯主义的意识形态所吸引。在一次聚会中，他遇见了英国法西斯联盟领导人奥斯瓦尔德·莫斯利（Oswald Mosley）。在另一场威尔斯登的秘密聚会上，他被介绍给一位名叫比安奇（Bianchi）的意大利黑衫军军人，后者是加的夫一家出口公司的老板，英语说得很好：比安奇告诉舒

176

尔希，意大利法西斯有他们自己的特情局，并建议说，他可能是个理想的新人。

成为一名特工的想法在舒尔希的心中生根发芽。1936 年，在比安奇的指使下，他加入了皇家后勤部队，并接受培训成为一名陆军司机；一年之后，在法西斯朋友的建议下，他再次自愿前往巴勒斯坦。在那里，他开始把军事情报传递给一个名叫霍米斯（Homis）的人。霍米斯是通用汽车在巴勒斯坦特许经营的阿拉伯老板，他戴金戒指，蓄着一条又细又黑的小胡子。作为回报，舒尔希得到的是现金：一开始数额不大，但是越来越多。作为参谋总部的一名司机，他能够搜集到阿拉伯情报机构及其纳粹盟友都感兴趣的各种情报：军队部署、物资运输以及高级军官的出行动向。"我在以一种微小的方式帮助法西斯运动"，他后来说。他还养成了"享受昂贵乐趣的习惯"。舒尔希在战时的战友们记得他是一个随和的人，喜欢八卦，似乎总是很有钱。1941 年，舒尔希的部队被部署到埃及。在霍米斯的敦促下，舒尔希要求了一个前线职位，意图在第一时间越过前线到达意军一方。他最后被派往图卜鲁格；在他到达两天后，港口落入德国人手中，他和其他数百名英国士兵一起被俘。在班加西战俘营，他要求见一个意大利军事情报官员。意大利人进行了调查问询，几天后，舒尔希被带到马里奥·雷韦特里亚上校面前。意大利情报局局长很快意识到，这个在他帐篷里不停抽烟的健谈的小个子男人可能会非常有用，于是把后者带去军官餐厅吃饭。

177　　9 月 13 日，舒尔希穿着据说是军种间联络部的上尉制服，被送回班加西。几天前，在图卜鲁格和班加西突袭行动失败后，大批新近被俘的战俘被关押在此处。舒尔希长相丑陋，有着"瘦削的脸和弯曲突出的牙齿",但他的头发向后梳得很光滑,金色的胡子修剪得很整齐,很容易被误认为是军官。在突袭失败后的混乱中,除了吉姆·阿尔蒙兹,没有一个俘虏会认真考虑友善的约翰·理查兹上尉是否真的如他自己所说的那样。舒尔希给雷韦特里亚带回了有趣的情报:一些战俘是"沙漠远程突击队的一个特殊队伍的成员,这一队伍后来被称为特种空勤团"。

雷韦特里亚"对特种空勤团非常感兴趣",于是命令舒尔希回到战俘营并收集"所有关于这类部队的信息"。特种空勤团已经熟练掌握了绕过前线进入后方的技巧;舒尔希发现,只要他是一个英国人,穿着军官制服,就能轻而易举穿越前线。他假装是一名逃跑的战俘,穿过阿拉曼的锋线,为雷韦特里亚搜集盟军通信线路的信息后返回;班加西回到英国手中之后,他留在了班加西,和镇上的新占领者混在一起,然后再次穿越回轴心国战线。雷韦特里亚很愉快地把钱、美酒、最好的意大利香烟和他自己的别墅奖赏给舒尔希。

随着阿拉曼战役的打响、第8集团军的推进以及特种空勤团的一系列突袭,约翰·理查兹上尉再次被部署,渗透进去并从 B 中队被俘人员那里获取情报。"在这段时间里,有两三名特种空勤团的巡逻人员被俘,"舒尔希后来说,"雷韦特里亚上校给我的任务是从所有特种空勤团被俘人员那里获取情报。我和三名军官以及其他几名被俘的巡逻队成员混在一起,通过以这种方式得到的情报,我们知道了其他巡逻队的位置以及他们的兵力情况。根据收集到的情报,我们还抓获了另外两支巡逻队,并获得了有关该地区其他巡逻队人员近期行动的情报。"特种空勤团已经证明,它可以在最恶劣的条件下进行军事防御；然而，这支部队面临的最大威胁却来自一位外表和行为都像英国军官的间谍。

沙漠战争的最后篇章即将翻开，斯特林决心将自己写入其中，他残暴的大胆行为将一劳永逸地证明他的部队的威力，保证这个团的未来，并确保特种空勤团在下一阶段欧洲战争中发挥重要作用。他提议带领他的部队向西袭击德国人，破坏他们向突尼斯撤退时的通信线路，同时搜集情报，这可能会验证隆美尔是否打算在马雷特防线进行抵抗，那里最初是由法国建造的一系列防御工事，用于保卫突尼斯免受利比亚的攻击。文雅的哈里·波阿特（Harry Poat）中尉将应蒙哥马利的具体要求，带领一支队伍袭击的黎波里以西的目标。蒙哥马利决心阻止撤退的德军有序组织起来摧毁这个港口；特种空勤团法国人部队将在突尼斯海岸的加贝斯（Gabès）和斯法克斯（Sfax）之间展开突袭；梅恩将在马雷特防线附近执行任务。但是，斯特林心里给自己设定了一个更戏剧性的目标：他要向西北方向行驶，穿过撤退的德军防线，然后与前进的第 1 集团军会合。在两支盟军之间有大片未知的沙漠、一支庞大的轴心国军队和一大片无法通行的盐沼。斯特林告诉普雷德尔，他打算"从前线一直开车到另一个前线，直接穿过战区南部"，并补充说，"这段旅程会让他对这个国家未来作战的类型有一个很好的主意"。这可能使在撤退的德军后方部署装甲师成为可能。

这次任务可能会获得重要情报。但这也是一场特技表演、一场精心策划的军事表演：斯特林后来承认，成为第一支迎接即将到来的美军的沙漠之鼠部队的机会让人"无法抗拒"。成功可能会让该团进一步扩大，也许会得到旅的地位：在斯特林 179 的想象中，特种空勤团甚至可能扩大至三个独立团，在地中海 东部、意大利和纳粹占领的欧洲作战。

普雷德尔以医生的眼光来看斯特林，对观察到的结果不太满意。他认为这位特种空勤团指挥官"看起来不太好"。斯特林的沙漠溃疡已经严重感染，他已经在开罗住院好几天了。他的偏头痛又复发了，日光性结膜炎加重了他的偏头痛，这是一种在飞扬的沙子和炽热的太阳光的共同影响下引起的眼部感染。斯特林不得不开始戴太阳镜来保护眼睛，这让他有了一种奇怪的黑帮形象。普雷德尔劝说斯特林洗眼睛的努力被礼貌地不予理会。他看起来瘦得要命，因为他肩负的责任越来越重，尤其是要创建另一个与特种空勤团平行的团，这让他疲惫不堪。

几个月来，斯特林一直在游说成立第二个特种空勤团来补充第一个团。到 1942 年年底，它终于获准成立了，第 2 特种空勤团建立了起来，由大卫的哥哥比尔·斯特林（Bill Stirling）指挥，他是苏格兰近卫团中校，也是前突击队员，他对这个部队的看法和他的弟弟一样。比尔·斯特林曾指挥第 62 突击队，他们也被称为小规模突击部队，目的是在英吉利海峡进行突然袭击。1942 年年末，在被派往阿尔及利亚后，第 62 突击队被解散，比尔开始游说盟军总部允许他再建立一支特种空勤团。第 2 特种空勤团隶属于阿尔及利亚的第 1 集团军，并开始在阿尔及利亚西北部菲利普维尔（Philippeville）的一个新基地进行人员招募和训练。它最初只是一支单一、小规模、半私有的部队，后来发展成一支不断扩大的特种部队家族，包括增派的法国部队、一支由强悍的希腊战士组成的希腊神圣中队（以底比斯圣队命名），以及特种舟艇中队。关于特种空勤团的构想结出了令人难以承受的硕果。斯特林一直是特殊的混合体：一个不喜欢管理的天生组织者，一个体力有限的实干家，一个雄心勃勃的军官。现在他看到自己的作品以他未曾预料到的方式扩张并且无法完全被掌控。他重返沙漠的决心可能在一定程度上反映了他想逃避堆积在办公桌上的责任的愿望。

180　　　为了接触第 1 集团军，斯特林的队伍必须绕过从阿尔及利亚延伸到突尼斯的东部大沙漠，然后穿过加贝斯峡谷，这是地中海和西部广阔而难以穿越的盐沼之间的天然咽喉要道。所有驶往海岸的车辆都必须通过这个峡谷，它仍在德国人的控制之下，最窄的地方只有 5 英里宽。为了携带燃料，部队要带上一些额外的吉普车，加完油后在途中再遗弃这些车。

　　1943 年 1 月 16 日的日出时分，斯特林带领由 5 辆吉普车和 14 名士兵组成的小队从比泽尔滕出发，后面是奥古斯汀·乔丹率领的一支法国部队。斯特林的部队包括导航员迈克·萨德勒、约翰尼·库珀和 31 岁的法国中士弗雷迪·塔克西斯（Freddie Taxis），后者会说阿拉伯语。他们很有可能会遇到敌对的当地部落，这时一名翻译是必不可少的。

　　通往第 1 集团军在加夫萨的前沿阵地的路线要求他们在的黎波里以南进行大范围的快速移动，穿越至此为止遇到的最恶劣的地形。如果说大沙海的沙丘就好像巨大的海浪，那这里布满车辙的沙漠波浪"短而起伏，像一个粗糙的地中海"。车队颠簸地向西北行进，常常只能以每小时不到 1 英里的速度行驶，这时收音机里传来消息，的黎波里已经落入第 8 集团军之手。当车队接近加贝斯峡谷时，道路变得更加难走，泥泞的沼

泽、沟壑纵横的沙丘与陡峭又布满巨石的峡谷交替出现。1 月
22 日黄昏，两架德国侦察机在头顶嗡嗡作响。斯特林继续向
前推进；清晨时分，他们来到铺着沥青混凝土的公路上，用斯
特林的话说是"踮着脚尖"穿过了那个峡谷。再往前走了 1
英里左右，有一支在路边扎营的德国装甲师，他们正在起床。
"我们要虚张声势，"斯特林跟库珀说，"只管往前看。"当他
们在早晨的阳光下经过一群正在喝咖啡的德国士兵时，库珀友
好地点点头："没有人怀疑我们……没有人对我们开枪。没有
人做任何事。"他们现在需要尽快离开海岸公路，找个地方躲
一天。萨德勒向绿山山麓驶去，却穿过了另一条地图上没有标
记的土路。他们进入了开阔地。再往前一点儿，斯特林发现了
一条狭长的峡谷，上面点缀着灌木丛，"看起来能提供完美的
掩护"。部队已经超过 36 小时没有休息、没有进食、没有睡
眠，大家已经筋疲力尽了。吉普车被匆忙伪装起来，士兵们躺
下来休息，在峡谷的各个角落里分散开，许多人累得连靴子都
没有脱。睡觉前，库珀和萨德勒爬到峡谷边缘查看道路。通过
双筒望远镜，他们看到一队士兵从车上爬了下来。"我们以为
他们都是出去小便的"，萨德勒后来回忆说。

迈克·萨德勒被靴子踩在石头上发出的嘎吱声惊醒，睁开
眼睛看到两个德国伞兵站在他身边，举着施迈瑟冲锋枪。睡在
一旁的库珀开始从睡袋里爬出来，挣扎着站起来。"躺下！"
一个德国人命令道。库珀和萨德勒静静躺着。他们的枪藏在
30 英尺外伪装好的吉普车里。两名伞兵示意萨德勒和库珀留
在原地，然后冲下峡谷，帮忙围捕其他的英军。库珀和萨德勒
不需要制订计划："唯一能做的事就是逃跑。"德国人一离开
视线，他们就开始向峡谷陡峭的一侧跑去。片刻之后，法国人

182

突尼斯事件：斯特林的最后一战

弗雷迪·塔克西斯也加入他们的行列。三个人都向峡谷的边缘跑去。他们听到身后传来的枪声和"出来！出来！（*Raus！Raus！*）"的喊声。

斯特林和其他士兵未经抵抗就被俘虏了。一个身材矮胖、脸色红润的德国军官（让斯特林大为恼火的是，他是部队的牙医）用一把鲁格手枪指着特种空勤团的指挥官，把他带出了峡谷。在山顶，一个可怕的景象在等着他们：一支大约500名德国士兵组成的部队用枪指着他们，用一辆装甲运兵车挡住了洼地的出口。逮捕他们的是德国空军第250特种伞兵连，他们被派去追踪突袭者，并在前一天与乔丹部队发生小规模冲突后（几天后法国人中队被抓获），注意到特种空勤团的存在。他们搜查了11个俘虏，把他们押到路边，然后在太阳落山时，把他们赶上卡车并严密看守。在向南行驶了近2小时后，他们被命令进入一个看起来很大的车库，并被锁在里面。守卫们的欢呼表明，他们发现了俘虏的身份和价值。斯特林估计他们一定是在麦地那①附近的某个地方。他上衣的一个纽扣里藏着指南针：他正在制订逃跑计划。

与此同时，萨德勒、库珀和塔克西斯正朝着完全相反的方向走。在冲刺到峡谷顶部之后，他们冲进一个小山谷的灌木丛中。在德国人搜查该区域时，他们躲藏了几小时。萨德勒从口袋里掏出一张纸，上面潦草地写着司令部的最新暗号，他把纸埋在沙子里。他说："这是我度过的最漫长的一个下午。"幸运的是，一个阿拉伯人带着一大群山羊来到他们的藏身之处。山羊在他们的藏身之处四处走动，帮助他们躲藏起来。"我们

183

---

① 指北非城市中阿拉伯人聚居区或老城，极具伊斯兰风情。——译者注

不知道牧羊人是否故意这样做，把我们藏起来。"夜幕降临时，他们听到德国人撤了。

幸运的是他们三个人之前都是和衣而睡的，但是没有带武器、地图、指南针、水或食物。萨德勒对地理做了仔细研究。据他计算，第 1 集团军仍在西北方向 100 多英里之外。如果他们步行，沿着盐湖的东边走，最终会到达绿洲城镇托泽尔。"运气好的话，我想现在它应该已经到了盟军的手里了，"萨德勒后来回忆道，"于是我们出发了。"

他们走了一整夜，在黎明时分遇到一群友好的柏柏尔人，柏柏尔人给了他们一些椰枣和一张山羊皮，他们用鞋带把羊皮缝在一起，做成一个临时的装水容器。他们继续往前走，直到酷暑迫使他们停下来。夜幕降临后他们又开始走，天刚亮，他们就在一块大岩石的裂缝里睡着了。几小时后，一个身材魁梧的阿拉伯人挥舞着猎枪出现了，他看上去并不比两天前叫醒他们的德国人友好多少。不到几分钟，他们就被部落成员和拿着石头的男孩包围了。"把你的夹克给他们，"塔克西斯对库珀说，"他们说我们应该把衣服给他们，因为他们无论如何都会杀了我们。"一块石头飞过来。库珀左眼上方被击中。库珀被打晕了，喷涌出来的血让他暂时失明了，另外两人抓住他，半拖着他穿过一大片松散岩石。然后他们脱身逃跑了。

到第四天时，他们几近崩溃。在远处，萨德勒确信他可以看到托泽尔绿洲淡绿色的景象。但似乎可以肯定的是，他们在到达目的地之前就会渴死或者疯掉。塔克西斯喝了沼泽地里的咸水，呕吐不止并产生了强烈的幻觉。他几乎站不住了。让他的英国同伴惊讶的是，他每只脚都有六个脚趾，穿着不合脚的靴子走了四天以后，他几乎瘸了。这个多趾法国人躺在地上，要求把自己留下等死。在另外两人威吓、鼓励和强迫的共同作用下，他终于站起来，三个人继续挣扎前行。

萨德勒自己也陷入一种奇怪的精神错乱的迷幻状态，现实和幻觉融为一体，他看到沙漠里出现了两个非常高大的黑人，他们戴着一战时的头盔。萨德勒想知道这会不会又是一个海市蜃楼。这些幽灵讲着法语，举着带有固定刺刀的老式步枪。过了一会儿，他们给这三个衣衫褴褛的人送来了葡萄酒、白朗姆酒、羊肉和土豆，库珀头上的伤口也由一名法国医疗勤务兵缝合上了：他们遇到了外籍军团的塞内加尔士兵，他们是法国自由军的一部分，是向前推进的第1集团军的先头部队。

《纽约客》（*The New Yorker*）著名战地记者 A. J. 利布林（A. J. Liebling）在加夫萨附近徘徊了好几天，以寻找独家新闻。他估计，美军前进的前哨点是两支盟军最有可能连接的地方，他想见证这一时刻。这个沙漠小镇看起来就像"老电影《火爆三兄弟》里的布景"，这里有欧洲人、犹太人和阿拉伯人，还有一个新来的美国步兵营，他们为当地妓院的生意创造了奇迹，妓院里的姑娘们被描述成"有点像法国人"。鲍恩（Bowen）中校已经接管了粉刷成黄色的维尔旅馆作为他的总部，那里号称有浴室和自来水。利布林当时也在那里，他正在巴结信号官，希望能通过电报发送一个报道。这时，一名法国外籍军团的军官走进大楼，后面跟着三个流浪汉。

185

　　他们的鞋子上裹着破布，我推断他们脚上肯定起了一堆水疱。其中两个人蓄着长胡子，还有一个人的头上缠着被鲜血浸透的绷带，看起来他急需刮一下胡子了。三个人都穿着卡其色的战斗服，衣服上很多布都没了，被撕下来做绷带了。其中一个男人拿着一个山羊皮做的水袋，外面是长长的毛；这让我想起了《鲁滨孙漂流记》（Robinson Crusoe）。他们的脸凹陷下去，眼睛看起来大得出奇，有一个人的眼睛真的凸出来了。这个人的眼睛很圆，是天蓝色的，头发和胡须很白。他的下巴上胡须茂盛，给人一种瘦骨嶙峋又有点疯癫的保尔·魏尔伦（Paul Verlaine）的感觉。

"我们已经走了五天五夜，"迈克·萨德勒说，"有没有其他人过来？你们有没有听说大个子大卫的消息？"

利布林难以置信："你们真的是从第8集团军来的吗？"

鲍恩上校更是怀疑。他看了一眼这三个头发浓密、衣衫褴褛的人，命令把他们看守起来，理由是"他们可能是间谍"。对这三个人而言，在疲惫、脱水和粗制的阿尔及利亚葡萄酒的共同作用下，他们对现实的感受已经变弱了，形势突然变得有点离奇：他们现在成了自己盟友的俘虏，但已经累得不想争辩了。库珀等着被警卫押送到泰贝萨的美军司令部，他和这位美国记者聊了起来。他颠来倒去、半似疯癫地描述了特种空勤团的工作，而利布林一字不差地把它们记了下来：

我们刚成立的时候，专门针对停在地上的德军飞机。前往他们的防线后方，晚上进入机场，在岗哨里，你知道的，或者类似的地方——这很简单——然后把铅笔雷管放置在尽可能多的飞机上。炸弹定时在短时间内爆炸。我们溜走，然后炸弹爆炸，所有飞机都会燃烧起来。真是个好主意。斯特林中校，就是我们说的大个子大卫，首先想出了这个主意。聪明的家伙。斯特林中校想到了用吉普车。

吉普车很棒，绝对没问题。它们能去到沙漠之国的任何地方。我们的战友们来到敌人后方，然后在沙漠里住上几个星期，袭扰敌人。特种空勤团的一个伙计自己就搞定了120架飞机。大个子大卫肯定也接近100架了。但是德国佬识破了。现在机场有太多的守卫和陷阱了。所以在最近一次旅程中，我们只是埋了地雷，破坏了交通，造成一般的混乱。非常有趣，真的。我们顺利地走了好几个星期。我们总是白天躲起来睡觉，然后所有的行动都在晚上进行。我们找到深深的溪谷或裂缝来躲藏。我们会在夜里走上公路，向敌人的车队开枪。我们把敌人的补给线搞得一团糟。我们的最好的办法之一就是走到一条路上，沿着去前线的方向走，这样他们就不会怀疑我们是入侵者……但是我们太大意了。我们走了那么久一直没有人注意到，所以我们以为会一直这样下去。我们躺在加贝斯以北大约10英里的深谷中。一定是一些阿拉伯人看到我们进去了，就告诉了德国佬。我们没有机会进行战斗来从那个地方逃脱。我们设法爬上悬崖。我们在周围等着，想看看有没有其他人能逃出来，但是没有人逃走。溪谷里枪声不断，然后一片寂静。

库珀的热情突然消失了。"大个子大卫肯定被杀死了。"

A. J. 利布林的报道于11月17日发表在《纽约客》上，向美国读者介绍了一种新型战争，在这种战争中，蓄着胡须、衣衫褴褛的英国人在敌人后方作战，并觉得这一切都是有荣誉的乐趣。

大卫·斯特林没有被杀死，尽管差点就死了。在他被俘当天的晚上 10 点，他要求出去小便。两名守卫跟着他，还抽着烟。在距离房子大约 20 码的地方，斯特林开始奔跑。枪声响起，但在黑暗中哨兵们只是瞎打一气。斯特林决定往南，这几乎完全是个一厢情愿的逃跑计划：这个地区人口稠密，他不知道自己身在何处，而一个身材非常高大、手无寸铁的外国人肯定会被人发现。即便如此，他还是走了大约 15 英里然后在天亮时躲在了灌木丛中。第二天，一个阿拉伯牧民发现了他，把他带到一个小山谷，并表示会给他带水过来。几分钟后，他回来了，带着一支意大利巡逻队。斯特林重新被俘。这一次他被绑了起来，并被带到埃尔哈马（El Hama）村严密看守，然后又被带到在布尔吉巴营（Menzel）① 的意大利军队司令部。

在那里，意大利军事情报部门的马里奥·雷韦特里亚上校审问了他。雷韦特里亚对于抓获了特种空勤团的领导人非常兴奋，忍不住要炫耀一番，他没有向斯特林索取情报，而是描述了他所知道的关于特种空勤团的一切，但没有说他是如何知道的。斯特林对此印象深刻，他说："你和我一样了解我自己的组织。"

几小时后，斯特林被押上一架 Ju – 52 运输机，然后飞往西西里岛。在这里，他在骑兵营里又被审讯一番，先是意大利人，然后是一个德军参谋。他只透露了自己的姓名和军衔。

2 月 11 日，斯特林的母亲被正式通知，他在行动中失踪了。"我希望大卫还会出现，"伦道夫·丘吉尔给她写信说，"在最坏的情况下，他是被俘虏了。"隆美尔亲自写信给他的妻子，描述了这个给他制造了如此多麻烦的男人是如何终于被

---

① 全名为 Menzel Bourguilba，又译为曼泽勒 – 布尔吉巴营。——译者注

囚禁的："英军失去了他们沙漠军团的一位非常能干、应变性很强的指挥官，他给我们造成的破坏比任何其他同等规模的英国部队都要大。"

斯特林被转移到罗马城外的另一个战俘营。卡斯特罗 - 布雷托利奥军营（Caserma Castro Pretorio）设施齐全，非常舒适，但是经过几个月的疯狂行动后，斯特林发现惯性令人无聊得难以形容。白天，俘虏们被关在牢房内，但到了晚上，他们被允许一起吃饭和交际。周围有许多志趣相投的人。隔壁牢房另一名等待被审讯的军官，自称是皇家陆军后勤队的约翰·理查兹上尉，并解释说他于 1942 年 11 月在图卜鲁格被俘。

特迪·舒尔希（Teddy Schurch）在斯特林被俘前不久飞 188 往罗马。当他的新指挥官摩洛哥上尉（Captain Morocco）告诉他，"他们抓获了一个非常重要的人"，那人不是别人，正是特种空勤团的领导人时，舒尔希似乎涌起一种职业自豪感："他终于要去见这位指挥官了，他所有的时间都花在从他的士兵和军官身上搜集情报上了。"摩洛哥上尉命令舒尔希去获取关于斯特林及其组织的所有可能的情报，特别是将接替他成为特种空勤团指挥官的军官姓名。

在接下来的两个星期里，斯特林在不经意间给这个线人透露出多少信息一直没有被披露过。在对舒尔希叛国罪的审判中，斯特林在一份证人证词中说，另一名军官曾警告过他，理查兹上尉在为意大利人做事，所以他从一开始就对此人很警惕："我说的那些话都是假的，是为了骗他……我不记得我们讨论过我在特种空勤团的继任者的名字。实际上，当时我并不知道我的继任者会是谁。"舒尔希则对他们的谈话有着不同的记忆。"因为之前已经获取了所有关于特种空勤团的必要信息，他们只要我获取斯特林中校的继任者的名字。我发现那个人是帕迪·梅恩上尉。"实际上，只有一个人能够接管这个团，而斯特林似乎向舒尔希就透露了这么多。毫无疑问，这一情报也被纳粹情报部门共享了。令人诧异的是，德国人早在梅恩本人知情前就知道了他将接管特种空勤团。

沙漠战争即将结束，随着北非战争胜利在望，特种空勤团的角色、位置和性质将再次发生变化。从在"占领者行动"中被空降到沙漠的几名士兵开始至此，特种空勤团已经变得面目全非了。正如第一批士兵所说的那样，很多"元老"都走了。大卫·斯特林最后被转移到臭名昭著的德国战俘营窦地兹堡，他在那里与早些时候被俘的法国特种空勤团指挥官乔治·贝尔热和奥古斯汀·乔丹重聚首。吉姆·阿尔蒙兹仍然是一名俘虏。菲茨罗伊·麦克林被丘吉尔派往南斯拉夫与铁托（Tito）的游击队联系。乔克·刘易斯、热尔曼·盖尔皮隆、安德烈·泽恩赫尔德和其他许多人都牺牲了。出生在美国的帕特·莱利、爱尔兰人克里斯·奥多德、比尔·弗雷泽、雷格·西金斯和约翰尼·库珀活了下来，并将在特种空勤团故事的第二个伟大章节中扮演重要角色。迈克·萨德勒终于说服了美国人相信他不是间谍。在北非战争的最后一战中，他帮助第 8 集团军穿越沙漠，然后重新加入了特种空勤团。这支部队现在由两个团组成，将在一个热情、鼓舞人心、偶尔暴力的北爱尔兰人领导下投入欧洲战场。帕迪·梅恩领导下的特种空勤团将成为一支非常不同的力量。

马尔科姆·普雷德尔在开罗的第 64 综合医院有了新的职

位。这位年轻的医生带着一首对沙漠的爱的赞美诗离开了特种空勤团。

　　这是我们在非洲行动的结束，现在我们可以告别沙漠了：孤单、慰藉和彻底的不毛之地。在这些曾经是我们的藏身之处的小悬崖和洞穴里，我们留下了自己的印记。过不了几个星期，它们就会被风和沙抹去。在这里我们学会了导航、规划路线和标出位置；在这里我们变得聪明，变得自立，能够容忍别人的玩笑；我们变成熟了，我们获得了更大的精神满足，发现了我们对危险的恐惧和反应，并试着去克服它们。我们已经熟悉了艰难困苦，熟悉了把身体交给严格的控制。这是沙漠经历的遗产。我们的时间没有浪费。

// 上图　大卫·斯特林，特种空勤团创始人 //
// 下图　一次沙漠突袭之前，斯特林站在右边 //

// 上图　刘易斯认为，从一辆以 30 英里时速行驶的汽车后部跳下来能够很好地模拟降落伞着陆 //

// 下图　沙漠风使得伞兵在着陆后很难控制降落伞 //

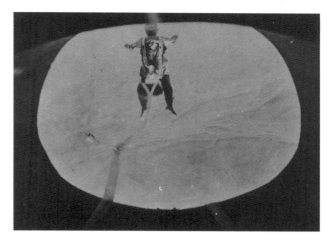

// 上图　新兵被要求从一个 30 英尺高的摇摇晃晃的平台上跳下以练习跳伞 //

// 下图　特种空勤团 L 分队的一名新兵在一次跳伞训练中跳进沙漠 //

// 布莱尔·"帕迪"·梅恩 //

// 乔治·杰利科 //

// 吉姆·阿尔蒙兹 //

// 雷格·西金斯 //

// 约翰尼·库珀 //

// 比尔·弗雷泽 //

// 伦道夫·丘吉尔 //

// 帕特·莱利 //

// 大卫·斯特林和乔克·刘易斯在为一场沙漠突袭做准备 //

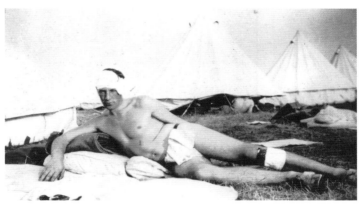

//上图　帕特·莱利带着威瑟斯开车，这条狗被特种空勤团收养//
//下图　梅恩在一场袭击机场的战斗中受伤，他正在休养//

// 伯纳德·蒙哥马利将军在北非沙漠

（图片来源于维基百科 https://commons.wikimedia.org/wiki/File:Bernard_Law_
Montgomery_1942.jpg）//

//1942 年 1 月 12 日，欧盖莱附近，非洲军团指挥官埃尔温·隆美尔将军正在与他的军官交谈

（图片来源于维基百科 https://commons.wikimedia.org/wiki/File:Bundesarchiv_Bild_183-1982-0927-503,_Bei_El_Agheila,_Rommel_bei_italienischer_Division.jpg）//

//上图 闪电战车。从左至右依次为：西金斯、约翰尼·罗斯、斯特林、库珀//

//下图 西金斯（中）和库珀（右），以及其他特种空勤团L分队的成员//

J.M.Cooper

A.R Seekings

The two lads who have
put their signatures
on here have just been
awarded the M.M for
the job before the last
one and beleue me they
earned it.

Egypt 1942.

// 照片背后题写着："在这里签名的两个小伙子刚刚因为这项工作获得了军事勋章，相信我，这是他们应得的。埃及，1942年"//

//上图 1942年圣诞夜，人们围坐在沙漠篝火边//

//下图 沙漠中，从左至右依次为：鲍勃·利利、马尔科姆·普雷德尔（手里拿着平装书）和约翰尼·怀斯曼//

// 一群突袭回来的人展示两只死去的瞪羚，这是为圣诞晚餐猎获的 //

//上图　格雷厄姆·罗斯（Graham Rose）和吉米·斯托里 (Jimmy Storie)，L 分队早期的两名新兵在比尔古赛尔的沙漠军营里为行动做准备，1942 年夏天 //

//下图　克里斯·奥多德，23 岁的爱尔兰新兵，独具一格、不可压制且坚不可摧 //

// 迈克·萨德勒，特种空勤团沙漠导航员，能够准确无误地知道自己在哪里、要去哪里以及需要多久到达 //

//5 天里跋涉 100 英里，从加贝斯抵达托泽尔的绿洲后的萨德勒 //

MAJOR DAVID STIRLING.

I have been asked by my chief
to ask you to let me have, for him, without
further delay the short note for which he
called on what you would advise should be done
to concentrate and co-ordinate the work you are
doing.

I have been asked to make sure
that this in my hands to-day.   I can be got
at the Embassy.

9.8.42

// 丘吉尔的私人秘书莱斯利·罗文爵士传来的便签，要求大卫·斯特林概述他的特种空勤团计划 //

1679

PRIME MINISTER.

1.   I venture to submit the following proposals
in connection with the re-organization of Special Service
in the Middle East. ("Special Service" may be defined as
any military action ranging between, but not including,
the work of the single agent on the one hand, and on the
other the full-scale Combined Operation.)

(i)   That the scope of "L" Detachment should be
extended so as to cover the functions of all
existing Special Service Units in the Middle
East as well as any other Special Service
tasks which may require carrying out.

(ii)   Arising out of this, that all other Special
Service Units be disbanded and selected personnel
absorbed, as required, by "L" Detachment.

(iii)   Control to rest with the Officer Commanding
"L" Detachment and not with any outside body
superimposed for purposes of co-ordination,
the need for which will not arise if effect
be given to the present proposals.

(iv)   "L" Detachment to remain as hitherto
at the disposal of the D.M.O. for allocation
to Eighth, Ninth and Tenth Armies for specific
tasks. The planning of Operations to be
carried out by "L" Detachment to remain as
hitherto the prerogative of "L" Detachment.

2.   I suggest that the proposed scheme would have the
following advantages:

(i)   Unified Control would eliminate any
danger of overlapping, of which there has
already been more than one unfortunate
instance.

(ii)   The allocation to "L" Detachment of
all the roles undertaken by Special Service
Units would greatly increase the scope of the
Units' training, and thereby augment its value

to all ranks, who will inevitably greatly
gain in versatility and resourcefulness.

(iii)   The planning of Operations by
those who are to carry them out obviates
the delay and misunderstanding apt to be
caused by intermediary stages and makes for
speed of execution which/any Operations of
this kind is an incalculable asset. It
also has obvious advantages from the point
of view of security.

D. Stirling.

9. 8. 42

// 斯特林的回复，他雄心勃勃地想要扩大特种空勤团的规模，并把所有的特种部队都置于他个人的指挥之下 //

// 在 1943 年 7 月 10 日入侵的几小时前获得的穆罗迪波尔科角空中
侦察照片，这里是部队第一次登陆西西里的目标 //

// 乔克·麦克迪尔米德，一位以粗野暴力而闻名的苏格兰人，他在意大利和法国的行为模糊了粗暴的正义和冷血的杀戮之间的区别 //

// 约翰·托金，在泰尔莫利被俘的年轻军官，在与德国将军共进晚餐后逃脱 //

// 约翰·托金和帕迪·梅恩在意大利战役期间放松 //

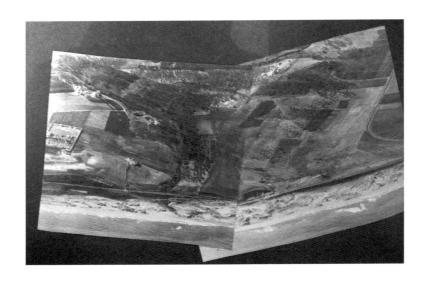

//上图　侦察照片,拍摄于帕迪·梅恩的士兵猛攻并占领泰尔莫利之前,
这个小镇是"敌阵的中轴"//

//下图　泰尔莫利惨剧:德军炮弹直接击中一辆载有 17 人的卡车,造成混
乱和血腥的场面//

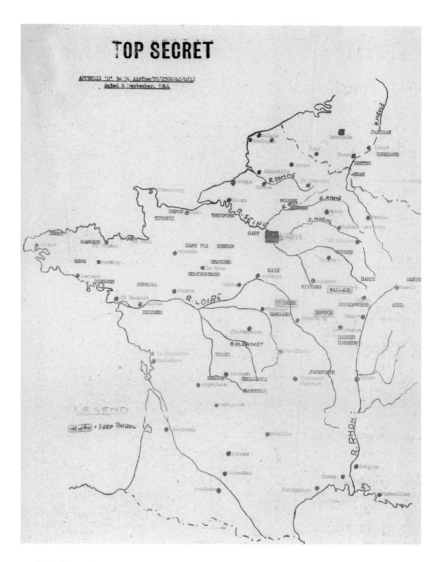

// 诺曼底登陆后，用无数次特种空勤团在敌后的行动代码标出的法国地图 //

//上图 罗伊·法兰，外号"帕蒂·麦金蒂"，是第2特种空勤团最有名的军官，他善于振奋人心、不守常规、冷酷无情//

//下图 "麦金蒂部队"，坐在中间的是叫诺里斯的意大利女游击队员，她"像母老虎一样勇敢又危险，完全忠于英国战友"//

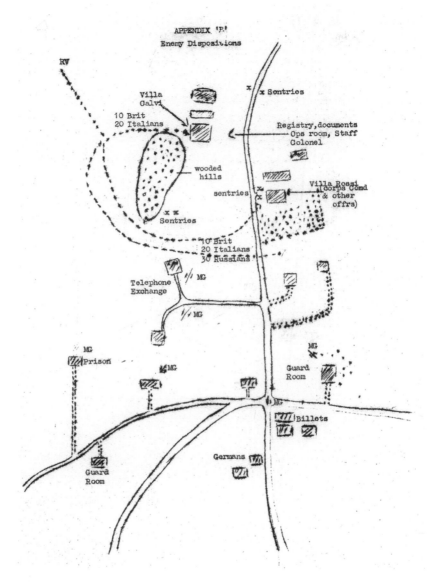

APPENDIX 'P'
Enemy Dispositions

RV

x x Sentries

Villa
Galvi

10 Brit
20 Italians

Registry, documents
Ops room, Staff
Colonel

wooded
hills

Villa Rossi
(Corps Comd
& other
offrs)

sentries

x x
Sentries

10 Brit
20 Italians
30 Russians

Telephone
Exchange

MG

MG

MG

MG
Prison

MG

MG

Guard
Room

MG

Billets

Guard
Room

Germans

// "彩票行动"的手绘地图：在阿尔比内亚的德国第51集团军总部——
罗西别墅和卡尔维别墅的突击示意 //

// 上图　战争日记中一张被俘意大利士兵的照片。一位特种空勤团军官写道，他是一个"奉承、友好、笑嘻嘻的小家伙"//

// 下图　德军战火下的特种空勤团：左边两个人隐蔽在吉普车下，而帕迪·梅恩靠着一棵树，背对拍摄者，似乎在看书//

TAC HEADQUARTERS,
21 ARMY GROUP.
B.L.A.

7th September, 1944.

I should like to thank you and the officers and men of First SAS very much indeed for your message of congratulations on my promotion. It is most kind of you all, and I appreciate your thought.

I would like to take this opportunity to tell you what splendid work you have all done.

B. L. Montgomery
Field-Marshal

The Commanding Officer,
First S.A.S.,
B.L.A.

// 蒙哥马利晋升为陆军元帅后给特种空勤团写的信 //

//上图 林肯·德尔默·邦迪，这个亚利桑那州牛仔变身为战斗机飞行员，在法国被击落后非官方地加入了特种空勤团//

//下图 比尔·弗雷泽在非洲、意大利和法国的前线战斗中三次负伤，被授予高级勋章，但仍受到"内心的恶魔"的折磨//

// 上图　解放：特种空勤团士兵们向东部进发时，法国村民为他们送上鲜花 //

// 下图　帕迪·梅恩上校，第 1 特种空勤团指挥官，被授勋为战争英雄，与沙漠战争中满脸胡须、反复无常的恶棍形象截然不同 //

//从德军守卫的瞭望台看到的贝尔根－贝尔森集中营 1 号营地的景象//

//1945 年 4 月，解放贝尔根 - 贝尔森集中营 //

//1945 年 4 月 19 日，英军士兵将贝尔根 - 贝尔森集中营的受害者
尸体堆放到一起 //

// 贝尔根 – 贝尔森集中营中幸存的妇女看着被饿死的孩子裸露的身体 //

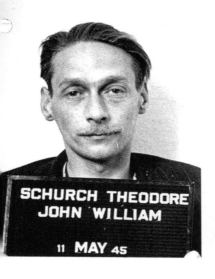
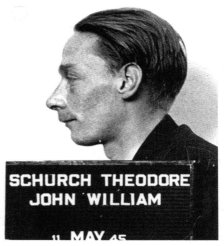

/上图（两幅） 西奥多·舒尔希，
前伦敦会计和秘密法西斯间谍，
也是第二次世界大战中唯一因
背叛通敌而被处决的英国士兵 //

/下图 肯尼思·西摩，在孚日
山脉受伤被俘的年轻信号员，他
的英雄主义说法在其战友之间饱
受争议 //

LY HER

"COUNTRY WANT PEACE"

S RUSSIA'S

alled In Defence Of Gestapo Chief

SERGEANT KENNETH
SEYMOUR, of Sutton,
Surrey, sole survivor of 34
parachutists captured by
special German detach-
ments in the Vosges in 1944
gave evidence at the War
Crimes Trial at Wuppertal
yesterday on behalf of
Wilhelm Schneider, one of
four Gestapo chiefs accused
of responsibility for the
murder of his comrades.

British authorities, at the
request of one of the defen-
dants, agreed to summon
Seymour as a witness.

First of the party to land,
Seymour broke his ankle
and was captured. The
others, taken later, were
shot except one who com-
mitted suicide to keep para-
chute landing secrets.

**HEATH:
NIGHT
ROAD
CHECK**

"HERALD" REPORTER

// 降落伞绸布上的
地图 //

// 帕迪·梅恩的米黄
色贝雷帽 //

// 巴格诺尔德的太阳
指南针，沙漠导航必
需品 //

第二部分　欧洲战争

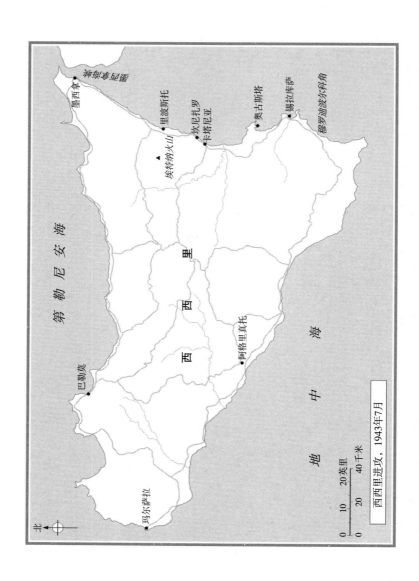

北

第 勒 尼 安 海

墨西拿
特拉帕尼
里波斯托
卡尼扎罗
卡塔尼亚
奥古斯塔
锡拉库萨
穆罗迪波水科角

埃特纳火山

西 里 西 西 里

阿格里真托

巴勒莫

地 中 海

玛尔萨拉

0   10   20英里
0   20   40千米

西西里进攻，1943年7月

15　意大利

　　"这艘船没有舵了，"马尔科姆·普雷德尔遗憾地评价道，他在大卫·斯特林被俘两个月后离开了特种空勤团，"没有人有他那样的天赋。"帕迪·梅恩是一名战斗指挥官，深受爱戴和尊敬，但勇敢只是领导力的一个方面。不管他在战场上有多么出色，他都像个火药桶一样，他的部下在他周围都是小心翼翼的。案牍工作让他既困惑又厌烦。他缺乏斯特林的风度，也不愿意去讨好高层官员，他们中的许多人认为特种空勤团已经"失去了它的作用"。他又遇到了麻烦。在3月，梅恩得知他的父亲去世了。他想请三天假回北爱尔兰参加葬礼；但没有得到解释就被拒绝了。梅恩愤愤不平，喝得大醉，然后，用西金斯的话说是"暴跳如雷"。据说在开罗的几小时里，他撞毁了几家餐厅，与六名军警发生打斗，并被扔进牢房。

　　由于梅恩的失控，斯特林被关在战俘营，士兵们普遍认为这个团很快就会被解散。但是梅恩设法让自己获释，并积极地争取让这个团保留下来；最后达成了妥协方案，涉及对该团的大规模重组。最初的部队——第1特种空勤团将被分成两部分：一支是乔治·杰利科领导的特种舟艇中队（SBS），执行两栖作战任务；另一支是梅恩领导的特种突袭中队（SRS），在即将到来的进军欧洲的行动中充当突击部队。

　　杰利科特种舟艇中队的250名士兵移兵海法（Haifa），开始在爱琴海进行作战训练。与此同时，在大卫·斯特林的哥哥比尔领导下，新组建的姊妹团——第 2 特种空勤团将继续在阿尔及利亚北部进行训练，然后将部署到地中海，之后前往被占领的欧洲。

194　　　两个特种空勤团的故事现在将并行发展，他们有时会联合起来，但更多时候是互相竞争的关系。

梅恩带领的新命名的特种突袭中队中虽然有许多特种空勤团的老兵，但是与斯特林被俘前梦想中强大的机动部队相去甚远：兵力减少到 300 ~ 350 人，现在接受司令部突袭部队全面指挥，进行直接的攻击行动。特种突袭中队不再是沙漠中独立、敏捷、自主的特种空勤团，而是一支规模更大的军队的先头部队、一支战术部队。除了精神之外，第 1 特种空勤团已经不复存在。它很快就会恢复到原来的样貌和职能，但就目前而言，为了存续，特种空勤团不得不服从命令。不同寻常的是，梅恩没有辞职，没有喝得烂醉，也没有暴打任何人，而是默许了这一让人不自在的新安排。

在 1943 年春末，特种突袭中队在巴勒斯坦的阿兹布（Azzib）开始了新一轮的强化训练：在炎热的天气里绕着太巴列湖（Lake Tiberias）① 进行耐力训练、悬崖攀登、武器使用、刺刀练习、电线切割、海滩登陆以及炸药使用。在亚历克斯·缪尔黑德（Alex Muirhead）的领导下，一支新的迫击炮小组诞生了。缪尔黑德是一名年轻军官，他对迫击炮知之甚少，但拥有精确而毁灭性地将炮弹投向敌方阵地所必需的数学头脑。一

---

① 即加利利海，是以色列最大的淡水湖。——译者注

位同期的人羡慕地说："很快他就能在第一发炮弹落地之前再向空中发射出 12 发炮弹。"

　　一些老兵产生了一种过渡的感觉。比尔·弗雷泽现在没有了他的狗威瑟斯的陪伴，显得越来越疏远和难以捉摸。约翰尼·库珀自愿参加军官培训；雷格·西金斯没有了约束他的声音，比以往任何时候都更容易挑起争斗。爱尔兰人克里斯·奥多德不断地讲笑话，但特种突袭中队内部情绪紧张：老前辈与新来的一批人的接触并不总是很愉快。像西金斯这样的人认为他们自己是在沙漠中历练出来的身经百战的精英，并且没有试图掩饰这一点。没有人（包括梅恩自己）知道梅恩的训练计划的目的是什么，只知道它必须包括高温、悬崖、肉搏和发射迫击炮弹。

　　6 月 28 日，特种突袭中队向苏伊士港进发，登上了"阿尔斯特君主"号（*Ulster Monarch*），这是一艘曾在爱尔兰海运营的大型客运渡轮，将前往意大利执行首次任务。船起航前，蒙哥马利将军前来视察并发表了他标准的告诫演讲。就像这位将军和特种空勤团之间所有的关系一样，这一活动呈现出一种尴尬的局面。蒙蒂本以为他的演讲会获得热烈的恭维掌声，这是他最喜欢的声音，但是不知道出于什么原因，特种突袭中队决定忍住不欢呼，直到将军回到岸上。大家对他的讲话报以一片沉默。蒙蒂可能想知道，大卫·斯特林的好斗精神是如何上了船的。尽管如此，他还是对这支戴着米黄色贝雷帽整装待发的部队印象深刻。"军容非常整洁漂亮，"他嘟囔着走下跳板，欢呼声也终于爆发出来，"我很喜欢他们的帽子。"

　　当"阿尔斯特君主"号驶离苏伊士并向北行进时，前方的形势开始显现出来，尤其是在即将到来的行动中，军队将以

195

密码的形式确认彼此身份："沙漠之鼠"（Desert Rats）这个词对应的回答是"杀死意大利人"（Kill the Italians）。

有史以来最大的两栖突击部队已经集结起来准备进攻西西里：载有 16 万士兵的 3000 多艘舰艇、由蒙哥马利的第 8 集团军和乔治·巴顿将军的美国第 7 集团军组成联合部队。西西里岛登陆的时间定在 1943 年 7 月 10 日凌晨。特种突袭中队的任务是在西西里海岸的一个关键点上摧毁敌人炮兵的防御系统：穆罗迪波尔科角（Capo Murro di Porco）——猪鼻子海角（Cape of the Pig's Snout）——一个突出的鼻岬，延伸到岛东侧锡拉库萨以南的海中。根据情报，这个海角是一座"名副其实的堡垒"，堡垒坐落在陡峭的岩石峭壁上，配有探照灯、一排重机枪和意大利守军，其人数是突击队成员的"50 倍"。如果特种突袭中队未能击毁意大利军队的机枪，那么以这片海岸为目标的进攻舰队在到达海岸之前就可能早被炸成碎片了。

196

在行动当天的凌晨 1 点，由梅恩率领，包括西金斯、弗雷泽和许多其他沙漠老兵的 287 人特种突袭中队爬进登陆艇，从"阿尔斯特君主"号上降到一片汪洋大海中。风刮得很大，几乎不可能进行任何海上行动，更不用说全面入侵了。登陆艇艰难地穿过翻涌的大浪时，很多人在纸板桶里呕吐，桶很快就散架了。没有人说话。在离海岸不到 1 英里的地方，风突然停了下来，他们可以听到穿过海浪飘来的说话声。模糊的影子在水面上摇曳，伴随着用英语紧急呼救的声音。前方，数十名盟军伞兵溺水了。他们受命乘滑翔机降落到西西里岛的内陆，为了在主力部队到达之前给敌人制造混乱，但是很多人被强风吹离了航线，并在海上迫降。有一群人坐在一架被击落的滑翔机上，被特种空勤团的一艘汽艇救起，但是大多数人被留在了后面。登陆艇向前破浪而行。雷格·西金斯回忆道："那些可怜的家伙在大声呼救，但我们没有停下来。"继续前进的决定让一些特种空勤团士兵回想起，好几个月前"占领者行动"中的伤员被留在沙漠中等死的那一刻。西金斯一如既往地用最凄凉的语言表达了战争的实际情况："我们喊着叫他们坚持住，但是我们没法停下来救起他们……我们有自己的工作要做。我们不能停下来把事情搞砸。"

这艘平底船在夜幕的掩护下撞到海滩上，士兵们纷纷上岸，穿过带刺的铁丝网，来到悬崖脚下。直到竹梯架到悬崖上，第一批士兵开始攀爬时，意大利的守军才意识到发生了什么。当探照灯扫过海面时，两架机枪开火了，他们盲目地向黑暗中射击。亚历克斯·缪尔黑德的迫击炮小组开火了，不一会儿，敌人机枪后面的弹药轰隆一声爆炸了。一切很快就结束了。一支队伍不过是爬上了山路。另一支队伍在约翰尼·怀斯曼（Johnny Wiseman）的带领下，切断炮台周围的电线，向水泥炮台开火。意大利人匆忙投降了。"他们很轻易就放弃了"，怀斯曼说。怀斯曼毕业于剑桥大学，曾是一名眼镜销售员，他在那天失去了假牙，但是赢得了一枚军功十字勋章。那些意大利人并不是"我们以为的那种坚强、有经验、狂热爱国的保卫者"，而是一群"谄媚、友好、面带微笑的小家伙"，可怜地渴望逃离战争。在一个地堡里蜷缩着一群惊恐的妇女和儿童。

不过，还是有一些令人讨厌的小规模抵抗，包括几个狙击手。一小队特种突袭中队的战士发现一群意大利人在悬崖边向仍在水中挣扎的伞兵射击，就像是为了好玩。接下来发生的事情没有记录在官方报告中，但是一名特种突袭中队的士兵后来

197

说："他们（那些意大利人）再也没能见到自己的家人。"当沿海的机枪被炸毁时，突击队的其他成员向内陆进发，试图摧毁第二个刚刚开始开火的炮台。当雷格·西金斯向前推进时，一群意大利人挥舞着白旗走近他的队伍。在最后一刻，这群人猛地扑倒在地，一个看不见的碉堡用机枪扫射英国军队，这造成一人牺牲、两人负伤。西金斯猛攻敌人的机枪阵地，他扔进一枚手榴弹，然后用左轮手枪一个接一个地杀死了从里面跟跄而出的人。一枚弹片穿过了他的鼻子，但西金斯很兴奋。"在某种程度上来说，我很喜欢这个过程，但不是每个人都喜欢这样，"他说，"我喜欢杀戮。我当时很害怕，但是如果可以的话，我会每天都投身到行动中去。"

早上5点20分，梅恩向灰蒙蒙的黎明天空中发射了一枚绿色的信号弹，表明岸炮阵地已安全地落入盟军手中。其余的进攻舰队现在正在靠近海滩，那是一个荷马史诗般的舰队。"我们惊奇地望着那些浩浩荡荡的船只，从海岸一直延伸向海平面"，一名军官回忆说。

特种空勤团的袭击大获成功：缴获或摧毁了18门大炮，其中包括4门迫击炮，造成200名敌人伤亡，俘虏500多名敌人，其中包括指挥炮台的准将。几名被俘的盟军伞兵获救。特种突袭中队1人牺牲，2人受伤，损失了2个贝雷帽和1个水瓶。这次袭击后来被总司令形容为"一次出色的行动，计划周密、执行出色"。

然而，这也标志着一种新的残酷的战争形式的出现：一场由惊慌失措的平民、看不见的狙击手和诈降组成的战争，这模糊了公平战斗和处决之间的界限。沙漠中，在敌人战线后方作战的清晰界限和绅士风度似乎突然变得遥远起来。

* * *

仅仅两天后，特种突袭中队再次投入行动，他们要清除意大利海军港口奥古斯塔的一个重要的发射台，该港口位于锡拉库萨以北11英里处，是第8集团军向北推进的重要跳板。尽管有传言说这个港口已经被废弃，但是很明显它仍然被敌军占领着，而且不是二流的、厌战的意大利军队，而是德军精锐赫尔曼·戈林师（Hermann Göring Division），他们驻扎在城镇上的山丘上。

夕阳西下，登陆艇驶近一个港口，港口两旁是白色的农舍。"一切都非常安静祥和。"接着，机枪开始扫射海湾，炮弹落在发射台周围。当两艘皇家海军驱逐舰开始猛烈攻击德军射击位置时，在梅恩的带领下，士兵们突然登陆了，他们在沙滩上杂乱地前进并越过海堤。一个碉堡被海军的大炮轰得粉碎。"我们只是飞快地穿过海滩，前进到远处的街道上"，库珀写道。当士兵们进行挨家挨户的巷战时，有人看到梅恩手插口袋在街上漫步。两名医疗勤务兵被机枪击中牺牲了。但随后德军的抵抗就似乎消失了。在夜幕降临时，梅恩的部队将司令部设在一座14世纪的城堡中，并在整个镇上都布置了岗哨，等待预期的反击。在凌晨4点前后，传来了重型履带式车辆在镇上行驶的声音，以及毫无疑问是坦克发出的隆隆声。特种突袭中队准备战斗，但这些声音逐渐减弱。德国人已经撤退了。

在确保奥古斯塔安全并被清空后，特种突袭中队组织了一场自发的、壮观的、极其热闹的打劫派对。这个港口之前曾是意大利海军的司令部，所以食物和饮料储备丰富。几小时以后，在镇上到处都可以看到醉酒的人，他们穿着从当地商店和房屋里"解放"出来的各种奇装异服：有些人戴着草帽或意

199

大利军帽，但也有少数人做得更绝，完全男扮女装，霸占了奥古斯塔女士们的华丽服饰。有人看见帕迪·梅恩推着一辆装满瓶子的婴儿车走在街上；然后他用手榴弹炸开了银行里的保险柜，但是失望地发现里面只有几把银勺子和一枚旧胸针。在小镇的广场上，人们用小号、小手鼓、钹和一架偷来的钢琴演奏了一首歌，随后带着这架钢琴凯旋，将其作为礼物送给了"阿尔斯特君主"号的船长。

7月剩下来的日子里，他们都在奥古斯塔扎营。对这支部队来说，这是一段奇怪的时光，在地中海的阳光下的一段放松时光，虽然不时会受到德国空军的轰炸干扰。有些人回忆说，这是一段"幸福的"插曲，但是对许多人来说，这是一段奇怪的间歇、一种令人震撼的平静。他们计划了各种各样的行动，然后又取消了。梅恩推出了一项新的高强度体能训练计划，但是训练的最终目的还不清楚。士兵们一次又一次地登上埃特纳火山后又下来。对于一些服役时间最长的特种空勤团士兵来说，这种走走停停的日子让人不愉快地回忆起在战争的早些时候，司令部对莱科克突击队的使用方式——或者说不充分的使用方式。在8月，中队在奥古斯塔以北25英里的坎尼扎罗（Cannizzaro）建立了营地。帕迪·梅恩紧张不安地四处徘徊。一些军官躲着他，担心指挥官会强迫他们一起喝酒，这项活动充满了不可预测性和危险性。当酗酒无法避免时，梅恩强迫这些人唱伤感的爱尔兰歌曲，并在一旁观察他们，一位参与者说，"就像某个皇帝看着他的角斗士一样"。到8月中旬，最后一批德国军队已经越过墨西拿海峡撤退到了意大利大陆，盟军漫长、缓慢、残酷的意大利征程开始了。特种突袭中队又一次成了先头部队。

9 月 4 日，243 名士兵在意大利国土的"足尖"位置的巴尼亚拉（Bagnara）① 登陆，奉命在比他们晚 12 小时的主力进攻部队到达之前保卫港口，防止其被摧毁。梅恩是第一个到海滩上的，他大步走进镇里。（幸运的是，特种空勤团降落在了海岸上错误的地方——如果部队在预定的海滩上降落的话，他们会被那里密布的地雷炸成碎片。）

201

巴尼亚拉的德军守军在特种空勤团的战争日志中被描述为"身体健壮、经验丰富"，他们已经开始撤离了，但在撤退时，他们的后卫部队火力非常凶猛，从港口上方的高地开火。一颗示踪子弹穿过了哈利·波阿特的裤腿，将其点燃，并杀死了蹲在他身后的人。另一群人向前拉开得太远，被敌人的炮火压制在农舍里；当他们试图出来时，一名士兵被击中牺牲了。一队毫无防备的德国工兵遭到伏击，他们被轻而易举地击倒了。"就像在游乐场一样"，一名士兵不快地回忆道。在城镇后面，他们发现山洞里挤满了欢呼的平民。几小时后，正规军主力拥入该镇，英国巡洋舰猛烈攻击德军在山丘上的阵地，该镇被攻占了。特种突袭中队有 5 人牺牲，16 人受伤。大约 30 个德军士兵被击毙。

"巴尼亚拉行动"是一场普通的战争行动，其成功并不引人注目，它仍是一贯的激动人心，只带有一点点的不愉快。特种突袭中队正在达成总部突袭部队的要求，并且做得很好，但对敌人阵地进行正面攻击是突击队员的任务，并不是梅恩指挥下的特种部队的任务。由特种空勤团率先发起的这场横向思维战争，正被硬塞进意大利战役中更传统、更一维化的命令之中，

---

① 全名应为巴尼亚拉卡拉布拉（Bagnara Calabra）。——译者注

特种空勤团的意大利战役

他们所做的是任何一群训练有素的士兵都可以做的，采用正常的作战方式经受痛苦并获得成功。这并不是特种空勤团成立的初衷。斯特林的独特理念正在被削弱。这一变化的后果，便是他们失去了作为一支战斗队伍的独特优势，这将在意大利另一端、200英里以北的泰尔莫利（Termoli）变得极为明显。即使是冷酷无情的雷格·西金斯在回忆起这个地方时也不寒而栗："泰尔莫利很可怕。"

9月8日，在墨索里尼被免职6周后，意大利政府投降了。从此以后，为意大利而战的战斗将对德军展开，到这个月的月底，德军沿着一条贯穿意大利"小腿肚"的从东到西南的战线掘壕固守。占领亚得里亚海海岸的泰尔莫利港，将为马克·克拉克（Mark Clark）将军率领的美国第5集团军进军那不勒斯开辟道路："如果成功，这将会在盟军进攻的关键时刻打开敌人防线的枢纽。"

起初"德文郡行动"进展得很顺利。特种突袭中队带着207人与另外两支突击队一起在泰尔莫利登陆。突击队将占领这个城镇，而特种突袭中队则确保道路的安全。一名年轻的中尉约翰·托金（John Tonkin）率领20人的特种突袭中队奉命穿过泰尔莫利，去攻占比弗尔诺河上的桥。随后常规部队将会接手。

泰尔莫利的德国守军人数不多，但很强悍，有些人戴着克里特战役"幸存者"的袖标。一群人躲在外围建筑，直到猛烈的迫击炮火力迫使他们投降。一个德国少校拖着一个受了重伤的战友走了出来。他解释说，这个男子是他的兄弟，并恳求英军结束他的痛苦：一个士兵走上前去，向这个垂死的男人头上开了一枪。托金的部队穿过城镇进入山区，但是

202

当他们向桥推进时，他意识到他们已经赶上了正在撤退的德军，但为时已晚。一排德国伞兵出现在山脊。接着发生了一场小规模的激战。"这是德军撤退途中一次完美的伏击。"托金命令部队散开："照顾好自己。"几分钟后，托金和他的3个手下被包围并被俘虏了。只有6名队员成功跳进灌木丛中并迅速逃到了安全地带。

到中午时分，泰尔莫利已经在英国人的控制之下，正规军中的步兵正不断地涌入该城。特种突袭中队将营地设在一个废弃的修道院里。

在位于罗马的德军司令部里，德国驻意大利部队指挥官、空军元帅①阿尔贝特·凯塞林（Albert Kesselring）勃然大怒。对泰尔莫利的进攻完全在他和守军的意料之外。驻扎在那不勒斯的德国后备军第16装甲师奉命北上，"不惜一切代价夺回泰尔莫利，并将英军赶入大海"。

203　　对特种突袭中队来说，德军反击的第一个迹象是10月5日拂晓在城镇上方的高地发现了2辆虎式坦克。然后至少又有6辆德国坦克开进阵地，到了中午，反攻全面开始，迸发出一连串的步枪、火炮和机枪的射击。派去击退攻击的4辆谢尔曼坦克被摧毁。盟军的防线开始崩溃。让特种突袭中队感到失望的是，在巨大的压力下，一些正规部队开始混乱地撤退，留下特种突袭中队和突击队员"尽可能久地在原地坚守，直到军队重新集结并发动强大的进攻"。

一个当地的意大利法西斯分子感觉到了形势的逆转，从楼上的窗户向外开枪。一位以粗暴出名的苏格兰下士乔克·麦克

---

①　原文为 Field Marshal，疑有误。

迪尔米德（Jock McDiarmid）进入屋内，几分钟后咧嘴笑着走了出来。"他再也没法用伯莱塔开枪了。"

帕迪·梅恩似乎对德军展开报复行动的速度和效果相当镇定。他在周边徘徊，"鼓励、说服并指导"士兵，还拍了照片。北非来的情报官员鲍勃·梅洛特再次被弹片击伤，但他坚称"没有时间等待治疗了，然后又投入战斗"。（梅洛特从比利时棉花商人到英国军官的转变彻底完成了：他现在展现出了"一名传奇英国绅士的所有品质"。）

来自比尔·斯特林第 2 特种空勤团的一支小分队加强了对泰尔莫利的防守，这支小分队在意大利其他地方的各种行动中已经伤痕累累。这是特种空勤团的两个分支第一次并肩作战。他们在城镇边缘的山脊上架起了一排布伦轻机枪，持续不断的炮火似乎减缓了德军的进攻。但是，当迫击炮弹开始落到城镇里，德国空军俯冲轰炸港口时，正规军指挥官却敦促梅恩派出"每一个可用的人去阻止一次新的强势攻击"。一小队渔船被隐蔽起来，以备在必要时撤离。很明显，泰尔莫利即将被占领。梅恩命令曾经的眼镜销售员约翰尼·怀斯曼让他的部队乘上小巷里的一辆卡车，尽可能快地去支援左翼，梅恩预计那里很快就会迎来另一次反击。

当这 17 名士兵背着 78 枚手榴弹爬上卡车时，一名藏在城镇钟楼里的德国"侦察员"向山上的装甲师的炮手们发出了一条信息。打向泰尔莫利的德军炮弹是由那里指挥发射的。

雷格·西金斯把后挡板固定在卡车上。"出发吧"，他说。怀斯曼看到梅恩的信使出现在拐角处，便从前排座位上跳下来，想看看是否计划有变。一个意大利家庭，丈夫、妻子以及他们十几岁的女儿和一个大约 8 岁的儿子，在家门口旁观这次行动。他们为部队洗了一些衣服，与特种空勤团的士兵们交了朋友。

然后炮弹落了下来：其中有 5 枚在钟楼里的侦察员的指挥下精确地瞄准了他们。几秒钟前的一片繁忙景象变成了一系列地狱般的画面。

一枚 105 毫米口径的炮弹直接击中了卡车，卡车和车上的人似乎都消失了。路边散落着几块冒烟的人肉。"这里躺着一个人，半个脑袋被炸掉了，那里落着一条胳膊，其他地方还有一些无法辨认的肉块"，一个目击者回忆说。比尔·弗雷泽坐在路中间发呆，肩膀上的伤口在流血。雷格·西金斯一直站在后挡板旁边。他的外衣上溅满了血和人肉。似乎存在某种变化无常的魔法一般，他仅仅失去了一片指甲。在头顶的电线上挂着克里斯·奥多德的一块头骨。一具尸体在爆炸中飞到 60 码外一幢楼房的二楼。医务人员在死人和垂死的人中间爬来爬去，却无能为力。一具尸体静静躺在街上燃烧着。西金斯荒谬地决定必须找一壶水来扑灭火焰，然后向最近的建筑走去。就在那时，他看到了那个小男孩。

那家意大利人倒在门口，父母都死了，被炸成了碎片。那个十几岁的女孩不见了。那个男孩躺在废墟中，还活着，但肠子都流出来了。

"突然他站了起来，尖叫着到处跑，"西金斯后来回忆说，"太可怕了。他绝对没有希望了，你无法让任何人遭受那样的痛苦。所以我抓住他，开枪打死了他。"

几分钟后，西金斯发现了那个男孩子十几岁的姐姐，她患上了"炮弹休克症"但没有受伤，正在废墟中照料伤者；她脸上带着一种奇特的、可怕的平静表情，他这辈子都不会忘记。

泰尔莫利的战斗又持续了 12 小时，但随后的进攻突然停止了，德军装甲部队开始撤退。德国陆军元帅凯塞林后来赞扬了"敌军的坚固防御"，但是没有人确切地知道为什么袭击会如此突然地结束了："德国人有充足的兵力和强大的支援去击溃那里的轻型部队，[但是他们] 并没有做到。他们的部队似乎没有士气继续前进了（害怕被切断），在对城镇的威胁最大的时候放弃了进攻。"有人看到目标侦察员从教堂塔楼爬上屋顶，被布伦轻机枪击落。他的信号设备在钟楼里被发现了。

死者都葬在修道院的花园里，那里可以俯瞰大海。有人找了一根杆子，从头顶的电线上把微笑的克里斯·奥多德的遗体弄了下来。雨下了一星期，但城里仍然弥漫着焚烧尸体的臭味。

高级将领们对成功守住了港口感到高兴。特种突袭中队、突击队员和一些正规军的步兵们挡住了整个德国装甲掷弹师。泰尔莫利登陆破坏了德国军队的平衡，并威胁到了罗马北部，减轻了美国第 5 集团军的压力，迫使凯塞林将他的后备装甲部队派遣到东海岸，试图驱逐英国军队，但没有成功。"我从来没有遇到过让我这样信心十足的部队"，第 13 集团军司令迈尔斯·登普西（Miles Dempsey）将军对特种突袭中队说。

该部队有 21 人牺牲，24 人受伤，23 人被俘。但他们还付出了另一个无形的代价。沙漠中的战争残酷而危险，但令人兴奋又难忘。泰尔莫利战役后，大多数人却都想着要遗忘。由斯特林开创的戏剧性战争已经让位于更加黑暗和更肮脏的东西。半夜袭击敌方机场需要一种勇气，而杀死一个内脏被炸出来的小男孩则需要另一种完全不同的勇气。

梅恩再也没有提过泰尔莫利。一些人认为，这种厌恶重新点燃了他内心的怒火，并表现为一种令人不安的外表上的平

206

静。正如西金斯所说："他只是变得越来越冷漠，越来越冷漠，越来越冷漠。"

24岁的中尉约翰·托金成了战俘，他在接到与德国师长海德里希（Heidrich）将军共进晚餐的邀请时有些惊讶。一名卫兵礼貌地询问这位英国战俘是喜欢吃鸡肉还是猪肉。

因为在泰尔莫利行动中前进得太远而被切断了联系，托金被德国第一空降团俘虏并被带到了坎波巴索的师团总部：在那里，一名英语水平很有限的德国军官审问了他。"再见"，这位军官的开场白引来了托金的一阵笑声。"在那之后，我就再也没有开口了"，他后来写道。

托金出生于新加坡，父母都是法国胡格诺派教徒。在斯特林的最后一次征兵活动中，托金从皇家工程队加入特种空勤团。在同龄人眼里，他是一个"典型的英国公立学校学生"、一个体育运动爱好者、一个出色的投篮手。在去意大利的路上，他教其他士兵打桥牌。但除了英国中上层阶级的传统品位和做派之外，托金身上还有更多的品质。幽默是特种空勤团精神的重要组成部分，但是托金的怪诞不经远远超出了对困境的戏谑和嘲笑。英国人的幽默出于各种各样的目的：挑衅、辩护、掩饰害羞或轻蔑。在托金身上，这既是盔甲也是武器，是他勇气的核心组成部分。"但是在战争中，谁不是在骷髅之中笑呢？"丘吉尔如此写道。其他人用劝诫、友情，或者因为害怕暴露自己的懦弱来加强自己的力量。托金用开玩笑的方式来达成。他只是觉得战争很有趣。

在两名军官的押送下，托金前往位于坎波巴索的德国军官餐厅，他被俘虏他的人的极端礼貌所震惊。他想知道他制服上的"翅膀"是否可以解释他从德国第一空降团得到的"优待"，这表明他是一名训练有素的伞兵。他得到了一盘美味的三明治，还和一些英语流利的德国医生聊得很愉快。接下来，晚餐的主人海德里希将军来了。海德里希〔不要和战犯莱因哈德·海德里希（Reinhard Heydrich）搞混〕是一战老兵，也是职业军人和伞兵，他坚持要和每一名被俘的伞兵一起吃饭，不管他们是不是乘着降落伞而来。托金写道，这次邀请"让我有点震惊，因为我压根就不知道一名英国下级军官和一名德国将军之间的礼节……谈话的话题显然会很棘手"。但这种邀请是无法拒绝的，"很让人胆怯"。

两个人坐了下来，在接下来的几小时里，他们的谈话一点儿也不尴尬，反而非常轻松，话题涉及战争的方方面面：东线战役、英国从克里特岛撤退、泰尔莫利登陆，德国将军称这是"漂亮一击，给他们带来了极大的不便，而且时机恰到好处"。他们抽起了雪茄。和许多老派的德国军官一样，海德里希认为，希特勒对英国发动战争是一个轻率的错误。他对托金说："两个西方大国浪费力量非常愚蠢，因为 50 年后它们将与亚洲国家展开殊死战斗。"托金不禁佩服这位将军的老派风度，尽管他感觉到，如果情势需要的话，他面前这位胖嘟嘟、和蔼可亲的人物"可能会非常冷酷无情"。分开时，海德里希又递给托金 5 支雪茄并祝他好运。

当托金被送回他在坎波巴索总部的牢房时，押送他的德国少校转过身来，严肃地说："很不幸，我有责任通知你，我们必须服从命令把你交给特别警察。我必须警告你，从现在起德国军队无法保证你的生命安全。"

就在一年前，希特勒发布了臭名昭著的"突击队命令"

(*Kommandobefehl*)，下令任何在纳粹占领的土地上执行任务的敌军战士一经逮捕，不经审判，立即处决：

208   从现在起，所有在欧洲或非洲对德国部队进行所谓突袭的人，都要全部消灭。不论对方是穿制服的士兵，还是突击队，不论有没有武器，都要按此执行；无论他们是在战斗还是想要逃跑；不论他们乘船、坐飞机还是跳伞着陆的，都无关紧要。即便这些人在被发现时明确表明他们打算投降做俘虏，也不能赦免他们。

一些德国指挥官，比如隆美尔，拒绝将这一命令传达给他们的部队，认为这是不光彩、非法的，有违公认的战争公约（也确实如此）。但随着冲突进入更残酷绝望的阶段，这些规则发生了变化，任何在敌后行动的人都不可能指望得到宽恕。被俘的突击队员不再会和俘获他的人一起吃鸡肉了。希特勒已经给特种空勤团判了死刑。

托金意识到少校在给他发出一个警告暗号。"当一个人知道自己要被枪毙时，他的头脑就会变得非常敏锐"，他后来写道。第二天晚上，他被卡车带到一个冰冷的山口，向北进入山区。没有人说过他们要去向哪里。他意识到自己"必须逃跑，不然就是死"。卡车停了一会儿，托金解开了前面的帆布，爬出来越过驾驶室，冲进黑暗中。在接下来的两周里，他一直向南走，直到偶然遇到一支前进的英国巡逻队。10 月 18 日，在被俘不到两周后，托金回到了部队。

第 2 特种空勤团是由大卫·斯特林的哥哥组建的，但是在

很多方面（当然是在梅恩手下的历经磨砺的老兵眼中），第2
特种空勤团只是一个小弟弟，容易被人瞧不起或忽视。比尔·
斯特林在特种空勤团战争日志中被描述为一个"阴影中的
人"，和他的弟弟相比，他仍然是一个遥远而神秘的人物，没
有大卫·斯特林那样的古怪和才华。然而，他们对特种空勤团
的态度是完全相同的，他们坚持认为，特种空勤团应该出于战
略目的，而不仅仅是战术目的，应该在敌人后方开展行动。比　　209
尔·斯特林敦促领导们，他的部队的最好的用法就是以小队的
形式部署在意大利的腹地，他们在那里将使用"任何可能的
方式……中断意大利的通信"。

　　第2特种空勤团最初的基地在阿尔及利亚，主要由新兵
组成，只有少数L分队的老兵。他们最初的行动是围绕地中
海开展的一系列海上突袭，但都没有成功。在1943年5月
底，一支突击队为捕俘以搜集情报而尝试登陆撒丁岛
（Sardinia），但在猛烈的炮火下被迫撤退了。他们在西西里岛
以西的潘泰莱里亚岛（Pantelleria）上执行了类似任务，这次
确实抓获了一名落单的哨兵，但当队员们从悬崖上爬下来时，
这个可怜的人掉下来摔断了脖子。他们想要摧毁兰佩杜萨岛
（Lampedusa）的雷达站，但是没有预料到雷达会在突击队接
近时发现他们：当守军开火时，他们被迫撤退了。在7月，
向西西里岛北部空降两支部队来攻击各种目标的行动也因该
部队的无线电受损而失败了。一名参与者称之为一场"血腥
的混战"。

　　这里面有一些残酷的有讽刺意味的情况。梅恩的突袭部队
里都是接受过小部队渗透技术训练的老兵，但他们正扮演着传
统突击队的角色。第2特种空勤团是缺乏敌军后方行动经验的

勇士，本来更适合做正面战场的突击队员，却按斯特林计划的那样被派去执行战略突袭，因而收效甚微。

9月初，"虎尾草行动"（Operation Speedwell）为第2特种空勤团提供了彰显勇气的机会，它计划袭击意大利北部的铁路线，以减缓德国军队南下击退盟军入侵的速度。这个小组中最有趣的成员是中尉安东尼·格雷维尔－贝尔（Anthony Greville-Bell），他原是上流社会的前坦克指挥官，有着招摇过市、自命不凡的做派和强壮的体魄。该小组于9月7日晚空降到亚平宁山脉，然后分成更小的小组，攻击意大利北部铁路网的不同路段。

格雷维尔－贝尔在一棵树上着陆后断了两根肋骨，找不到他的指挥官。他后来回忆起他走路时胸口发出的"令人不快的刺耳噪声"。5天后，他和另外两人大量服用吗啡后，在博洛尼亚至佛罗伦萨铁路延伸线的一个隧道内炸毁了一列火车。这一壮举又重复了两次。尽管遭受了冻伤、痢疾、严重饥饿，并且在德国人积极追捕突击队员并以1万里拉悬赏他们首级的情况下，格雷维尔－贝尔和他的两个同伴继续向南穿过山区，偶尔从友好的当地农民那里获得食物和住所。在佛罗伦萨城外的菲耶索莱，这几个逃亡者就快要饿死了，他们把自己的命运交给了一位当地的意大利贵族，据说这位贵族一直对墨索里尼持批评态度，因此可能会同情他们：这位意大利贵族娶了一位英国女人，她的妹妹曾和格雷维尔－贝尔一起回到德文郡的小马俱乐部。他们被"盛情"庇护了3天，然后再一次向南出发。小队与一群游击队队员联合起来，在因奇萨附近使另一列火车冲出轨道。经过73天的逃亡后，他们终于在11月14日到达了英国前线。格雷维尔－贝尔瘦了3英石（约19公斤）。

另一组第 2 特种空勤团成员的命运则大不相同。比尔·福斯特（Bill Foster）中士和詹姆斯·肖特（James Shorthal）下士安全着陆，他们出发去袭击热那亚和拉斯佩齐亚（La Spezia）之间的一段铁路。他们没能到达那里。9 月 25 日，他们被德国军队俘虏并被带去最近的步兵司令部接受审讯。两人都拒绝透露其部队名称和任务目的，然后他们被关押在当地的意大利警察局里。3 天后，德国宪兵将这两名战俘带回总部，在那里集结了一支由 10 人组成的行刑队"来击毙这两个……用降落伞登陆的英国人"。俘虏乘车来到一个废弃的陶瓷厂，然后被押到一条旧装卸线上方的高地上，那里有一棵孤零零的树。有人宣读了一份声明，宣布"根据元首的命令"，这两个人因破坏活动被判处死刑。

福斯特被绑在树上。他拒绝蒙住眼睛，但要求请一位牧师。"我们没有那个时间"，有人告诉他。肖特就站在几英尺之外，行刑队瞄准目标并开枪了。一个德国目击者回忆称，当福斯特的尸体被拖走时，肖特的"态度非常冷淡"。肖特一句话也没说就被枪毙了。当他躺在地上时，一个德国军官用左轮手枪向他的头部开了最后一枪。这两个人被埋在工厂里一个没有标记的坟墓里。两天后，又有两名第 2 特种空勤团的士兵被处决，就在他们被俘的 24 小时之后。

希特勒对特种空勤团的报复已经正式开始了。

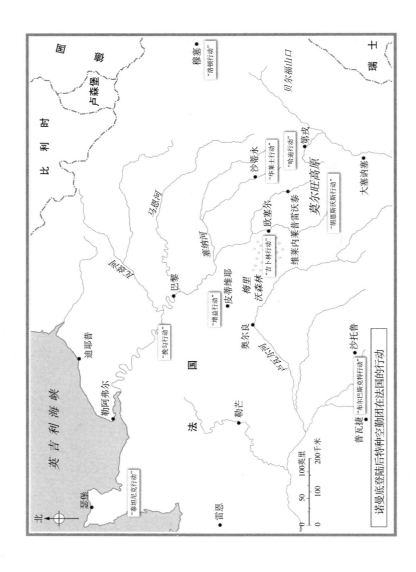

诺曼底登陆后陆军空勤团在法国的行动

16 "布尔巴斯克特行动"

1944 年 6 月 1 日，诺曼底登陆的 5 天前，约翰·托金被 召集到德怀特·艾森豪威尔将军的伦敦总部参加作战简报会。8 个月前，这名特种空勤团军官与一名德国高级将领共进了一顿奇怪而文明的鸡肉晚餐，然后逃离了德军的囚禁。托金现在被晋升为上尉，他被告知，他将带领来自第 1 特种空勤团的中队在诺曼底登陆日空降到法国西部，行动代号为"布尔巴斯克特"（Bulbasket）。一旦登陆作战开始，驻扎在南方的德国军队毫无疑问将北上诺曼底，以击退盟军的入侵。托金的任务就是尽他所能拖延住那些前来增援的德军部队。

在登陆欧洲作战之前的 6 个月里，特种空勤团经历了许多变化：这个团重新获得了一个名字，失去了它独特的贝雷帽和一名指挥官，招募了大批新兵。特种突袭中队恢复了原来的名字——第 1 特种空勤团。加上第 2 特种空勤团、两个法国特种空勤团、一个比利时特遣队和一个通信中队，新的特种空勤旅的总兵力已增至 2500 人。该旅由一名正规军的炮兵、陆军准将罗德里克·麦克劳德（Roderick McLeod）指挥，一些人认为他"对特种空勤团的官兵不够了解"。

与此同时，杰利科指挥下的特种舟艇中队在地中海岛屿上骚扰轴心国部队的行动成败参半。特种舟艇中队于 1943 年 6 月在德国控制的克里特岛进行的第一次行动中，派出了一支由潜艇运送的 30 名士兵组成的部队，然后他们在崎岖的地形里跋涉了 60 英里，成功摧毁了油库和飞机。但一周后，特种舟艇中队在撒丁岛的另一次行动则以惨败告终，突袭者被他们的翻译出卖给了意大利人。

214　　在第 1 特种空勤团中有许多熟悉的面孔：比尔·弗雷泽在泰尔莫利行动中负的伤痊愈后，指挥着一个中队；西金斯和库珀重聚了，库珀现在是一名新上任的中尉；迈克·萨德勒这位熟练的沙漠导航员再次加入第 1 特种空勤团，担任情报官员，但在此之前，他曾作为一名军人代表遍游美国，为战争债券筹集资金。第 1 特种空勤团还招募了第一位军队牧师——弗雷泽·麦克卢斯基（Fraser McLuskey）。

　　作为第 21 集团军群的一部分——被派往执行"霸王行动"（Operation Overlord，盟军攻入欧洲西部的行动）的英国部队——从 1944 年起，特种空勤团士兵被要求必须戴上空降兵部队的传统红色贝雷帽。帕迪·梅恩无视这个要求，继续戴着米黄色的帽子。

　　第 1 特种空勤团在 1944 年年初返回英国。每个人都获得了一个月的假期、一张旅行券和 100 英镑。一些人急忙赶去看望妻子和恋人。一些人回到了家中。一些人奔向了附近的酒吧。帕迪·梅恩消失了。这一次还是没有人知道他去了哪里。到了 2 月，这些人在东艾尔郡达维尔村的两个废弃的花边工厂扎营，在周围潮湿的山丘上接受新一轮的艰苦训练。这里的气氛欢快、令人激动又充满了期待。大家都知道，对欧洲要塞的进攻已近在眼前了。梅恩领导了一场新的征兵活动。这个北爱尔兰人在任何军事行动中都没有紧张过，但在听众面前讲话让他胆怯了。即便如此，他对特种空勤团生活的描述还是吸引了数十名志愿者。至少有 130 多名新成员从英国抵抗组织的辅助人员中抽调而来，这是一支原本想抵抗纳粹入侵英国的部队。现在他们将帮助进攻被纳粹占领的欧洲。当部队继续在艾尔郡进行爆炸物、跳伞、枪支和徒手格斗训练的同时，伦敦再次围绕如何最好地部署特种空勤团爆发了争论，并造成了严重后果。当比尔·斯特林发现最高指挥官打算在主力进攻 36 小时前部署特种空勤团部队，将其作为己方前线和德国预备役部队之间的屏障时，他勃然大怒：特种空勤团将被置于最大的危险之中，而通过此举获得的战略优势却微乎其微。大多数特种空勤团军官都同意这一看法，认为这个团应该深入敌军后方，而不是在前线上。

比尔·斯特林给盟军远征军最高司令部（SHAEF）写了一封言辞激烈的信，详细解释了这个想法有多么愚蠢（斯特林兄弟有一个共同的特点，就是在书信写作方面有极端粗鲁的天赋）。由于拒绝收回自己的批评，他辞职了，由他的副手布莱恩·弗兰克斯（Brian Franks）少校接替他担任第 2 特种空勤团的指挥官。大卫·斯特林认为他的哥哥拯救了特种空勤团："他个人输掉了战斗，但这个团赢得了他们的战斗。"这是一个勇敢的举动，得到了许多人的支持，但是这也标志着斯特林兄弟对特种空勤团领导的终结。

和许多戏剧性的举动一样，比尔·斯特林的辞职被证明是不成熟的，因为他的担忧最后得到了适当的考虑：部署特种空勤团的计划最终被修正为更接近斯特林兄弟的设想。在诺曼底登陆前夕，只有 5 支 3 人小队将被直接空投到诺曼底海滩之外，通过假扮为一支规模更大的伞兵部队（代号为"泰坦尼克"的行动）来制造混乱。一支大规模的法国部队将被部署

215

到布列塔尼，这仍是为了让德国人对盟军的意图感到迷惑。但是，特种空勤团的大部分作战部队将在诺曼底登陆之后被空投到敌人后方很远的地方，去破坏通信，阻碍增援部队的行动，并训练当地的抵抗战士，为盟军的轰炸机定位目标并广泛煽动破坏行动。

在诺曼底登陆的当天，第 1 特种空勤团的两个中队将被派往法国腹地：一个由比尔·弗雷泽指挥，将在第戎（Dijon）附近跳伞；另一个由约翰·托金指挥，将在更西边的普瓦捷附近着陆。这两项任务的代号分别是"胡恩斯沃斯"（Houndsworth）和"布尔巴斯克特"，是毫无意义的名字。不过"布尔巴斯克特"这个名字可能源自托金的绰号"胡扯篮子"（Bullshit Basket），因为他喜欢讲一些有趣的故事。"霸王行动"，即对法国的攻击，依赖于要在诺曼底建立一个安全的立足点，这需要迅速而且尽可能少地打草惊蛇。如果德国人能够以足够的速度和效率部署增援部队，进攻一方可能会如希特勒所要求的那样被216 "扔回大海"。"胡恩斯沃斯行动"和"布尔巴斯克特行动"的目标都是破坏铁路线、伏击车队，最重要的是减缓强大的党卫队第 2 装甲师向北推进的速度——该装甲师被称为"帝国师"（Das Reich），是一支身经百战的部队，由 2 万名士兵、99 辆重型坦克和 64 辆轻型坦克组成，正隆隆地驶向诺曼底的滩头阵地。

在跳伞前的几天，他们都在接受特别行动处（Special Operations Executive，SOE）的培训，那是一个丘吉尔组建的秘密组织，旨在通过在纳粹占领的国家进行破坏、间谍活动和抵抗活动来"点燃欧洲的战火"。托金和弗雷泽将在当地与特别行动处特工和一系列游击队的复杂组织保持联络，那些组织统称"马基"（源自地中海浓密的灌木丛，那里被认为是游击战的理想之地）。一名资深特工警告托金，不要对法军的抵抗抱太大的信心，要记住"野心和嫉妒在驱使着他们"。在诺曼底登陆的前一天晚上，托金和维奥莱特·萨博（Violette Szabo）一起玩拼图游戏。维奥莱特·萨博是特别行动处的一名特工，他接下来的行动将标志着战时英雄主义的一个高潮。这位年轻的特工知道其中的利害关系：希特勒臭名昭著的"突击队命令"要求立即处决任何在后方发现的敌军士兵，无论他们是否穿着军装，这意味着特种空勤团格言中获得"胜利"的部分现在需要更大程度的"勇气"了。一位法国情报官员对这一命令的后果特别直言不讳："大多数德军指挥官都会服从这一命令。至于党卫队，这命令根本无关紧要，因为他们甚至在希特勒下命令之前就已经向你开枪了……不要让自己被俘，如果你被逼到了绝路，就去战斗吧。"

1944年6月6日凌晨1时许，在理查德·克里斯普（Richard Crisp）中尉的陪同下，托金从哈利法克斯轰炸机上跳下来，在明亮的月光下缓缓飘落，完美地降落在位于普瓦捷和沙托鲁之间的布伦恩沼泽（Brenne Marshes）。"我想即便我落在一个鸡蛋上，那个蛋都不一定会碎掉"，托金写道，他丢掉了很多装备，但幽默感一点儿也没丢。他在一只装在背包里带到法国的信鸽脚上绑了一条信息——这仍然是战争中最可靠的通信方式之一——然后，他"用力气而不是用技巧把鸽子甩了出去，因为它绕了两圈，径直朝50码外最近的一棵大树飞去。我想它可能还在那儿"。 217

托金的任务是躲在树林里，召集他手下约40人的队伍，与特别行动处的特工组织和当地马基游击队取得联系，然后用一切可能的办法阻止德军向北移动——这个任务执行起来比听起来更具挑战性。特别行动处的一些人认为特种空勤团是一种负担，他们的制服太显眼了，不仅容易"给他们自己带来危险，而且还会给这个地区所有的马基游击队带来危险"。托金部队的兵力并没有少到能不让当地人发现，但也没有多到足以对德军的前进构成严重而长期的障碍。路障和轻型武器无法阻止强大的帝国师的坦克。一名情绪低落的军官说："一想到分散的伞兵部队能为推迟装甲师的到来做多少工作，就觉得可笑。"这也许很难，但也并非不可能。

天亮后不久，一名年轻的马基游击队队员带着一支斯坦式冲锋枪来到空投区，这种枪深受抵抗组织的青睐。他们开始生硬地对暗号。

"树林里有房子吗？"托金用结结巴巴的法语问道。

"有的，但是情况不太好"，特工"塞缪尔"说。他奇幻般的真名是勒内·阿梅迪·路易·皮埃尔·曼加尔·德拉维尔-艾斯奥弗兰（René Amédée Louis Pierre Maingard de la Ville-ès-Offrans）少校，他是一位25岁的毛里求斯贵族，是特别行动处法国分部的核心人员之一。

在接下来的几天里，当托金等待自己部队中其他成员被空投到法国中西部的维埃纳时，这位年轻的法国特工极其详细地介绍了当地抵抗军的情况。这个地区有7000多名马基游击队队员。这些人热情勇敢，但大多数人装备严重不足，基本未受过训练。共产主义团体和戴高乐主义团体对彼此的强烈反感使局势进一步复杂化，两者的政治纲领迥然不同。维埃纳也有一部分纳粹支持者。托金决定信任马基游击队，依靠他们提供的保护和支持，并密切监视德国军队的动向。这是一个冒险的策略，但也是唯一可行的。托金发回了一条"关于与民众建立起了关系的热情洋溢的信息"。

托金的中队首先在波亚克附近的树林里扎营，他们安顿下来后等待空投物资，包括4辆吉普车，并按照经过验证有效的沙漠方式为其安装维克斯机枪。

法国的乡村流言是世界上最具感染力的流言之一，大量英国士兵的到来也没能保密太久。仅仅3天后，一位访客来到树林里，他是"一个身材矮小、非常害怕，也因此非常勇敢的法国平民"。这位矮小的英雄是一名铁路工作人员，他带来的消息相当于军事上的沙金：他在沙泰勒罗（Châtellerault）西南的铁路支线上发现了11列满载的、有着守卫和伪装的汽油列车。汽油是盟军的首要攻击目标。将帝国师从蒙托邦（Montauban）转移到诺曼底将需要非常惊人的10万加仑汽油；如果缺乏燃料，装甲部队的前进速度可能会放慢数日。当托金开始呼叫空袭的同时，一个小组切断了普瓦捷南部的铁路，这在接下来的3天里导致了大约100列火车停运。在6月12日晚8时，在托金用无线电通知坐标6小时后，24架蚊式轰炸机低空飞过沙泰勒罗的铁路岔道，用20毫米口径的机枪向该地区扫射并投下了10吨炸弹。由此造成的汽油爆炸的浓烟高达8000英尺，随后引发的大火覆盖了6000平方英尺的土地。托金和他的士兵在森林藏身处看着天空中青灰色的光辉。两天前，帝国师的一个营进入格拉讷河畔的奥拉杜尔村（Oradour-sur-Glane），为报复狙击手击毙一名德国连长，他们围捕并杀害了642名居民，包括200多名儿童。如果托金等人知道这事，会对这场爆炸更加满意。

6月25日，一只信鸽送了一条消息到军用鸽舍，信息被迅速传递到伦敦："托金报告说寻找他们的德国人正在从阵地上追赶他们。"那天，特种空勤团把营地转移到距离韦里耶尔（Verrières）大约 1 英里的森林中的一个新地点。这个地方树木繁茂，水源充足，但距离最近的驻扎在普瓦捷的德国军队只有 15 英里。司令部在最后一刻才决定空投少量特种空勤团部队攻击其他目标，其中一些目标距离韦里耶尔相当远，然后他们需要自行前往会合点。"布尔巴斯克特行动"的所有兵力需要 3 周才能聚集在托金的大本营中。

大多数军事行动中包括了长时间的无聊和无所事事，其间穿插着短暂的极端暴力时刻。特种空勤团在后方的生活也没有什么不同。夏天又热又潮，大部分时间里，这些人都坐着不动。在某种程度上，这种气氛让人想起沙漠战争，当时特种空勤团躲在敌占区的腹地，不时地向随机目标发起攻击。但在其他方面，森林中的生活又非常不同。几个马基游击队队员一直和特种空勤团士兵一起住在营地里；有时会来几十人培训，然后又不见踪影了。在英国军队中，人们对法国的抵抗战士相当钦佩，但也有一些人持怀疑态度。特种空勤团之前从来没有和平民并肩作战过：马基游击队是一个很好的伙伴，他们致力于解放法国，但在托金看来，他们的"纪律性特别差"，军事上很无能，对任何有不忠嫌疑的人都很野蛮。"盖世太保间谍渗透的可能性一直是我们非常担心的一个问题"，托金说。一天晚上，一个女孩被拖进营地，她被指控与德国人交好。对英国人来说，她似乎并没有意识到自己做错了什么，她整晚整晚地用降落伞丝绸为特种空勤团的战士缝制衬衫。几天后，她和另一名所谓的通敌者被马基游击队队员押到森林边缘。女孩要求把她的戒指送给村里的一个朋友。然后她被枪杀了，埋在一个没有标记的坟墓里。特种空勤团士兵基本不是内心脆弱的类型，但一些人还是对此深感震惊。

托金要在敌人可控制的领土内管理一个庞大的军营，这个任务过于繁重，让他变得忧心忡忡。小股部队不时地出击，破坏桥梁和铁路线，伏击车队。其结果是，德国人表面上坚守在主要道路上，但当地情报显示，他们正在对英国破坏者进行全面搜捕。托金给司令部的消息反映出他日益焦虑的情绪："到处都是敌人"，"部队昼夜不停地在这个地区移动"，"情况严峻，有400名德国人在搜寻〔我们〕"，这里是"危险区域"。他派出小队去寻找一个更加偏僻、隐蔽的地方来藏身。这些人变得厌倦、粗心大意、精力充沛又口干舌燥。"当地的葡萄酒和苹果酒比想象中的还要烈"，托金指出。在执行任务中，经过友好的当地村庄时，士兵们的心思并没有完全集中在手头的工作上。"姑娘们看起来很漂亮，"托金写道，"大家普遍变得放松。必须保持最严格的纪律以防止他们离开营地。"有两名士兵甚至去了韦里耶尔，在村里的咖啡馆里喝了一杯葡萄酒。其他人则偷偷溜到当地的农场去讨要鸡蛋、奶酪和其他食物。托金后来因为安全上的疏忽和没有理解当地复杂的对不同团体的忠诚而被批评。但他有一个特质可以说盖过了任何一个弱点：无论以什么客观标准来衡量，当大多数人都会因为恐惧而吓瘫时，他知道如何鼓舞军队的士气。

到6月底，韦里耶尔的营地已经扩大到驻扎了大约40名特种空勤团士兵、12名法国抵抗组织战士和1名美国牛仔。

林肯·德尔默·邦迪（Lincoln Delmer Bundy）是一名农场主，来自大峡谷边缘的亚利桑那州。邦迪在家里14个孩子中排行老七，在仙人掌平原长大，直到14岁才上学，他根本不为未来发愁，一直计划着像他的祖父、父亲和兄弟们一样，成为一名牛仔。1942 年，邦迪这个"眼神灵动、肩膀宽阔的男孩子"，在 24 岁时应征入伍，这是他生平第一次离开亚利桑那州，并开始在亚拉巴马州纳皮尔机场的美国陆军航空兵部队接受飞行员训练。

6 月 10 日天亮后不久，第 486 战斗机中队的林肯·邦迪少尉驾驶着绰号为"活力四射战斗机"的 P－51 野马战斗机，从诺福克的博尼机场起飞，穿过英吉利海峡，深入法国境内。他的任务是袭击铁路、（公路或铁路的）交叉路口、桥梁、机场、十字路口、车队和其他任何可能阻碍德军向前线推进的目标。接近 10 点的时候，他从机群中飞出，俯冲下来扫射一支德国卡车车队，并摧毁了其中一辆。几分钟后，他的野马战斗机被高射炮击中，邦迪跳伞，降落在一片小树林旁。在接下来的 4 天里，他得到了当地村民的庇护，然后他打算步行南下。因为他认为自己有一个计划，就是先走到中立的西班牙，然后再想办法回到英国。他走了将近两周，一路靠沿途的植物以及他偷来或从友善的农民那里乞讨来的食物为生，然后他在韦里耶尔镇附近遇到一群马基游击队队员。7 月 1 日，这个衣衫褴褛、双脚酸痛、饥肠辘辘但又兴高采烈的人被带进了托金的森林营地。

"上尉，我觉得没有理由因为没有飞机我就要停止战斗"，邦迪对托金说。这位年轻的美国人立即非正式地加入了特种空勤团。

林肯·邦迪加入特种空勤团的第二天，托金命令他的士兵转移营地。他们收拾好行李，带着这个美国人前往附近的卡尔特树林（Bois des Cartes）的新据点。但是不到 24 小时后他们又回到了韦里耶尔，因为他们发现新据点没有足够的水来维持这个庞大的团队。当天晚上，托金又出去进行了一次侦察探险，以便给他的人找个更安全的藏身之地。他甚至考虑过分散部队。当埃克尔斯（Eccles）中士和贝特曼（Bateman）下士这两位士官在一次破坏任务中未能返回时，这让他的焦虑加剧了。如果他们被俘，很有可能，他们将受到"严厉的审讯"，用不了几天或几小时，他们就会透露营地的位置。当地的马基游击队队员知道把被击落的美国飞行员带过来，这就足以证明营地的位置是众所周知的。有一种说法是，甚至有人怀疑这支部队的最新成员可能是一名敌方的特工，尽管德国人似乎不太可能派出一名美国牛仔潜入特种空勤团，毕竟有大量法国通敌者可以做这个事情。托金发电报给伦敦，要求确认新来的人的身份，但是没有得到答复。

其实，德国人也没有必要监视这个营地了，因为他们已经知道了它的确切位置。

天刚亮，迫击炮弹就在树冠上炸开了。当炸弹在空中爆炸时，大多数人还在睡袋里睡着。黑暗中，大约400名德军士兵在树林周围悄悄地占据了阵地：党卫队装甲投掷兵、党卫队保安处（SD，党卫队的情报机关），还有一支参与反游击队行动的自行车侦察中队。托金跑到树林边缘，看见不到200码远的树篱处有一排穿灰色制服的士兵正向前推进。特种空勤团中队现用的最重型的武器是安装在吉普车上的维克斯机枪，但试图杀出一条血路将无异于自杀。托金在炸药仓库里折断一支铅笔雷管，命令士兵散开。这是他一年里第二次大喊："每个人都照顾好自己。""布尔巴斯克特行动"部队中的大部分人，包括林肯·邦迪在内，都顺着斜坡逃到山谷里去了。托金和其他一小部分人向西爬到山上的树林深处。然后，他意识到自己忘了带无线电和密码本，于是独自折回，却发现德国人已经在搜查营地了。他躲在一块石头后面。从树林里不同地方都能听到枪声：9 名被俘的法国抵抗组织战士当场牺牲了。炸药仓库轰隆一声爆炸了。在一片混乱中，托金从灌木丛中爬了出来。

跑进山谷的人都被抓住了。一名受了重伤的特种空勤团中尉被德国兵用步枪枪托打死了。克里斯普中尉腿部中枪。总共有 28 名被俘的特种空勤团士兵和 1 名美国飞行员被绑起来装上卡车，然后被带到普瓦捷。

从分散在该地区的各位线人那里向伦敦传来一连串令人担忧的无线电情报。"托金今天早上在韦里耶尔森林［原文如此］遇袭，100 名马基游击队队员被派去协助他……尚未证实托金是否受伤或被俘……来自酒商的可靠报告称，有 20 名或 30 名俘虏……托金遭到背叛，被 400 名德国佬包括党卫队和两门野战炮包围，他命令营地的人员分散开，并在炸药中安放了铅笔雷管，炸死了 20 名德国人，令多人受伤。"一些英军幸存者认为他们被间谍出卖了，但是德国方面的消息称，那两名被俘的特种空勤团士兵——埃克尔斯和贝特曼，在这次袭击的 3 天前在党卫队的审讯下崩溃了，透露了营地的位置。代号为"休"（Hugh）的当地特别行动处小组给出了最简洁但可能也是最准确的判断："对于特种空勤团的遭遇我们很遗憾，但并不感到意外。他们太靠近普瓦捷了。"

只有 8 个人成功逃脱了抓捕，他们最终在位于韦里耶尔以东的一个名为拉罗彻里（La Rocherie）的农场的后撤会合点重聚。"谢天谢地，你跑出来了"，托金一边说，一边与另外唯一幸存的军官打招呼。托金报告说，中队其余的人都被"围捕起来并被带到普瓦捷接受审讯"。

　　复仇心切的托金继续战斗。"托金和士兵们士气高涨",官方的"布尔巴斯克特行动"日志记录道。现在他们是一支更为精干的团队,更容易隐藏起来,他们充当起当地法国抵抗力量和英国盟国远征军最高统帅部之间的无线电联络人。7月14日,也许是出于报复的考虑,托金呼叫了对参与攻击韦里耶尔营地的党卫队装甲掷弹兵营房的空袭。根据报告,多达150名敌军士兵被打死,约50辆汽车被毁,这可能是欧洲战场上首次在行动中使用凝固汽油弹。8月1日,托金报告了1800名德国士兵和1000名法国士兵之间的一场激战:"马基游击队请求立即空中支援,他们撑不了多久。"英国皇家空军的蚊式轰炸机再次发动袭击,成功地驱散了德国军队。

　　在布尔巴斯克特营地袭击中被俘的29人被送往普瓦捷的一座石头砌成的军事监狱中,在那里他们与埃克尔斯和贝特曼会合。他们8人一组,被一个接一个地审问,但没有受到虐待。3名伤势最重的俘虏被转移到上帝酒店(Hôtel de Dieu),并在那里受到严密看守。

　　在普瓦捷的德国第80军司令部,正在进行一场特别残酷的推卸责任游戏。在国防军军官中,几乎没有人愿意执行希特勒的"突击队命令",去处决所有被俘的特种空勤团士兵。理论上来说,执行"突击队命令"本应该是党卫队安全警察的责任,但党卫队声称他们缺少人手。军团司令加伦坎普(Gallenkamp)将军出城去视察大西洋海岸的部队了,他也许是故意的。那样就要由他的参谋长赫伯特·克斯特林(Herbert Köstlin)上校和情报官员埃里希·舍尼希(Erich

224

Schönig）博士来决定这些俘虏的命运。他们试图把俘虏作为空降部队转手给德国空军，但没能成功；一名军事法官拒绝介入，称"突击队命令"不需要走任何法律程序；当德国官方新闻报道称被俘的敌军突击队队员已经被除掉时，他们的压力就更大了。克斯特林和舍尼希进退两难：不执行希特勒的明确命令很容易意味着他们成为下一个把自己的脑袋放在斩首用的垫头木上的人。所以他们做了如那些胆小的领导们在面对不愉快的任务时总是做的事：把责任推给指挥链中更下一层的人。

曾在布尔巴斯克特袭击中带领自行车部队的前牧师福格特中尉（Oberleutnant Vogt）被派去执行死刑。一个多星期前，福格特和他的手下在普瓦捷以南约 20 英里处的圣索旺森林（Saint Sauvant forest）遭到马基游击队的伏击：在随后的战斗中有 27 名德国人和 30 多名法国人丧生。显然出于象征性的报复，福格特选择了圣索旺作为行刑地点。7 月 6 日晚上，他们在穿过森林的铁轨旁挖了三条长坑。第二天早晨，载着 27 名特种空勤团士兵和那位美国飞行员的卡车在黎明前的黑暗中停了下来。每名俘虏的双手都被捆住了，由福格特部队的两名德国士兵陪同，在坑前面排成一排。理查德·克里斯普被叫出队列，他一瘸一拐地走向前面，听翻译宣读行刑命令。

一阵长时间的机枪射击之后，接着是一连串单发射击。舍尼希后来报告说："伞兵们以一种堪称典范的、勇敢而冷静的方式死去。"还在军事医院的三名士兵伤势太严重，无法带到行刑队面前，他们甚至连预知行刑日期而直面死亡的尊严都被剥夺了：在圣索旺处决行动执行完的 6 天后，他们躺在医院的病床上，每个人都被注射了致死剂量的吗啡。

林肯·邦迪被列入"在行动中失踪"的名单里。美国空军将总共 397.21 美元寄给他住在仙人掌平原的母亲，连同两件衬衫、两条裤子、一条领带和一盒随身物品，"以便您能在他回来之前替他安全保管"。

在圣索旺村，森林里发生的行刑事件很快就传开了。

8 月 6 日，英国皇家空军两架哈德逊轰炸机在临时着陆跑道上降落，这条跑道是托金和他手下的人用"一辆吉普车、一把耙子"，并在 3 名被击落的美国飞行员的帮助下建成的。几分钟后，飞机颠簸着起飞了，带着一群"快乐的特种空勤团士兵和三个极度兴奋的美国人"。

"布尔巴斯克特行动"成功地减缓了装甲部队的前进速度：它对铁路和公路网造成了广泛的破坏，造成了大量敌军伤亡，大大增强了当地法国抵抗力量。但是他们付出了可怕的代价。在发给托金的最后几条无线电信息中，有人暗示了这个代价有多高："针对战争罪犯的案件正在准备中，证据越来越多……用安全的方式把犯下暴行的敌军部队及其应承担责任的指挥官姓名转交给英国。"

17　"胡恩斯沃斯行动"

　　　第戎西部的莫尔旺（Morvan）山区是一片荒野之地：
6000平方英里森林茂密的山丘，偏远、道路崎岖、人烟稀少。
下方的勃艮第酿酒平原上有连接巴黎和里昂的主要公路和铁
路，但只有几条林业轨道和小路穿过高耸的莫尔旺山脉。这里
的村庄很少，相距很远，人民意志坚强，思想独立。这是一个
进行狩猎、藏匿和非常规作战的好地方。

　　1944年6月11日凌晨，19名士兵伞降到莫尔旺山脉，他
们是"胡恩斯沃斯行动"的先遣侦察部队，这一行动是"布
尔巴斯克特行动"的平行任务。比尔·弗雷泽少校带队，他
就像在沙漠时一样是一个谜：冷漠、可能是同性恋、坚不可
摧、让人捉摸不透。弗雷泽指挥着一队伞兵，而另一队伞兵则
由另一个熟悉的人物——新上任的库珀中尉指挥。这里还有雷
格·西金斯，他被晋升为参谋军士长，和以前一样直率又好
斗。他们的晋升和相对地位的变化，似乎对他们的友情没有任
何影响。库珀像对待同级军官一样对待西金斯；西金斯对待他
的指挥官就像对方仍然是军士一样。

　　莫尔旺山脉有着茂密的树林和陡峭的沟壑，是一个很难随
时跳伞进入的地方，6月11日的大风、密云和大雨更是雪上
加霜。"那是一个黑暗、痛苦的夜晚"，库珀回忆说。西金斯
对天气、飞行员和他现在不得不用的伞包（排名不分先后）

牢骚不断。伞包用一根 12 英尺长的绳子绑在脚踝上，绳子很容易就缠绕到一起了。飞行员无法通过云层确定降落区的位置，因此伞兵们被盲投出去，并奉命尽最大努力在会合点集合。跳伞的过程很艰难。伞兵们"像旋涡中的羽毛一样摇来晃去"，西金斯回忆说。库珀撞到农舍的墙上，暂时昏迷过去。苏醒以后，他把自己的降落伞埋了，一只胳膊下面夹着一个照明球走进了夜幕中，发出尽量模仿猫头鹰叫的呜呜声，间或喊一声"雷格！"——如果当时有德国人在附近的话，这肯定会引起他们的注意。弗雷泽降落在距离会合点至少 12 英里的地方，发现了一些带枪的德国军队，于是选择躲在树林里。有几个人降落在树上。西金斯绑腿上的袋子里带了很多肥皂，他听说肥皂供不应求，可以用来和法国人做交易。袋子在与地面碰撞时崩开了，那些肥皂块在雨中四处飞溅。"几英里外你都能闻到卫宝①的味道"，西金斯说。按照指示，库珀在他带来的两只信鸽中的一只腿上绑上了一条信息，并放开了它。这只可怜的鸟只是坐在地上，直到它被追赶过一片田野，"它才飞起来"。第一只鸽子的倔强决定了它同伴的命运，它很快就被杀掉、煮熟吃了。

在富有同情心的法国农民和当地抵抗组织的帮助下，整个侦察小组花了 4 天才在一个名为勒维约丹（Vieux Dun）的森林里重新集结了。弗雷泽选择在马基卡米尔［Maquis Camille，也被称为马基让（Maquis Jean）］的总部附近扎营，那是在这片树林里活动的游击队之一。

法国对纳粹占领的抵抗，在莫尔旺地区呈现出一种特别激

228

---

① 香皂品牌。——译者注

进和复杂的形式。1943 年的《德国强制劳动草案》要求每个法国年轻人都必须登记参加义务的战争工作，这促使数百人拿起武器撤退到树林里。到 1944 年，该地区估计有 1 万名现役的抵抗战士。和法国其他地方一样，马基游击队很爱国，总是热情又勇敢，但也往往很业余又缺乏装备，他们的队伍因背叛和政治斗争而四分五裂。西金斯严厉抨击了他们的政治野心影响了军事效率。他讥讽道，马基游击队"实际上是逃到森林里的政党"，他们的领导人不愿意在自己的地盘上战斗，"因为他们想要成为那个地区的官员或市长"。关于背叛和两面派的指控四处传播，并造成了致命的后果："任何他们不喜欢的人都被贴上通敌者的标签。"

莫尔旺日益强大的马基游击队力量造成一种奇怪的局面：德国人知道有大批"恐怖分子"在森林里活动，但不敢贸然进攻，因为他们知道当地的抵抗组织网络会对任何重大部队调动提前发出警告，让马基游击队准备好反击或者隐蔽起来。当德国人打定主意根除叛乱分子时，大部分兵力是由法兰西民兵（Milice）提供的，它是法国的法西斯准军事民兵组织，是为了根除抵抗力量而成立的。马基游击队认为法国的法兰西民兵比盖世太保更危险、更无情；特种空勤团战争日志把他们描述为在法国"最令人憎恨的人，是叛徒、懦夫和恶棍"。到 1944 年，法国农村地区的冲突已经呈现出内战的许多表现，包含了各种背叛和残忍。

参加"胡恩斯沃斯行动"的特种空勤团中队中其他人员共 64 人，在 6 月 17 日登上了费尔福德空军基地的 3 架飞机前往莫尔旺，那里是以第戎南部铁路和公路为行动目标的理想地区。弗雷泽的先遣队在降落区放置了信号弹，然后等待着。

"清晨，他们听到飞机在雨雾中飞过。飞机没有看到信号弹，然后往回走了。"

只有两架飞机飞回了费尔福德。第三架飞机载着由莱斯利·乔治·凯恩斯（Leslie George Cairns）中尉率领的16人部队和6名机组人员，再也没有出现。尽管业余调查人员于2015年在诺曼底发现了一架失事飞机残骸并将其确认为那架失踪飞机，它还被法国当局指定为战争纪念碑，但这架飞机的命运一直没有得到正式确认。凯恩斯和他的部下的失踪对特种空勤团的士气是一记重击，让一些人回想起那场灾难性的"占领者行动"。

4天后，两架幸存的飞机返回莫尔旺，并成功投下了中队中的剩余人员。他们当中包括在穆罗迪波尔科角突袭中失去假牙的授勋老兵约翰尼·怀斯曼和迫击炮专家亚历克斯·缪尔黑德。这里还出现了一个不那么好战的人物——弗雷泽·麦克卢斯基牧师，他是第1特种空勤团的第一位牧师。他被称为"降落伞护卫"，他从一棵树上坠落到地面，被人发现时已经昏迷不醒了。230

麦克卢斯基时年30岁，父亲是爱丁堡的一名洗衣工。他是个性格开朗、善于自嘲的苏格兰人，长了一张直率的宽脸，有着坚定而经过深思熟虑的信仰。他也是特种空勤团部队中少数几个在战前就亲眼看见了纳粹主义的人之一。1938年，这位年轻的神学毕业生用旅行奖学金游历德国，并对认信教会（Confessional Church）产生了兴趣，这是一个新教教派，旨在反抗纳粹控制官方宗教。他在那里遇到了一位教会牧师的女儿艾琳·卡拉米努斯（Irene Calaminus），不久他们就结婚了。战争开始时，麦克卢斯基就被任命为格拉斯哥大学的牧师，但是到了 1942 年，他已经确信，自己再也无法置身于一场他认为是正义的冲突之外了。"我意识到我必须分担一些责任了"，他写道。

除了在一位牺牲的战友墓前匆匆地喃喃念着听起来怪怪的祈祷词外，在特种空勤团的早期历史上，宗教几乎没有起过什么作用。他们中虔诚的人不多，不过，当他们周围被死亡所环绕时，一些人已准备好了倾听万能的上帝的声音。"我不能说教（preach）——这个词的贬义用法——这些人，"麦克卢斯基说，"我必须和他们谈谈。"中队中大多数人都欢迎这位面带微笑、镇定自若的苏格兰牧师。"他抚平了恐惧的羽毛，"约翰尼·库珀说道，"只要他存在。"然而，一向好战的雷格·西金斯却没有时间信仰宗教。"我对牧师并不特别感兴趣"，他说。

像大卫·斯特林和帕迪·梅恩这样的军官都非常关心他们手下士兵的身体健康状况，但是麦克卢斯基提供给特种空勤团的是他们从未有过的东西：有那么一个人，不带着多愁善感的情绪来做好准备去照顾他们的灵魂，甚至他们的心灵。在接下来的两个月里，他定期在树林里举行露天仪式，所有人都参加，不管他们是否有哪种宗教信仰。士兵们低声（sotto voce）唱着赞美诗："敌人再近也不能阻止我们歌唱，但是他们距离营地的距离决定了歌声的强弱。"麦克卢斯基还帮助医务官照料伤员，治疗缺乏新鲜水果导致的"相当广泛的疖子爆发"；他订购了一批平装的惊险小说，用降落伞空投过来，以便让士兵们有事可做，还提供了必要的消遣品。"这种类型的工作中，香烟和茶永远是不嫌多的"，他说道。多亏有麦克卢斯基，甚至从家里寄来鼓舞士气的信也传到了森林营地中。士兵们不被允许回信，寄给特种空勤团成员家属那些机械化的信也无法让人完全放心："你可以默认他现在是安全的，除非你从我们那里听到相反的消息。"帕迪·梅恩尽他最大的努力为这些家属提供一些安慰，比如，他告诉亚历克斯·缪尔黑德怀孕的妻子："他很好，干得很棒……尽量不要过分担心。"

麦克卢斯基很少远离战斗，他总是匆匆地站到任何一个需要增强信心和勇气的人身边。他的背包里装着一块圣坛台布和一个大十字架，如果需要临时服务，几秒钟就能组装好。他担心一些士兵的心理健康，他注意到，长期的紧张加上激烈的战斗导致了"粗心大意、不耐烦、急躁和抑郁"。

敌后的战争可能是肮脏的，但麦克卢斯基以一种清白的良心加入了战争。"我毫不怀疑战争的必要性……我没有看到任何道德问题。"牧师只在一个方面感到道德上的不确定性：他在什么情况下可以或者应当拿起武器。"也许这是一个学术问题，因为有许多战斗工作是不涉及射击的"，他反思道。但是如果他的战友们受到攻击，他会拿起枪还击吗？麦克卢斯基知道如何使用左轮手枪，但他选择了不携带它。他用第三人称谈论自己时写道："在这种情况下，牧师没有携带武器，但牧师不是总能确定这样做是对还是错。"只要在双方开火时，普通士兵都特别注意保护手无寸铁的牧师。"我们一致认为要照顾牧师"，一名士官说。随着时间的推移，麦克卢斯基逐渐相信，作为唯一的非战斗人员，他的存在对特种空勤团具有额外的意义。"我想他们都很高兴看到牧师，他象征着上帝希望所有人都能和平共处。"带枪作战的人很勇敢，但是选择不带枪参加战斗的人可能更勇敢。

232

6 月 24 日，法国当地线人报告说，敌军正在接近蒙索什森林（Bois de Montsauche），亚历克斯·缪尔黑德的部队就驻扎在那里。那支敌军队伍由德国军队和东线被俘的俄罗斯士兵组成，后者已调换阵营为纳粹而战了。英国人称他们为"灰色俄罗斯人"，既不是红色也不完全是白色，而是介于两者之间，这些人带着难以识别的忠诚与穿田野灰色制服的德国国防军并肩作战。敌军队伍正在进行一场训练演习，练习伏击技术，完全没有意识到树林里到处都是的特种空勤团和马基游击队队员也正急于上一堂伏击的实战课。晚上 8 点，缪尔黑德、西金斯、库珀和另外 4 名特种空勤团士兵，以及一小群抵抗组织战士，在通往希农城堡（Château Chinon）的一条笔直的道路旁藏了几支布伦轻机枪，准备了几枚炸弹，然后隐蔽好等待。一根细细的钢丝从两棵树齐肩的高度上拉了起来。

晚上 10 时许，在昏暗的光线下，两名德国人骑着摩托车呼啸着冲进视野，德军队伍的先头部队正在返回希农城堡的军营；两名摩托车警卫都被钢丝斩首了，他们的摩托车在路上失控侧滑。车队突然停了下来。两枚塑料炸弹砰的一声飞进领头的卡车里，布伦轻机枪也开火了。第一辆卡车上的德军参谋官在第一次爆炸中丧生，他"从内维尔赶来指导'灰色俄罗斯人'学习伏击的艺术"。当敌军部队从另外三辆车里涌出来时，他们都被击倒了。"这是一场屠杀"，库珀说。敌军幸存者们冲向了开阔的田野。

硝烟散去后，缪尔黑德清点了一下战场：他们击毙了 31 名敌人，1 名法国人牺牲；4 辆卡车全部被摧毁，5 名法国人质获释。只有一辆行驶在后面的轻型汽车拼命调头逃跑了。一名受重伤的俄罗斯副官被俘。法国人说得很清楚，如果他们得到俘房，俘房会受到折磨，直到说出他所知道的一切，然后被杀死。"马基游击队非常、非常严格"，西金斯带着一丝钦佩之情说道。

被俘的军官被一名会讲俄语的特种空勤团士兵审问，他解释说，他在斯大林格勒被德国人俘虏，德国人给他的选择非常棘手：如果他同意在法国为纳粹战斗，他就可以继续活下去；否则，就要丧命。"你会怎么选？"他问俘房他的人，"如果我回到俄罗斯，我会被枪毙。如果我回到德国主子那里，我也会被枪毙。现在这些法国人也要因为我在这里的所作所为枪毙我。"据库珀说，这位伤员"恳求我们把他杀死，而不是把他交给法国人"。西金斯满足了他的要求。"雷格向他后脑勺开了一枪。"

德国对这次伏击的报复行动非常迅速、无情，而且首先针对的是无辜的人。蒙索什和附近的普朗谢（Planchez）的村庄被烧成了平地；村民们知道自己会成为德国人泄愤的第一个目标，都已经提前逃走了。周围的农场遭到了袭击，还留在这里的居民全部被杀害了：一名在钓鱼的男子被枪杀，他手里还拿着鱼竿；三名离开教堂的平民也被枪杀。法国抵抗军在特种空勤团的帮助下迅速反击。当德国和俄罗斯的一支分遣队沿着希农城堡公路行进，准备收走他们在第一次伏击中身亡的士兵尸体时，第二支隐藏的马基游击队开火了，和第一次的效果类似，又有 18 名敌军士兵身亡。

第二天，在跳伞时受伤的"苍白"·怀特（'Chalky' White）中士正躺在维尔莫城堡（Château de Vermot）临时搭建的马基游击队医院的病床上，那里距离莫索什森林中的抵抗力量营地不远，那时他头顶的床头板"被机枪射成了筛子"。

德军的反击已经真正开始，大约250名德国和俄罗斯士兵全副武装，配备了迫击炮、手榴弹和机枪，对马基游击队营地发动了全面进攻。怀特和其他伤员被迅速疏散到周围的森林里。然而，在接下来的1小时里，攻击者没有进入森林，只是向树林里开枪，虽然发出了很大的响声，但除此之外收效甚微。与此同时，一名特别行动处特工提醒特种空勤团注意另一个伏击机会：只有一条路可以进入树林，而德国人和俄罗斯人的报复部队已经进来了；因此，在某个时间，他们一定会再次从这条路回去。当法国营地遇袭的消息传来时，弗雷泽·麦克卢斯基正在举行露天仪式。赞美诗戛然而止，瓢泼大雨中，比尔·弗雷泽率领的一支部队出发准备去攻击这条易受攻击的道路中的一段，而怀斯曼的部队，包括雷格·西金斯在内，则向另一段进发。

弗雷泽爬到离公路大约200码的地方，发现路边有两名穿着德国军装的男子在悠闲地抽烟聊天。"他按兵不动，决定静观事态的发展。"士兵们对维尔莫森林进行了毫无结果的袭击后三三两两地回到显然是会合点的地方。当大约50人集结起来后，他们排成队列开始沿着道路行进。就在那时，两名特种空勤团布伦轻机枪枪手已经有充足的时间瞄准目标，从几码外开火了。枪手们"打得非常激烈"，弗雷泽写道，他估计，"只有不到10个人在这场战斗中逃脱了"。

几分钟前，怀斯曼的队伍小心翼翼地接近了同一条路中稍微向北的一段。除了一排空空的卡车之外，这个地方似乎空无一人。雷格·西金斯一如既往走在前面，爬过矮树丛，想要看得更清楚些。当他抬起头来的时候，发现自己正在一挺机枪的枪管下面，操作这挺机枪的是一名德国士兵，他留在这里看守车辆。"我的判断有点错误",西金斯后来说,这是他第一次也是唯一一次承认错误。幸运的是,这位德国机枪枪手和他一样感到惊讶,有那么一瞬间,他呆若木鸡。西金斯转向其他人喊道:"小心,敌人!"怀斯曼在他的官方报告中发表了一个因显而易见而不必要的评论:"其他人更明智地卧倒在地。"就在那一刻,机枪枪手开枪了,只发出一声枪响,然后他的枪卡住了。他接着扔了两颗手榴弹,手榴弹落地时碎片四射,弹到了西金斯的两边,西金斯想要举枪反击,却发现自己的左臂毫无用处地垂在身侧。"我当时想, 235 天呐,我他妈的胳膊没了。"一颗子弹射入西金斯的脖子,打在头骨底部。

当进攻部队撤退时,他们拖着西金斯一起,受伤的他经历了一连串支离破碎的回忆,有他在剑桥郡的家的画面,还有他的家人和一名早期女友的画面。他感到"自己在一条地下河中,水流得越来越快"。他们徒步3英里回到营地:西金斯回忆说,有一次他被迫跑起来,穿过沼泽,丢掉了烟斗但是坚持要捡回来。他继续厉声下令。当有人试图包扎他脖子上的伤口时,他喊道:"是我的胳膊,你这个蠢货,不是我的头。"弗雷泽·麦克卢斯基带着他的工具箱。突然下起了雷雨,而西金斯觉得他的头顿时清醒了,然后"一切骤然停止"。他被半拖半抬着回到营地。

一丝不挂又神志不清的西金斯被放在防水布下的桌子上,以防被倾盆大雨淋湿,马基游击队的医生对他进行了检查。弗雷泽·麦克卢斯基担任了助理外科医生,而医生(他实际上是一名牙医)则在伤员的头骨和脊柱顶部血淋淋的窟窿里四处探查。麦克卢斯基回忆说:"在防水布下,在手电筒不稳定的光线下，我们发现一颗子弹进入他脖子后部，深深嵌在颅底附近。"医生在半明半暗的环境中在西金斯脊髓周围寻找子弹，很容易造成比伤口本身更大的伤害。最后，法国军医宣布他取不到子弹，"于是他决定把子弹留在原处"。

西金斯是由某种有弹性的物质构成的，似乎能够承受住几乎任何身体上或心理上的苦楚。麦克卢斯基护理着他，给他刮胡子。他们的谈话变得友好起来，然后几乎是精神上的交流。"过去的几天里，我见证了宗教的存在，"麦克卢斯基吐露，"人们互相帮助，不求回报。"颈部的伤口愈合得非常快。几周后，西金斯回到了现役岗位，和以前一样脾气暴躁、满口脏话。几个月后，这颗子弹会在一家英国医院被取出，显然没有对他造成任何持久性的伤害。但这次经历确实在一个方面改变了他。从那以后，他就坚持认为是军团里的随军牧师救了他的命，这简直是完全错误的。他对宗教的看法没有改变，但是他现在已经坚定地皈依了麦克卢斯基牧师。

那天晚上，特种空勤团和马基游击队袭击了营地。在维尔莫村，德国人也正在进行报复。6 名村民被从家里拖出来并枪杀，一名 14 岁的女孩被强奸，这预示着将要发生的事。第二天早晨，德国人和俄罗斯人带着一支更大的部队来到这里，他们只想着杀人。他们发现维尔莫森林已被遗弃，便烧毁了庄园，捣毁了马基游击队医生丢弃的医疗设备，然后动身前往附近的丹莱普拉塞村（Dun-les-Places）。特种空勤团的战争日志通常不回避形象的细节，它记录了这个法国小村庄仅仅是因为与马基游击队有关联，就"遭到强奸和滥杀"。市长是第一批被处死的人之一。38 岁的乡村神父，罗兰神父（Curé Roland），被带离了他与母亲同住的房子，被押往教堂，并被带到钟楼。他的脖子上绑着一个套索，然后被扔出大楼。村里另外 17 名"最杰出的公民"在教堂前列队，在扭曲的牧师尸体下被机枪扫射。根据弗雷泽·麦克卢斯基说，俄罗斯军队尤其残忍，在很大程度上"应对包括强奸在内的对妇女的恶劣行径负责"。在泄愤和欲望得到满足后，袭击者放火烧毁了村庄，然后大步离开了。在短短的 3 天内，特种空勤团和莫尔旺的马基游击队联合部队杀死了至少 85 名敌军，但莫索什、普朗谢、维尔莫和丹莱普拉塞的人民用他们的鲜血和家园为这一成功付出了代价。

特种空勤团在"胡恩斯沃斯行动"中需要更多吉普车，事实证明，吉普车在浓密的莫尔旺森林和曾经的开阔沙漠里一样有用。早些时候的一条无线电信息表达了强烈的抱怨，他们"试图用两辆吉普车和不靠谱的民用汽车为 5000 平方英里的广阔地区提供服务"。吉普车用降落伞来投放，它被部分拆卸后放在一个大托盘上，托盘的每个角都有一个降落伞，中间的连接盒上有个大的中央降落伞。把一辆 2500 磅重的汽车从天上投掷下去是一种不精确的技术。把吉普车从树上弄下来也不是件容易的事。由于车辆的重量或者降落伞绳纠缠在一起，挂钩经常会偏离，这就导致吉普车与其说是空降到莫尔旺，不如说是做了一次自由落体运动。至少有 7 辆吉普车被"撞碎"了，这是一种委婉的说法，用来形容一块金属冲向大地，并重重地砸在地上，留下一个巨大的砸坑，几乎没有还能使用的汽车。

但是，一旦安全着陆，吉普车就是一种可怕的武器。车上配备了 4 个独立油箱，每个油箱的续航里程为 1000 英里。在森林里，德国军队倾向于坚守主干道，这使得吉普车能在迷宫般的小路上相对安全地行驶。正如一名军官所言，我们当时装备了传统的双维克斯机枪，油箱加满了油，"可以开展一些危险的行动"。

这一行动在整个地区造成了各种破坏性的影响。约翰尼·怀斯曼在第戎附近建立了一个新营地，他从那里出发去侦察敌人易受攻击的通信线路，然后呼叫英国皇家空军空袭。一门6磅重的野战炮被空投下来，主要用于对付公路车辆，但特种空勤团为它找到了更有想象力的用法。8月14日，一架大型德国Ju–52运输机在射程内从头顶飞过。亚历克斯·缪尔黑德开了一炮，报告说飞机"肯定被击中了，并相信它被击落了"。

在距特种空勤团营地仅25英里的欧坦（Autun），有一家大型合成油工厂，每天产量约为7500加仑，它对日益缺乏燃料的德国军队至关重要。这座工厂戒备薄弱，且地处开阔地带，很容易受到攻击，但是任何攻击的时机都很棘手。工厂里的工人是法国人，杀害平民不是特种空勤团的职责。然而，据当地情报显示，从夜班结束到白班工人到来之间有一个多小时的间隔；清晨时分，这地方几乎空无一人。7月10日，特种空勤团使用迫击炮进行了试探射击。

238 　　在这次成功的鼓舞下，缪尔黑德、西金斯和库珀决定在一个月后发起一次计划更为周密的攻击。8月10日，一支由7辆吉普车组成的攻击队伍开到了距离工厂周围不到200码的地方，缪尔黑德架起了迫击炮。凌晨3点半，在皎洁的月光下，40枚迫击炮弹和燃烧弹中的第一枚落在了工厂里。随后的场面让缪尔黑德开始充满激情地描述："迫击炮弹正以最令人满意的方式在工厂区域爆炸。……然后随着一声轰鸣，7挺维克斯机枪在 200 码处开火了，每一挺机枪都把整整两盘子弹倾泻到这场猛烈的弹雨之中。放电的强烈闪光清晰可见，还可以看到子弹从建筑物上弹了起来。"工厂的守卫认为他们一定是受到了空袭，于是高射炮开始在夜空中划出弧线。"他们一点儿也不知道他们是在不到 1 英里的地方被迫击炮击中的。"这家油厂持续燃烧了 4 天。

特种空勤团在"胡恩斯沃斯行动"和"布尔巴斯克特行动"中的大部分工作都是秘密侦察、搜集情报、评估敌军的行动和兵力，并向伦敦汇报。库珀将他们的角色形容为"欧洲的沙漠远程突击队的工作"，精准、秘密地观察，从未被发现。

胡恩斯沃斯团队搜集的情报正确地揭示，埃尔文·隆美尔在巴黎北部的拉罗什吉永城堡（Château de la Roche-Guyon）设立了新司令部。这位魅力非凡、广受欢迎的德国陆军元帅指挥着抵御盟军反攻的部队，在这个紧要关头把他除掉的可能性很诱人。"杀死隆美尔显然比绑架他要容易，但是如果能够证明有可能把他带到这个国家，其宣传价值将非常巨大"，旅长罗德里克·麦克劳德（Roderick McLeod）写道。因此，7 月 25 日，"挽钩行动"（Operation Gaff，挽钩是一种用来钓大鱼的钩子）启动了，杰克·李（Jack Lee）上尉和其他 5 名特种空勤团士兵空降到奥尔良，奉命"杀死、绑架或将陆军元帅隆美尔或任何高级将领转移到英国"。李的真名是雷蒙德·库罗（Raymond Couraud）。库罗曾是法国外籍军团成员，也曾是一个黑帮分子。在加入特别行动处并最终加入比尔·斯特林的第 2 特种空勤团之前，他曾帮助法国艺术家组织了一条逃离纳

239

粹的路线。在奥尔良登陆后，库罗的暗杀小组开始穿越乡村，前往隆美尔的司令部，一路上躲在各种各样的支持者那里。他在 7 月 28 日的报告中写道："在一座城堡里待了两天……吃了塑料［可能是炸药，大概，但原因尚不清楚］，重病两天：用 6 加仑牛奶治好了自己。"

从这种不太可能患上的疾病中，甚至不太可能治愈的疾病中恢复时，库罗得知隆美尔在他的指挥车遭到空袭时受了重伤。"挽钩行动"终止了，但不管怎样，库罗还是去偷偷地看了一眼德军司令部。"我很庆幸我不必攻击这个地方，"他在看到拉罗什吉永城堡的坚固城墙后写道，"能看出来这里守卫森严。"库罗和他的队伍毫不气馁，接着就摧毁了 2 列火车、7 辆卡车和 1 辆盖世太保少校驾驶的指挥车（"拿到了他的证件"）。几天后，他们袭击了位于蒙特（Monts）的德军指挥部，杀死了十几名德国人。随后，库罗伪装成警察，从德军防线上溜走，加入了向前方进发的巴顿的第 3 集团军。"非常成功的一周"，他写道。

库珀坚持认为，特种空勤团的情报搜集"远比伏击道路更有价值"。似乎是为了证明这一点，8 月中旬，劲头十足的比利时情报官员鲍勃·梅洛特少校来到了这里。他把自己在利比亚沙漠的技能无缝转移到了法国内陆。梅洛特现年 49 岁，是特种空勤团中年龄最大，但也可能是最强悍的人，他和两辆吉普车从天而降，那两辆吉普车都"撞碎了"。

同法国抵抗组织的合作是很宝贵的，但也十分复杂，而且常常很危险。当地的法国支持者建立了一个信号系统，当村庄被敌人占领时，他们会向特种空勤团发出警告："如果我们冒险离开营地，在进入一个小村庄之前，我们将会检查第一栋房子花园里的晾衣绳。如果有一条蓝色的裤子挂在那里，我们就知道那个地区有德国人或法兰西民兵。"法国抵抗组织也会对针对营地的攻击发出预警，有时候会取得惊人的结果。7月31日，在第戎西南9英里的乌尔西（Urcy），有人试图对怀斯曼的营地进行夹击：一支法西斯法兰西民兵部队从树林的一侧进攻，而德军从另一侧进攻，一场激战即将打响。然而，怀斯曼已经溜走了。德军及其法国合作者在一场"友军炮火"的突袭中自相残杀，造成22人死亡。

与此同时，法国抵抗者也是反复无常的盟友，他们之间的内讧常常导致人员伤亡。"马基游击队之间的血海深仇是很可怕的"，库珀写道。弗雷泽·麦克卢斯基甚至认为最能干的法国战士也是累赘："在军事行动中与他们合作在大多数情况下都是不可取的，在许多情况下高度危险。"到处都是真的和误以为的间谍，而且随着德国的占领军队被击退，利益争夺也进一步加剧了。西金斯现在以绰号"英国马基游击队"自豪，他在看到一名被指控与德国人勾结的妇女被法国暴徒拖走时进行了干预："我威胁要开枪打死这些人……他们追捕她仅仅是因为她会说德语。"在另一个例子里，一名年轻的比利时难民加入了马基游击队－特种空勤团的一个联合组织。两天后，他被枪杀了。"他是盖世太保的成员"，特种空勤团指挥官平静地报告道。但是这名比利时难民完全有可能是无辜的，就如同西金斯"救下来"的女子很可能是有罪的一样。在法国战争的最后阶段，人们的忠诚发生了可怕的转变。在这种情况下，人们没法说出真相和正义究竟在哪里。特种空勤团只能袖手旁观，因为战争的浪潮在一片互相指责和流血冲突中转向了。

18 以牙还牙

　　1944 年 8 月 8 日下午，弗雷泽·麦克卢斯基被叫到比尔·弗雷泽在森林的帐篷里，这是一个用木材做成的坚固建筑，上面盖着一顶降落伞。里面有个人"懒洋洋地躺在睡袋上，与比尔和迈克·萨德勒聊着天"，他身形魁梧，一眼就能认出来，"无论是在体格上还是在其他任何方面都带着英雄色彩"。帕迪·梅恩来视察部队了。

　　麦克卢斯基几个月前第一次遇到梅恩。他们在上午 9 点前后在军官餐厅互相自我介绍，当时这位第 1 特种空勤团的指挥官正要结束一整夜的豪饮。梅恩给麦克卢斯基一杯早晨啤酒。麦克卢斯基毫不犹豫地接受了，立马赢得了梅恩的认可，并且这种认可一直维持到现在。和大多数第一次见到梅恩的人一样，牧师起初也是小心翼翼的，但是很快就意识到他酗酒行为背后的其他品质。"他赢得部下信任的能力相当独特……我不仅对他产生了极大的钦佩之情，而且还有深厚的感情。"梅恩空降到法国，腿上绑着一个上发条的留声机，背包里放着几张他最喜欢的唱片。当珀西·弗伦奇（Percy French）歌曲的旋律，比如《莫恩山脉》（"Mountains of Mourne"），在树林中飘荡时，梅恩在营地里走来走去，一副若无其事的样子，仿佛"午后散步一般"。

　　梅恩对森林的造访并不是常规行动。6 个月来，他一直在整理文件，为别人组织战斗。他决心亲自去战场看看。经过一番劝说，陆军准将罗德里克·麦克劳德才允许第 1 特种空勤团的指挥官与他的士兵一起作战。麦克劳德深知梅恩对战斗的无尽渴求，于是对他下达了严格命令，要求他"协调行动，而不是带头进攻"。具体来说，他要准备进行一次有计划的进攻，在这次进攻中，特种空勤团将充当盟军对莱茵河以西德军全面进攻的侦察部队（由于美国的推进，这一行动后来变得没有必要）。梅恩和萨德勒原本打算空降到奥尔良以东的法国，但是在最后一刻，他们却空降到了莫尔旺的"胡恩斯沃斯行动"地区。

梅恩只在弗雷泽的中队待了两天，这时间已经足够他了解这支队伍的成功和遇到的一些挫折。几天前，罗伊·布拉德福德（Roy Bradford）上尉在一次交火中牺牲，当时他不小心把吉普车开到了德国车队经过的路上。布拉德福德相机里尚未冲洗的其他特种空勤团士兵的照片后来被德国人用在海报上，以悬赏森林里的"恐怖分子"。一天后，一辆吉普车载着 3 名特种空勤团士兵和 1 位法国马基游击队队员，在奥鲁（Ouroux）一个小村子里遇到一辆载有 5 名德军的指挥车。在一场激烈但没有结果的交火后，两辆车里的人都跳了出来，紧接着是一场肉搏，战斗快速、残酷、至死方休。特种空勤团的吉普车司机约翰·诺布尔（John Noble）肩部中弹，他用膝盖撞击一个德国人的睾丸，然后用左轮手枪的枪托将他打昏。另一个德国人过来帮助他的战友，他和诺布尔在战斗中双双掉进沟里；德国人被勒到投降，然后被一颗子弹击中头部。与此同时，一名身材魁梧的德国士官长正在与另一名特种空勤团成员激烈搏斗。诺布尔的肩膀还在流血，他开枪打死了德国人，结束了这场战

242

斗。第四个德国人拔腿就跑，被法国抵抗运动的战士追上杀死。第五个德国人成了俘虏，后来被安排在营地周围做杂务。这位顺从的俘虏仆役被称为汉斯，这可能是他的名字，也可能不是。这是梅恩津津乐道的那种战斗故事：残酷的近身战斗、路边的枪战和让人想起狂野西部的通缉令。

8月9日，两辆吉普车组成的车队沿着乡间小路向北行驶：梅恩驾驶第一辆车，萨德勒导航；鲍勃·梅洛特驾驶第二辆车。他们的目的地是卢瓦尔河谷的奥尔良森林（Forêt d'Orléans），那是法国最大的国有森林，D 中队在那里开展了"增益行动"（Operation Gain），这是特种空勤团在被占领的法国进行的第三次主要行动。梅恩急切地想知道这次任务发生了什么事，而且理由充分。"增益行动"很残酷。

"增益行动"的目标是破坏所有给诺曼底的德军运送补给的铁路线。6月14日，由伊恩·芬威克（Ian Fenwick）少校率领的该中队第一批部队降落在奥尔良地区：在接下来5天里，总共有9名军官和49名其他官兵乘降落伞抵达。盟军对法国铁路系统的轰炸在巴黎南部制造了一个瓶颈路段，确保开往北部的列车都必须穿过首都和奥尔良之间的地区。这样做的好处很多，但由于这里离巴黎太近了，就意味着该地区也有非常多的德军以及与其勾结的法国人。

芬威克的伞兵队伍里有一张熟悉面孔：最近一次看到他是在班加西城外的特种空勤团行动中，当时他冲破路障，然后被意大利人抓获，戴着镣铐在街上游行示众。吉姆·阿尔蒙兹，"绅士吉姆"，和以前一样坚强，但比在沙漠时阴沉了一些，也更沉默了。他很少谈起过去 18 个月的经历，即便他所经历的事情是那种换个人也许可以吹嘘一辈子的故事。

在阿尔塔穆拉战俘营忍受了饥饿、寒冷、肮脏、虱子遍地的 3 个月后，阿尔蒙兹伏击了看守，用一串缠绕在一起的红十字包裹袋做成的绳子把他们捆住，从而逃了出来。他往南走了两个星期，路上有什么就吃什么，然后被重新抓获并遭到单独囚禁，随后他被带到 300 英里以北的安科纳的另一个战俘营。他的最后一次逃脱非常不引人注意。在正式结束意大利战争的停战协议签署以后，意大利军营指挥官现在成了善良的灵魂，他坚持认为英国和意大利是盟友，要求阿尔蒙兹去侦察附近的一个港口，并报告德国军队在那里的兵力。阿尔蒙兹同意了，他离开营地，然后立即潜逃。他开始沿着亚平宁山脉走下去，或者更准确地说是，跑下去，希望能遇到正在前进的盟军。他在 32 天内走了 230 英里，遇到了美国先锋部队，在经历了 13 个月残酷的囚禁生活、两次越狱和沿着意大利之脊跑了一长段路以后，他终于在那不勒斯与英国军队重聚了。从那以后，他将这段经历称为他的"意大利野餐"。

244

"接下来你想做什么呢？"接应越狱战俘的军官问阿尔蒙兹。

"我想重新加入我的团。"他毫不犹豫地回答道。

然而，令人诧异的是，他最初被任命为首相乡村别墅契克斯的安保主管，这是一份完全不适合他的工作，最终在帕迪·梅恩的直接干预下，他解脱出来。"很高兴见到你回来，"梅恩说，仿佛阿尔蒙兹刚度假回来一样，"意大利怎么样？"

阿尔蒙兹现在是中队士官长，是在"增益行动"中第一批跳伞的。他在皮蒂维耶以西着陆，一条腿踩进沟里，膝盖脱臼了。在当地抵抗组织的帮助下，他半瘸半跳着被带到一位马基游击队的乡村医生面前，医生给他注射了 1 品脱自制白兰地麻醉剂，这让阿尔蒙兹酩酊大醉，以至于他几乎没有注意到自己的膝盖被扭回原位并被简单地包扎好。

希特勒的"突击队命令"现在已经传遍了特种空勤团，"增益行动"中的每个人都知道如果被俘，很可能会被处决。至少，有一些人肯定想知道这样做是否值得。但是没有人想退出。"我从未听说过有人拒绝去执行任务，"阿尔蒙兹说，"有些人害怕退出是考虑到其他人会怎么看他们。"就像在沙漠里一样，肾上腺素、乐观主义和战友压力的结合，被证明超过了现实中的恐惧力量。

起初，"增益行动"名副其实，该中队成功地进行了一系列破坏铁路线的任务，并袭击了一支机动巡逻队。会说法语的侦察兵穿着便装骑着自行车去侦察并回来汇报德军的行动。有时候他们靠得太近了。有一次，安德森中尉晚上骑车穿过法国乡村：

> 一切都很顺利，我也过得很愉快，直到我经过 3 个德国士兵，他们正在外面散步，打气筒从我的自行车上掉下来，卡在链子上，我头朝下摔倒在地，然后自行车撞到了我。我冒出一句："妈的混蛋。"突然，我想起那些德国佬，当我看到他们朝我走来时，我立刻开始用法语骂人，但我一直在想我完了。然而，他们只是在笑，帮我扶起自行车，然后我就骑走了，拼命地踩着踏板。

"增益行动"的指挥官伊恩·芬威克少校是另一个时代的英勇骑士（*preux chevalier*），他更容易让人想起一战，而不是二战。他是温彻斯特和剑桥的杰出和英俊的产物，是一位出色的板球运动员和网球运动员，是一名军人世家天生的战士，也是一名优秀的艺术家。在两次突袭的间隙，芬威克愉快地坐在奥尔良森林里，一边画画一边抽烟。在成功袭击了一列载有军队和弹药的夜行列车后，他向司令部发送了一条无线电信息："我们工作得很愉快。"

在森林里待了 3 个星期后，那种满足感突然消失了。7 月 4 日，又一支 12 人小队在帕特·加斯廷（Pat Garstin）上尉的率领下，被派来增援芬威克的"增益行动"中队。当飞机在巴黎以南 30 英里的拉弗尔特阿莱（La Ferté-Alais）降落区上空盘旋时，地面上的识别信号灯在稀薄的云层中闪烁，表示可以安全跳伞。但就在不到凌晨 2 点，加斯廷的人落地的那一刻，一支由 30 名德国保安警察和一队法兰西民兵组成的部队将他们包围了。伏击行动指挥官，党卫队二级突击队中队长舒伯特（Schubert）命令腿部骨折的加斯廷召集他的人。加斯廷拒绝了，他立即被击中脖子和手臂。另有 4 人受伤，1 人受致命伤。只有 3 人降落在伏击警戒线外的树上，得以成功逃脱。其余的人被围捕，坐上卡车，被拉到位于巴黎弗什大道的盖世太保总部，作为"恐怖分子"接受"刑讯逼供"。出生于捷克的法国人塞尔日·瓦丘利克（Serge Vaculik）是中队的翻译，遭到了特别凶残的殴打。然后他们被转移到监狱，脱光衣服，戴上手铐。有人说，一名被俘的法国马基游击队队员被严刑拷打后透露了空投区。

8 月 8 日，剩下的 7 名俘虏得到一堆便服和一些剃须用品，并被告知把自己收拾得体面一点儿，因为他们要被带到瑞士交换德国俘虏。加斯廷因为腿伤几乎站不起来，他相信这是真的。瓦丘利克却不这样认为。第二天凌晨 1 点，他们被装上

246

卡车，向西北方向驶出巴黎。其中一名守卫叫卡尔·豪格（Karl Haug），50 岁的他是在国防军混日子的人，曾在上一次战争中被英军俘虏，所以会说一点儿英语和法语。3 小时后，在瓦兹河的博韦（Beauvais）附近一片荒无人烟的森林空地上，他们被命令从卡车上爬下来。

"我们会被枪毙吗？"瓦丘利克问豪格。

"当然了。"豪格笑着说道。

瓦丘利克用自己手表里的弹簧松开了手铐，小声对其他人说："他们要枪毙我们——当我大喊的时候，所有人都快跑，也许我们中的一些人能活下来。"

加斯廷愤怒地抱怨着他们没有进行审判，这些人在 5 人行刑队的前面排好。

几秒钟后，瓦丘利克发出一声刺耳的尖叫然后冲向树林。德国人开枪了。加斯廷一瘸一拐地走了几码远，就被后面的机枪射死了。另有 3 人被当场射杀。瓦丘利克和另外一个人跑进了树林。另一个人躺着装死，然后在德国人搜查树林时逃跑了。指挥行刑队的军官对弄丢 3 名俘虏感到非常沮丧，"气得歇斯底里地大喊大叫起来"。在马基游击队的庇护下，瓦丘利克最终得以在对差点儿成了他的刽子手的人的战争罪审判中做证。

就在加斯廷的队伍被处决前不久，几百名德国士兵接到另一份情报，包围了"增益行动"在奥尔良森林的军事基地。芬威克和阿尔蒙兹都不在营地，他们在为帕迪·梅恩的到来准备着陆点。基地营地中仅剩的几位特种空勤团士兵设法从包围部队身边溜走了。然而，芬威克以为阿尔蒙兹和其他人已经被俘或被杀，于是用无线电向梅恩发出警报，告诉他事态的急剧变化，然后返回营地去查看发生了什么事。梅恩和萨德勒把他们的空投区转移到莫尔旺。

在前往奥尔良森林的途中，一架德国侦察机发现了芬威克 247 的吉普车和车上的 4 名乘客，并通知了地面的党卫队。在尚邦拉福雷（Chambon-la-Forêt）外，芬威克遇到一个骑自行车的法国老妇人，她飞快地踩着脚蹬逃离村庄。她停下来匆匆警告特种空勤团小队，他们正在驶入德军的埋伏。芬威克的回答彬彬有礼，近乎骑士风度，保持了英国长期以来的传统——不必要的牺牲："谢谢你，夫人，但我打算攻击他们。"

在芬威克的驾驶下，吉普车呼啸着冲进了尚邦拉福雷，两门维克斯机枪都在开火。第一个德军机枪掩体被干掉。然后一枚 20 毫米口径的机枪子弹穿过伊恩·芬威克的前额，他 33 岁的迷人生命在混乱中戛然而止。关于芬威克的死，一位同僚军官以恰当的夸张手法写道："就这样，一位非常英勇的英国人牺牲了。"其他一些人则没有那么印象深刻，认为芬威克最后的举动"非常愚蠢"。阿尔蒙兹觉得，如果他在现场的话，就能阻止芬威克最后的自杀式冲锋了。

"增益行动"还有更多的损失要承受。梅恩和萨德勒从莫尔旺经过漫长而曲折的吉普之旅来到这里，他们正在与芬威克的接任者约克·赖丁（Jock Riding）商谈，这时有消息说，通信兵莱斯利·帕克曼（Leslie Packman）和约翰·艾恩（John Ion）在一次巡逻后没有回来。抵抗组织很快传来消息：这两人在吉普车上遭到党卫队的伏击，被带到希勒尔奥布瓦（Chilleurs-aux-Bois）的城堡中。24 小时后，他们在城堡护城河边被处决了，每个人头上都挨了一枪。有人说他们的手都被砍掉了。一周后，在德军撤退后，阿尔蒙兹被派去调查。在行刑现场附近，他发现了艾恩的一束金发。

损失在以可怕的方式不断增加，但是特种空勤团战争日志提供了令人鼓舞的数字，以此记录了该部队的成功。弗雷泽率领的胡恩斯沃斯小队 21 次炸断了连接巴黎、第戎、纳韦尔和波恩的铁路线，导致 6 列火车脱轨，摧毁了 67 辆不同类型的汽车，至少击落了一架飞机，炸了一个货场、一家汽油厂和一家合成石油工厂两次。至少有 220 名敌人被打死或打伤，2000 ~ 3000 名马基游击队队员武装了起来，并接受了一定程度的训练。除了那架与凯恩斯和士兵们一起失踪的飞机之外，"胡恩斯沃斯行动"中仅有 2 人牺牲，7 人受伤。"增益行动"切断了 16 条铁路线，袭击了 46 辆敌军车辆，至少打死 6 名德国人，同时提供了有关巴黎南部部队调动的重要情报。

然而，正如在沙漠中一样，特种空勤团行动真正的价值在于它们对人们信心的不可量化的影响力。"胡恩斯沃斯行动""极大地鼓舞了马基游击队的士气，并相应打压了德军的士气"，特种空勤团官方报告指出。当地情报机构证实，在某种程度上，撤退的德军几近绝望。一份报告指出，"敌人的士气非常低迷，几乎为零"，"这是板上钉钉的事实"。党卫队是个例外。同一份报道指出："党卫队自豪、士气高昂，他们衣冠楚楚，远道而来。"随着战争接近尾声，对于英国军队中的一些人来说，战争似乎正在变成两个残酷的军事精英之间的冲突，即党卫队和特种空勤团。

8 月中旬，特种空勤团又展开了两次行动，盟军进驻法国和德军撤退，为特种空勤团打了就跑的战术创造出一个流畅、快速移动的理想局面。"野鹰行动"（Operation Haggard）在卢瓦尔河以西的布尔日和纳韦尔之间建立了一个基地，奉命通过攻击向东撤退的德军来散布"恐慌和沮丧"。在不到一个月里，这个中队在伏击和协同空袭中杀死了至少120名德国人，摧毁了25辆汽车，炸毁了2座桥梁。"毫无疑问，这次行动促使德国在卢瓦尔河以南地区的全面溃败"，特种空勤旅指挥官罗德里克·麦克劳德准将写道。"吉卜林行动"（Operation Kipling）的基地在梅里沃森林，行动组在法国中部进行侦察，破袭公路和铁路，并提供情报给乔治·巴顿将军指挥下不断挺进的美国师。

"吉卜林行动"是诺曼底登陆后第1特种空勤团行动的尾声，这次行动中的一个实践可以象征着特种空勤团距离"没有仇恨的战争"已经有多远，那曾经是隆美尔对沙漠战争的描述。8月22日，两辆特种空勤团吉普车驶往莱索尔姆（Les Ormes）村，想找一家修车厂来焊接一个断裂的维克斯机枪支架，并计划和当地的马基游击队取得联系。与伊恩·芬威克最后时刻的情景诡异地相呼应的是，一位年长的法国妇女在村子外面截住他们并警告说，党卫队——"好几百人"——仍占领此地，并打算在小镇广场上处决20名法国人质。他们可以看到村子里燃烧的建筑物冒出浓烟。

当一等兵科里·霍尔（Curly Hall）驾驶的第一辆吉普车冲进村庄并向聚集在一起的大约250名士兵开火时，2名人质已经死亡。大约有五六十个德军士兵伤亡，两辆指挥车被毁，几辆卡车被烧毁。死者包含一名指挥官，他是作为一个刽子手在行刑过程中被杀。但是党卫队迅速还击，打死了霍尔并摧毁了他的吉普车。混乱中，幸存的法国人质逃到安全地带。霍尔车上的哈里森上尉爬上第二辆车，车子做了一个镇定的三点调头，按原路返回。

249

回到吉卜林营地，有位战友对霍尔的牺牲特别难过。詹姆斯·"乔克"·麦克迪尔米德中士是特种突袭中队的一名老兵；他就是那位在泰尔莫利被一名意大利平民从楼上的窗户射击后，爬上楼梯，徒手杀死了狙击手的人。他因为在意大利的行为获得了军事奖章，但是麦克迪尔米德也有一些阴暗的方面、一些凶残的东西。党卫队从莱索尔姆撤退后，麦克迪尔米德驱车进入村庄，看到霍尔的尸体躺在棺材里，两名去世的人质分别在他两边。那一幕无疑深深地刺激了他。

9 月 22 日，麦克迪尔米德的巡逻队遇到一辆车，上面载着两名穿着便服的德国人。这两个人跳下车举起双手。两人被发现各携带着一把左轮手枪，随后被击毙。4 天后他们又遇到一辆车，上面载着 4 名穿着海军制服的德国人，这辆车在向东行驶时被拦截。"他们非常傲慢，并且因为他们试图回到德国继续参与作战，再考虑到他们可能和加斯廷上校和他的队伍遇害有关系，于是也被击毙。"粗暴的正义和谋杀之间的区别正在变得模糊。帕迪·梅恩虽然能够冷血地杀人，却在对待俘虏方面下达了严格的命令："在德国人投降之前，一定要用一切已知的诡计、计谋和致命炸药去折磨、威胁、恐吓和扰乱他们；但是他们必须知道，如果他们投降，就将是安全的，不会受到伤害。"随着战争接近尾声，规则逐渐消失。

这个团在诺曼底成功登陆的过程中发挥了重要作用，造成敌人后方混乱，阻碍了增援部队前往诺曼底，增强了法国的抵抗力量；但是也付出了高昂的代价。数十名特种空勤团士兵伤亡，另有数十人在希特勒的"突击队命令"下牺牲。在战争的残酷算计中，胜利带来了报复；每一次杀戮都招致进一步的报复。1944 年 9 月的第一周，在离开法国之前，比尔·弗雷泽将一面特种空勤团旗帜交给了丹莱普拉塞的人民，这个小村庄的居民曾在德国人的残酷报复中被屠杀。

这种新型战争还带来另一种更无形的代价：以牙还牙，以更大的暴行来应对暴行。在一场漫长而可怕的冲突的压力下，斯特林开创的具有绅士风度、快乐、危险而令人兴奋的战争正在演变成某种更加艰难和残酷的战争。

特种空勤团也许很强硬，必要时也很严厉，但他们也是人。无论是承认的还是隐藏起来的持续恐惧、等待、被人出卖的威胁、不确定性、战友的牺牲，所有这些都开始在即便是最坚强和意志最坚定的战士头脑中激烈地斗争。牧师弗雷泽·麦克卢斯基写道："持续的紧张会留下痕迹。"

比尔·弗雷泽经历过的暴力比这个团里的其他任何人都多。他承担最危险任务的意愿从未动摇过。他曾经受了两次重伤，但是似乎比之前更坚定地归队了。但他内心深处有什么东西在崩塌。他沉默寡言、让人捉摸不透，他从不谈论自己的恐惧，而是用酒精将之浸透。迈克·萨德勒发现了这些"内心的恶魔"。在一项任务开始前，弗雷泽会喝得大醉；战斗之后，他又会喝得烂醉如泥。约翰尼·怀斯曼在穆罗迪波尔科角领导战斗，亲眼看到他的 17 名士兵在泰尔莫利被炮弹炸成碎片，还在第戎的森林里躲藏了好几个星期。但现在他感觉自己已经到了极限。帕迪·梅恩自己内心的恶魔足够填满一个小地狱，他叫来怀斯曼，直截了当地告诉他，他在心理上已不再具备前线作战的能力。"他是对的，"很多年后怀斯曼说，"我已经无法忍受了。"战胜软弱是一种勇气，诚实地承认软弱也是另一种勇气。

巴黎在 8 月 25 日获得解放。梅恩和迈克·萨德勒几天后

到达那里，他们驱车穿过勒芒，穿过正在不断前进的盟军。他
们在香榭丽舍大街附近的一家黑市餐厅吃了一顿"丰盛的午
餐"以示庆祝。餐桌上还有几位法国特种空勤团成员和几位
法国马基游击队高级军官。他们喝了很多酒，互相拍着后背唱
着歌。当晚餐结束，咖啡端上来时，梅恩把手伸进口袋，掏出
一枚手榴弹。当他把手榴弹放到桌上然后拔出引信时，桌子周
围陷入了可怕的寂静。有一股烟升起。一些思维敏捷的人钻到
了桌子底下。而包括萨德勒在内的大多数人都一动不动坐在座
位上。萨德勒记得当时自己在想："他不可能打算把自己和我
们炸成碎片吧？"手榴弹哑火了。梅恩将它放回口袋。"你们
都在担心什么呢？"他说。

　　这是典型的富有男子汉气概的梅恩的表现，也是特种空勤
团现在正在进行的战争的主题：大胆地虚张声势，表面下隐藏
着残忍。

　　当梅恩在庆祝巴黎解放时，他的前任，大卫·斯特林，正
被关押在德国最臭名昭著的战俘营中。德国东部莱比锡附近的
寇地兹堡集中营（Colditz Castle）是一座巨大的堡垒，纳粹将
最重要的囚犯以及最屡教不改的逃犯关押在这里。斯特林两点
都符合：他身为沙漠战士的名声在继续扩大，在过去的 17 个
月里，他一直试图从关押他的每一处集中营逃跑，但都没有成
功。斯特林很擅长逃跑，但是他很不擅长长期脱逃。1943 年
春天，他和朋友杰克·普林格尔（Jack Pringle）被囚禁在都
灵南部要塞加维（Gavi），他们一起挖穿了一堵外墙，但是他
在到达外围前就被制服了。当意大利退出战争时，他被火车带
往因斯布鲁克，他从运送他的牲畜运输车中跳了出来，藏在一

个草堆里。两天后，他被重新抓获，并被转移到奥地利一个名为蓬高市场（Markt Pongau）的营地。几天后，他和普林格尔在瞭望塔的射击下把一条毯子扔到围墙外，爬过去，跳进了蓬高河。两天后他们再次被俘。"监狱工作人员对大卫的怀疑最为严重，他们一刻也不敢让他单独待着"，一位狱友给家里的信上这样写道。

斯特林被带到捷克斯洛伐克的摩拉瓦特热博瓦（Mährisch Trübau）监狱后，决定用一个更好的办法，而不是简单地试图自己逃跑：他试图组织一场有 200 名军官参与的大规模越狱。经过几个月的精心谋划，越狱计划即将付诸行动，这时所有囚犯都被转移到了不伦瑞克（Brunswick）。1944 年 8 月，斯特林几乎还没有时间再来准备一次逃跑，就和普林格尔一起被转移到了寇地兹堡。寇地兹堡也叫 Oflag IV-C，坐落在穆尔德河地面的岩层上，德国人认为没有人能够从这里越狱。而斯特林和其他几乎所有犯人都认为这种说法并不正确。斯特林注意到，这座雄伟的城堡是"第三帝国戒备最森严的旅馆"。

在某种程度上，这种对逃跑的执着决心与创建特种空勤团的思维方式是一样的：斯特林仍然在敌人后方，打破常规，试图通过横向思维给敌人制造尽可能多的麻烦。在两次失败的越狱之间，他想知道自己创建的部队发生了什么："我的思考都围绕着如果特种空勤团幸存下来了的话，帕迪·梅恩和那些小伙子在做什么，或者特种空勤团有没有被撤销。"

19　帕迪·麦金蒂的山羊

　　第 2 特种空勤团的罗伊·法兰（Roy Farran）代表着一类人，特种空勤团可能就是为他们而创建的：他冷酷无情、鼓舞人心、不落俗套，坚信自己的决策是正确的，不愿意在与他人意见相左时听命于他人。他的极度勇敢让人不安，因为法兰有些天马行空；当他加入特种空勤团的这个年轻分支时，他的军事记录早就已经成为传奇了。

　　法兰在印度出生，是个信仰天主教的虔诚的爱尔兰人，五官端正，机智干练，他在沙漠战争中担任坦克指挥官时打仗很出色，在那里，他以自己的方式做事的能力迅速显现出来。他奉命埋葬 4 名阵亡在坦克里的意大利士兵，他只是把柴油倒在坦克车里的弹药箱上，然后点燃了它。"在我点燃汽油的时候，我祈求宽恕"，他后来写道。在 1941 年的克里特岛战役中，他的中队遇到一群投降的德国士兵："5 名伞兵从橄榄树后走出来，双手高举。我没有心情被任何德国人的诡计欺骗。我命令士兵开火。"不久之后，他因腿部和手臂受伤被俘，被关押在雅典的一家战俘医院里，在那里，一位能干的德国医生挖出了他大腿上的坏疽。刚刚可以再次行走后，法兰就从铁丝网下爬了出来，躲在一条沟里，然后联系上了希腊抵抗部队，从他们那里借到足够的钱买了一艘船。这时候，他给自己取了"帕迪·麦金蒂"（Paddy McGinty）这个化名，它源自一首爱

尔兰歌曲《帕迪·麦金蒂的山羊》，这首歌唱的是 1917 年一
头山羊和爱尔兰卫兵一起去打仗并吞下了一枚炸弹的故事。他
和另外 3 名逃出战俘营的人一起穿过地中海，向埃及进发；4
天之后，燃油耗尽，于是法兰用毯子做了一个帆；6 天之后，
就在他们快要渴死的时候，他们被一艘英国驱逐舰在亚历山大
港附近救了起来。在医院里，医生从法兰的右脚后跟取出一大
块弹片。

254

　　1943 年 3 月，法兰正在阿尔及尔进行游说，以便能重新
加入第 8 集团军，然后得知一支新的特种空勤团正在接受训
练。他写道："我听说过大卫·斯特林在沙漠中的英勇事迹。"
他立刻报名加入了。

　　9 月，他作为第 2 特种空勤团的 5 中队的一员降落在塔兰
托，并在德军后方向北推进，在沿途进行了一系列吉普车袭击
行动：他们炸毁桥梁，袭击机场，从集中营和拘留营释放因
犯。随着意大利部队开始大量撤离，他们收获颇丰。"在车站
发现了意大利军队的补给列车，"战争日志中的一份报告写
道，"装了 4 万支军用香烟和 100 磅通心粉。他们招募了一名
叫布鲁诺的意大利步兵做厨师。"另一支巡逻队缴获了一辆属
于第 1 德国伞兵营的"办公卡车"，"里面有许多珍贵的文件
和大量战利品"。

　　法兰在意大利的战斗包括在盟军进攻前组织侦察和伏击行
动。10 月，他带着 20 人抵达泰尔莫利，及时帮助帕迪·梅恩
的特种突袭中队击退了德军的反攻。"这是我参加过的唯一一
场纯步兵的战斗，我再也不想打了"，法兰说，他已经发现自
己更喜欢在敌人领地里进行更肮脏的战斗。几周后，他和 4 支
特种空勤团部队乘坐鱼雷艇在安科纳附近登陆，开始破坏连接

港口和佩斯卡拉的 17 段铁路。法兰在战争的第一阶段就已经名声显赫、伤痕累累，他获得了军功十字勋章、两条金属勋带和一个化名（*nom de guerre*），并且和斯特林一样，"在适合"自己的时候，决心听从自己的领导并服从其命令。

在诺曼底登陆后，第 1 特种空勤团立即被部署到法国，而第 2 特种空勤团则留在苏格兰接受训练、等待行动，这令法兰这样的作战军官极度愤怒。行动方案被反复起草、确认，然后又被取消。一个将特种空勤团部队空降至南锡东部的计划推迟了，因为一名当地的特别行动处特工警告称，这个地区到处都是德国人，这样做将是"不道德的虐待行径"。当然，一个到处都是德国人的地方正是法兰所渴望的。7 月 19 日，20 人空降到诺曼底南部去收集情报，但是收效甚微。他们没有在后方作战，反倒是发现自己与挺进中的英国和美国部队在一起了。

3 周后，由托尼·格雷维尔 - 贝尔（Tony Greville-Bell）上尉（他是该团在意大利战役中幸存下来的军官，在 3 根肋骨骨折的情况下，徒步走了数百英里）率领的另一支规模更大的 59 人特遣队在雷恩以东登陆，结果发现自己很快就被正在挺进的美军第 3 集团军超过了。另一个中队被派去攻击巴黎和鲁昂之间的公路和铁路线，但只取得了"有限的成功"。由于缺乏可靠的情报，加上不断推进的盟军的干预，特种空勤团的行动受到了阻碍。一个不确定的战场允许自由行动和特别行动，但同时也使得特种空勤团在计划它最擅长的事情方面变得更加困难：对战略上的重要目标发动突然袭击，完全基于出其不意。

在"华莱士行动"中，法兰的机会终于来了，这是一个深入敌后大开杀戒的任务。8月19日，一支达科塔运输机中队降落在雷恩机场，每架飞机都装载了一辆吉普车，车上安装有两门维克斯机枪。法兰带着60人（包括法国人库罗，化名为杰克·李上尉，是法兰的副手），向沙蒂永森林（Forêt de Châtillon）进发。一支先遣队已经在欧塞尔以东40英里处建立了一个前哨基地，在敌人控制区域内大约200英里处。

　　法兰将他的吉普车队分成3组，然后向东穿越前线，随着德军抵抗力量的减弱，前线一天比一天变得不稳定和不确定。起初，穿越小路的路线似乎很安全。有时，即使德军仍占领该地区，法国平民也会走上前来，送出礼物，迎接盟军："鲜花、美酒、黄油和鸡蛋高高地堆在吉普车上。"第4天，法兰扩大的吉普车队中的头两辆车到达了维莱内莱普雷沃泰（Villaines-les-Prévôtes）村，直接遇上了一些老对手：一队非洲军团，他们最近刚从意大利回来，还穿着卡其色的热带战斗服。德国人立即开火，摧毁了两辆车，杀死一人并俘虏了另一人。法兰和中队的其他人随后到达，迎接他们的是20码开外的一挺20毫米口径机炮。"炮火很猛烈，吉普车撞进沟里停了下来，只剩下一个轮子还在路上继续滚动。"法兰派了两个人带着布伦轻机枪站在路边的坡顶上，然后跑回去警告车队的其他人。一场迫击炮和机枪的激战在村里的街道上爆发了。1小时后，法兰和他的部队撤退了，造成大约50名敌人丧生。法兰继续赶往沙蒂永的营地，"我们绕过德国人的小区域，进入敌人后方的开阔地带"，只停下来射击了一列货车和一个雷达站，德国人随后撤离并自己将其摧毁，"显然他们以为法兰少校的队伍是美国的先遣部队"。

256

在接下来的一个月里，法兰和他的士兵们从他们的森林藏身处出发去骚扰撤退的德军，在路上埋下地雷，炸毁铁路线，在公路上伏击运输车队——用军队的话来说，这种行为被称为"泡茶"，它更多地会让人联想到制作下午茶，而不是用维克斯机枪和投掷炸弹摧毁敌人车辆。在当地马基游击队承诺的帮助下（这一承诺从未兑现），法兰包围了德军在沙蒂永的驻军，在刺耳的声音中感到自豪："所有战争的声音都在街道上回响——布伦轻机枪的轰鸣声、维克斯机枪的刺耳声、子弹从墙上弹回来的呜呜声。"在战斗中，法兰碰巧抬头扫了一眼其中一座建筑："有个漂亮的女孩，留着长长的黑发，穿着鲜红色的连衣裙，她从顶楼的窗户探出头来，给我比了一个 V 的胜利手势。她的微笑嘲笑了枪林弹雨。"法兰估计，超过 100 名德军在沙蒂永战斗中丧生。

英国皇家空军定期空投补给，让法兰能够不间断地继续战斗。在攻击了沙蒂永后不久，天空中投下了香烟、衣服、弹药、报纸、邮件、汽油和威士忌，此外还有 12 辆新的吉普车。"就像是过圣诞节一样"，法兰写道。

257　　法兰向东朝着贝尔福山口（Belfort Gap）进发，这是孚日山脉和汝拉山脉之间的走廊地带，德军被步步逼近的美军赶入其中。法兰发现自己的吉普车被快乐的法国农民包围了，"姑娘们亲吻我们的脸颊，失去亲人的母亲们和我们握手，每个人都在我们周围快乐地跳舞"。有时候，事实证明，解放的喜悦有点过头了："法兰少校发现当地人的热情在军事上给他们带来了不便，当地人会敲响教堂的钟声来宣告他们的到来。"

法兰和他的士兵们并不是唯一骚扰撤退中的德军的特种空

勤团部队。尽管法国特种空勤团部队的行动不在本书记述的历史范围之内，但有一件事因为其纯粹的高卢人的勇气而不能不被记录进来。自8月以来，第3（法国）特种空勤团的吉普车部队在卢瓦尔南部地区进行了一系列成功的游击活动，破坏了通信，并配合当地抵抗力量进行了大量伏击。9月3日，据报道，一支规模庞大的德军纵队正在大塞讷塞（Sennecey-le-Grand）集结，那里是一个风景如画的勃艮第村庄，位于索恩河畔沙隆（Chalon-sur-Saône）以南10英里处。第3（法国）特种空勤团奉命阻止其撤退。第二天，当大约3000个德军士兵正在集结时，由盖伊·德·孔博·罗克布吕纳（Guy de Combaud Roquebrune）上尉率领的4辆吉普车纵队冲上大街，用机枪扫射。据信，在第一次袭击中死伤的德国士兵多达500人。到达村子的另一边后，孔博·罗克布吕纳发现他的逃跑路线被堵住了；他调转吉普车纵队的方向，试图像他刚才冲进大塞讷塞一样，再杀出去。但是现在德国人已经准备好了。一辆接着一辆，3辆吉普车和车上的人，包括盖伊·德·孔博·罗克布吕纳在内，都被摧毁。一辆吉普车，连同车上两名幸存的成员，不知怎么躲过了攻击，并被马基游击队偷偷带至安全地带。40年后的这一天，一座纪念碑在大塞讷塞揭幕，上面记载了所有特种空勤团战时牺牲者的名字：第1、2特种空勤团的英国人，第3、4特种空勤团的法国人，以及第5特种空勤团的比利时人。它还是关于特种空勤团的英国军团及其所有非英国成员在战争中牺牲人员的唯一纪念碑。

法兰在9月报告中的一些简单条目勾勒出一场扣人心弦、连续不断的行动，特种空勤团在一片混乱的战场上与分散的德军交战，躲避前进的美国人的炮火和撤退的德国人的猛烈报258

复，直到最后他们发现自己在一支已经战败但是仍然强大的军队中扎营：

9月4日：扬（Young）中士搞定了两辆军车……卡彭代尔（Carpendale）中尉的部队搞定了一艘10吨重的运兵车，上面载有30个德军士兵和1辆指挥车。

9月5日：麦凯（Mackie）中尉设下埋伏，半小时后，一支载有7名德国人的跨斗摩托车在距离他们50码时被伏击。只有1个德国人逃脱。

9月6日：姑娘们用花束围住了吉普车。因此，当一辆装有机枪的德国军车出现时，由于有那么多女孩在场，不可能用一架维克斯机枪连射两次。

9月7日：空投区降落的部队受到600名党卫队和4辆装甲车的袭击。法兰少校把6辆吉普车开到一片树林围城的小空地上，然后注意到西南角有个缺口，吉普车就是从那里撞过来的。[休·]格尼中尉[被派去]攻击敌人的正后方。他用机枪扫射德国步兵，尤其是一些站在土丘上的军官。法兰少校在返程途中埋伏了敌人的运输工具……德军进攻部队的上校及其副手被击毙。

9月8日：部队袭击了敌人的营舍……20名德国人在农家院里刮胡子时被杀，营舍被放火烧掉。

9 月 9 日：一卡车的德国人一直在各个村庄打听英国伞兵的情况……中队感到有点不安。村里的一些妇女尖叫着跑进树林……一大批在达尼森林（Foret-de-Darney）巡逻的德国人烧毁了沿途的农庄。

9 月 10 日：报告称德国人仍在搜寻特种空勤团……据说他们烧毁了埃讷泽勒（Hennezel）村，并枪杀了助理牧师。

9 月 11 日：法兰的部队从沃瑟莱（Vaucelles）穿过主路。他认为浪费伏击的机会是很可惜的。部队奉命布下地雷。刚刚完成布雷，就有两辆军车高速驶来。第一辆车安全通过了雷区，但第二辆被炸飞了。 259

9 月 12 日：格尼中尉袭击了一辆载有五名高级军官的军车。第二天，平民证实死去的高级军官中有一名将军……他还袭击并杀死了一些站在一艘 3 吨级的损坏的船旁的德国人。法兰少校决定让德国人为他刚刚度过的那个悲惨的夜晚付出代价，于是他组织该中队袭击了公路上的交通工具。

9 月 13 日：格尼中尉的部队向一辆弹药卡车开火。卡车爆炸了。格尼中尉因撞到背部而倒下，不久他就去世了。法国人后来描述了德国人如何踢开这名英国"恐怖分子"的尸体，但最终法国人被允许将格尼埋葬在村中的墓地里……德军的抵抗加强了，法兰少校中队的形势变得非常危险。

9 月 14 日：中队仍驻扎在方丹欧布瓦（Bois de Fontaine）的基地里。美国的炮弹落得很近，炸出了一条壕沟。没有人敢大声说话，每当有人掉下什么东西，他们都以为会有个德国人出现……另一支巡逻队被派去与美国人联系。

9 月 15 日：相当多的德国人大喊大叫，行动频繁。

9 月 16 日：到了早晨，几乎可以肯定德军已经撤退了……12 点，一辆美国装甲车乘员进入树林。整个中队几乎欣喜若狂。

特种空勤团终于与美国第 7 集团军的先遣部队取得了联系。"我们看到他们咧着嘴笑的杨基佬面孔，真是高兴极了，当场跳起了高地之舞。"在一场"异常猛烈"的战斗之后，法兰的部队以 17 名特种空勤团士兵和 16 辆吉普车的代价，造成了 500 多名敌人的伤亡，摧毁了大约 65 辆敌人的车辆和 10 万加仑汽油。

法兰称赞"华莱士行动"是对斯特林原则最纯粹的证明，"是未来特种空勤团工作的教科书"，用小股部队骚扰敌人后方，获取战略收益："在适当的时机和适当的国家，无论有没有当地居民的积极帮助，一支经过专门训练的小型部队可以取得与其人数不成比例的战果。"法兰被授予杰出服役勋章来和他的其他奖章搭配，但奇怪的是，他以帕迪·麦金蒂的名义接受了这个勋章，帕迪·麦金蒂是那只好战的爱尔兰山羊的主人。

　　早在 11 月，特种空勤团总部就搬到了埃塞克斯郡切姆斯福德附近的海兰兹庄园，这是一栋气势恢宏的新古典主义风格的别墅，有圆柱门廊，周围环绕着 500 英亩的庄园。军官们住在富丽堂皇的房子里，而士兵们则睡在散布在公园四周的半圆形活动营房中。每天夜里，在兼用于军官食堂的客厅里，牧师弹奏着大钢琴，而士兵们则高唱全团最喜爱的歌曲。酒水如潮水般涌来。据说有一次，帕迪·梅恩把吉普车开上了宽阔的主楼梯，他可能是在打赌。宽容的主人克里斯汀·汉伯里（Christine Hanbury）只是要求特种空勤团在酒醒之后拆除并挪走车辆。这里似乎与脏乱的卡布里特大不相同。在卡布里特，几个被太阳晒伤的新兵曾经用一架偷来的钢琴，在帐篷下弹出同样的祝酒歌。

20 风险偏好

人们常说，士兵们总是倾向于打最后一战；军事真理也适用于最后一场战斗、最后一场冲突、最后一次伏击。在法国中部的冲突中，敌人节节败退，盟军则不断挺进，即便不是稳步进行，也是大势所趋。特种空勤团在两军之间和德军后方开辟的战场上作战，效果显著。1944 年夏天，血流成河，德军被迫回到离自己边境越来越近的地方，军事行动策划人预计这种趋势将继续下去，纳粹后退，而盟军向前，直至德军最后被迫离开法国，翻过孚日山脉，回到德意志帝国。人们认为，随着一方军队继续向前推进，而对方军队不断撤退，特种空勤团的战术将继续奏效。这两种假设都是错误的。

从 1871 年到第一次世界大战，孚日山脉一直是法国和德意志帝国的边界。阿尔萨斯－洛林（Alsace-Lorraine）位于孚日山脉和莱茵河之间，是一个德国、法国人口各半的混合区，也是这个星球上被争夺得最厉害的地区之一：1918 年该地区被法兰西共和国吞并，但在 1940 年被希特勒的军队夺回。讲德语的居民在战前 20 年里被法国有计划地驱逐出境，但许多留下来的人仍然认为自己是德国人，并准备竭尽全力阻止盟军的推进，帮助德国保住对阿尔萨斯－洛林的控制权。

8 月中旬的一个晚上，一个聪明的、会说多种语言、喜欢冒险的间谍出身的士兵空降到孚日山脉寻找冒险机会和当地游击队首领，后者以一个华丽的化名"科罗内尔·马克西姆"（Colonel Maximum）① 作战。第 2 特种空勤团的亨利·凯里·德鲁斯（Henry Carey Druce）上尉率领一支小型先遣队在斯特拉斯堡（Strasbourg）以西 40 英里的穆塞（Moussey）村附近着陆。他的主要任务是找到一个合适的空投区，可以让更大规模的队伍到来。在法国抵抗力量的帮助下，特种空勤团随后将攻击通往德国的铁路线，封锁通道，伏击车队，并继续采取在更远的西部地区行之有效的行动，来阻止德军的撤退。"洛顿行动"（Operation Loyton）预计将持续 3 周，对早已虚弱不堪、仓皇奔逃的敌军给予致命打击；但事与愿违。

德鲁斯在 8 月 12 日着陆时，德国军队已经拥入该地区增援并控制了孚日；美军的推进将停滞不前。事后看来，第 2 特种空勤团的指挥官布莱恩·弗兰克斯（Brian Franks）上校说："孚日山脉地形复杂，加上阿尔萨斯－洛林并入德意志帝国的意愿，这些都表明德国人在孚日山脉西坡的抵抗将十分顽强。"德国人并没有逃跑，德鲁斯和他的手下不是在跟踪逃跑的敌人，而发现他们自己才像被猎杀的动物一样，在孚日山脉的森林和峡谷里被追逐、不断受到袭扰。

23 岁的德鲁斯出生于荷兰，母亲是荷兰人，父亲是英国军官。他是一名在桑德赫斯特受训的职业军人，在 1942 年被调到军情六处之前，曾志愿加入滑翔机飞行师。他在被占领的荷兰当间谍时被一个双重间谍出卖，结束了他的间谍生涯，被迫通过被占领的法国逃跑，穿着平民服装、说流利的法语来伪装自己。德鲁斯机智风趣、无忧无虑、耀眼高调，是一个有

262

---

① 意为"最高上校"。——译者注

"冒险癖"的怪人，喜欢穿灯芯绒裤子并戴着高顶礼帽。就在他跳伞的 24 小时前，他才被告知将由他来指挥先遣队，之前任命的队长在强烈的恐惧下退出了。陪同他的是一名隶属于特别行动处的法国军官——乔治·巴罗（George Baraud）中尉。

德鲁斯在凌晨 2 点前倒立着着陆。据他自己说，由于严重的脑震荡，他在接下来的 2 小时里都在"胡言乱语"。无线电操作员肯尼思·西摩（Kenneth Seymour）中士在着陆时左脚骨折了：他没法穿靴子，只能艰难地走路。德鲁斯还觉得"头脑有些发昏"，这时他的队伍受到科罗内尔·马克西姆指挥的游击队的欢迎。科罗内尔·马克西姆的真名是吉尔伯特·格朗瓦尔（Gilbert Grandval），他后来成为戴高乐总统麾下的劳工部部长。法国人立即拿起特种空勤团带来的所有枪支，然后护送德鲁斯和他的人到达他们在山顶的营地，那里有手持着几把生锈步枪的大约 80 名法国士兵、15 名逃脱出来的俄罗斯战俘和 1 名被击落的加拿大飞行员——卢·菲迪克（Lou Fiddick），他在温哥华岛上长大，在这荒郊野外也住得非常习惯。作为对已经被马克西姆的人征用的武器的交换，"他们同意提供食宿和保卫……算是一笔公平的交易"。

德鲁斯在战前曾到过孚日，"他很清楚地形"。他看起来好像在度假，"在乡间散步"，享受当地美食。他写道："我们吃了一顿丰盛的饭菜，睡了一整天。"德鲁斯一觉醒来，发现德国军队正拥入下面的山谷，但他不愿惊慌失措。"我并没有过于担心，因为德国人可能会出于各种原因出现在那里。"如果德鲁斯知道德国人出现的真正原因，他也会失去冷静：一个线人已经向德国人报告了特种空勤团的到来，该地区正在被彻底搜查。

由于害怕遭到报复，手无寸铁的法国人整日整夜地拥入营地。"真讨厌，"德鲁斯说，但这还不足以妨碍他睡觉，"我们增加了一倍守卫，上床睡觉了。"第二天早上，包括武装党卫队第17装甲掷弹兵师在内的数千名德国士兵蜂拥穿过策勒斯山谷（Celles Valley）。德鲁斯现在不得不承认德国人已"了解情况"并正在"派出大量人手"搜捕他们。他的结论是，去更高的山上建立一个新的基地，让自己与一大群吵吵嚷嚷、过于热情的法国人保持距离，这样会更安全些。"法国人很难在行动的时候不发出巨大的声响。"

经过2小时的行军，14名特种空勤团士兵发现了一条山路，随后突然遇到一支由40名德国士兵组成的巡逻队，他们"正忙着吃饭"，一开始没注意到正在靠近的英国人。德鲁斯试图悄悄地退开，但"不幸的是，一个德国人看到我们队伍的最后一个人，大叫一声'注意'，被他看到的那个人随即被击毙了"。尽管德鲁斯想发动进攻，但还是很不情愿地决定匆匆撤退："我的任务是增援，因此我不愿意为了几个德国人冒生命危险。不幸的是，这就意味着西摩中士会成为战俘，因为他还不能走路。"受伤的西摩对于自己被遗弃感到异常不快。

在接下来的两周里，德鲁斯和他的士兵一直在逃亡，他们被迫在孚日周围躲躲藏藏，躲在干草谷仓里或者露宿野外，但是随着秋天临近，天气越来越冷。"总的说来，大约有5000名德国人在追赶我们。"德鲁斯如此写道，尽管他和变化无常又苛刻的科罗内尔·马克西姆的关系不断恶化，但他还是和马基游击队保持着联系。这位法国抵抗运动领袖不明白，为什么特种空勤团部队在躲避敌人，而不是立即对德国人发动自杀式袭

264

击。德鲁斯写道："我解释说，我的任务是带来更多的特种空勤团部队，如果我活着就会有所帮助。"这种不确定性和紧张感被可怕的谣言加剧，"谣言说西摩中士已经开枪自杀，或中弹阵亡，又或是被刺刀刺死"。

食物快要吃光了。作为报复，德国人开始围捕穆塞村的男性居民，并把他们押进劳改营。3 周后，这种压力甚至开始影响到德鲁斯，他承认自己"感到非常沮丧和无助，并有强烈的冲动想要开枪并射击我们能找到的东西"。最后，德鲁斯在高原上一个偏远角落找到了一个合适的降落区。8 月 26 日 10 名特种空勤团援兵空降而至，接着是一封无线电报，大意是，第 2 特种空勤团指挥官布莱恩·弗兰克斯上校本人将在 4 天之内再率领 25 人登陆。德鲁斯正在等待他的指挥官到来，与他一起的还有一大队马基游击队，其中包括几名俄罗斯人。这时，他们在森林中发现一个名叫福奇（Fouch）的法国人。他声称是在"找蘑菇"。德鲁斯觉得此人非常可疑，下令审讯福奇。

8 月 31 日凌晨 3 点，头顶传来飞机的声音，片刻之后，装有补给和武器的罐子开始飘落在降落区，弗兰克斯和他的手下紧随其后。然后，混乱开始了。一个装满弹药的罐子在落地时爆炸了。马基游击队甚至在特种空勤团士兵落地之前就开始抢掠补给。混乱中，被俘的福奇抓起一把斯坦机枪冲了出去。俄国人虽然会说德语，但不会说法语，他们大喊："Achtung！"（德语：注意！）法国人在黑暗中听到德国人的声音，认定他们一定是受到了攻击，于是开始疯狂射击。与此同时，抢劫者们狼吞虎咽，大吃特吃。"一个法国人死于过度饮食"，德鲁斯记录道。还有一个马基游击队队员从一个罐子中取出一大块他以为是软奶酪的东西，狼吞虎咽地吃了下去，却发现那是塑性炸药，里面含有砷。然后他"吵闹地死去"。

在接下来的 1 小时里，德鲁斯尽可能多地聚拢了他能找到的伞兵，包括一着陆就立刻跑到树林里的弗兰克斯上校，他确信那"令人难以置信的噪声"一定是因为他们遭到了埋伏。"这个地方太危险了，我们无法停留"，德鲁斯写道。就在这时，马基游击队把福奇拖了进来，他在树林里被追了很久之后再次被抓了回来。德鲁斯没有心情宽恕他。"我命令枪毙福奇。巴罗上尉近距离射穿了他的心脏。"被认为是间谍的这具尸体被留在他被击毙的地方，但到了第二天早上，尸体不见了。"后来有人说他一直穿着防弹背心。"

在接下来的几天中，随着 6 辆吉普车的到来，这支部队获得了一定的机动性，开始使用已经熟练的游击战术来进行反击。3 辆德军参谋部的车和 1 辆卡车在通往穆塞村的路上被毁。过了一会儿，一辆老爷车出现了，也遭到了袭击并被逼到了沟里。后来人们发现里面坐的是村长皮（Pi）先生，他是抵抗运动的领袖，不知怎么，他从那辆老式电动马车残骸中毫发无损地走了出来，并给弗兰克斯上校送去两瓶香槟酒，还带来一条好消息："谢谢你今天早上为我开的炮。"

经过 6 个星期的挫败后，德鲁斯终于有机会向德军发起进攻了。在一天早上，他带领一支由 3 辆吉普车组成的车队进入穆塞村，当时一名党卫队指挥官正在集结部队，德鲁斯在 40 码开外开火，打完几盘弹药后跑回了山里。混乱中，占领穆塞村的 250 名德国士兵撤退了，他们认为德鲁斯的袭击肯定预示着一场更大规模的进攻。两名涉嫌为法兰西民兵从事间谍活动的法国阿拉伯人被德鲁斯截获，当场被枪毙。

266

到 9 月底，前进的美军——乔治·巴顿将军的第 3 集团军——因补给不足，暂时停滞不前。科罗内尔·马克西姆宣布，"在美军到达之前"，他的马基游击队不打算再进行战斗。德国人继续在该地区搜寻特种空勤团。

一场奇怪的僵局开始了。食物越来越少，士气也越来越低落。弗兰克斯手下至少 20 人失踪，据信是在行动中被击毙或被俘虏。但就在这个时候，来自一位法国抵抗运动领导人的意外情报从天而降：第 21 装甲师的详细战斗指令。第 21 装甲师是他们沙漠战争的老对手，在诺曼底被大量歼灭，现在通过合并另外两个装甲师而改头换面。这份机密文件是如何获得的还不清楚，但是在盟军总部，对第 21 装甲部队实力的准确描述将被视为一颗价值连城的明珠。弗兰克斯派德鲁斯身着便服，在加拿大飞行员费迪克的陪同下去西边，与美军联系并传递这一重要情报。德鲁斯还要"向美军说明我们的处境，并提供他们可能需要的任何信息"。

两天后，弗兰克斯收到一条无线电信息，说德鲁斯在 3 次穿越德军防线后，安全抵达第 3 集团军。德鲁斯立即被空运到海兰兹庄园的特种空勤团总部进行汇报。仅仅 24 小时后，他带着一台新的无线电、给弗兰克斯的命令、一些给士兵们的信件和一箱威士忌再次跳伞降落到法国东部。然后他开始往回走，回到孚日山脉的营地，那里的情况一天比一天糟。

在过去的几周里，德国军事情报机构通过审问俘虏以及从当地的线人那里获得消息，越来越准确地掌握了他们在孚日战斗的对象和内容。第 2 装甲师情报科的一份标有"秘密"标志的报告题为《特种空勤团部队的出现》，它详细描述了该部队的任务、装备和兵力。报告里说，这支英国部队擅长"单兵作战，特点是伏击、诡计、在肉搏战中使用手持式武器（指节套环、匕首等）"，并警告道："在意大利战役和法国战役中的经验表明，特种空勤团成员接受过这种工作的专门训练。他们的活动极其危险。发现特种空勤团部队需立即报告。"德国人甚至搞到了与后方的秘密行动部队相对应的名字，虽然拼错了："第 1 特种空勤团的指挥官是凯恩上校［原文如此］。第 2 特种空勤团的指挥官是凡克斯上校［原文如此］。"德国人对特种空勤团的行动了如指掌——这令人生疑。

当德鲁斯回到孚日时，弗兰克斯已经得出结论，他们不得不放弃"洛顿行动"。该行动原定进行 3 周，至此已持续了 2 个月。德国人沿着摩泽尔河加强了兵力，而美国第 3 集团军则静止不动。德鲁斯承认"我们真的被困住了"。特种空勤团已经牵制住了数千名德国士兵，摧毁了多条铁路线，并让科罗内尔·马克西姆和他的马基游击队队员重拾信心，尽管只是短暂的信心。但是追击正在撤退的德军的构想没有奏效，原因很简单：德军已经停止撤退。到 10 月 9 日，这些人的口粮只够再维持 24 小时了。"我们没有炸药了，再空投补给的可能性似乎微乎其微。"秋天接近尾声，刺骨的寒风在山间呼啸而过。"我决定结束这次行动，并指示各方尽最大努力前往美军前线"，弗兰克斯写道。部队分成 4~6 队，一支 6 人殿后部队则被留下来等待一支未能返回的破坏小队。第二天，在弗兰克斯和其他人离开几小时后，党卫队由一名法国线人带到营地并发动了袭击。经过 1 小时的激烈抵抗，6 名特种空勤团士兵和 1 名落单的马基游击队队员投降，被关押在萨尔斯。6 天后，俘虏们被赶到拉格朗德福塞（La Grande Fosse）路边的一片松林里；这些人被带下卡车，戴着手铐，一个接一个被带走，然后

268

被枪杀。

弗兰克斯、德鲁斯和其他二十几人回到了美军前线。穆塞村总共有 210 名男性居民被押往德国囚禁，仅有 70 人得以返回。

在"洛顿行动"中被俘的 31 名特种空勤团士兵中，除 1 人外，其余全部被杀害。肯尼思·罗伊·西摩中士是无线电操作员，行动伊始他就被俘了，但奇迹般地幸存下来，从那时起他就一直是人们猜测和指责的对象。

西摩是来自伦敦南部萨顿的 22 岁供暖和照明工程师。这位年轻的通信员一生中从未为被俘、监禁和纳粹审讯做过任何准备。他在战后对苦难经历的描述是对人类韧性的非凡证明。8 月 17 日，西摩因脚伤无法行走，被德鲁斯留下，在孚日的蜿蜒山路上等待被俘。西摩讲述说，他并没有顺从地投降，反而爬到路边一块凸出的岩石上，守在里面，用一挺布朗轻机枪、一支卡宾枪和一把点 45 口径的左轮手枪，与一支庞大的德国军队作战。他抵挡了袭击者 1 小时，对方显然认为自己面对的是一支强大的部队；当布伦轻机枪弹药用尽时，他就用卡宾枪，然后是左轮手枪。最后，大约 15 名德国士兵围成半圆袭击他，并向他投掷手榴弹，迫使他现身。西摩写道，当他被拖过一队嘲笑他的德国士兵时，"每个人都用手枪敲了我一下"。他还拎着左脚的靴子，光着一只脚一瘸一拐地前行。一名士兵抓住这只靴子并把它扔进了灌木丛。当西摩抗议时，"他们用手势回答说，我不会再需要它了，因为我要被枪毙了"。

269

"我被押到最近的一棵树旁，靠在树上。两名士兵被指定为行刑队，他们正在瞄准时，一名高级军官向他们跑了过来。他命令行刑队不要开枪，我被带走接受审讯。"

西摩的审讯员英语说得很好，带一点儿美国口音。他是盖世太保军官威廉·施耐德（Wilhelm Schneider），是德国情报机构在阿尔萨斯－洛林的高级官员。西摩毫不怀疑自己做出的选择。"如果我不说实话，那对我来说就更糟了。"他交代了自己的姓名、军衔和序列号，但仅此而已；在被追问时，他承认自己是一名"侦察"队员，但拒绝透露任何有关任务的细节。当施耐德要求他说出伞兵空投区时，西摩说他"给出了令人信服的答案，但不是真实的"。西摩被带到纳特兹维莱－史特鲁特霍夫（Natzweiler-Struthof）附近的集中营（此时这里是法国境内唯一的集中营），他得到一杯黑咖啡和一块不新鲜的面包，然后接受了进一步的审讯。有一次，施耐德出示了一套缴获的英国无线电设备，连同一个一次性便签（英国密码系统的密钥）和写在丝绸上的密码。"我回答说我对无线电通信一无所知。"

在接下来的6个月里，西摩被从一个德国集中营转移到另一个，反复接受审讯。他经常被单独囚禁，被迫睡在地板上，只盖一条毯子。他的皮肤上长出了严重的疥疮和脓疱疮。在被囚禁了1个月后，西摩和十几名被俘的美国飞行员被押上一辆运牲口的货车，并被告知他们将被带到法兰克福接受进一步审讯。火车驶入卡尔斯鲁厄（Karlsruhe）时，城市遭到盟军空袭。俘虏们被迅速卸下来，塞进了一个地下避难所。1小时后，他们出来时发现卡尔斯鲁厄"几乎被夷为平地，正燃着熊熊烈火"，当地居民非常愤怒，想立即进行报复。

西摩回忆说："如果他们抓到我们，就会用私刑处死我们。""女人们在歇斯底里。他们以为我们是在突袭中被击落的机组人员……他们向我们扔石头和任何他们能找到的东西。

我被一块砖头砸到了头。骑自行车从我们身边经过的人打我们，人行道上的人从守卫中间冲过来，有一个人更是用胳膊勒住一位飞行员的脖子，用拳头猛击他的脸。如果军人没有动手干预的话，我相信我们不会活着到达车站。"

随后又是经历了一连串的集中营，每个都比前一个更残酷。1945 年 2 月中旬，西摩被监禁在德国空军第 3 战俘营（Stalag Luft Ⅲ），位于波兰西部扎甘（Żagan）附近，这个集中营因为电影《大逃亡》（*The Great Escape*）而闻名。一天早晨 5 点钟，他和其他俘虏被从床上叫醒，并被告知准备移送。远处可以听到俄罗斯人的枪声。根据西摩的描述，他们被迫向法兰克福北部巴德奥尔布（Bad Orb）的第 9 – B 战俘营地走了42 天。他现在可以穿两只靴子了，但仍然一瘸一拐的。配给品从糟糕透顶变成完全没有。第一个星期，囚犯们"睡在外面的雪地里，没有毯子"。很多人死于饥寒交迫。最后，他们抵达了集中营。"这时候，每个人都很虚弱，营养不良，大多数人还患上了痢疾，我也是其中之一，许多人还被冻伤了。"

两周后，营地里谣言四起，说美军正在逼近，两天后，德军司令官把指挥权交给了英国高级军官。西摩写道："德国卫兵走了出去，把集中营交给了我们。"第 9 – B 战俘营在 1945年 4 月 2 日被解放。西摩被空运回英国，在一家部队医院里接受治疗，直到他康复并回到萨顿。在那里，他立即与他相恋多年的心上人帕梅拉·沃恩（Pamela Vaughan）订婚了。

西摩的故事体现的是一种极大的痛苦和英雄般的担当。它令人振奋，甚至可以说是鼓舞人心的。

但这可能是完全不真实的。

西摩声称自己曾在孚日山区与数十名德国士兵单枪匹马地

作战，这种说法非常可疑。根据一种说法，他的腿受了重伤，在部队遇到德国巡逻队时，两名马基游击队队员用担架抬着他。既然西摩肯定会被抓获，就不可能给他留下一挺珍贵的布伦轻机枪。

西摩的指挥官亨利·德鲁斯强调说："他从来没有开过一枪。"

在战后接受战争罪审判时，盖世太保军官威廉·施耐德的证词显示，西摩非但没有拒绝谈话，反而非常配合，因为他不仅透露了行动的细节，还"展示了如何使用无线电设备和秘钥"。另一名德国军官朱利叶斯·格鲁姆（Julius Gehrum）证实了这一说法："那个脚有伤的俘虏回答了施耐德的问题，施耐德后来对我说'有了这个人，我们可以开始做些什么了'。"

施耐德受到了第 21 集团军总检察长亨特（Hunt）少校的审讯。

"你审问了西摩，是吗？"

"是的。"

"你以为你能从西摩那里得到一些东西，是吗？"

"是的。"

"你说过你确实从西摩那里得到了一些东西，是吗？"

"是的。"

"除非你在撒谎，你确实是从西摩那里得到了一些非常重要的信息，是吗？"

"在当时是非常重要的信息。"

"那是军事情报，是吗？"

"是的。"

施耐德暗示说，西摩非但没有受到胁迫和威胁，反而从他被俘的那一刻起就愿意谈话。 "他很生气，他们就这样走了……留下了他，让他很无助地躺在那里。"

随后亨特盘问了西摩，反复指出，其他被俘的特种空勤团成员在几小时内就被处决了，而他却得以活下来。有时候，似乎坐在被告席上的是西摩，而不是施耐德。

"你不能给我任何你没有被击毙的理由，是吗？"

"没有。我唯一能想到的是，我是第一个被俘的。"

"我有点不明白。你说，你给德国人提供了虚假的情报？"

272

"是的。"

"是什么让你这么说的？是因为你受到了威胁，还是什么别的原因？"

"我真的不知道。"

"你本可以什么也不说，是不是？"

"是的。"

"你认为给他们提供虚假情报是一种妥协吗，你是这么想的吗？"

"是的，我想是这样的。"

"无论如何，这会让枪杀推迟一段时间，你是这么想的吗？"

"我只是想保持乐观。"

亨特驳斥了西摩向德国人说谎的说法，认为如果他提供的信息没有产生效果，施耐德会怀疑他得到的是虚假信息，那么西摩肯定会被杀。

"你说你告诉德国人关于着陆灯的事情是假的……有没有人来告诉你，他们已经试过了你提供的信息，但并没有抓住空降部队吗？"

"没有，根本没有人来找我。"

亨特没有直言不讳地指责西摩故意与敌人勾结、把一切都告诉了施耐德，从而保住了自己的性命。亨特阴沉地说："你描述了一个人审问你的场景，而他其实根本没有威胁你。"

指望盖世太保军官面对绞刑架时的证词，在道义上是愚蠢的。施耐德完全有理由把罪责转移到西摩身上。也许这位年轻的无线电操作员真的如他所述单枪匹马打了一仗，然后巧妙地把虚假信息传递给德国人，同时又对他所了解的军事细节保持了沉默。但是检察官显然不这么认为，西摩幸存下来的战友们也不这么认为。"他作为证人的价值令人生疑"，战后对特种空勤团人员牺牲的情况开展调查事件的情报官员表示。德鲁斯一如往常，直言不讳地说："我们把西摩当作叛徒。"

回首往事，那些人很容易会被指责为是背信弃义的。西摩自愿加入"洛顿行动"并跳伞进入孚日地区，表现出了崇高的勇气。但当要在抵抗还是死亡、合作还是生存之间做出选择时，他似乎选择了一条更人性化、不那么英勇的道路。每个人都愿意相信自己不会做同样的事。但很少有人真的遇到置身于可能出现那种选择的处境。西摩遇到了。

在他们毫不知情的情况下，特种空勤团的人变得出名，非常突然而且令人不安。截至此时，这支部队几乎一直处于完全保密的状态，部分原因是为了行动安全，但也有部分原因是特种空勤团的非正统行动在某些人看来，仍带有一丝不光彩。在1944年夏天，指挥官们第一次被正式允许谈论他们的行动。英国媒体知道了特种空勤团，为此大做文章："英国最浪漫、最勇敢、最秘密的军队""在隆美尔身后的静悄悄的人""幽

273

灵军队为盟军铺平了道路"。一些更传统的军事人物可能仍然
觉得特种空勤团的行动是不道德的，但公众肯定不这么想。斯
特林正在寇地兹堡饱受煎熬，他不知道在英国，他被誉为
"一种罗宾汉式的行动体系"的先驱。这种无赖的冒险精神，
加上明显缺乏细节，让人们对特种空勤团的故事产生了渴望，
这种渴望经久不衰："终有一天，他们在法国的丰功伟绩会被
公之于众，但目前他们必须保密。"

1944 年 10 月 8 日，德怀特·艾森豪威尔将军给特种空勤
团部队指挥官麦克劳德准将写了一封信，祝贺"特种空勤团
部队各级官兵为盟军远征军的成功做出的贡献"。

274

敌人对特种空勤团部队的残酷攻击表明，通过你们自
己的努力和你们提供的有关德军部署和行动的情报，你们
可以对德国武装部队造成伤害。许多特种空勤部队仍在敌
后；其他部队正在为新任务进行改革。我要对他们所有人
说："干得好，祝你们好运。"

这些新任务包括重返意大利、把战争带到德国的土地上，
以及当希特勒的帝国在血腥和残酷中走向灭亡时，特种空勤团
必须面对前所未有的野蛮战争。

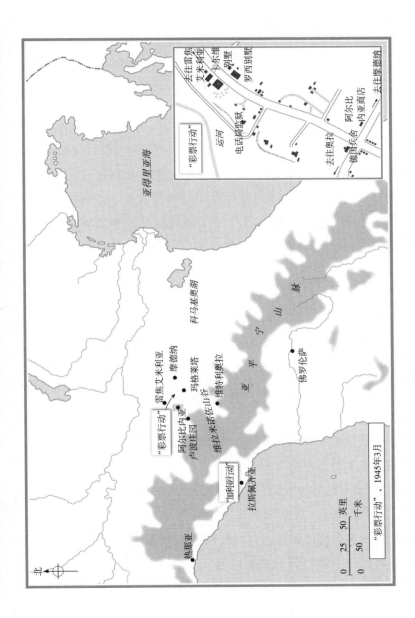

21　盟军营

　　　1945 年 3 月 26 日下午，两名年轻的意大利女子骑车进入雷焦艾米利亚（Reggio）① 南部的小村阿尔比内亚（Albinea）。阿尔比内亚平常仿佛一潭死水，但那一天相当热闹。德国第51 军在镇上设立了司令部，在沿着亚平宁山脉撤退的德军最后防线以北约 20 英里处。德国军官强征了阿尔比内亚两幢最大的建筑物并居住在那里：位于主干道东侧宏伟一些的罗西别墅（Villa Rossi）是部队指挥官的司令部，而道路对面树木环绕的卡尔维别墅（Villa Calvi）里住着德军参谋长和官僚们。每栋别墅外面都有 4 个哨兵，检查每一个进来的人的证件。村子周围的沙袋壁垒后面建起 6 个机枪哨所，一支由 8 人组成的德军巡逻队在主要街道上来回巡逻。第 51 军已经在这里驻扎了很长时间。

　　这两个穿着意大利农民衣服的女子并没有引起什么注意。她们花了半小时小心翼翼地观察这个司令部周围的活动，并与哨兵们调情，然后沿着来时的路往回走。

　　1 小时后，她们来到了卢波庄园（Casa del Lupo），这是一个远离大路的农场，有一个通常用来放牛的大棚，现在里面住着特种空勤团麾下有史以来最古怪的一支部队：20 名英国

---

① 　全名为 Reggio Emilia。——译者注

士兵，40 名意大利游击队队员和大约 60 名俄罗斯人，德国军队的逃兵以及由 1 名傲慢的俄罗斯中尉率领的逃犯。他们的成员中还有一位身穿短裙的苏格兰风笛手。

这群奇怪的乌合之众是由罗伊·法兰少校领导的，他仍然以帕迪·麦金蒂的化名在战斗。

通过翻译，这两名女游击队队员报告了德国部队在阿尔比内亚的部署情况。她们估计该镇约有 500 名士兵，其中大多数住在两幢别墅以南的兵营里。法兰下达命令：部队将在天黑后悄悄进城，并于凌晨 2 点发动进攻。这是一个典型的大胆计划；但是，由美国将军马克·克拉克领导的第 15 集团军群也明确否决了这一提议，而法兰应受其指挥而行动。不管怎样：法兰的命令在德军中散播了警告，给人留下了大量英国伞兵正在后方行动的印象。在他看来，在午夜时分用那帮形形色色的匪徒把一个德军司令部炸得粉碎，不失为一个良好的开端。

在过去的几个月里，特种空勤团分散到了欧洲各地。第 1 特种空勤团的两个中队在英国度过了圣诞节，帕迪·梅恩正在计划下一阶段在北欧的行动。第 4（法国）特种空勤团和第 5（比利时）特种空勤团和第 1 特种空勤团的一支中队被部署到阿登高地（Ardennes），以加强对德军在 1944 年 12 月 16 日发动反攻的防御。

令情报官员、沙漠老兵鲍勃·梅洛特非常满意的是，他发现自己被部署在了布鲁塞尔，这是他 49 年前出生的城市。他搬去和他的母亲同住。梅洛特曾在利比亚、意大利以及被占领的法国死里逃生；他多次证明了自己的坚忍不拔，经受住了多次伤痛，他似乎是打不死的，在年轻的新兵看来，他的年纪太

278

大了。11 月 1 日，他开着吉普车去布鲁塞尔郊区参加一个聚会，突然车打滑溜出了公路，掉进沟里，他的头撞到防弹的挡风玻璃上。当救援人员到达出事的车旁时，梅洛特已经失血过多而死。他被埋葬在布鲁塞尔城市公墓，他的棺材由 6 名特种空勤团士兵抬着。梅洛特已经成为这支部队受人爱戴的福神，尽管这位有些喜欢讽刺人、会说阿拉伯语的比利时人看起来似乎不像是无情的英国特种部队会招募的士兵。但是，勇气就像死亡一样，很少出现在预料之中的地方。

由于山区地形和当地游击队的反复无常，在意大利北部后方的行动进行得特别困难。在法兰潜入阿尔比内亚的 6 个月前，第 2 特种空勤团一支 32 人小队在"加利亚行动"中空降到拉斯佩齐亚北部乡村，奉命攻击不断变化的前线后方的补给线。队伍领导人鲍勃·沃克－布朗（Bob Walker-Brown）上尉是一名苏格兰外科医生的儿子，他在成功挖地道从意大利战俘营逃出来以后就加入了特种空勤团，他从下水道爬向了自由，然后走到盟军防线。他蓄着浓密的大胡子，有着直率豪爽的幽默感，上流社会的口音很重，以至于士兵们几乎听不懂他的命令。他有个习惯，每句话之后都要加一个"什么，什么"，因此为自己赢得了一个"什么什么上尉"的绰号。他的主要任务是欺骗德国人，让他们以为整个空降团都已经着陆了，从而牵制德军对美军第 5 集团军进攻的反击。他的命令是"尽可能在最短的时间内让敌人知道特种空勤团的存在"。沃克－布朗为了达成这个目标，攻击了热那亚和拉斯佩齐亚之间的所有目标：他伏击热那亚道路上的车队，用迫击炮打击了被德国和意大利法西斯军队占领的村庄，向敌人前进中的纵队开火，在一次特别精彩的出其不意的行动中袭击了一辆指挥车，后来发现车上有"一名法西斯高级官员",后者那时已经死亡,一个手提箱里装着大约 1.25 亿里拉。

德国人现在确信特种空勤团来到了他们中间,于是展开了一场密集的搜捕行动,据一名德国俘虏说,他们相信自己正受到至少 400 名伞兵的攻击。沃克-布朗为他的队伍膨胀了 10 倍而"颇为得意"。正当躲在一个荒芜的村庄里时,他突然接到游击队的消息,"观察[到]250 码处有一大队德国人正在以一个拉长的队形有序向前推进"。他决定越过欧洲最高、最冷的山脉撤退。

这支部队的大部分装备不是丢了就是被游击队偷走了,包括口粮、帆布背包和睡袋。无线电坏掉了。赶骡子的人和他们的骡子一起逃跑了。沃克-布朗写道,穿过戈泰罗山(Monte Gottero)的山路覆盖着"一片片坚硬的冰"。"当时的天气非常恶劣。天很冷,地上覆盖着厚厚的积雪,[这]使得行动极其困难并且乏味。"他们在雪地里跋涉了 24 小时,有的地方积雪齐腰深,他们终于翻过了山顶,却发现一支由德国滑雪部队和蒙古士兵组成的联合部队正在对他们紧追不舍,只落后他们不到 1 小时的路程。那一大群坚守戈泰罗山的游击队队员"一听到这个消息,就立刻消失在山里了"。沃克-布朗在博斯凯托(Boschetto)的山村稍做停留,然后继续向前走。"到这个时候,我们已经连续走了 59 小时,没有食物,也没有休息。"特种空勤团离开博斯凯托 1 小时后,这个村庄遭到 2000 名德国人的袭击,游击队队员被俘后遭到杀害。追兵们最终放弃了追捕,沃克-布朗疲惫不堪的部队得到了一丝喘息的机会,但是到 1945 年 2 月初,他断定他的士兵们病得太重,已经筋疲力尽,无法再继续作战了,于是他们向前线进发。"由

280

于这些人的身体状况，他们在行军的最后阶段不可能携带太多东西。"沃克－布朗决定"不惜一切代价到达盟军前线"，在只剩下一听牛肉罐头的情况下，他率领着他的士兵翻过了海拔5500英尺高的阿尔蒂西莫（Monte Altissimo），涉水通过了马格拉河（River Magra），最后与一支美国前锋巡逻队取得了联系。他"因展现出游击技巧和个人勇气"而被授予杰出服役勋章，但是他还应该因为他低调地完成了使命要求之外的任务而再获得一枚勋章：他说，这次长途跋涉"既困难又累人［什么，什么］"。沃克－布朗的队伍中只有6人被俘，但他估计，他们杀死了100～150名德国人，摧毁了至少23辆汽车，并牵制了数百名敌军士兵，让后者在本应该与美军作战的情况下，继续扫荡山区。

那次行动是罗伊·法兰在"彩票行动"中的计划的预演，"彩票行动"展现了特种空勤团在意大利战役中盛大而残酷的结局。

"这次行动的细节很可能来自弗瑞斯特的一本书"，法兰写道，他指的是 C. S. 弗瑞斯特（C. S. Forester）的著名冒险小说《霍恩布洛尔》（*Hornblower*）。1945 年 3 月 6 日，一支伞兵先遣队在雷焦艾米利亚南部安全着陆，遇到了意大利游击队。法兰曾接到第 15 集团军群司令部的指示，要他留在佛罗伦萨协调行动；他可以和这些士兵一起飞往空降区，充当调度员，但是绝不能跳伞。他后来声称他是"误从飞机上掉下来的"。要阻止法兰率领他的部队投入战斗，单凭命令是不够的。

一落到地面，他就着手用一些特别不被看好的成员来组建游击队："140 多名政治关系复杂的意大利人"、大约 100 名俄罗斯人和仅仅 40 名训练有素的特种空勤团士兵。还有大概 15 名女游击队队员，她们是通信员（"信使"）和情报搜集人员。法兰的新部队穿着各种令人眼花缭乱的制服——意大利的、美国的、英国的，还有令人困惑的德国军服，留着浓密的胡须，戴着头巾和非军用的帽子。"很多人只有一只眼睛"，法兰指出，有几个人没有鞋子，所有人都"拿着刀、手枪、冲锋枪和步枪，武装到牙齿"。

"这些成员的出现确实让我非常震惊"，法兰在检阅他麾下的部队后写道。他断定，他们很像"描绘瓦特·泰勒（Wat Tyler）起义的画"中的人物。

他们的军事才能也像他们的服装一样是各种各样的。一些意大利游击队队员是经验丰富的山地战士，但"其他的人都毫无用处"。意大利共产主义游击队；由一位名叫唐·卡洛（Don Carlo）的英俊年轻牧师领导的基督教民主党"绿色火焰"；还有一个新成立的右翼组织，由一名强盗般的腐败前军需官领导，人们只知道他叫"黑胡子"——这三者之间郁积了强烈的敌意。俄罗斯人勇敢热情，但是难以捉摸。他们的领导是维克托·皮罗戈夫（Victor Pirogov），他曾是一名红军中尉，从德国战俘营逃出来，用维克托·摩德纳（Victor Modena）这个更具有意大利特色的名字战斗。他是"一个来自斯摩棱斯克（Smolensk）的俄罗斯人，身材魁梧，一头金发，有着迷人的笑容和一名游击队队员的好名声"，他头戴蓝色尖顶水手帽，脚穿德国长筒靴，脖子上缠着一条蓝色降落伞绸缎。

最初从法兰的山区基地发起的一系列突击，并没有让他确信他的新兵能胜任这项工作：俄罗斯人"在出现一些伤亡后，282

战斗意志明显减弱"；如果没有特种空勤团的督促，"意大利人就只是混日子"。尽管如此，在"威胁和劝说"的混合作用下，加上空投的食物和弹药补给，法兰相信他能给这支"异质部队"灌输某种军事纪律。他们取了盟军营（Battaglione Alleata）这个名字，或者不太正式地称自己为麦金蒂部队。

法兰知道，制服无论多么近似，都能增强凝聚力，他给基地发了一条信息，要求他们送一批贝雷帽来，要有绿色和黄色的羽毛装饰。此外，这支部队还在编织徽章上用意大利语印上了特种空勤团的格言："勇者必胜"。女信使们在口袋上绣着"麦金蒂"和一个由弓箭组成的徽章。最后一个华彩乐章是，"为了给本就色彩斑斓的组合部队增添个性"（好像它真的还需要一样），法兰从总部召来了一名来自高地轻装步兵团的风笛手大卫·柯克帕特里克（David Kirkpatrick），于是他的第一次跳伞就是降落下来加入这个奇怪的团队。"他是不是穿着短裙跳伞的并没有记录下来"，法兰写道，他后来承认，他是想要行动中有苏格兰音乐伴奏，"来调动意大利人的浪漫思维并满足自己的虚荣心"。同时，一门更实用的75毫米榴弹炮也被空投下来了。

这个营已经训练了两个星期，这时，负责与当地游击队联络的特别行动处军官迈克尔·利斯（Michael Lees）在法兰的头脑中灌输了一个计划。德国第51军在仅20英里远的阿尔比内亚建立了司令部：这是个诱人但又困难的目标。"长期以来，我一直在考虑在敌人前线后方的核心地区开展一次真正大规模的行动［并想象自己］……率领一支游击队。"然而，佛罗伦萨的高层却持不同意见。第15集团军群司令部最初批准了对阿尔比内亚的袭击，并投放了一批有用的空中侦察照片。随后他们收到情报，称德国人正计划对游击队发动袭击，并明确命令法兰不要继续行动。法兰再次无视了这个命令，后来用一种虚伪的语气写道："不幸的是，我的无线电设备在山区接收到取消命令时，我已经在去往平原的长途行军上了。无论如何，一旦派了一支游击队来进行这样的攻击，计划的任何改变都会对游击队的士气造成毁灭性的影响。"

　　到 3 月 26 日上午，100 多名突击队员被安置在距离阿尔比内亚 10 英里的卢波庄园的牛棚里。法兰派了两名意大利信使，瓦尔达（Valda）和诺里斯（Noris），去侦察目标。"一个迷人的女孩可以骑着自行车穿过德军控制的村庄而不受惩罚，还能搜集到重要情报，"法兰说，"一个女人怎么才能让士兵开口说话呢？"诺里斯是一个特别引人注目的人："一个高高的黑发女孩，有着爱尔兰式的蓝眼睛，像母老虎一样勇敢又危险，完全忠于英国战友。"在营地里，她戴一顶红色贝雷帽，穿战斗服衬衫和一条用军毯缝制的裙子，腰带里别着一把手枪。法兰很少怕什么，但他有一点儿怕诺里斯，简直被她迷住了。"诺里斯抵得上 10 个男游击队队员。"她和她的伙伴 5 小时后回来报告说："阿尔比内亚似乎一切正常。"

　　3 月 27 日拂晓前，在雾蒙蒙的夜色中，突袭队三五成群地从牛棚里出来，向镇上走去。一到阿尔比内亚，俄罗斯人就横跨路面设置了警戒线，"切断目标的援军"。几百名德国人睡在南面约 400 码的兵舍里。枪声一响，这些人肯定会涌上大路，维克多·摩德纳和他的士兵就等着伏击他们。两支突击队，每支由 10 名特种空勤团士兵和 20 名意大利游击队队员组成，蹑手蹑脚地向两幢别墅走去；法兰和剩余的部队提供火力

283

掩护，并在 20 分钟后发射信号弹，发出撤退的信号。

凌晨 2 点过后几分钟，伴随着一声枪响和风笛发出可怕的长而高的声音，风笛手大声演奏《高地少年》（*Highland Laddie*）来为这场突袭加入了他自己的超现实元素。守卫别墅的哨兵"在意识到自己受到攻击之前"就死了。罗西别墅的前门敞开着，几分钟前，指挥 51 集团军的将军、1 名师长和其他 37 名官兵正在那里安静地睡觉。突击队冲了进来，疯狂地射击并投掷手榴弹。屋顶上的汽笛响起了警报，屋子里所有的灯似乎都点亮了，屋子里的人从睡梦中惊醒，抓起武器，以被逼得走投无路的绝望速度做出了反应。走廊里发生了激烈的战斗，子弹从大理石墙壁上呼啸而过。"经过激烈的战斗，一楼被占领，但是德国人在楼上猛烈抵抗，从螺旋楼梯上向下开枪并投掷手榴弹。"冲上楼梯的企图被击退了；第二轮攻击也被击退了，造成两名特种空勤团战士牺牲：一名军官，一名士官。幸存下来的德国人试图逃跑：6 人在楼梯上被枪杀，2 人投降了。意大利游击队队员来"对付"他们：在法兰的简易执行代号里，这指的是即刻处决。20 分钟后，突击队撤退，留下一楼厨房的大火在熊熊燃烧。

在公路另一边的卡尔维别墅中，另一场恶战仍在进行。袭击者发现门被锁上了，于是用火箭炮和布伦轻机枪炸开门锁，然后用力地推开门，扔进一束手榴弹，冲了进去。这一拖延使得守军有了更多的时间来准备，又一场残酷的近身战斗开始了。"喧闹声震耳欲聋"，一名特种空勤团的参与者说。经过几分钟激战，德国人再次从螺旋楼梯撤退到楼上，留下 8 具尸体，其中包括参谋长勒麦尔森（Lemelsen）上校。袭击者从草坪上向楼上用布伦轻机枪和火箭筒扫射。木质家具、文件和窗帘被拖到楼下的登记处和地图室，袭击者用塑性炸药和一瓶汽油将其点燃。法兰如鱼得水："子弹到处飞舞，到处都是挑衅的笛声……"当袭击者们撤退时，大楼正在"猛烈燃烧"。

不出所料，德军迅速从兵营里出来，向北冲去，企图解救别墅里被困的人，结果却遇到分散埋伏在马路上的维克托·摩德纳及其士兵。"俄罗斯人非常精确地予以还击，他们的包围圈在攻击中始终没有被打破"，法兰带着略感意外的认可写道。

在法兰的信号下，袭击者先是向西，然后向南，在破晓时 285分绕了一个大圈回到卢波庄园的会合点。部队撤退后，卡尔维别墅爆炸了。法兰写道："天空都被燃烧的别墅映红了。"

大雨倾盆而下，他们用担架抬着伤员，靠着苯丙胺片撑着，这支部队在"遍地的德国人中"穿过整个村子，回到了山里。22.5小时后，他们到达了位于维拉米诺佐山谷（Villa Minozzo valley）的营地。这时候，法兰腿上的旧伤复发，无法行走，让他很尴尬的是，他是被一匹小马驮回来的。游击队队员们"一遍又一遍地为麦金蒂和盟军营欢呼"，立即举行了一次聚会："煎蛋、面包和一加仑一加仑的酒……"随着风笛的吹奏，特种空勤团向游击队队员们展示了苏格兰传统舞蹈——八人里尔舞，法兰称这是这场战役中"最伟大的时刻之一"。

法兰计算出至少有60个德国人在阿尔比内亚袭击中丧生。第51军的指挥中心被彻底摧毁，连同"大半个司令部的文件、档案和地图"。卡尔维别墅已经被拆除，罗西别墅也被损毁至无法修复。一支由英国伞兵和游击队队员组成的联合部队成功渗透并摧毁了一个德军基地，这个基地远远坐落在敌人战线后方，在守军看来，这个基地戒备森严，远离战场，似乎坚不可摧。毫无疑问，驻意大利德军第 14 集团军指挥官的亲属勒麦尔森的死，进一步加强了此次突袭对德军士气的毁灭性打击。特种空勤团营地收到了令人高兴的报告，告诉他们这次袭击对德军造成的影响。"整个地区的德国人现在都处于警戒状态。"

法兰也遇到了麻烦，他勉强逃过了军事法庭的审判。第 15 集团军群司令部"严厉斥责"他"不顾命令，过早发动攻击"，而他愉快地对此置之不理。

整个春天，随着第 15 集团军群的进攻开始，法兰的机动"游击营"在几辆吉普车的增援下，与撤退的德军进行了一系列的战斗。法兰留下了一段令人难忘的描述，讲述了他的士兵们从维特利奥拉（Vitriola）小村庄里的基地出发，准备投入战斗的情景。

> 头发又长又油的海盗们坐在台阶上，在街上擦拭武器。吉普车载着补给到处乱窜。夜晚的氛围被我们无线电台里传来的哒哒哒的莫尔斯电码声和俄罗斯人一边装弹匣一边唱歌的声音打破。晚上，人们可以听到摩德纳乏味的手风琴演奏，偶尔还能听到柯克帕特里克吹风笛的声音。有人告诉我，这风笛缺少糖浆，那是风笛气囊必不可少的润滑剂。

4 月 22 日，他得知一长队德国卡车、运货马车和坦克正在缓慢穿过马格莱塔（Magreta）的河流浅水处，那里是一个理想的伏击地点。袭击者躲在山脚下，于下午 2 点 30 分开火：卡车爆炸了，马匹狂奔踩踏，车队惊恐地停了下来，坐以待毙。"枪开得不错，"法兰冷酷地写道，"很明显，德国人真的在逃亡。"

法兰的野战小部队所造成的破坏与规模远远超过了他自己的预期：至少有 300 名德国人丧生，15 辆卡车被毁。法兰写道："毫无疑问，这些行动大大加速了德军大约三四个师的恐慌和溃败。"像在北非和法国一样，这次行动的根本价值在于牵制敌军，煽动恐惧和不安的情绪，以及"在敌人后方出现如此强大和有胆量的一支部队所产生的令人泄气的效果"。

5 月 2 日，陆军元帅亚历山大向地中海战区的盟军发出了"当天特别命令"：

> 从 1943 年夏天的西西里岛开始，我们已经进行了近两年艰苦而持续的战斗，今天你们站在这里，成为意大利战役的胜利者。你们赢得了一场胜利，最终德国军队在地中海彻底溃败。通过清除意大利最后一个纳粹侵略者，你们解放了一个有着 4000 多万人口的国家。今天，一支曾经骄傲的军队的残余力量已经向你们放下了武器——近 100 万人携带着他们所有的武器、装备和辎重。

特种空勤团第二阶段的战争已经结束，这场战争在两年前始于对意大利另一端穆罗迪波尔科角的袭击。 287

在法兰袭击阿尔比内亚的一个月前，陆军准将迈克·卡尔弗特（Mike Calvert）成了特种空勤旅的指挥官。卡尔弗特在缅甸战役期间曾与英国特种部队"钦迪特"（Chindits）并肩作战，并目睹了他们在后方的凶残行动。"疯子迈克"·卡尔弗特刚一上任就给他手下的人发出一条信息："你们是特种部队，我希望你们在最后一次对抗德国兵的时候能做些特别的事。"

22　进入第三帝国

特种空勤团已经经历了沙漠战、游击战和常规战，他们在森林、山岭与田野，在冰天雪地里、泥泞的土地上和炙热的沙漠中作战。他们曾与德国人、意大利人、法国人和俄罗斯人作战，对抗过正规军、通敌者、间谍和非正规军。但随着战争翻开了最后的血腥篇章，特种空勤团发现自己在与保卫家园的人们作战，尽管德国的战争行为令人发指，但这些保卫家园的人仍然坚定而绝望。

1945 年 3 月 25 日，特种空勤团在一支进攻德国的军队的前面越过莱茵河。截至此时，他们一直在为解放被希特勒军队占领的土地而战斗；现在，他们自己就是占领者。约翰尼·库珀写道，一些德国军队正在"拼命逃跑"，但是另一些德国军队则在为德国的每一寸土地而战：狂热的党卫队和其他与纳粹主义罪行有牵连的人，还有普通的德国国民组成的人民冲锋队。13 岁以上的少年和 60 岁以下的老人都被征召入伍，为第三帝国在劫难逃的最后一次自杀性防卫献出生命。青年人的热情和老年人被误导的爱国主义的结合，将导致征服德国一定会造成的最后一波血流成河，无论老少。

特种空勤团曾在法国和意大利发动了多次破坏性的伏击，而现在面临的是随时可能遭到伏击。"就好像我们在法国的游击队角色被倒转过来了一样"，第 1 特种空勤团的一位成员说。这是一场在树篱后和水沟里进行的战争，杂乱无章，比特种空勤团至此所经历的任何一场战争都要令人厌恶。

党卫队似乎"乐于战斗至死"，而特种空勤团似乎也乐于满足他们的要求。"在那种情况下，我们从不抓俘虏。"德国的平民对这支占领军的反应各不相同：有一些人被吓到了，大多数人目瞪口呆，一些人急忙投降，还有一些人仍然反抗。前一刻，特种空勤团士兵把自己的口粮分给饿得半死的德国妇女和儿童；下一刻，墙后会冒出一个十几岁的男孩，用铁拳反坦克火箭筒（*Panzerfaust*）瞄准他们，这是一种手持的破甲榴弹发射器，这种狂热的、自我毁灭式的英勇行为非常幼稚，只有青少年才会被说服这么做。这些少年士兵通常没有其他武器。特种空勤团参战并不是来杀害青少年的。对许多人来说，战争最后一个令人反感的阶段是最糟糕的。

弗兰克部队（Frankforce）以第 2 特种空勤团指挥官布莱恩·弗兰克斯的名字命名，由两个增援中队组成，它们分别来自第 1、2 特种空勤团，总共约 300 人、75 辆武装吉普车。起初，他们会支持莱茵河上空的伞兵着陆空降，然后与向德国推进的装甲部队协同行动。他们的吉普车装备精良：除了两架维克斯机枪之外，每辆吉普车还携带有 12 个备用的弹药桶，后部还装有火箭筒和布伦轻机枪；每三辆吉普车就有一挺点 50 口径的布朗宁机枪和一盏探照灯。有些车配备了 3 英寸的迫击炮。特种空勤团驾驶着小型机动军火库进入德国，集中了极强的杀伤力。

对特种空勤团来说，战争的结束近在眼前，但是这种认知也带来一丝迷信的担心，确切地说并不是恐惧，而是一种直觉，他们一直以来死里逃生，而死亡很可能就在最后阶段到来。雷格·西金斯不是容易气馁的人，但有一天晚上，当他躺在吉普车下的时候，听到他的机枪枪手——一个名叫麦肯齐（Mackenzie）的坚强的格拉斯哥人，他曾因纵火而服刑——冷静地说出这些话的时候，他感到一阵恐惧："我要去接受惩罚了。我要你答应给我妻子写信，告诉她，我是在开枪射击时倒下的。"和许多士兵一样，西金斯相信军人的第六感，他说："人们有预感，而且往往就是真的。"

为应对希特勒的"突击队命令"下的身份识别和处决，特种空勤团奉命戴着黑色贝雷帽，而不是空降部队特有的红色贝雷帽，并将自己定义为坦克部队士兵。所有提及特种空勤团的内容都将从他们的工资账簿上删除。实际上，他们将在掩护下伪装成普通士兵作战。这种伪装是很恰当的，因为分配给特种空勤团的角色又一次偏离了大卫·斯特林所写的剧本：他们将充当前线侦察、突击部队，去清除零星抵抗，吸引敌人火力，扫清道路，保护向前推进的坦克和地面部队。"我们的工作就是让进攻加速，"西金斯说，"要打得狠，先穿过德军防线，转身从后方向他们开火，然后给常规部队打出一个缺口来通过……我们一直在插入楔子。"

291

在乘坐被称为水牛的两栖登陆艇渡过莱茵河之后，两个团分头行动。第 1 特种空勤团将为哈明克尔恩（Hamminkeln）东北部的第 6 空降师执行侦察巡逻；第 2 特种空勤团附属于第 6 独立装甲旅，从舍尔恩贝克（Schermbeck）向东进发。

帕特·莱利是出生于美国的沙漠老兵，在过去一年中一直在为法国的各项行动招募和训练部队，现在，他在莱茵河渡口前重新加入了这个团。他回忆说，前哨战是一场反复无常的零碎战斗，"这里打一架，那里打一架"，混乱和部分交叠在一起的冲突，从来没有完全形成一场激战。库珀写道，"根本没有激烈的战斗"。他们回忆了在一系列血腥的小插曲中进入德国的艰苦跋涉。

在渡过莱茵河两天后，第 1 特种空勤团首次与德军接触。比尔·弗雷泽的中队奉命前去攻打一个树木茂密的地区，有敌人躲藏在那里。加拿大伞兵已经有 8 人牺牲于隐藏在树丛中的斯潘道机枪的精准射击下。在弗雷泽的带领下，一支由 12 辆吉普车组成的部队缓慢地从左翼开进一处小空地，然后蹑手蹑脚地前进，在距离德军不到 30 码处被发现了。斯潘道机枪开火，子弹砰砰地打在前面的吉普车上，吉普车翻了过来。亚历克斯·缪尔黑德的迫击炮摧毁了机枪阵地，然后敌人其他的藏匿处也被一个接一个地摧毁。进攻向前推进了大约 2000 码，但是比尔·弗雷泽的战争结束了。一颗子弹打穿了他的手。很难说他到底是因为想要"坚持到底"而感到失望，还是对于因为受了伤而退出战争、被送回英国老家感到高兴。如果说有谁应该得到一些平静，那就是比尔·弗雷泽，但他一如既往地神秘、疏远而迷茫。

几天后，西金斯经过另一片树林时，产生了一种被人监视的奇怪感觉。过了一会儿，一个大概 14 岁的男孩不知道从哪里冒了出来，手里拿着两颗手榴弹，英国人把这种长柄手榴弹称为"土豆捣碎器"。西金斯用枪对准了这名少年，准备他一动就开枪。男孩和老兵站在那里，四目相对，一个漫长而缓慢的瞬间过去了。德国男孩慢慢放下手榴弹然后投降了。直到后来，从一名投降的上校那里，西金斯才知道，在这场无言的对峙中，一群隐蔽的德国伞兵的枪口对准了他。"如果你开枪打

292

死了他，我们会战斗至死。"

"一些可怜的小家伙只有 13 岁或 14 岁，"库珀回忆说，"他们从各个地方糟糕的住所里爬出来。德国人让学生们穿上军服，然后强迫他们去战斗，但他们生还的概率微乎其微。这毫无人性可言。"然而，特种空勤团准备好了在必要的时候杀死儿童。一位士兵冷冷地回忆说："如果你开枪打死一个小家伙，其他人就会哭起来。"有一次，在零星炮火之下，两名被俘的德国青少年被迫坐在一辆吉普车的车盖上，充当人肉盾牌。在一次停车间隙，其中一个人跳下了车想要逃跑，他被击毙了。总的来说，年龄最小的德国新兵所表现出的这种傲慢自大已经从他们的长辈身上消失了。4 月 10 日，缪尔黑德中队包围了一群从山脊后面开火的德国人。他们是附属于一支党卫队的 20 名海军学员。负责指挥的军士 24 岁，其余的人都不到 20 岁。"他们非常厚颜无耻，"战争日志里记载道，"一个人要我们给他点香烟，另一个跟我们要巧克力，还有一个人要梳子。他的头发是用点 45 口径手枪分开的。"这可能意味着左轮手枪在他头顶上方开枪了，也可能意味着他因为傲慢无礼而头部中弹了。日志里没有详细记载。

随着前线的推进，帕迪·梅恩去不同的中队巡视，通常由弗雷泽·麦克卢斯基牧师陪同。约翰·托金中队的一名士兵还记得在梅恩到达时，迎接他的是一个锡盆，里面倒满了各种各样的酒，主要是烈性酒，用来调制一杯巨大而可怕的鸡尾酒。麦克卢斯基弹奏了钢琴。每个人都喝得酩酊大醉，梅恩醉得最厉害。

第 1 特种空勤团由哈利·波阿特指挥，他曾在根西岛上种番茄，他生动地描述了 3 月底和 4 月初特种空勤团前进的日

293

子，一片接着一片的田野、一座接着一座的村庄和一丛接着一丛的灌木丛。"战斗非常艰苦，我们已经和德国兵'混战'几次了。他们都是党卫队，真正的党卫队，虽然他们不再进行有组织的防御，但他们以游击队的身份打得很聪明，我可以向你保证，他们比我们的朋友马基游击队队员打得更好……小伙子们战斗英勇，杀死了很多党卫队。"4 月 2 日，经过美军第 17 空降师和英军第 6 近卫坦克旅的激烈巷战，盟军占领了明斯特。这座老城的 90% 以上早已被炸毁。复活节那天，弗雷泽·麦克卢斯基在该市以北约 15 英里处举行了一场露天仪式。

再次与库珀重聚的西金斯扮演了一个头发花白、脾气暴躁的老兵角色，就像他曾经欺负库珀一样，他去恐吓他的上级军官。"年轻军官们不准备和我做无谓的争执，"他后来吹嘘说，"他们都很怕我。"然而，甚至是西金斯都可能已经开始受到杀戮的影响。在埃勒（Erle）以东一条乡间小路上缓慢行驶时，他看见一排穿着制服的士兵从树篱的另一边走过来。他迅速把吉普车倒进一个涵洞里，扣下布伦轻机枪的扳机等待时机。士兵们进入视野，这是一队由 11 个人民冲锋队队员组成的队伍，他们排成一排缓慢地行进，大多是中年人，对即将发生的事情全然不知。西金斯一直等到德国人离他的藏身地只有几英尺远的时候才开枪。"我打光了一整个弹匣，放倒了他们，血腥的身体上千疮百孔。"从前，他会以杀戮为荣。现在则不会。"杀戮很可怕。"

特种空勤团也经常成为伏击的目标，而不是设计者。在战争的大部分时间里，他们靠的是隐蔽。现在他们通常都在前进，并且受制于看不见的敌人。"前方的乡村树木茂盛，根本不适合我们，"波阿特在 4 月 13 日给总部的信里这样写道，

"开阔的乡村是我们唯一的立足之地。"但在他们现在经过的土地上，很少有开阔的田野。西金斯和库珀正带领一队吉普车穿过一个小树林，这时子弹开始在他们身边横飞。"雷格，我们分开！"库珀喊道，同时他踩下油门，快速倒车。有几个人受了伤，一人牺牲。"我们飞快地冲出那里，"库珀写道，"我们一个德国人都没看到。"

两天前，第 1 特种空勤团经历了这一新的地形和这种新作战形式的全部危险。在从宁布尔格（Nienburg）到诺伊施塔特（Neustadt）的路上，前面的一辆装甲车突然被一名从沟里跳出来的少年用火箭筒击中。紧接着，猛烈的炮火从道路左边的树林里射来。"敌人匍匐在灌木丛中，而我们高高地站在路上用维克斯机枪开火，处于非常不利的地位"，波阿特写道，他下令吉普车围成一个防御圈，向外射击。他很快意识到他们有被包围的危险。"树林太密了，根本看不见敌人。小伙子们拼命战斗，把手里所有子弹都打完了。大约 10 分钟后，我意识到我们寡不敌众，处于劣势，伤亡人数急剧上升，所以我命令把所有还能用的吉普车集合起来，把伤员抬到车上，冲向我们自己的阵地。"千疮百孔的车队呼啸着仓皇撤退时，距离向前推进的德国人不到 30 码。"我从来没觉得那些老吉普车开起来那么慢，"波阿特写道，"50 英里的时速仿佛是蜗牛爬。"

麦肯齐是一个坚强的小个子苏格兰机枪枪手，他曾预言自己会牺牲。他的腋窝中弹，如果不是西金斯在他的伤口里塞了一块止血包并把吉普车开回包扎站，他肯定会因失血过多而死。麦肯齐失去了一条胳膊，但是活了下来，这让西金斯颇为吃惊，尽管似乎胜利在望，但他的预感越来越强烈。

到 4 月 11 日，弗兰克部队已经向东推进到策勒（Celle）附近的埃斯博克（Esperke），而波阿特把一份账单发回给特种空勤团总部的人事行政参谋，就好像他在报告他的假日购物一样。"截至目前，我们已经消灭了大约 189 名敌人，俘虏了233 人，并缴获了很多装备……好吧，那么现在，让我们来听听你们的消息。我想请你把这封信转交给帕迪，尽管我没有他的确切消息，但我想他正在作战。"

帕迪·梅恩不仅是在战斗，而且是带着一种极端的勇敢或者说自杀式的热情投入他的最后一场战斗，也许两者兼而有之。

两天前，第 1 特种空勤团的两支中队在荷兰边境的德国小镇梅彭（Meppen）集结，即将开始特种空勤团在欧洲的最后一次行动。气氛有点奇怪。士兵们知道欧洲战争马上就要结束了，但是有传言称，他们即将重新部署到远东地区。压抑的兴奋中夹杂着一丝恐惧的寒意。

梅恩布置了代号为"霍华德行动"的任务。这两支特种空勤团中队将作为加拿大第 4 装甲师的"先头部队"进入德国，为坦克扫清道路，清除残余的抵抗力量，进行前方侦察，同时"在敌后引起惊慌和混乱"。他们将向东北方向驶往奥尔登堡，然后继续向北驶往威廉港（Wilhelmshaven）的潜艇基地，这是一个潜在的最终目标。情报显示，他们将遇到最低程度的抵抗，并且据乐观预测，有坦克团"紧随其后"，特种空勤团应该能够每天推进 50 英里。加拿大人高高兴兴地参观了吉普车上的特种空勤团，称他们是"在小机械化垃圾桶里的朋友"。但他们有一个观点说对了：坦克的装备要远远好于他们面前的这些。

奥尔登堡南部的地形对使用吉普车作战来说并不理想。"堤坝和运河纵横交错",这使得导航变得困难,这里的树木繁茂、道路泥泞不堪,车辆无法在公路以外的地区顺利行驶。有些人认为这项任务是错误的,这些人没有接受足够的训练,装备不足,无法完成分配给他们的任务。不过,当加拿大第4师指挥官向梅恩提出这个计划时,他"欣然接受了"。梅恩自从泰尔莫利战斗之后就没有参与过激烈的战斗。他很想打仗,像法兰一样,他也带上了自己的音乐伴奏。那台发条留声机在法国战役中幸存了下来,现在被安装在他吉普车的后部,还加上了一个扬声器:帕迪·梅恩将带着他最喜欢的爱尔兰音乐——珀西·弗兰奇的民谣,进攻德国。

部队于4月10日拂晓出发,行进顺利,于中午前后渡过了哈瑟河(River Hase)。两支中队,B中队和C中队,沿着平行道路向博格尔(Börger)镇进发。那是一个阴森、低洼的村庄,其近代史充斥着悲惨。1933年,纳粹在附近的博格莫尔(Börgermoor)建起了首批集中营之一,用于关押社会主义者、共产党人,以及其他被认为是第三帝国敌人的"不受欢迎的人"。囚犯们自己创作了一首歌,这首歌在西班牙内战期间成为国际旅中德国志愿军的战歌。

> 卫兵们走来走去,
> 没有人,没有人能通过。
> 逃跑意味着必死无疑,
> 枪炮和铁丝网挡住了我们的视线。
> 我们是泥炭沼泽士兵,
> 带着铁锹走向荒野。

就在特种空勤团执行"霍华德行动"的当天，博格莫尔的囚犯们被集合起来，开始一场艰苦的死亡行军，前往更远的另一个东部的集中营——阿森多尔弗莫尔（Aschendorfermoor），只有少数人能完成这段路。特种空勤团正踏入一个恐怖的世界。

迪克·邦德（Dick Bond）少校指挥的 B 中队正在靠近博格尔镇，突然，吉普纵队的中部遭到来自装甲部队火箭弹、机枪和狙击手的火力攻击。其中一些枪响来自道路右侧以 L 形排列的两座农场建筑中的第二座，以及农舍后面和稍远一点儿的密林。由于无法还击，邦德和他吉普车上的另外 3 人跳出车，爬进马路另一边深深的排水沟里，另外 3 辆吉普车上的人也加入了他们的行列。在受攻击区域前方的车辆加速冲出敌军射程，停了下来。后面的人则快速倒出去了。

邦德是辅助部队的一名新兵，该部队成立的目的是抵抗纳粹对英国本土的入侵，但纳粹未能入侵。与其他人分开后，他试图从一根直角的大排水管上爬到积水的水沟里，但就在他这么做的时候，他的头露出了地面：狙击手的一颗子弹立刻杀死了他。邦德的司机是一位捷克犹太人，名字叫米哈埃尔·莱文森（Mikhael Levinsohn），他也试图爬过管子靠近邦德，但是现在狙击手已经完美地瞄准了这里。莱文森也被射杀了。排水管南边的两名士兵设法爬下水沟，来到其余人等待的地方，报告了发生的事情。帕迪·梅恩立即收到了一条无线电信息，他在伏击发生后 10 分钟内赶到了。"可怜的迪克，"他平静地重复说，"可怜的迪克。"

梅恩的司机是来自尚基尔路的乌尔斯特人，名叫比利·赫尔（Billy Hull），他很了解他的指挥官，也很了解他的心情。"梅恩陷入了那种沉默的愤怒"，赫尔说。第 1 特种空勤团的指挥官拿起一把布伦轻机枪和弹匣。"可怜的迪克"，他喃喃低语。赫尔拿着一把冲锋枪跟上他。8 名士兵，其中 2 名伤势严重，仍然躺在沟里，被一幢农场建筑和树林里的零星炮火压制住了。在梅恩的指示下，赫尔进入邻近的农舍，爬上楼梯，用冲锋枪朝第二幢房子的窗户开了一枪。这引起了一阵火力反击，赫尔平躺在地板上。"子弹从墙壁和天花板上弹回来，几秒钟后，天花板就被曳光弹点燃了。"但是伏击者现在暴露了位置。在地面上，梅恩把布伦轻机枪举到肩上（这可不是件容易的事，因为这件武器几乎长近 1 码、重达 25 磅以上），开始"一发接一发"地向屋子里射击，这让赫尔有时间逃跑并重新回到大队人马中。梅恩显然让袭击者安静下来了，他们要么被杀了，要么被迫从后门撤退了。梅恩示意一辆吉普车开过来，用两架维克斯机枪在他的位置继续猛攻德军阵地。然后他走回中队。

隐蔽在树林里的德军继续开火。"谁想试试？"梅恩问道。

约翰·斯科特（John Scott），一位从特种舟艇中队招募来的年轻中尉在去年 11 月正式得到任命，他立即走上前。他也不太知道为什么。在早些时候一场交火中，斯科特遇到一个德国人，那人腹部受了重伤，他没有对那名士兵进行医疗救治，而是开枪打死了他。"我很后悔，但是我想当时我的神经已经很紧张了。"斯科特还命令莱文森设法接近沟里的邦德，结果无意中让他送了死。两种不同的内疚感似乎都促使他自愿参加。 298

梅恩驾驶一辆吉普车，斯科特爬进车的后座，操控两架维克斯机枪。梅恩不发一语。"帕迪身上有种冷漠，正是这种冷漠让他能够很快理清头绪"，斯科特后来注意到。梅恩计算出在树林里从侧翼包抄德军是不可能的，所以解救被困士兵的唯一办法就是把德军炸出来。梅恩用比走路稍微快一点点的速度把车开上路，斯科特向右边的树木和建筑物开枪。当他们经过那些被敌人压制在沟里的人时，梅恩在嘈杂声中喊道："我在回来时接你们。"

这些德国人不是人民冲锋队中身穿制服的平民，而是第一空降师的残余力量，这是上一次特种空勤团在意大利遭遇的强敌；正如交战报告后来承认的那样，这些士兵"打仗很厉害，甚至可以说是狂热"。他们以同样的方式回应梅恩的攻击，向那辆孤零零的吉普车开火；奇迹般的是，两个人都没有被击中，而梅恩继续对他的机枪枪手下达"冷静、准确的命令"。"只有一个原因可以解释为什么梅恩上校没有被杀，"他的一名军官写道，"他驾驶吉普车穿越他们的火力封锁线时所表现出的极大勇气和胆识使敌人一时不知所措。"在那些被遗弃的吉普车 100 码外，梅恩调转车头。斯科特把维克斯机枪换成了点 50 口径的勃朗宁机枪，这是一种射速 600 发/分钟的重机枪，然后挪到副驾驶座位上。然后他们进行了与之前相同的程序，但方向相反，斯科特继续向树林射击。德国人的火力减缓，然后他们的枪声沉寂了下来。"到这个时候，他们一定有一半被消灭了，"一名目击者写道，"这时候敌人已经受够了。"梅恩与被困的人平行，然后停了下来。斯科特写道："他跳下吉普车，命令我继续射击，他把伤员从沟里抬出来，把他们放到吉普车里，然后开回大部队那里。"救援行动进行了不到 4 分钟。官方报道后来称这场行动"实际上是自杀"，但是梅恩后来坚持说，他权衡了各种可能性："人们认为我是一个大个子、疯狂的爱尔兰人，但我不是。我计算了风险得失后才放手一搏。"

"在整个行动中，梅恩上校表现出一种我从未有幸目睹的个人勇气"，斯科特写道，他自己惊人的勇气一直没有得到充分认可，主要是因为他将之隐藏了起来。"我认为我在这次行动中的贡献不值一提"，他后来说。

邦德和莱文森被葬在离他们牺牲地几英里远的地方，然后特种空勤团继续前进，穿过埃斯尔特韦根（Esterwegen）村庄，进入远处被洪水淹没的林地，那里的地形积水严重，用梅恩的话说，"在那里的工作太血腥了"。到 4 月 11 日下午，他们距离不来梅（Bremen）只有 35 英里。突然袭来的迫击炮袭击提醒大家，他们已经深入德国腹地了。两辆吉普车被摧毁。一支试图徒步前进的 8 人巡逻队被德国第 7 空降师的士兵包围并俘虏，该空降师被部署过来阻止盟军的前进。据说剩余的德国军队在奥尔登堡周围集结，准备进行反击。在一片茂密的针叶林中，狙击手击中一名士兵的头部，另有两名士兵受重伤。道路上布满地雷，这就要求特种空勤团要小心翼翼地选择前进的道路。加拿大的坦克还没有出现，部队的食物和弹药也快见底了。"敌人的抵抗比预期的要强大很多，［所以］不可能进行深入的渗透。"

梅恩给司令部发回一条信息："战斗正在变成一场艰苦的比赛，而我们自己则成了地雷探测器。"他停了下来，等着坦克部队赶上来。加拿大人报告说，特种空勤团总共抓获了"400 多名形形色色的俘虏，解除了他们的武装，关押了大约 100 名最强悍的俘虏，其中大部分是伞兵"。

梅恩被推荐授予维多利亚十字勋章，这是英国表彰英勇行为的最高勋章。嘉奖令中纷纷称赞他在博格尔外的战斗中的丰

功伟绩。"［他］凭借着一次英勇的行动把敌人赶出了重兵把

300 守的村庄，从而粉碎了敌人在这一地区的防御部署，"新任的特种空勤旅旅长迈克·卡尔弗特（Mike Calvert）写道，"他的冷静和果断行动、他对局势的完全掌控，以及他无与伦比的勇气，鼓舞了全军上下。他不仅拯救了伤员的生命，而且彻底打败和消灭了敌人。"加拿大第 4 装甲师指挥官克里斯托弗·沃克斯（Christopher Vokes）少将赞扬了他的"领导能力和勇猛"，并说："这名军官配得上对勇气的最高奖赏。"陆军元帅蒙哥马利亲自签署了勋章推荐信。

然而，梅恩并没有被授予维多利亚十字勋章；相反，他被从维多利亚十字勋章名单上划掉了，没有任何解释，然后被加上了授予杰出服役勋章的名单。梅恩已经有了一个杰出服役勋章和三条金属勋带，每条金属勋带都代表了他在不同的战场上达到了获勋标准。他现在是英国军队中被授予勋章数量最多的军人之一。

为什么帕迪·梅恩被维多利亚十字勋章拒之门外，至今仍是人们争议的焦点。吉姆·阿尔蒙兹现在是一名军官了，他感到困惑："他不止一次该赢得这枚勋章。也许他的性格对他不利。他这种人不适合，但他的行为适合。"大卫·斯特林后来将这一删除描述为一种"巨大的不公"，以他特有的官方阴谋论眼光，他指责"那些不想让梅恩和特种空勤团获得这一殊荣的不知名人士"。也许梅恩的酗酒斗殴历史对他造成了不利影响。上级官员中很少有支持他。也许关于他是同性恋的谣言已经传开了。但原因可能更为平淡无奇：有一种观点是，要获得维多利亚十字勋章，接受者应该在独立证人的核实下，为一场战斗的结果提供实质性的帮助。而特种空勤团的行动——隐

蔽性强、快速行动、自我调节——那些授勋标准往往很难实现，或者说是不可能实现的。梅恩也许被拒绝授予这项古老的荣誉，因为他正在打一场新型的战争。

在许多人认为帕迪·梅恩应该赢得维多利亚十字勋章的行动发生的时候，另一位特种部队军人在意大利战役的最后几周中赢得了那枚勋章。安德斯·拉森（Anders Lassen）少校是一位24岁的丹麦人，他于1940年加入突击队，加入了当时还隶属于特种空勤团的特种舟艇中队。1944年4月，他在被轴心国占领的意大利圣托里尼岛领导了一场非常成功的突袭，消灭了大部分驻军并炸毁了无线电台。一年后，在意大利的科马基奥湖（Lake Comacchio），拉森奉命率领一支只有18人的队伍发动突袭，并要给人带来一场重大登陆正在进行中的假象。突击队立即冲进了德国固守的阵地。和梅恩一样，拉森喜欢直接接近的方式。随后的引文如下：

> 拉森少校随后亲自用手榴弹攻击，摧毁了第一个阵地，那里有4名德军和2挺机枪。他不顾从3处敌军阵地扫射过来的枪林弹雨，冲上前去，在其余部队的掩护下与第二个阵地交火。他投掷了更多的手榴弹，让这个阵地沉寂了下来，然后他的小队占领了这个阵地……拉森集结并重组了他的部队，向第三个阵地开火。他自己向前走去，投掷出更多的手榴弹，这让对方喊出了"朋友（Kamerad）①"。然后他向前走到距离阵地3~4码远的地方，命令敌人走出来投降。在拉森少校大声喊他们出来的

301

---

① 德国士兵投降时的喊声。——译者注

时候，他被阵地左边斯潘道机枪击中了……拉森少校凭借其卓越的领导能力和完全不惜牺牲自己生命的勇气，在敌人压倒性的优势面前实现了自己的目标。歼灭 3 处敌军阵地，缴获机枪 6 挺，杀敌 8 人，打伤其他敌人，并俘虏 2 人。

拉森是第二次世界大战中唯一一位被授予维多利亚十字勋章的非英联邦士兵。但是，与梅恩不同的是，他没有活下来：安德斯·拉森拒绝撤离，坚持认为这将危及他的士兵，最后伤重去世。

4 月 21 日，在"霍华德行动"结束后的一星期，一条消息传到正在作战的特种空勤团部队中："伟大的大卫·斯特林向所有人发出许多信息和祝贺，并希望很快能够出来与大家见面。"

斯特林自由了，重新走上了战争的道路。

23　解放

　　他们先是被气味呛到。1945 年 4 月 15 日，特种空勤团的吉普车正行驶在策勒城外茂密的松树和白桦林中，向吕讷堡荒原（Lüneburg Heath）开去，这时他们突然闻到一股恶臭，一股令人窒息的腐烂物和粪便的恶臭，像瘟疫的瘴气一样弥漫在空气中。他们越往里走，那股邪恶的气息就越浓烈。"我们一直穿过森林过来，"雷格·西金斯说，"随后的一两天，我们的身上都是这种可怕的臭味。"

　　约翰·兰德尔（John Randall）中尉和他的司机在主力部队前面进行侦察突袭时，来到两扇瞩目的铁门前，铁门开着，位于一条沙质轨道的入口处。兰德尔很好奇，想知道这是不是通往某个宏伟的乡村别墅的大门，于是命令司机开进去。行驶了半英里以后，他们到达了一个 10 英尺高的带刺铁丝网栅栏和另一扇大门。如果这里是战俘营，那么里面可能有盟军士兵在等待被解救。气味越来越浓烈。几个党卫队守卫懒洋洋地站在一旁，无精打采地盯着特种空勤团的吉普车驶过。瞭望塔上的机枪枪手从栅栏间隔向下看了看，但没有动弹。兰德尔抽出左轮手枪以防万一。他被大门两边精心照料的花坛和闪闪发光的粉刷过的路缘石吸引住了。

　　100 码后，他们进入一个超现实的场景。在一片宽阔的空地上，一排排低矮的、关着百叶窗的棚屋旁边，游荡着一群漫无目的的幽灵，他们拖着脚步，形容枯槁，眼窝深陷，皮薄如纸，有些人穿着黑白条纹的囚服，但是很多人几乎赤身裸体。囚犯们聚集在吉普车边，扯着士兵的制服哀求，说着包括英语在内的多种语言，祈求食物、帮助和保护。兰德尔回忆道："他们有好几百人，臭气熏天。"守卫们在一旁看着，兴致寥304 寥。再往前走一点儿的地方，兰德尔起初以为是一片土豆地，一些饥饿的半裸的人似乎在捡东西，好像在寻找食物。走近一看，兰德尔发现那是一堆尸体；活着的人正把死人身上的破烂衣服脱下来穿在自己身上。大约 50 码外的景象让兰德尔倒吸一口冷气，开始呕吐：这是一个 50 英尺见方的大坑，里面有一堆扭曲的尸体，这个堆满尸体的深坑也是那种可怕气味的主要来源。

兰德尔和他的司机是第一批进入贝尔根 - 贝尔森集中营的盟军士兵，这个集中营后来成为纳粹野蛮行径的代名词。大约 6 万名囚犯仍然被关在一个只可容纳 1 万名囚犯的营地里；另有 13000 人的尸体横陈营地周围，他们是疾病、饥饿和暴行的受害者。约 7 万人在贝尔根 - 贝尔森集中营遇难。就在特种空勤团到来的一个多月前，15 岁的安妮·弗兰克（Anne Frank）在这里去世，很可能是死于伤寒，她留下一本日记，这本日记后来成为流传最广的大屠杀罪行的证明。

几分钟后，部队里的其他人也来到了兰德尔这里：雷格·西金斯和约翰尼·库珀，还有牧师弗雷泽·麦克卢斯基，以及"布尔巴斯克特行动"的指挥官约翰·托金少校。"我们站在那里惊呆了，"库珀写道，"我们简直无法理解人类怎么可能以如此残忍和可憎的方式对待自己的同胞。"其余的狱警，要么无视盟军士兵的到来，要么对此漠不关心，像往常一样干着杀人的勾当。趁着英国士兵的到来造成的混乱，"一位女囚犯把手伸到铁丝网下面，想要抓住一个烂掉的萝卜"。一名警卫走上前去，漫不经心地将她击毙。牧师就站在离他只有几十英尺远的地方。库珀看到了在那个女人瘫倒在地时牧师脸上的表情。麦克卢斯基长期以来一直苦苦思索他是否能拿起武器。"那一天如果可以的话，麦克卢斯基会射杀他那天能抓到的第一个德国人"，库珀想。

就在这时，出现了一个身穿党卫队制服、面带微笑的人，他自称是贝尔根－贝尔森的指挥官、党卫队上尉约瑟夫·克莱默（Josef Kramer）。他身边站着一个金发女人，穿着整洁的深蓝色的营地女看守制服；他介绍说，她叫艾尔玛·格蕾泽（Irma Grese），是主管女囚犯的监狱长。克莱默礼貌地询问到访者是否愿意参观营地。"他似乎很乐意帮忙，"库珀写道，"并宣称他对囚犯的状况不负责任。"

克莱默把他的客人领到最近的棚屋里。里面很阴森，除了偶尔的呻吟声之外，出奇地安静。"我们被恶臭击败了，"兰德尔回忆道，"瘦骨嶙峋的人从一排排铺位上惊恐地望着我们。尸体躺在他们中间，就在同样的铺位上。"

特种空勤团士兵们蹒跚着退到阳光下，迎接他们的是另一个令人震惊的场面。院子里，一个营地警卫正在有条不紊地用步枪的枪托殴打一个囚犯。库珀瞥了一眼他的老朋友。"这让雷格·西金斯暴怒。我看得出他正要拿出手枪来射击。"相反，西金斯转向托金，请求允许他"教训一下警卫"。托金点点头表示同意。西金斯走到这个党卫队警卫的跟前，拿出一个全团拳击冠军的所有力量和精准度，再加上对违反基本的道德规范的愤怒，狠狠地一拳打在他的脸上。当那人摇摇晃晃站起

305

来时，西金斯又给了他一拳。这一次他没能站起来。托金下令逮捕克莱默和格瑞斯，把他们锁在警卫室里："现在我们接管，负责的人不是你了，任何想要暴力对待囚犯的警卫都会受到惩罚。"如果让特种空勤团在营地里剩下的党卫队身上发泄愤怒，那易如反掌；相反，托金镇定而又平静地展示了文明的含义。8个月后，绰号分别为"贝尔森野兽"和"贝尔森美女"的克莱默和格瑞斯被判犯有反人类罪，并在哈默林监狱被执行绞刑。

巡逻队的其他队员开始将他们的所有口粮都分给囚犯，同时一名情报官员试图用英语、法语和德语向他们解释，他们现在自由了。让他震惊的是，在这一获得解放的时刻，大家都明显缺乏反应："他们的脸呆滞、疲惫、没有感情，无法像欧洲其他所有人那样表达喜悦和兴奋。"库珀与一位比利时犹太记者攀谈起来，他在贝尔根－贝尔森集中营里只被关押了几个月，这位记者解释说："我们也许能让一些囚犯的身体恢复健康，但他们的头脑在未来几年都是扭曲的，也许会永远扭曲。"

特种空勤团士兵觉得很难用语言来形容他们所目睹的恐怖，但是几小时后一个人到了贝尔根－贝尔森集中营，他可以表达出来。理查德·丁布尔比（Richard Dimbleby）为英国广播公司所做的报道以其对纳粹暴行生动、令人心碎、愤怒的描述而震惊世界。

这里有 1 英亩多的土地上躺着死人和垂死的人。你分不出哪些已经死了哪些还没有……活着的人躺着，把头靠在尸体上，周围是一群可怕的、幽灵般的、瘦弱而漫无目的的人，他们无事可做，对活下去没有希望，不会绕开你走路，看不到他们周围可怕的景象……婴儿出生在这里，小小干瘪的东西活不下去……一位母亲被逼疯了，她对一名英国哨兵尖叫，要他给她的孩子牛奶，并把一个小不点塞到他怀里，然后号啕大哭着跑开了。他打开包袱，发现婴儿已经死了好几天了。

我目睹了这一切——数千人被活活烧死的火炉……一个坑深 15 英尺，有网球场那么大，在它的一端堆着一堆赤裸的尸体……英国的推土机正在挖掘新坑，来埋葬遍布营地的死去多日的数百具尸体……黑暗的棚屋里堆满了人类的排泄物，死者和垂死的人躺在一起，所以你必须跨过他们，以躲过那些向你哀求的枯枝一般的手臂。

在贝尔森的这一天是我人生中最恐怖的一天。

偶然发现这个集中营的特种空勤团士兵也有同样的感受。"我参加战斗已经 3 年了，对暴力死亡并不陌生，但在那个集中营里看到的东西永远留在我的脑海里"，库珀写道。兰德尔花了好几天时间才把自己头发上散发的死人气息除掉，并把衣服上残留的臭味洗掉。他永远也无法把它从记忆中抹去，"那些尸体的气味和景象萦绕着我"。

在贝尔根－贝尔森集中营被特种空勤团意外解放的那天，大卫·斯特林正坐在寇地兹堡的城墙上，看着美国第 1 集团军稳步挺进到下面山谷中的城镇里。这不是个完全明智的瞭望点，因为美国人还不知道悬崖顶上那座令人生畏的城堡是一个 307

监狱营地，而且已经开始了对它的炮击。战俘们迅速地画了一幅英国国旗，并把它从高塔上举了起来，然后在床单上写上"POW"（战俘营）铺在院子里，希望美国侦察机能看到。此时看来，这似乎已经阻止了轰炸。斯特林对他能够"鸟瞰"盟军前进的景象很满意，并且一如既往地，完全没有感到任何危险。

两天前，在党卫队首领海因里希·希姆莱（Heinrich Himmler）的直接命令下，寇地兹堡最重要的囚犯，包括英国皇室成员和温斯顿·丘吉尔的侄子，都被集中起来运送到德国南部的劳芬。第二天，集中营指挥官格哈德·普拉维特（Gerhard Prawitt）中校接到命令，要把所有剩余的英国战俘送往东部。英国高级军官威廉·托德（William Tod）中校准确地推断出他们即便不被谋杀，也会被当作人质，于是拒绝服从。"指挥官除了把我们全部杀光，别无他法，"斯特林愉快地回忆道，"威利随后要求指挥官把城堡交给他。"普拉维特照做了，但是他要求对这一投降暂时保密，以防镇上顽固的党卫队发现并决定亲自接管营地。那天晚上，当美军逼近城堡时，守卫们开始溜走。

4月16日上午，一队4人组成的美军侦察队进入城堡，由美国第9装甲师的二等兵阿兰·H. 墨菲（Alan H. Murphey）率领。于是，赖因霍尔德·艾格斯上尉这位曾经是德国最难逃脱的监狱里最资深的看守立即感激地投降了。"不知为何，这似乎有点令人扫兴"，斯特林说，他对每一种情况的讽刺都是一如既往地尖锐。

308　　　斯特林被空运回英国，安置在伦敦郊外的一个营地里，随后他接受了访谈，以确定他在囚禁期间遭受了什么心理创伤，这让他非常恼火。"我们必须与精神分析学家交谈并接受他们的检查。他们对我们非常敷衍……我迫不及待地想见到我的家人并回到特种空勤团。"

盟军士兵共有 186 次从寇地兹堡越狱的企图。约有 316 名战俘试图逃走，其中 32 名战俘成功回家，这是所有战俘营中人数最多的。大卫·斯特林在他被关押的每个营地都试图逃跑，但无一成功。

但他还有一次逃跑的企图。4 月 18 日晚上，也就是他抵达英国的第二天，他逃出了精神病治疗评估营，在夜幕的掩护下前往伦敦，在那里他表现出至此为止几乎未被提及的兴趣：与人发生了性关系。

"那天晚上 12 点，我来到一家夜总会。凌晨 2 点，我这些年来第一次性交了。"

特种空勤团的战争结束了，与大多数战争一样，不是结束于一片荣耀之中，而是在一连串的文书工作、百无聊赖和不充分的告别之中。

到 4 月底，战斗几乎结束了，甚至大量的党卫队也放弃了。5 月 3 日，第 1 特种空勤团抵达吕贝克，奉命陪同英国第 11 装甲师前往基尔。西金斯和库珀决定先于主力部队前进。突然，他们发现自己被德国人包围了，只不过这次德国人是来投降的。库珀差点撞到"两名举着双手的德国将军"，这两名将军指着附近一个场地，那里挤满了军人，其中大部分是军官。"我们把吉普车停好，开始接受大约 500 名德国军官的投降。每个人都按军衔依次走上前来，从将军到中尉，把手枪放在吉普车上。"对西金斯和库珀而言，这是一个离奇的结局。

4 年来，他们一直在试图杀死这些人，也杀死了很多人。现在他们却在接受他们的敬礼。库珀知道他应该感到高兴，或者说是洋洋得意；恰恰相反的是，他发现这种情况只是"令人尴尬"。他当时也只有 21 岁。

309　　弗雷泽·麦克卢斯基向西回到他妻子的家乡伍珀塔尔（Wuppertal），打听她家人的情况。在那里，牧师得知她的父母和卡拉米奴斯家族的其他成员在最后一次盟军空袭中丧生。

　　欧洲的第二次世界大战于 5 月 8 日结束。法兰克部队在前一天就开始向西撤退，途经不来梅，到达比利时的波珀灵厄（Poperinghe）会合点。在那里，有人庆祝、歌唱、祝酒；有令人振奋的传言说，特种空勤团将在太平洋战争肆虐的远东地区焕发新的生机。5 月，刚刚获释的大卫·斯特林和旅长迈克·卡尔弗特在唐宁街拜访了温斯顿·丘吉尔，并获准开始策划特种空勤团在中国的新任务，旨在切断日本对马来半岛的补给线。但是，在 8 月 6 日，美国向广岛投下了原子弹。9 天后，日本的投降结束了第二次世界大战，同时也结束了斯特林最后一次进攻行动的计划。"他们投下了原子弹，"吉姆·阿尔蒙兹说，"战争终结了。"取而代之的是，第 1、2 特种空勤团被部署到挪威，协助对 30 万名德国占领军解除武装并对其进行处理。天气温暖、啤酒畅饮、挪威女人，至少在他们晚年的回忆中，这些是最令人感到惬意的。但那不是战争。在雷格·西金斯的评价中，在挪威度过的 3 个月只不过是一次"旗帜飘扬"的演习。

　　迈克·卡尔弗特称赞他的部队"具有进攻精神、冲劲和在困难条件下的战斗意志"。他跟他们说："你们有理由为自己感到自豪，我为你们感到骄傲。"这句话显然带着一种告别的意味。团里观察能力较强的成员都很清楚即将要发生的事。随着和平的到来，英国正在拆除庞大、低效、官僚冗余的战争机器。库珀知道"战争一结束，就有预兆了"。对一些人来说，和平的前景远比战争更令人担忧。"一想到我要再次成为一名律师，"帕迪·梅恩承认道，"我就更不喜欢它。"

战时特种空勤团的结束来自陆军部一份简明、冷静的备忘录："已决定解散特种空勤团。"像往常一样，一些人察觉到这是一个阴谋，是对一个总是违反规则、从未被更传统的高级军官完全接受的部队的敌意。"许多有权有势的人没有时间去做这个了"，西金斯抱怨道。实际上，随着原子弹的投下，军事策划者们看到了一种新的战争前景，一种可以通过核裂变赢得的战争，不再需要训练有素的高度专业化的部队在后方作战。当然，这种假设是大错特错的。

9月，比利时特种空勤团并入重组后的比利时军队。不久之后，第3、4（法国）特种空勤团不再属于英国军队，被移交给了法国军队。

1945年10月1日，特种空勤团最后一次在海兰兹庄园阅兵，这是切姆斯福德附近一处大型庄园，自1944年3月以来一直是该团的司令部。士兵们戴着空降部队的红色贝雷帽。

帕迪·梅恩独自一人戴着最初的特种空勤团贝雷帽，那是沙漠的颜色。

24 勇者幸存

1945 年 10 月，特种空勤团正式解散。士兵们要么回到他们原来的部队，要么开始过着平民的生活。大卫·斯特林的伟大实验结束了。

但事实并非如此。这个团的一小部分仍秘密地、非官方地、很可能是非法地保持了下来。经过 5 年的战争，这个团在和平到来时得以幸存。

第 2 特种空勤团指挥官布莱恩·弗兰克斯长期以来一直在考虑"洛顿行动"中被留下的那些士兵的命运，那是一场在孚日山脉与撤退的德军所进行的残酷的追击战。据信，大约有 31 人被俘，但只有 1 人回来了，那就是肯尼思·西摩中士，并带回来一个令人怀疑的关于他个人坚毅品质的故事。1944 年 11 月，就在行动结束后的 1 个月，弗兰克斯开始寻找证据，以证明这些人可能是在被囚禁期间遭到杀害的。6 个月后，他收到一份报告，称在德国孚日以东的法国占领区嘉格纳集中营附近有一个乱葬坑：目前已发现 37 具尸体，其中一些已被确认是英国军人。弗兰克斯派埃里克·"比尔"·巴克沃斯（Eric 'Bill' Barkworth）少校去调查。

巴克沃斯自己对失踪人员的命运很感兴趣。作为第 2 特种空勤团的首席情报官，他在"洛顿行动"之前向军官们通报了情况，并警告他们希特勒的"突击队命令"要求处决所有在后方被俘的士兵。巴克沃斯身材高大，风度翩翩，热情奔放，法语和德语都说得很流利。他还有一个重要的诀窍，那就是专心倾听上级军官的意见，然后不顾他们的命令，做自己想做的事；如果非官方的渠道似乎更有可能奏效的话，他往往会避开官方的渠道。

据估计，包括被击落的飞行员在内的 250 名盟军军人在希特勒的"突击队命令"下丧生。他们中的绝大多数人，当然还有特种空勤团士兵，都穿着制服，佩戴着身份识别牌，因此他们本应受到《日内瓦公约》的保护。德国人自己也部署了伞兵，但他们把所有盟军伞兵都定义为间谍和恐怖分子。对巴克沃斯来说，希特勒的处决命令不仅非法、虚伪和可恶，而且是一种不道德的野蛮行为，需要受到法律上的全面清算。

312

巴克沃斯的工作方式带有一种近乎救世主的意味：他一个接一个地寻找纳粹杀害特种空勤团人员的证据。

1945 年 5 月，巴克沃斯、弗雷德·"达斯丁"·罗兹（Fred 'Dusty' Rhodes）士官长和 4 名特种空勤团伞兵爬上一辆卡车和一辆吉普车，前往欧洲大陆：他们组成战争罪行调查小组（WCIT），但实际上这是特种空勤团的最后一个战时任务，未经授权，不符常规，因此在某种程度上，也是完全恰当的。

在接下来的 3 年里，巴克沃斯和他不寻常的小组收集了杀害的证据：采访目击者，整理档案，搜查监狱营地，记录口供，找到嫌疑人。他们穿越了英国、法国和苏联在德国的占领区，以及特种空勤团士兵在法国和意大利被杀害的地区。这项调查迅速扩展到了"洛顿行动"之外，包括"布尔巴斯克特行动""胡恩斯沃斯行动"，以及许多规模较小的行动，在这

些行动中，士兵们被抓获，然后再也没有活着回来。有些工作
是极度令人不快的。在穆塞村外，他们寻找一个没有标记的集
体坟墓。达斯丁·罗兹曾是一名园丁，他发现了一小片灌木丛
与周围的植被相比显得有些不同，不像周围的植被那么密集和
杂乱。他们在这片灌木丛的地下挖出了 8 具阵亡士兵和抵抗战
士的尸体。另外还有 28 具布尔巴斯克特屠杀受害者的尸体在
圣索旺被挖掘出来，这些人是在托金的森林营地被占领后被处
死的，然后被重新埋葬在罗姆（Rom）。来自亚利桑那州的牛
仔林肯·邦迪的尸体立刻就能从他的法国平民服装上辨识
出来。

　　巴克沃斯和他的士兵们继续穿着带有特种空勤团徽章的制
服，尽管这个团已经不复存在了。它的运作就像在执行官方战
争罪行调查事务一样，只不过没有任何官方授权。

313　　巴克沃斯能够做到这一点，要归功于一位拥有俄国皇室血
统的公爵——尤里·戈利岑（Yuri Galitzine）。这位公爵和上
尉的血统可以追溯到立陶宛大公、波兰王室和沙皇。随着布尔
什维克革命的爆发，戈利岑家族经历了更为艰难的时期：在英
国接受教育后，戈利岑自己成为一名手套制造商，后来在一家
飞机制造厂当学徒。战争期间，他先是担任自由法国的联络
员，然后又在盟军的军事宣传部门工作，当时他亲眼看见了纳
粹的野蛮行径，他也是首批进入纳特兹维莱-史特鲁特霍夫集
中营的英国士兵之一。战争结束后，他在陆军部第三副官处工
作，处理违反战争法和战争惯例的相关事务。戈利岑和弗兰克
斯都深信，随着在纳粹德国废墟中发现如此之多让人震惊的其
他事件，那些因德军无视国际法而被杀害的英国士兵的命运被
忽视了。

在与弗兰克斯共进午餐后，戈利岑同意用一些借口托词来维持这个部队的运转。"因为明显存在大量行政上的混乱，所以一个人设法保持了工资、配给和其他所有方面的延续。"由于戈利岑安排了行政和后勤支持，在特种空勤团本身解散很久之后，特种空勤团战争罪行调查小组仍然由陆军部直接维持和支付薪资。通过弗兰克斯，伦敦和野外的搜寻者们之间保持着直接的无线电联系。戈利岑对这个部队的热忱印象深刻——"特种空勤团的团队和失踪人员在私底下都是朋友，都受到他们团的团队精神的鼓舞"——但他尤其被巴克沃斯的使命感所打动，他把巴克沃斯描述为"一个神秘主义者、一个思想家"，带有一种超凡脱俗的气质，有着吸引这位俄罗斯人的魔力。

在某个时刻，巴克沃斯的通灵术失控了，他求助于通灵板来追查嫌疑人。通灵板，或者被称为说话板，上面标有字母表上的字母，通过将一块心形的木板指向各个字母，死去的灵魂与活着的人进行交流。戈利岑起初持怀疑态度，很快他就成为这种不太可能的追捕纳粹的形式的热情支持者。巴克沃斯坚称："如果有人被杀害了，大概他们想告诉我们发生了什么。" 314 该团队后来声称有两具尸体和一名被指控犯有战争罪的囚犯，就是通过这种方式定位的——虽然被指控者并不是他们要找的那个人，这表明鬼魂可能不太擅长拼写。上级对巴克沃斯寻求宗教上的协助的做法并不满意，认为戈利岑"作为一名军官和绅士，其行为不得体"。

在发给弗兰克斯的一份备忘录中，巴克沃斯列出了如此费力收集到的越来越多的证据，并表达了他为之努力的崇高道德目标。他写道，对被告的法律诉讼"将以这样一种方式进行：

当 20 世纪的民众普遍的呼声被另一种呼声所取代时，诉讼将被视为严格公正正义的典范，而不是报复的典范"。

但公正可能是一件棘手的事情，尤其是在战争之后。追捕纳粹听起来既迷人又危险。事实上，大部分工作都很无聊，并且令人沮丧。许多嫌疑人和证人都销声匿迹了。那些能被认出来的人往往是完全靠不住的，他们撒谎就像他们活着就依赖于撒谎一样，他们也确实如此。

曾组织处决布兰特俘虏的前牧师福格特中尉已经去世。情报官员、他的顶头上司埃里希·舍尼希被发现在厄宾根（Ebingen）做牙医，并于 1946 年 10 月被捕。加仑坎普将军是他们的指挥官和高级军官，他已经被拘留，在 1945 年 5 月被英国军队带走。他的参谋长赫伯特·克斯特林上校也被逮捕，他亲眼看见了这些处决。该案件分为两个部分：圣索旺森林的俘虏处决，以及 3 名伤势严重无法出院的特种空勤团俘虏被注射致死。就在审判即将开始前不久，加仑坎普将军企图自杀，但是失败了。在遗书中，他坚称："我自愿离开这个世界是受我所指挥的部队司令部发生的可怕事件所带来的影响。"他承认授权对 3 名在医院的俘虏进行致命注射，但坚称这是一种仁慈的行为，因为他被告知伤者已"无法救治"。他否认曾下令执行其他的死刑。1947 年 3 月的审判是一场指控和反指控的混战，被告之间互相指责，并熟练地为自己辩护，称他们一直在遵守无法拒绝的命令。"元首的命令对那些接收命令的人具有约束力，"加仑坎普的律师说，"即使这一命令违反国际法或者其他传统价值观念。"克斯特林坚称，这一犯罪行为"与他的基督教信仰相悖"，之所以执行这项命令，只是因为加仑坎普下达了"一道非常清楚无误的命令"。埃里希·舍尼希没有否认参与此事，但是表态说："我确实感到反感。"

加仑坎普被判处死刑，被控执行注射的医生也被判处死刑。克斯特林被判终身监禁，而舍尼希被判 5 年监禁。但是经过审查，"突击队命令"被认为是一个减轻罪责的因素：加仑坎普的死刑被减为终身监禁，而医院的医生被释放。31 名德国前国防军将领联名签署了一份请愿书向大法官请愿，请求宽大处理加仑坎普。刑期减至 10 年，1952 年，加仑坎普因健康不佳而被释放。他死于 1958 年。

虽然刽子手声称有一些受害者，但"洛顿行动"一案并没有更确切的结果。1947 年 1 月，审问过肯尼思·西摩的盖世太保军官威廉·施耐德在哈默林监狱被处决。巴克沃斯和罗兹目睹了海因里希·诺伊施旺格（Heinrich Neuschwanger）被处决的过程。这名军官被判在嘉格纳犯下杀人罪，但这没有让他们感到满意，因为凶手似乎毫无悔意："直至他被绞死的那一刻，我都不觉得他有一点点担忧。"卡尔·豪格是杀害帕特·加斯廷的刽子手，也是在"增益行动"中被俘虏的其他人的刽子手，他也得到了同样的下场。

许多参与杀害特种空勤团成员的人要么被判轻罪，要么完全逃脱了审判。但是，正如约翰·托金阻止了对贝尔根－贝尔森集中营警卫的报复一样，巴克沃斯也坚持要公正地进行调查，不进行报复；在这方面他成功了。战争罪行调查小组于1948 年解散。

到那时，特种空勤团已经恢复了活力。随着英国在战后世界的军事责任发生变化，当局迟迟才终于意识到，一支长期、深入渗透的战斗部队不仅很有用，而且至关重要。第 21 特种

316

空勤团（之所以起这个名字，是因为它合并了第 2 特种空勤团和第 1 特种空勤团）于 1947 年 1 月作为陆军的一部分而成立。A 中队成为马来亚侦察兵（特种空勤团），于 1952 年改名为第 22 特种空勤团。特种空勤团将继续在世界各地展开行动，在 20 世纪 70 年代，他们在参与反恐行动和应对人质劫持方面变得越来越活跃。

特种空勤团的概念迅速传播开来。加拿大特种空勤队于 1947 年成立，新西兰特种空勤队于 1954 年成立；澳大利亚第 1 特种空勤连于 1957 年成立，并在 7 年后成为澳大利亚特种空勤团。比利时陆军特种部队与英国特种空勤团有着相同的军帽徽章，其历史可以追溯到第 5（比利时）特种空勤团。法国海军陆战队第 1 伞兵团的座右铭是"勇者必胜"（*Qui ose gagne*），这个团是直接从法国战时第 3、4 特种空勤团演变而来的。以色列特种部队——总参谋部侦察部队（Sayeret Matkal）和爱尔兰的陆军游骑兵联队都效仿了特种空勤团。

1962 年，年轻的美国陆军军官查尔斯·贝克威斯（Charles Beckwith）上尉作为交换军官到第 22 特种空勤团服役。回到美国后，贝克威斯开始了一场漫长的游说运动，试图说服美国军方他们也需要一支类似的部队。"我想，团［特种空勤团］最终容纳的是，那些喜欢独处的人，那些能够独立思考和行动的人，那些意志坚强和果断的人，"他写道，"这些特点我认为应该转移到美国陆军特种部队身上。"贝克威斯设想了一支在战斗、侦察、人质营救和反恐任务方面训练有素的小型自治队伍。第一特种部队作战分遣队——三角洲（1st SFOD–D），它更广为人知的名字是三角洲部队，最终由贝克威斯在 1977 年 11 月组建。

在战术和意图上，美国和英国特种部队仍然遵循着 70 多年前特种空勤团在沙漠中率先提出的原则：在毫无预警的情况下攻击最有价值的战略目标，然后消失，迫使敌人保持持续的、处于疲惫的戒备状态。

317

特种空勤团通过开创性的长期深入渗透技术，改变了战争的面貌，这些技术在今天比以往任何时候都更为重要。特种空勤团的经验证明，随着第二次世界大战的持续，战争变得越来越令人沮丧、越来越血腥、越来越残酷，对一种特殊的、有时甚至是残酷的战斗形式的需要变得越来越迫切。特种空勤团开始时是与绅士般的敌人作战，结束时却陷入了与党卫队纯粹邪恶的斗争。如果曾有人怀疑特种空勤团的战术是否正当，这些怀疑也都消失在贝尔根－贝尔森集中营的恶臭恐怖中了。

战后特种空勤团的历史不在本书的范围之内，战时特种空勤团的风格和保密性仍得以保留。1989 年，斯特林写了一篇稿子并为特种空勤团军士们进行了演讲，这次演讲好像抓住了该团精神的精髓：

我想提醒你们，永远不要把自己当成精英。这样做既不利于你，也不利于你与军队的关系，而且会损害你所具备的那些优秀品质，即成功时的谦逊和始终如一的幽默感。不，你们不是一支精英部队，你们是更杰出的部队。你们可以更加自豪。特种空勤团是英国国防力量中规模最小的一支部队，但具有特殊的战略作用，这在世界上所有军队中可能是独一无二的，是一支可以挽救无数生命的部队。因此，你们需要保持"低调"，保持沉默，并在任何时刻有着保证安全的习惯。

1944 年 1 月 16 日，《星期日图片社》（*Sunday Graphic*）刊登了标题："秘密的空军人员：他们将震惊世界。"这是一篇在戏剧性上长篇大论但明显缺乏细节的报道。该报道承诺："战后，英国特种空勤部队士兵不对外公开的秘密英勇事迹，将成为令人惊叹的读物……这个部队的日常历史记录将在战后公布。"

特种空勤团花了 70 多年才结束沉默，并兑现了这一承诺。

战后生活

大卫·斯特林在 1946 年被授予大英帝国勋章官佐勋章，319他最初定居在罗德西亚，在那里成为新成立的摩羯座协会的主席，摩羯座协会是一个不考虑种族、政治和宗教分歧而团结非洲人的理想主义组织。在这一计划失败后（他将之归咎于殖民政府），斯特林回到英国，在世界各地建起一系列的电视台，主要是在发展中国家，这又是一个极富想象力但无利可图的项目。"我拥有了全世界最多的破产电视台"，他说。后来，他经营了看守（国际）有限公司［Watchguard（International）Ltd］，这是一家秘密公司，他通过这家公司为阿拉伯和非洲国家训练安全部队。他还与中东的几起秘密军事行动有关。1947年矿工罢工之后，他成立了 GB75，这个组织由忧心忡忡的爱国者组成，一旦发生大罢工，他们将帮助维持发电站等基本服务的运转。然后，他转而与工会中的左翼极端分子做斗争，支持"真正的工业民主运动"（Truemid）。1984 年，他用自己的名字命名了特种空勤团的赫里福德总部——斯特林阵线。他于1990 年被封为爵士，并于当年晚些时候去世。

帕迪·梅恩一直没有适应和平时期的平民生活。战争结束后，他参加了一次考察福克兰群岛（马尔维纳斯群岛）的南大西洋地理探险，该项目要求参加者为"身体健康、能够在艰苦条件下生存的男性"。但是一个月后他因伤被送回家乡。

他在沙漠跳伞时曾背部受伤，之后的跳伞使伤势加重，但他几乎没有和任何人提起过，梅恩成为北爱尔兰法学会的秘书，花了很多时间照顾他体弱的母亲。他饮酒无度，郁郁寡欢。在《国家名人传记词典》（*Dictionary of National Biography*）的一个条目中，乔治·杰利科写道："梅恩是位不同寻常又很复杂的人物……这位平日里温文尔雅的巨人的生活时不时被突如其来且常常令人费解的暴力行为所打断——通常与过量饮酒有关。"他的背疼得很厉害，以至于他没法再打橄榄球了，甚至都无法坐着看比赛。他极少谈论自己的战争经历，越来越变得"焦虑而奇怪地敏感"。1955 年 12 月 14 日，他在家乡纽敦纳兹一场共济会晚宴后又喝了一晚上酒，打了一晚上扑克，然后开着他那辆红色的莱利跑车回家。他在凌晨 4 点撞上了一辆停在原地的卡车，被发现时，他已经死在方向盘上，颅骨骨折。他的军事葬礼由弗雷泽·麦克卢斯基牧师主持，前来吊唁的人排了 1 英里多长。

罗伊·法兰在桑赫斯特做了一段时间的教官，然后加入巴勒斯坦的反叛乱警察部队。1947 年 5 月，他的队伍拦截了一个手无寸铁的犹太学生亚历山大·鲁博维茨（Alexander Rubowitz），他正在为一个被禁的地下组织散发反英宣传材料。在随后的审讯中，据称法兰在耶路撒冷郊外的一个荒芜地区用石头砸碎了这个男孩的头骨将其杀害了。法兰两次逃离拘留所，最终因缺乏可接受的证据而被判无罪。第二年，一个寄给"R. 法兰"的包裹炸弹被他的哥哥雷克斯打开，雷克斯在之后的爆炸中丧生。当时罗伊·法兰正在苏格兰做采石工，并在竞选保守党议会候选人时落败。1950 年，他移民到加拿大，成为一名奶牛农场主，他还创办了报纸，写了两本关于他战时功绩的畅销书，进入市政政界，并最终成为阿尔伯塔省的副总检察长。

第 2 特种空勤团指挥官布莱恩·弗兰克斯在 1945 年该团解散后，游说保留战时特种空勤团技能。他创立了特种空勤团协会，正是在他的努力下，一个名为"步枪能手"的地方陆军营被重新命名为第 21 特种空勤团，混合了第 1 特种空勤团和第 2 特种空勤团。弗兰克斯一直指挥这支部队到 1950 年，然后成为该团的上校指挥官。1952 年至 1972 年间，他担任海德公园酒店的总经理。

亨利·德鲁斯因在法国抵抗运动中的战时行动被授予法国
十字勋章。战争结束后，他加入英国情报机构军情六处，先是部署在荷兰，然后在印度尼西亚。离开政府部门后，他在爪哇的英荷种植园工作到 1951 年，然后举家移居至加拿大。他在纽芬兰建立了航运公司，然后又把公司开到了魁北克和开曼群岛，1981 年退休后定居在不列颠哥伦比亚省，他集邮、打高尔夫和投机股票，他"对风险的偏爱"给他带来的收益远低于他在纳粹占领的法国战场上时。

鲍勃·利利重新加入了特种空勤团，成为第 21 特种空勤团的团级准尉副官。后来，他在福克斯顿开了一家酒吧，偶尔会讲他在沙漠中勒死一名落单的意大利士兵的故事，以此逗喝酒的人开心。在特种部队的术语中，"鲍勃利利"现在被用来形容突击队员打了就跑的行动。迫击炮专家亚历克斯·缪尔黑德成为一名全科医生，随后担任了 18 年的 BBC 首席医疗官。哈利·波阿特回到了根西岛从事家庭番茄种植生意，于 1982 年去世，享年 67 岁。迈克·萨德勒和梅恩一起去南极探险，然后加入了外交部。他至今仍然住在切尔滕纳姆。

美国出生的沙漠老兵帕特·莱利于 1945 年加入剑桥警察局，但发现警察工作太过平静，于是志愿成为马来半岛军团的上尉。他与新成立的马来半岛侦察兵密切合作，后者成为第 22 特种空勤团，一起镇压共产主义起义者。他于 1955 年离开军队，成为埃塞克斯郡科尔切斯特海豚酒店酒吧的老板，之后加入保安公司斯克里克（Securicor），在该公司担任过各种高级职位，直到 1980 年退休。在被英国驻埃塞俄比亚军事特派团借调一段时间以后，吉姆·阿尔蒙兹在厄立特里亚警察野外部队服役，然后回到特种空勤团。他在 1961 年以少校身份离开了军队，退休后住在林肯郡斯蒂克斯伍德（Stixwould）的家中，那也是他出生的地方。托尼·格雷维尔－贝尔成为一名好莱坞编剧，并于 1973 年创作了经典恐怖电影《血染莎剧场》（*Theatre of Blood*），由文森特·普莱斯（Vincent Price）和戴安娜·里格（Diana Rigg）主演。后来他成为一名职业雕塑家。他有一个雕塑作品展现的是一名受伤士兵被战友扶到安全的地方，这尊铜像矗立在特种空勤团纪念花园中。

雷格·西金斯复员后回到剑桥郡，和他的新婚妻子莫妮卡一起接管了位于伊利的步枪手的武器酒吧，并在接下来的 9 年中一直经营着这家酒吧。然后他们移居至罗德西亚，经营烟草农场。在 20 世纪 60 年代到 70 年代的罗德西亚丛林战争期间，他成为白人少数派政府组成的打击非洲共产主义游击队的警察反恐怖主义部门的检查员。津巴布韦独立后不久，西金斯返回东安格利亚。

约翰尼·库珀重新加入了家族羊毛企业，不出所料，他发现自己很难安定下来。1951 年，他在第 22 特种空勤团进行了短期的延长服役，被授予大英帝国勋章员佐勋章（MBE）。他曾在阿曼苏丹军队服役，后来被大卫·斯特林招募过去帮助抵抗埃及支持下的也门北部政变。1966 年，他以中校军衔退休，移居葡萄牙。

战争结束后，弗雷泽·麦克卢斯基在英国各地走访了阵亡的特种空勤团士兵的家属，并向他们讲述士兵们的牺牲情况。他帮助建立了皇家军队牧师培训中心，然后回到苏格兰，先后在布劳蒂费里和格拉斯哥的贝尔斯登（Bearsden）担任牧师，为苏格兰最大的教会之一服务。他遇到了年轻的美国福音传教士葛培理（Billy Graham），开始了他们一生的友谊。1960 年，麦克卢斯基搬到了骑士桥的圣哥伦巴，一直在那里住到 1986 年退休。1983 年到 1984 年，他担任了苏格兰教会大会主席。

约翰·托金和梅恩及萨德勒一起参加了南极探险，他从冰川上摔了下来，并需要一场漫长而危险的救援，他一如既往地觉得这很有趣。他四处旅行，最后移居澳大利亚，在那里成为一名采矿工程师和成功的商人。

1943 年，菲茨罗伊·麦克林率领丘吉尔的联络团前往南斯拉夫的游击队领袖铁托将军那里；他将自己的任务描述为"找出谁杀害了最多的德国人，并提出我们可以帮助他们杀死更多德国人的方法"。伦道夫·丘吉尔也是该团的一员，他请来了小说家伊夫林·沃。战争结束后，麦克林被晋升为当地的少将，并回到英国担任议会议员。1959 年之前，他一直担任下院议员，同时管理着位于阿盖尔的家族庄园，并在费恩湖畔经营着一家酒店。1949 年，他出版了广受好评的回忆录《通往东方之路》（*Eastern Approaches*），里面有他在特种空勤团的经历描述。他获得的勋章包括库图佐夫勋章（苏联）、战争十字勋章（法国）和游击队之星勋章（南斯拉夫）。他还在

323

1944 年被授予大英帝国二等勋位爵士（CBE），荣获斯特拉赫和格伦斯卢安（Glensluain）的麦克莱恩男爵爵位，并成为获得最古老和最高贵的蓟花勋章的骑士。据一些人说，他还是伊恩·弗莱明（Ian Fleming）笔下詹姆斯·邦德（James Bond）的原型。

比尔·弗雷泽没有获得这些认可。他是特种空勤团中最勇敢的士兵之一，三次负伤，战争结束时是少校军衔，他赢得了带金属勋带的军事十字勋章和带棕榈的英勇十字勋章。他重新加入了戈登高地人团，但是在战争的最后几天，一直跟随着他的恶魔终于抓住了他。他因酗酒被送上军事法庭并被降职，似乎不久之后就离开了军队。有传言说，有人看见他在公园露宿街头。1954 年，帕迪·梅恩写道："可怜的老比尔·弗雷泽因闯入 30 多间房子被判了 3 年监禁。"获释后，弗雷泽在一家面包店找到一份工作，后来成为一名成本核算员。他于 1975 年去世。

乔治·杰利科带领特种舟艇中队在意大利和南斯拉夫海岸进行了一系列行动，是首批进入德军占领的雅典的盟军士兵之一。他是世界上任职时间最久的议员之一，在上议院任职 68 年。1973 年，在承认与应召女郎有"一些风流韵事"后，他辞去了上议院领袖一职，但随后成为伦敦国王学院理事会主席、医学研究理事会主席和国家艾滋病信托基金的受托人。他还担任过英国皇家地理学会、英国地理学家学会、盎格鲁-希腊联盟、肯尼特和埃文运河信托基金会、英国克里特退伍军人协会、英国心脏基金会，以及特种空勤团协会和其他机构的主席。

艾伦·塞缪尔·莱尔-斯迈思是马尔科姆·普雷德尔在绿

山山脉遇到的一个性情古怪、穿着花呢衣服的情报特工，他在埃塞俄比亚成为一个大型猎物猎人，在坦噶尼喀创办了一家莎士比亚公司，以艾伦·卡卢（Alan Caillou）的笔名写作，并最终成为一名成功的好莱坞演员。他写了52部稍显暧昧的小说，书名像是《十亿美元绿洲里渴望爱情的女孩》（*The Love-Hungry Girl at the Billion Dollar Oasis*），并在20世纪60年代和70年代出演了很多电视剧，包括《秘密特工》（*The Man from U. N. C. L. E.*）、《达科塔里》（*Daktari*）和《无敌金刚》（*The Six Million Dollar Man*）。他最令人震惊的角色是1978年一个短暂的科幻连续剧《夸克》（*Quark*）中的银河政府首脑，他只不过是以一个巨大的无实体的头颅形象出现。

西奥多·舒尔希，别名约翰·理查兹，法西斯间谍，于1945年3月在罗马被捕。6个月后，他在伦敦接受军事法庭的审判，被判犯有9项叛国罪和1项蓄意叛逃投敌罪，并被判处死刑。大卫·斯特林在审判中做证。1946年1月4日，舒尔希在本顿维尔监狱被行刑者阿尔贝特·皮埃尔伯恩特（Albert Pierrepoint）处以绞刑。他死时27岁。舒尔希是第二次世界大战期间唯一一个因叛国罪被处决的英国军人。

马库斯·卢特罗蒂是一名德国医生，他在沙漠中从特种空勤团逃跑，在战争中幸存，并回到他在南蒂罗尔丰塔纳桑塔的乡村庄园。随着和平的到来，他的兴趣从热带医学转到安乐死的伦理道德。这源自他1942年在沙漠的沟渠里结束了一名受伤士兵的痛苦的那次经历。作为在医学上辅助自杀的反对者，他在德国创立了普世临终关怀运动，并将余生奉献给为临终病人提供安宁缓和医疗。他永远不会忘记他在沙漠中在特种空勤团的那次短暂逗留，以及那个友善对待他的敌人——那名英国医生。他说:"这是在非洲的一场绅士战争。"

325 　　马尔科姆·普雷德尔在马耳他的一家医院工作到 1943 年年底,然后他自己因胃溃疡住院。在休养期间,他写了《生于沙漠》(*Born of the Desert*),这是关于北非特种空勤团的最好的第一手资料。他回到英国,身体已经痊愈,但是患上了现在我们所说的创伤后应激障碍。作为一个敏锐的自我编年史家,普雷德尔知道,沙漠战争的经历在当时是如此令人兴奋,也会给人留下无形的创伤:"我感觉自己像个外星人,完全不适应这个新环境……在那之后的几年里,我仍然发现自己在逃避社交聚会,因为我的创伤经历积聚了起来。"他将余生奉献给了国民医疗服务体系(National Health Service)。在 1991 年,他写道:"我的人生已经走了一个完整的循环。我退休了,尽可能多地去户外,在那里我又能感受到那片广阔无垠的沙漠,我曾在那里与宇宙交流,白天是太阳告诉我时间,夜晚是星星来告诉我时间。"

战时特种空勤团行动

行动名称	军团	日期	地点	备注
占领者行动	L 分队	1941 年 11 月 16/17 日	北非	特种空勤团首次行动
欧盖莱突袭	L 分队	1941 年 12 月 15 日	北非	
苏尔特/塔米特突袭	L 分队	1941 年 12 月 15 日	北非	
艾季达比亚突袭	L 分队	1941 年 12 月 22 日	北非	
第二次苏尔特突袭	L 分队	1941 年 12 月 27 日	北非	
第二次塔米特突袭	L 分队	1941 年 12 月 27 日	北非	
瑙费利耶突袭	L 分队	1941 年 12 月 29 日	北非	
大理石拱门突袭	L 分队	1941 年 12 月 29 日	北非	
贝尼纳突袭	L 分队	1942 年 3 月 8 日	北非	
贝尔卡突袭	L 分队	1942 年 3 月 8 日	北非	
巴斯突袭	L 分队	1942 年 3 月 8 日	北非	新西兰沙漠远程突击队
斯隆塔突袭	L 分队	1942 年 3 月 8 日	北非	
第二次贝尼纳突袭	L 分队	1942 年 3 月 24 日	北非	

续表

行动名称	军团	日期	地点	备注
班加西袭袭	L 分队	1942 年 6 月 13 日	北非	
伊拉克里翁袭袭	L 分队	1942 年 6 月 13 日	克里特岛的伊拉克里翁	
富凯/巴什古/西迪哈尼什	L 分队	1942 年 7 月	北非	
西地巴拉尼	L 分队	1942 年 7 月 12/13 日	北非	
重婚行动	L 分队	1942 年 9 月 14 日	北非	
A 中队和 B 中队袭袭	L 分队	1942 年 11 月 ~1943 年 1 月	北非	多个地点。大卫·斯特林在 1943 年 1 月袭中被捕
A 中队，B 中队和 C 中队袭袭	L 分队	1942 年和 1943 年	北非	除了上述记录下来的北非的小型袭袭之外，还有很多其他小型袭袭，具体地点、日期无法精确得知
金鱼草行动	第 2 特种空勤团	1943 年 5 月 28 日	潘泰莱里亚	
万寿菊行动	第 2 特种空勤团	1943 年 5 月 30 日	撒丁岛	
山楂行动	第 2 特种空勤团	1943 年 6 月 30 日 ~7 月 7 日	撒丁岛	

续表

行动名称	军团	日期	地点	备注
水仙行动	第 2 特种空勤团	1943 年 7 月 10 日	西西里岛	
哈士奇行动	特种突袭中队	1943 年 7 月 10 ~ 12 日	西西里岛	
栗子行动	第 2 特种空勤团	1943 年 7 月 13 日 ~ 8 月 14 日	西西里岛	
虎尾草行动	第 2 特种空勤团	1943 年 9 月 7 日	意大利	
塔兰托登陆	第 2 特种空勤团	1943 年 9 月 9 日	意大利	
湾城行动	特种突袭中队	1943 年 9 月 12 日	意大利	
黄水仙行动	第 2 特种空勤团	1943 年 10 月 2 日 ~ 12 月 25 日	意大利	
秋海棠行动	第 2 特种空勤团	1943 年 10 月 2 日	意大利	
德文郡行动	特种突袭中队	1943 年 10 月 3 ~ 6 日	意大利	
德文郡行动	第 2 特种空勤团	1943 年 10 月 3 ~ 6 日	意大利	
白烛葵行动	第 2 特种空勤团	1943 年 10 月 27 日 ~ 11 月 2 日	意大利	
虎耳草行动	第 2 特种空勤团	1943 年 12 月 14 日,结束日期未知	意大利	
沉睡者行动	第 2 特种空勤团	1943 年 12 月 18 日,结束日期未知	意大利	
枫树/浮木行动	第 2 特种空勤团	1944 年 1 月 7 日	意大利	
枫树/毛蓟行动	第 2 特种空勤团	1944 年 1 月 7 日	意大利	

续表

行动名称	军团	日期	地点	备注
石榴行动	第 2 特种空勤团	1944 年 1 月 12 日	意大利	
猴面包树行动	第 2 特种空勤团	1944 年 1 月 29 日	意大利	
泰坦尼克行动	第 1 特种空勤团	1944 年 6 月 6 日 ~7 月 10 日	法国	
布尔巴斯克特行动	第 1 特种空勤团	1944 年 6 月 6 日 ~8 月 7 日	法国	
丁森/格罗行动	第 4（法国）特种空勤团	1944 年 6 月 6 日 ~8 月 18 日	法国	法国人
萨姆韦斯特沃什行动	第 4（法国）特种空勤团	1944 年 6 月 6 日 ~8 月 18 日	法国	法国人
胡恩斯沃斯行动	第 1 特种空勤团	1944 年 6 月 6 日 ~9 月 6 日	法国	
库尼行动	第 4（法国）特种空勤团	1944 年 6 月 8~15 日	法国	法国人
增益行动	第 1 特种空勤团	1944 年 6 月 14 日 ~8 月 19 日	法国	
迷失行动	第 4（法国）特种空勤团	1944 年 6 月 23 日 ~7 月 18 日	法国	法国人
哈夫特行动	第 1 特种空勤团	1944 年 7 月 8 日 ~8 月 11 日	法国	
狄更斯行动	第 3（法国）特种空勤团	1944 年 7 月 16 日 ~10 月 7 日	法国	法国人
笛福行动	第 2 特种空勤团	1944 年 7 月 19 日 ~8 月 23 日	法国	"笛福行动"还分裂出"渡渡鸟行动"和"天鹅行动"
鲁伯特行动	第 2 特种空勤团	1944 年 7 月 23 日 ~9 月 10 日	法国	

续表

行动名称	军团	日期	地点	备注
挽勾行动	第2特种空勤团	1944年7月25日~8月13日	法国	
哈迪/罗比行动	第2特种空勤团	1944年7月26日~9月14日	法国	
乔叟尔行动	第5(比利时)特种空勤团	1944年7月27日~8月15日	法国	比利时人
莎士比亚行动	第5(比利时)特种空勤团	1944年7月31日~8月15日	法国	比利时人
班扬行动	第5(比利时)特种空勤团	1944年8月3~8日	法国	比利时人
登路喜行动	第2特种空勤团	1944年8月3~24日	法国	
摩西行动	第3(法国)特种空勤团	1944年8月3日~10月5日	法国	法国人
德里行动	第3(法国)特种空勤团	1944年8月5日~10月18日	法国	法国人
马歇尔行动	第3(法国)特种空勤团	1944年8月9~24日	法国	法国人
参孙行动	第3(法国)特种空勤团	1944年8月9日~9月27日	法国	法国人
野鹰行动	第1特种空勤团	1944年8月10日~9月23日	法国	
洛顿行动	第2特种空勤团	1944年8月12日~10月16日	法国	
斯内格罗夫行动	第3(法国)特种空勤团	1944年8月13~24日	法国	法国人
巴克行动	第3(法国)特种空勤团	1944年8月13日~9月9日	法国	法国人
哈罗德行动	第3(法国)特种空勤团	1944年8月13日~9月24日	法国	法国人

续表

行动名称	军团	日期	地点	备注
吉卜林行动	第 1 特种空勤团	1944 年 8 月 14 日 ~ 9 月 25 日	法国	
乔克沃思行动	第 3（法国）特种空勤团	1944 年 8 月 15 日 ~ 9 月 9 日	法国	法国人
亚伯行动	第 3（法国）特种空勤团	1944 年 8 月 15 日 ~ 9 月 22 日	法国	法国人
真形行动	第 2 特种空勤团	1944 年 8 月 16 ~ 26 日	法国	
真形行动 2	第 5（比利时）特种空勤团	1944 年 8 月 16 ~ 26 日	法国	比利时人
诺亚行动	第 5（比利时）特种空勤团	1944 年 8 月 16 日 ~ 9 月 13 日	法国	比利时人
牛顿行动	第 3（法国）特种空勤团	1944 年 8 月 19 日 ~ 9 月 11 日	法国	法国人
华莱士行动	第 2 特种空勤团	1944 年 8 月 19 日 ~ 9 月 17 日	法国	
本森行动	第 5（比利时）特种空勤团	1944 年 8 月 28 日 ~ 9 月 1 日	法国	比利时人
沃尔西行动	幻影军团	1944 年 8 月 28 日 ~ 9 月 1 日	法国	幻影/英国人
斯宾塞行动	第 4（法国）特种空勤团	1944 年 8 月 29 日 ~ 9 月 14 日	法国	法国人
班邦行动	第 5（比利时）特种空勤团	1944 年 9 月 2 ~ 12 日	法国	
布鲁特斯行动	第 5（比利时）特种空勤团	1944 年 9 月 2 ~ 18 日	法国	比利时人
卡利班行动	第 5（比利时）特种空勤团	1944 年 9 月 6 ~ 11 日	法国	比利时人
皮斯托尔行动	第 2 特种空勤团	1944 年 9 月 15 日 ~ 10 月 14 日	意大利北部	

续表

行动名称	军团	日期	地点	备注
法比安行动	第5(比利时)特种空勤团	1944年9月19日~1945年3月14日	法国	比利时人。该行动也被称为"里根行动"
戈博行动	第5(比利时)特种空勤团	1944年9月19日~1945年3月14日	法国	比利时人。该行动也被称为"波西亚行动"
基石行动	第5(比利时)特种空勤团	1944年9月19日~1945年3月14日	荷兰	比利时人
雷金特行动	第5(比利时)特种空勤团	1944年12月27日~1945年1月15日	比利时	
加利亚行动	第2特种空勤团	1944年12月27日~1945年2月15日	意大利	
无用安慰行动	第2特种空勤团	1945年2月17日~3月30日	意大利	
彩票行动	第2特种空勤团	1945年3月4日~4月24日	意大利	
拱门行动	第1特种空勤团	1945年3月25日~5月3日	北-西欧	
拱门行动	第2特种空勤团	1945年3月25日~5月3日	北-西欧	
拉克斯伍德行动	第5(比利时)特种空勤团	1945年4月4日~18日	荷兰	
霍华德行动	第1特种空勤团	1945年4月6日~5月10日	北-西欧	
基石行动	第2特种空勤团	1945年4月11日~18日	荷兰	
阿默斯特行动	第3(法国)特种空勤团	1945年4月7日~15日	德国	法国人
阿默斯特行动	第4(法国)特种空勤团	1945年4月7日~15日	德国	法国人

特种空勤团荣誉名册

（包括第 1、2 特种空勤团）

姓　　名	所属部队
亚当森,爱德华·扬,列兵	第 1 特种空勤团
艾伦,威廉·瓦特,军功勋章,下士	第 1 特种空勤团
艾伦,帕特里克·约瑟夫,炮兵	第 1 特种空勤团
安德鲁斯,文森特,列兵	第 1 特种空勤团
阿普尔亚德,约翰·杰弗里,杰出服役勋章、军事十字勋章及多条金属勋带,少校	第 2 特种空勤团
阿布库,詹姆斯·弗莱明·斯皮尔斯,列兵	第 1 特种空勤团
阿什,克里斯托弗,列兵	第 2 特种空勤团
阿什利,艾伦·乔治,列兵	第 1 特种空勤团
阿斯宾,詹姆斯,列兵	第 1 特种空勤团
阿斯特尔,诺曼·弗朗西斯,少校	空袭支援团
奥斯汀,弗雷德里克·伦纳德,列兵	第 2 特种空勤团
贝利,克里斯托弗·西德尼,上尉	第 1 特种空勤团
贝克,詹姆斯·亨利·马尔科姆,准下士	第 1 特种空勤团
巴勒迪,胡斯托,列兵	第 2 特种空勤团
鲍尔,约翰·亨利,炮兵准下士(LBdr)	第 1 特种空勤团
班纳曼,彼得,通信兵	第 2 特种空勤团
巴克,托马斯·詹姆斯,列兵	第 1 特种空勤团
巴雷特,唐纳德,骑兵	空袭支援团
贝特曼,查尔斯·约翰·赖德尔,步枪兵(Rfn)	第 2 特种空勤团
贝特曼,肯尼思,下士	第 1 特种空勤团
班尼特,詹姆斯·威廉·罗伯特,列兵	第 2 特种空勤团
班尼特,莱斯利·查尔斯,列兵	第 2 特种空勤团
本森,罗伯特·托马斯,中士	第 2 特种空勤团
宾利,约翰·威廉,下士	第 1 特种空勤团

续表

姓　　名	所属部队
贝茨,阿瑟,炮兵	第 2 特种空勤团
宾利,托马斯·诺曼,列兵	第 2 特种空勤团
伯尼,罗纳德·杰克,中尉	第 2 特种空勤团
毕夏普,兰格斯洛·托马斯,近卫军战士	特种舟艇中队
布莱克,詹姆斯·德斯蒙德,中尉	第 2 特种空勤团
布莱克尼,詹姆斯,列兵	第 1 特种空勤团
鲍登,斯坦利,军事勋章,下士	第 2 特种空勤团
博兰德,斯坦利,近卫军战士	L 分队,特种空勤旅
邦德,查尔斯·弗雷德里克·戈登,少校	第 1 特种空勤团
鲍恩,约翰·西摩,列兵	第 1 特种空勤团
波索尔,罗伯特·查尔斯·托马斯,列兵	第 2 特种空勤团
布拉德福德,劳伦斯·罗伊,上尉	第 1 特种空勤团
布鲁克,哈罗德,准下士	第 1 特种空勤团
布罗菲,迈克尔·约瑟夫,列兵	第 1 特种空勤团
布朗,埃里克·欧内斯特,下士	空袭支援团
布朗,莱斯利·乔克,下士	第 1 特种空勤团
布朗,塞尔温·珀西瓦尔,列兵	第 2 特种空勤团
布伦特,伯纳德·奥利弗,炮兵	第 2 特种空勤团
布赖森,威廉,下士	第 1 特种空勤团
巴克,赫伯特·塞西尔,军事十字勋章,上尉	第 1 特种空勤团
鲍登,戈登·休伯特·弗兰克,列兵	第 1 特种空勤团
伯里,罗宾·西里尔·林德赛,中尉	特种舟艇中队
凯恩斯,莱斯利·乔治,中尉	第 1 特种空勤团
卡迈克尔,詹姆斯·亚历山大,燧发枪团士兵(Fus)	特种舟艇中队
卡特,斯坦利·阿瑟·西德尼,炮兵	空袭支援团
凯斯,罗伯特·安东尼,上尉	特种舟艇中队
卡斯,乔治·爱德华,准中士	特种舟艇中队
卡西迪·乔治,列兵	第 1 特种空勤团
卡斯泰兰,杰弗里·查尔斯,中尉	第 2 特种空勤团
卡顿,杰弗里,炮兵下士(Bdr)	第 1 特种空勤团
钱伯斯,特伦斯·弗雷德里克·托马斯,上尉	第 1 特种空勤团

续表

姓　名	所属部队
切尼,约翰,中士	L 分队,特种空勤旅
奇克,雷金纳德,下士	第 1 特种空勤团
基西姆,约翰·多尔曼,准下士	突击部队总部
丘奇,雷金纳德·斯坦利,列兵	第 2 特种空勤团
克拉里奇,约翰·亨利,列兵	第 2 特种空勤团
克莱因斯,查尔斯·莫里斯,军事十字勋章,上尉	特种舟艇中队
柯格,乔治·奥利弗,列兵	第 1 特种空勤团
科里根,威廉·哈罗德,中士	空袭支援团
科里斯,雷金纳德·威廉,准下士	空袭支援团
康威,约翰·约瑟夫,列兵	第 2 特种空勤团
库珀,萨缪尔,列兵	第 1 特种空勤团
科恩斯维特,莱斯利,机电兵(Cfn)	特种舟艇中队
克雷尼,威廉·约翰,列兵	第 1 特种空勤团
克里斯普,克拉伦斯,炮兵准下士	第 1 特种空勤团
克里斯普,理查德,中尉	第 1 特种空勤团
克罗西,杰克·斯坦利,列兵	第 2 特种空勤团
克劳奇,阿尔弗雷德·约翰,骑兵	特种舟艇中队
克罗利,约瑟夫·帕特里克,下士	第 2 特种空勤团
柯里,唐纳德·卡梅隆,列兵	第 2 特种空勤团
柯蒂斯,伦纳德·威廉,列兵	第 2 特种空勤团
戴维森,亚历山大,准中士	第 1 特种空勤团
戴维斯,罗伊·大卫,列兵	第 1 特种空勤团
戴维斯,杰拉尔德·多诺万,中士	第 2 特种空勤团
戴维森,西迪尼,列兵	第 1 特种空勤团
丹奇,阿瑟·托马斯,近卫军战士	第 2 特种空勤团
迪瓦恩,威廉·亨利,机电兵	第 1 特种空勤团
迪尔,大卫·戈登,中尉	第 2 特种空勤团
多兹,威廉,工兵	第 2 特种空勤团
道林,詹姆斯·弗雷德里克,列兵	第 2 特种空勤团
唐尼,詹姆斯,列兵	第 2 特种空勤团
德鲁,爱德华,列兵	第 2 特种空勤团

续表

姓　　名	所属部队
德龙金,安东尼,下士	第1特种空勤团
杜德吉恩,帕特里克·劳伦斯,军功十字勋章,上尉	第2特种空勤团
达菲,约瑟夫·阿洛伊休斯,列兵	特种空勤旅L分队
邓肯,艾伦,列兵	第1特种空勤团
邓克利,弗兰克·威尔弗雷德,中士	第1特种空勤团
伊德,莱斯利·罗纳德,列兵	第1特种空勤团
埃克尔斯,道格拉斯,中士	第1特种空勤团
埃奇,罗伯特,二级准尉	空袭支援团
爱德华兹,阿尔弗雷德·罗纳德,工兵	第2特种空勤团
艾略特,约翰·赫伯特,准下士	第2特种空勤团
埃利斯,哈罗德,驾驶员	第2特种空勤团
埃文斯,奥古斯都·乔治,列兵	特种舟艇中队
埃文斯,约翰,列兵	第2特种空勤团
费尔韦瑟,大卫·考尔德,列兵	特种舟艇中队
法萨姆,约瑟夫·威廉,炮兵准下士	第1特种空勤团
芬威克,伊恩,少校	第1特种空勤团
弗格森,道格拉斯,军功勋章,列兵	第1特种空勤团
菲尔德,蒂莫西·约瑟夫,列兵	第1特种空勤团
芬利,约翰·萨默斯,中士	第1特种空勤团
菲西维克,威廉·欧文,列兵	特种舟艇中队
菲茨帕特里克,迈克尔·本尼迪克特,军功勋章,中士	第2特种空勤团
福斯特,威廉·约翰斯通,中士	第2特种空勤团
盖尔,唐纳德·莫里斯,列兵	第1特种空勤团
加纳姆,伦纳德,炮兵	第2特种空勤团
加斯廷,帕特里克·班尼斯特,军事十字勋章,上尉	第1特种空勤团
格伦,威廉·奥斯本,中士	第2特种空勤团
格莱德,约翰,列兵	第1特种空勤团
戈达德,彼得·霍兰,中尉	第1特种空勤团
戈斯林,约翰·威廉,列兵	第1特种空勤团
戈特利布,埃利亚胡,列兵	L分队
戈万,詹姆斯·奇泽姆·威尔逊,军功勋章,下士	第1特种空勤团

姓　　名	所属部队
格兰特,查尔斯·马丁,下士	第 1 特种空勤团
格兰特,伊恩·麦克斯韦,中尉	第 2 特种空勤团
格兰特－沃森,罗伯特·德·默夫·洛,上尉	特种空勤旅,L 分队
格雷,大卫,列兵	第 1 特种空勤团
格里夫斯,西迪尼,军事勋章,下士	特种舟艇中队
格里芬,莫里斯·亚瑟,列兵	第 2 特种空勤团
格林斯代尔,斯坦利·大卫·詹姆斯,中尉	空袭支援团
格里姆斯特,埃德加,列兵	第 1 特种空勤团
瓜德,罗纳德,列兵	第 1 特种空勤团
冈恩,菲利普·麦克林,军事十字勋章、内外全科医学士,少校	特种空勤旅总部
冈斯顿,约翰·圣乔治,上尉	第 2 特种空勤团
格尼,休·克里斯托弗,中尉	第 2 特种空勤团
古斯科特,西迪尼·艾略特,中士	第 2 特种空勤团
哈斯,彼得,下士	L 分队
哈尔,詹姆斯,准下士	第 1 特种空勤团
哈尔,华莱士·艾尔伯特,列兵	第 2 特种空勤团
哈蒙德,约瑟夫,中士	第 2 特种空勤团
哈里斯,亨利,列兵	特种舟艇中队
霍克斯,欧内斯特·亨利·艾尔伯特,中士	特种舟艇中队
霍金斯,爱德华·詹姆斯,炮兵	空袭支援团
哈伊,拉尔夫,中士	第 2 特种空勤团
海登,休,炮兵	空袭支援团
海耶斯,乔治·马尔格温,列兵	第 1 特种空勤团
黑德,特伦斯·亚历山大,炮兵	空袭支援团
赫恩,威廉·赫伯特,列兵	第 1 特种空勤团
海文斯,罗伯特·埃里克,中士	第 1 特种空勤团
亨德森,约翰·布朗,准中士	第 1 特种空勤团
亨德森,斯坦利,列兵	第 2 特种空勤团
亨肖,詹姆斯·西里尔,中尉	特种舟艇中队
赫斯特,欧内斯特·麦克斯韦,炮兵	第 1 特种空勤团
希尔德雷思,西迪尼·詹姆斯,准下士	特种空勤旅 L 分队

姓　　名	所属部队
希尔,哈利,列兵	第1特种空勤团
哈吉金森,约翰·欧文,炮兵准下士	第1特种空勤团
霍兰德,威廉·查尔斯,列兵	第2特种空勤团
赫尔姆斯,约翰,炮兵下士	第2特种空勤团
霍尔特,德斯蒙德·坎贝尔,上尉	特种舟艇中队
霍勒－鲁斯温,亚历山大·哈定·帕特里克,上尉	第1特种空勤团
霍威尔,威廉·基奇纳,列兵	第1特种空勤团
豪厄尔斯,埃利斯,准下士	特种舟艇中队
哈金斯,斯坦利·A,驾驶员	总部特种空勤团旅
休斯,斯坦利·雷蒙德,军事勋章,燧发枪团士兵	特种舟艇中队
约恩,约翰,列兵	第1特种空勤团
艾兰德,理查德·弗雷德里克,列兵	第2特种空勤团
艾维森,托马斯,下士	第2特种空勤团
杰克逊,彼得·哈罗德,军功十字勋章,中尉	第2特种空勤团
詹姆斯,特雷弗·约翰,炮兵	第2特种空勤团
杰斯曼,约翰·罗素,准中士	第1特种空勤团
约翰斯顿,乔治·古尔,通信兵	第2特种空勤团
琼斯,雷蒙德·沃尔特,军事勋章,炮兵	特种舟艇中队
乔因,约翰,炮兵下士	特种舟艇中队
卡尔克斯坦,约阿希姆,列兵	第2特种空勤团
卡斯波罗维奇,鲍里斯,下士	第2特种空勤团
基恩,彼得·约翰,中尉	空袭支援团
基博尔,约翰,工兵	第2特种空勤团
基思,道格拉斯,列兵	特种空勤旅L分队
肯德尔,斯坦利·文森特,骑兵	第1特种空勤团
肯尼迪,道格拉斯·斯图尔特,中尉	第1特种空勤团
肯尼迪,托马斯·约瑟夫,特等军功章,上尉	特种舟艇中队
肯特,托马斯·亨利,列兵	第1特种空勤团
克利,吉拉尔德·查尔斯,骑兵	特种空勤团
金斯顿,弗兰克·查尔斯·诺顿,中士	特种舟艇中队
金妮凡,约翰,下士	第1特种空勤团

姓　　名	所属部队
基奇曼,托马斯,皇家海军陆战队士兵(Mne)	特种舟艇中队
纳格斯,艾尔伯特·欧内斯特,炮兵	空袭支援团
兰比,大卫,二级准尉	第1特种空勤团
拉蒙比,肯尼思·巴特勒,中尉	特种舟艇中队
拉森,安德斯·弗雷德里克·埃米尔·维克多·绍,维多利亚十字勋章、军事十字勋章、两条金属勋带,少校	特种舟艇中队
罗,乔治·道尔顿,列兵	第1特种空勤团
利奇,威尔弗雷德,通信兵	第2特种空勤团
利百特,威廉,下士	第1特种空勤团
利兹,詹姆斯,上尉	特种舟艇中队
利,大卫·布莱尔,少尉	第2特种空勤团
刘易斯,约翰·斯蒂尔,中尉	L分队,特种空勤旅
刘易斯,唐纳德,列兵	第2特种空勤团
刘易斯,迈克尔,列兵	第1特种空勤团
利特尔约翰,罗斯·罗伯逊,军功十字勋章,少校	第2特种空勤团
利文斯通,唐纳德·麦克菲尔,列兵	第1特种空勤团
劳埃德,莱纳德·埃德温·查尔斯,列兵	第2特种空勤团
洛克里奇,艾伦,工兵	第2特种空勤团
洛奇,罗伯特,特等军功勋章,中士	第2特种空勤团
隆,莱斯利·查尔斯,下士	第1特种空勤团
罗斯摩尔,赫伯特,列兵	第2特种空勤团
卢顿,霍华德,准下士	第1特种空勤团
麦克法兰,查尔斯,列兵	第1特种空勤团
马洛里,哈利,军功勋章,近卫军战士	第2特种空勤团
曼尼恩,约翰·约瑟夫,中士	L分队,特种空勤旅
马洛,威廉,驾驶员	第1特种空勤团
麦卡尔平,威廉·缪尔,列兵	第1特种空勤团
麦克布莱德,多米尼克,列兵	第1特种空勤团
麦克唐纳德,约翰,准下士	第1特种空勤团
麦凯恩,罗纳德·乔治,通信兵	第2特种空勤团
麦格尼格尔,约恩·克里斯托夫,中尉	L分队,特种空勤旅

姓　名	所属部队
麦戈文,彼得,列兵	第 2 特种空勤团
麦圭尔,约翰,准下士	第 2 特种空勤团
麦凯,道格拉斯·海斯,中士	第 2 特种空勤团
麦肯德里克,罗伯特·亚历山大,准下士	特种舟艇中队
麦克拉彻,邓肯,中士	特种舟艇中队
麦克劳兰,本杰明·托马斯,列兵	第 1 特种空勤团
麦克劳德,亚历山大,列兵	第 1 特种空勤团
麦克马洪,欧内斯特,炮兵	空袭支援团
麦宁,威廉·马修,军功勋章,准中士	第 1 特种空勤团
梅洛特,罗伯特·玛丽·伊曼纽尔,军功十字勋章,少校	第 1 特种空勤团
米勒,乔治·威廉·约翰,军功勋章,准中士	特种舟艇中队
米勒,罗纳德,中士	第 1 特种空勤团
摩尔,弗雷德里克·乔治,工兵	特种舟艇中队
莫里斯,阿尔弗雷德·戴瑞尔,上尉	第 2 特种空勤团
莫里斯,托马斯,列兵	特种舟艇中队
莫里森,威廉,列兵	特种舟艇中队
马伦,亨利,列兵	第 1 特种空勤团
蒙罗,乔治,中士	特种舟艇中队
墨菲,丹尼斯·卢克·莫里斯,上尉	第 1 特种空勤团
内维尔,沃尔特·亨利·埃德加,中士	第 2 特种空勤团
尼克松,莫尔文,列兵	第 1 特种空勤团
奥多德,克里斯托弗,军功勋章,准中士	第 1 特种空勤团
奥格,约瑟夫,列兵	第 1 特种空勤团
奥莱利,詹姆斯,列兵	第 1 特种空勤团
帕克曼,莱斯利·赫伯特·威廉,列兵	第 1 特种空勤团
帕里斯,托马斯·艾尔弗雷德,列兵	第 1 特种空勤团
帕斯克,亨利·詹姆斯,列兵	第 1 特种空勤团
帕斯克尔,珀西·爱德华,炮兵	空袭支援团
帕特森,伊恩·诺曼,军功十字勋章,少校	特种舟艇中队
菲利普斯,唐纳德,列兵	第 1 特种空勤团
菲利普斯,雷金纳德·罗伊,皇家海军陆战队队员	特种舟艇中队

姓　　名	所属部队
平西,米歇尔·亚瑟·肯尼迪,中尉	第 2 特种空勤团
平克尼,菲利普·休,上尉	第 2 特种空勤团
波科克,埃莫里斯,列兵	第 1 特种空勤团
普莱斯,查尔斯·威廉,骑兵	第 2 特种空勤团
普,阿尔贝特·亨利,炮兵下士	第 2 特种空勤团
帕迪克,弗雷德里克·亚瑟,列兵	第 2 特种空勤团
罗林森,弗兰克·威廉,炮兵	第 1 特种空勤团
莱利,詹姆斯·威廉·贝蒂,列兵	第 2 特种空勤团
雷诺兹,丹尼斯·宾汉,少校	第 2 特种空勤团
雷诺兹,莫里斯·约瑟夫,近卫军战士	第 2 特种空勤团
里克米尼,詹姆斯·亚瑟,大英帝国勋章、军功十字勋章,中尉	第 2 特种空勤团
莱斯,利奥·杰拉德,列兵	特种舟艇中队
理查兹,查尔斯·特维尔森,准下士	第 1 特种空勤团
理查森,尼尔森·大卫,炮兵	空袭支援团
理查森,威廉·欧内斯特·里德尔,列兵	第 1 特种空勤团
罗伯兹,爱德华,下士	特种舟艇中队
罗伯逊,基奇纳·史蒂文,中士	第 1 特种空勤团
罗宾逊,乔治,准下士	第 2 特种空勤团
罗布森,约翰·威廉·罗伯特,炮兵准下士	L 分队,特种空勤旅
罗杰斯,约翰·肯尼思,列兵	第 1 特种空勤团
罗杰森,亚瑟,准下士	第 1 特种空勤团
罗森斯坦,内森,列兵	L 分队
罗素,约瑟夫·莫里斯,中尉	第 2 特种空勤团
拉德,莱纳德·查尔斯,列兵	第 2 特种空勤团
瑞兰德,西迪尼·杰克,列兵	第 1 特种空勤团
索尔特,詹姆斯,列兵	第 2 特种空勤团
舒可辛格,罗伯特·约瑟夫,炮兵准下士	第 1 特种空勤团
西尼尔,弗雷德,准中士	第 1 特种空勤团
沙曼·艾伦,下士	第 1 特种空勤团
肖,乔治,列兵	第 1 特种空勤团

姓 名	所属部队
肖托尔,詹姆斯·帕特里克,下士	第2特种空勤团
肖滕,雷蒙德·赫伯特,中尉	第1特种空勤团
西里芬兹,西蒙·阿隆,炮兵	第1特种空勤团
西列特,托马斯·约翰,列兵	第1特种空勤团
西利,詹姆斯·洛维特,中尉	第2特种空勤团
西蒙斯,埃里克·乔治,列兵	第1特种空勤团
辛普森,詹姆斯,列兵	第2特种空勤团
辛克莱,阿奇博尔德·罗伊·麦格雷戈,中士	特种舟艇中队
斯金纳,亚历山大·格兰特,军事勋章,工兵	第1特种空勤团
斯莱特,乔治·弗雷德里克,上尉	特种空勤旅总部
史密斯,杰克·威廉,列兵	第2特种空勤团
斯帕罗,艾尔默·诺克斯,通信兵	第1特种空勤团
斯普纳,安东尼·约翰,列兵	第1特种空勤团
思科,尤斯塔斯·亚瑟·尼科尔,二级准尉	第1特种空勤团
史蒂芬斯,托莫斯·曼塞尔,中尉	第1特种空勤团
斯图尔德－约翰逊,威廉,炮兵	第1特种空勤团
斯通,西迪尼·詹姆斯,中士	L分队,特种空勤旅
斯旺森,大卫,炮兵	空袭支援团
斯沃德,约翰·摩尔,中士	空袭支援团
赛姆斯,费利克斯·约翰·斯图尔特,上尉	第2特种空勤团
泰勒,拉克伦,通信兵	第2特种空勤团
特里－哈尔,弗兰克·欧内斯特,中士	第2特种空勤团
托马斯,莱纳德,近卫军战士	特种舟艇中队
托马斯,威廉·亨利,近卫军战士	特种舟艇中队
桑顿,托马斯·弗雷德里克·乔治,上尉	空袭支援团
索普,珀西·罗伊,军功勋章,中士	第2特种空勤团
托宾,查尔斯·弗朗西斯,近卫军战士	第1特种空勤团
泰森,马丁尼·爱德华,列兵	第2特种空勤团
瓦雷,托马斯,中士	第1特种空勤团
沃克,约瑟夫,列兵	第1特种空勤团
沃肖,乔治·威廉,下士	特种舟艇中队

338

续表

姓　　名	所属部队
沃伯顿,肯尼思,列兵	L分队,特种空勤旅
沃德,乔治·理查德,中尉(军需官)	第1特种空勤团
韦弗,埃德温·托马斯,列兵	第2特种空勤团
韦伯斯特,詹姆斯·沃尔特,中士	第1特种空勤团
韦特海姆,格哈德,列兵	第2特种空勤团
维特利-史密斯,安东尼·罗伯特,少校	第2特种空勤团
怀特,罗格,军功勋章,炮兵准下士	第2特种空勤团
怀特,维克多·欧文,列兵	第1特种空勤团
威德林顿,爱德华·安东尼·菲茨赫伯特,军功十字勋章,少校	第2特种空勤团
威尔金森,詹姆斯·肯尼思,列兵	第2特种空勤团
威尔金森,约翰·詹姆斯·汉密尔顿,下士	第1特种空勤团
威廉姆斯,约翰·雷金纳德·伯纳德,下士	第1特种空勤团
威尔逊,亚历山大·梅尔维尔,中尉	第1特种空勤团
温德尔,哈里,下士	第2特种空勤团
沃尔特利,雷金纳德·约西亚,中士	第1特种空勤团
扬,威廉·皮尔森,列兵	第1特种空勤团

部分参考文献

Almonds Windmill, Lorna, *Gentleman Jim: The Wartime Story of a Founder of the SAS and Special Forces*, London, 2001

—— *A British Achilles: The Story of George, 2nd Earl Jellicoe*, Barnsley, 2005

Asher, Michael, *The Regiment: The Real Story of the SAS*, London, 2007

Bagnold, Ralph, *Sand, Wind and War: Memoirs of a Desert Explorer*, Tucson, Ariz., 1991

Beevor, Antony, *Crete: The Battle and the Resistance*, London, 1992

Buckmaster, Maurice, *They Fought Alone: The True Story of SOE's Agents in Wartime France*, London, 1958

Caillou, Alan [Alan Samuel Lyle-Smythe], *The World is Six Feet Square*, London, 1954

Close, Roy, *In Action with the SAS: A Soldier's Odyssey from Dunkirk to Berlin*, Barnsley, 2005

Cooper, Artemis, *Cairo in the War, 1939–1945*, London, 1995

Cooper, Johnny, *One of the Originals: The Story of a Founder Member of the SAS*, London, 1991

Cowles, Virginia, *The Phantom Major: The Story of David Stirling and the SAS Regiment*, London, 1958

Dillon, Martin, and Bradford, Roy, *Rogue Warrior of the SAS: The Blair Mayne Legend*, Edinburgh, 2012

Extraordinary Editions and SAS Regimental Association, *The SAS War Diary 1941–1945*, London, 2011

Farran, Roy, *Operation Tombola*, London, 1960

—— *Winged Dagger*, London, 1998

Ford, Roger, *Fire from the Forest: The SAS Brigade in France, 1944*, London, 2003

Hafen, Lyman, *Far from Cactus Flat: The 20th Century Story of a Harsh Land, a Proud Family, and a Lost Son*, St George, Utah, 2006

Hastings, Max, *Das Reich: The March of the 2nd SS Panzer Division through France, June 1944*, London, 1983

Helm, Sarah, *A Life in Secrets: Vera Atkins and the Lost Agents of SOE*, London, 2005

Hoe, Alan, *David Stirling: Founder of the SAS*, London, 1992

James, Malcolm [Malcolm Pleydell], *Born of the Desert: With the SAS in North Africa*, London, 1945

Jefferson, David, *Tobruk: A Raid Too Far*, London, 2013

Jones, Tim, *SAS: The First Secret Wars*, London, 2005

Kemp, Anthony, *The Secret Hunters*, London, 1988

—— *The SAS at War, 1941–1945*, London, 1991

Lewes, John, *Jock Lewes, Co-founder of the SAS*, London, 2000

Lewis, Damien, *The Nazi Hunters: The Ultra-Secret SAS Unit and the Quest for Hitler's War Criminals*, London, 2015

Liddell-Hart, Basil, *The Rommel Papers*, Cambridge, Mass., 1991

Lloyd Owen, David, *Providence their Guide: The Long Range Desert Group*, London, 1980

McClean, Stewart, *SAS: The History of the Special Raiding Squadron, 'Paddy's Men'*, Stroud, 2006

McCue, Paul, *SAS Operation Bulbasket: Behind the Lines in Occupied France, 1944*, London, 1996

Maclean, Fitzroy, *Eastern Approaches*, London, 1949

McLuskey, Fraser, *Parachute Padre: Behind German Lines with the SAS in France 1944*, London, 1951

Mather, Carol, *When the Grass Stops Growing*, London, 1997

Molinari, Andrea, *Desert Raiders: Axis and Allied Special Forces 1940–43*, Oxford, 2007

Montgomery, Field Marshal the Viscount, *Memoirs*, London, 1958

Moorehead, Alan, *The Desert War*, London, 1965

Morgan, Mike, *Sting of the Scorpion: The Inside Story of the Long Range Desert Group*, Stroud, 2010

Mortimer, Gavin, *Stirling's Men: The Inside History of the SAS in World War II*, London, 2004

—— *The SAS in World War II: An Illustrated History*, London, 2011

—— *The Men Who Made the SAS: The History of the Long Range Desert Group*, London, 2015

O'Dowd, Gearóid, *He Who Dared and Died: The Life and Death of an SAS Original, Sergeant Chris O'Dowd MM*, Barnsley, 2011

Peniakoff, Vladimir, *Popski's Private Army*, London, 1950

Pleydell, Malcolm, *see* James, Malcolm

Ross, Hamish, *Paddy Mayne: Lt Col Blair 'Paddy' Mayne, 1 SAS Regiment*, Stroud, 2004

Scholey, Pete, *SAS Heroes: Remarkable Soldiers, Extraordinary Men*, Oxford, 2008

Seymour, William, *British Special Forces*, London, 1985

Stevens, Gordon, *The Originals: The Secret History of the Birth of the SAS*, London, 2005

Strawson, John, *A History of the SAS Regiment*, London, 1984

Warner, Philip, *The SAS*, London, 1971

Waugh, Evelyn, *The Letters of Evelyn Waugh*, ed. Mark Amory, London, 1982

致　谢

在特种空勤团协会的全力配合和协助下，本书才得以完　341
成。我特别感谢克里斯·多金（Chris Dodkin）、霍华德·汉姆
（Howard Ham）、特雷西·霍金斯（Tracy Hawkins）、特里·赫
斯默（Terri Hesmer）和特种空勤团协会档案管理员。加文·
莫蒂默（Gavin Mortimer）在本书写作的各个阶段阅读手稿，
艾伦·霍（Alan Hoe）和戈登·斯蒂芬斯（Gordon Stephens）
在成书的最后阶段以专家的眼光来审视本书，发现了一些重要
的错误和遗漏。书中仍存的错误全由我自己负责。我还想感谢
以下人员，他们为本书的完成贡献了各种不同的专业知识、热
情、回忆和其他帮助：基尔代尔和萨拉·伯克－博罗斯
（Kildare and Sarah Bourke-Borrowes）、罗伯特·汉兹（Robert
Hands）、基思·基尔比（Keith Kilby）、约翰·刘易斯（John
Lewes）、约翰·麦克里迪（John McCready）、马丁·摩尔根
（Martin Morgan）、迈克·萨德勒（Mike Sadler）、艾莉森·斯
玛特（Alison Smartt）、阿奇·斯特林（Archie Stirling）和爱德
华·汤姆斯（Edward Toms），还有众多给予帮助但要求匿名
的人。卡洛琳·伍德（Caroline Wood）在图片研究方面做出了
巨大贡献。维京出版社和皇冠出版社的出版商们效率极高、想
象力丰富且极有耐心：乔尔·里基特（Joel Rickett）、威尼西
亚·巴特菲尔德（Venetia Butterfield）、波比·诺斯（Poppy

North）、彼得·詹姆斯（Peter James）、莫利·斯特恩（Molly Stern）和凯文·道顿（Kevin Doughton）。很荣幸与最有才华的 BBC 团队共同完成这个项目：马修·怀特曼（Matthew Whiteman）、伊蒙·哈迪（Eamon Hardy）、凯蒂·里德（Katie Rider），以及马丁·戴维森（Martin Davidson）。我的经纪人埃德·维克多（Ed Victor）一如既往地充满激情并具有良好的判断力。再次，我要感谢我《时代周刊》的朋友们和同事们对我的鼓励，尤其要感谢我深爱的家人对我的无尽忍耐、全力支持，以及他们的幽默感。

索　引

（索引页码为本书页边码）

1st Marine Infantry Parachute Regiment (French) 316
1st Parachute Division (German) 254, 298
1st SAS Brigade (fictional brigade) 25
1st SAS Company (Australian) 316
1st SAS Regiment (1SAS): split into SBS and SRS 193–4; reverts to original name 213–14; Operation Titanic 215; Operation Bulbasket 213, 215–25, 238, 312; Operation Houndsworth 215–16, 227–38, 247–8, 312; Operation Gain 242–8, 315; Operation Haggard 248; Operation Kipling 248–50; Frankforce operations in Germany 290–300, 308–9; deployment to liberated Norway 309; post-war amalgamation with 2SAS 316, 320; see also Special Raiding Squadron
2nd Panzer Division 267
2nd SAS Regiment (2SAS): formation and training 179, 193–4, 208–9, 254; Italian operations 203–6, 208–11, 254, 277–87; Bill Stirling resigns as commander 214–15; French operations 238–9, 254–60, 261–8, 311; Frankforce operations in Germany 290–91; deployment to liberated Norway 309; post-war amalgamation with 1SAS 316, 320
2nd SS Panzer Division ('Das Reich') 216, 217, 218

3rd SAS Regiment (3SAS) 257, 310, 316
4th Armoured Division (Canadian) 295, 299, 300
4th SAS Regiment (4SAS) 257, 278, 310, 316
5th SAS Regiment (5SAS) 257, 278, 310, 316
6th Airborne Division (British) 291
6th Guards Tank Brigade (British) 293
6th Independent Armoured Brigade (British) 291
7th Armoured Division (British) 60
7th Parachute Division (German) 299
9th Armored Division (US) 307
11th Armoured Division (British) 308
XIII Corps (British) 205
15th Army Group (Allied) 278, 281, 282, 285
16th Panzer Division 202, 205
17th Airborne Division (US) 293
17th SS Panzer Grenadier Division 263
21st Army Group (British) 214, 271
21st Panzer Division 266
21st SAS Regiment (21SAS) 316, 320, 321
22nd SAS Regiment (22SAS) 316, 321, 322
LI Corps (German) 277, 282, 283–5
51 Middle East Commando (British) 117
62 Commando (British; Small Scale Raiding Force) 179
LXXX Corps (German) 223–4

A Squadron (SAS) 167, 168, 171–2
Abeam, Operation (1941) 25
Aboudi, Mohamed 86
Abyssinia: Italian occupation 145
Adriano, Senta 18, 19
Afrika Korps: early advances in North
    Africa 12, 21; pushed back by
    Operation Crusader 60, 61, 63,
    74, 76, 84, 86; counter-attack
    regains lost territory 90, 92, 111;
    advances into Egypt 128–9, 131;
    stalemate at El Alamein and
    halting of advance 138, 139, 152;
    retreat following second Battle of
    Alamein 173–4, 178; troops
    deployed in France 255–6
Agedabia, Libya 63, 82; raid
    (December 1941) 61, 63, 72–3
Agheila, Libya 63, 76; raid (December
    1941) 61, 63, 70–72
Al Daba airfield, Egypt 134; raid (July
    1942) 135
Alamein, El, Egypt 129; first Battle of
    (July 1942) 133, 138; second
    Battle of (October–November
    1942) 173–4, 177
Albinea, Italy 277–8, 282–7
Alexander, Harold (later 1st Earl
    Alexander of Tunis) 152, 153,
    155, 286
Alexandria, Egypt 93, 109, 111, 129,
    132, 254
Algeria 174, 179, 180, 193, 254
Almonds, John Edward 'Gentleman
    Jim': background and character
    29, 243; recruitment to SAS 29;
    training 35; on Lewes bombs 45;
    remains in camp during Oper-
    ation Squatter 48, 52, 56; returns
    to active duty 61; Tamet and
    Nofilia raids 68, 77–80; on death
    of Jock Lewes 79, 80; at Bir el

Quseir camp 149; and escaped
    German prisoners 149, 150;
    Operation Bigamy 160, 162–3;
    capture and imprisonment 163,
    177, 188, 243; and stool pigeon
    'John Richards' 163, 174–5, 177;
    escape from POW camp 243–4;
    posting as head of security at
    Chequers 244; returns to active
    service in France 244; Operation
    Gain 244, 246–7; on denial of VC
    for Paddy Mayne 300; on end of
    war 309; later life 321
Alston, Gordon 100, 103, 104
Altamura, Italy: POW camp 163, 243
Ampleforth College 8
Ancona, Italy 243
Anderson, Sir Kenneth 174
Anderson (lieutenant with 1st SAS
    Regiment) 244–5
Antarctica 319, 321, 322
Arco dei Fileni, Libya see Marble Arch
Ardley, Richard 159
Arran, Isle of 11
Artists' Rifles 320; see also 21st SAS
    Regiment
Aschendorfermoor concentration
    camp 296
Athens 253, 323
atomic bomb 309, 310
Attenborough, Sir Richard 30
Auchinleck, Sir Claude: Commander-
    in-Chief Middle East Command
    22, 24, 93, 111, 153; and formation
    and operation of SAS 23–4,
    84–5; Operation Crusader 45,
    47, 60, 63, 84; replaced as
    Commander-in-Chief 152
Augusta, Sicily 198–9
Australian Special Air Services
    Regiment 316
Autun, France 237–8

Auxiliary Units, British Resistance
    Organization 214, 296–7
Azzib, Palestine 194

B Squadron (SAS) 167, 168, 171, 174,
    177–8
Bad Orb, Germany 270
Bagnara, Italy 199–201
Bagnold, Enid 57
Bagnold, Ralph Alger 57–9, 133;
    'Bagnold's sun compass' 58; The
    Physics of Blown Sand and Desert
    Dunes 57
Bagush airfield, Egypt 1, 47; raid (July
    1942) 133, 134–5, 146–7
Bailey, Christopher 160–61, 165
Baraud, George 262, 265
Barce, Libya 92–3, 95, 153; first raid
    (March 1942) 95; second raid
    (June 1942) 113, 119
Bardia, Libya 146; raid (April 1941) 12
Barford, Miriam 17, 77, 80
Barkworth, Eric 'Bill' 311–15
Bateman, Kenneth 221, 223
Beauvais, France 246
Beckwith, Charles 316
Belfort Gap, France 257
Belgium and Belgians 157, 213, 278,
    309; 5th SAS Regiment (5SAS)
    257, 278, 310, 316; Special Forces
    Group 316; see also Melot, Robert
Belsen concentration camp see
    Bergen-Belsen
Benghazi 84, 86, 90, 92–3, 176–7; first
    missions to (March/May 1942)
    93–6, 97–8, 99–108, 109–10;
    airfields raids (June 1942) 111, 113,
    116, 118–20, 121–8; Operation
    Bigamy (September 1942) 152–3,
    154–5, 157–67
Benina airfield, Libya 92–3; raids (June
    1942) 113, 118–19, 126–8

Bennett, Robert 'Bob' 40, 44, 73
berets: white 85; beige 85, 195, 213,
    214, 310; red 214, 290, 310; black
    290
Bergé, Georges 86–7, 113, 119, 120, 121,
    128, 188
Bergen-Belsen concentration camp
    303–6, 315, 317
Berka airfield, Libya 92–3; first raid
    (March 1942) 95–6; second raid
    (June 1942) 113, 115, 119–20,
    124–5
Bianchi (Italian Blackshirt) 176
Bigamy, Operation (N. Africa;
    September 1942) 152–3, 154–5,
    157–67
Bir el Quseir camp, Egypt 135, 136–7,
    139, 147–8
Bir Zelten camp, Libya 174
Bletchley Park (Government Code &
    Cypher School) 133
Bodney, Norfolk 220
Bond, James (fictional character) 323
Bond, Dick 296–7, 298, 299
Bonington, Charles 35, 43; Operation
    Squatter 48, 50–51; captured 51,
    55, 56
Bonington, Sir Christian 35
Börger, Germany 296, 299–300;
    Börgermoor concentration camp
    296
Boschetto, Italy 280
Bouerat, Libya 86, 89; raid (January
    1942) 86, 88–90
Bowen, John W. 184–5
Bradford, Roy 242
Bremen, Germany 309
Bristol Bombay (aircraft) 1, 39
British Lions (rugby team): 1938 South
    African tour 36–7
British Resistance Organization 214,
    296–7

British Union of Fascists 176
Brückner, Herbert 117, 122–4
Brunswick, Germany 252
Brussels 278
Buck, Herbert 116–18, 122
Bulbasket, Operation (France; June–
    August 1944) 213, 215–25, 238, 312
Bundy, Lincoln 220–21, 224, 225, 312
Byron, George, 6th Baron: *Don Juan* v,
    155

C Squadron (SAS) 167
Cactus Flat, Arizona 220, 225
'Caillou, Alan' *see* Lyle-Smythe, Alan
Cairns, Leslie George 229, 248
Cairo 13, 86, 129, 189; British Embassy
    153–4; British Middle East
    Headquarters 22–3; Scottish
    Military Hospital 5, 20
Calaminus, Irene (*later* McLuskey) 230,
    308–9
Calvert, James Michael 'Mad Mike'
    287, 300, 309
camp life: North Africa 31–2, 61, 92,
    136–7, 139, 148; Italy 199, 286;
    France 219–20, 230–31, 241;
    Germany 292–3
Campobasso, Italy 206–7
Canadian armed forces 291; 4th
    Armoured Division 295, 299,
    300; Special Air Service Company
    316
Cannizzaro, Sicily 199
Capo Murro di Porco, Sicily 195–8
Capricorn Africa Society 319
censorship 138, 273, 316
Chambon-la-Forêt, France 247
chaplain, SAS *see* McLuskey, Fraser
Château Chinon, France 232
Châtellerault, France 218
Châtillon-sur-Seine, France 255, 256
Chequers, Buckinghamshire 244

Cheyne, John 'Jock' 49, 56
Chilleurs-aux-Bois, France 247
China 309
Churchill, Clementine (*later* Baroness
    Spencer-Churchill) 109, 154
Churchill, Randolph: background and
    character 98; joins SAS 98–9;
    views on David Stirling 98–9, 110;
    mission to Benghazi 99, 102–4,
    105–8, 110; injured in car accident
    109; reports to father on SAS
    missions 98, 99, 103, 110, 153;
    invalided home 110; and Stirling's
    capture 187; in Yugoslavia 322–3
Churchill, Sir Winston 6, 24, 93, 111,
    129, 152, 189, 206, 307, 309; receives
    son's reports on SAS missions 98,
    99, 103, 110, 153; David Stirling
    meets in Cairo 153–6
Clark, Mark 202, 278
Clarke, Dudley Wrangel 24–5
code-breaking 133, 269
Colditz Castle, Germany (POW camp)
    188, 251–2, 307, 308
collaborators, French 217, 219, 229,
    239–40
Comacchio, Lake, Italy 301
Combaud Roquebrune, Guy de 257
Commando Order (Hitler; October
    1942) 207–8, 210–11, 216, 223–4,
    244, 311–12, 315
concentration camps 254, 269, 296,
    311, 313; liberation of Bergen-
    Belsen 303–6, 315, 317
Cooper, John Murdoch 'Johnny':
    background and character 30,
    69–70; recruitment to SAS 30;
    views on David Stirling 32;
    training 39, 42; relations with
    Reg Seekings 42, 63–4, 69–70,
    111, 227; Operation Squatter 48,
    50, 52–5; Sirte raids 61, 64, 66,

69–70, 74, 76; on death of Jock
Lewes 80; Bouerat raid 88;
mission to Benghazi 97, 100, 101,
103–4, 107–8; promoted to
sergeant 111; Benina raids 111,
113, 118–19, 126; Bagush raid 135;
Sidi Haneish raid 140, 141; as
quartermaster 156; Operation
Bigamy 160, 166; A and B
Squadron raids 171, 180–82,
183–6; officer training 194, 214;
Sicily raids 198; with reformed 1st
SAS Regiment 214; Operation
Houndsworth 227–8, 230, 232,
237–8; on Fraser McLuskey 230;
on intelligence gathering 238, 239;
on French resistance 240;
Frankforce operations in Germany
289, 291, 292, 293–4, 308; liberation
of Bergen-Belsen concentration
camp 304–6; receives surrender of
German officers 308; post-war life
309, 322
counter-terrorism operations xv, 316
Couraud, Raymond ('Jack Lee') 238–9,
255
Crete: Allied evacuation (1941) 12, 18,
253; Heraklion raid (June 1942)
111, 113, 116, 120–21; SBS
operation (June 1943) 213
Crisp, Richard 216, 222
Cromey, George 37
Crusader, Operation (1941) 45, 47,
60–61, 63, 84
cryptography 133, 269
Cumper, William 'Bill' 162
Cyprus 12

D-Day (June 1944) 213, 214, 215–16,
250
D Squadron (SAS) 167, 242; see also
Special Boat Section

Darvel, East Ayrshire 214
deer-stalking 118
Delta Force (US 1st Special Forces
Operational Detachment-Delta)
xiii, 316
Dempsey, Sir Miles 205
Derna, Libya: raid (June 1942) 113, 116,
121–4
desert navigation 33, 58–9, 65
Devon, Operation (Italy; October
1943) 201–6, 249, 254
Dijon 215, 237
Dimbleby, Richard 306
disbanding of SAS 309–10, 311, 316
Distinguished Service Order (DSO):
awards for SAS members 84, 260,
280, 300
Dorman-Smith, Eric 23–4
Druce, Henry 261–8, 270, 272, 321
DSO see Distinguished Service
Order
Duffy, Joseph 39–40
Dun-les-Places, France 236, 250

Eccles, Douglas 221, 223
Eggers, Reinhold 307
Eighth Army: Auchinleck's command
47, 57; Ritchie's command 60, 61,
138; Montgomery's command
152, 167, 173–4, 180, 195, 198
Eisenhower, Dwight D. 96, 213; letter
of congratulations to SAS
273–4
Enigma (code) 133
Esperke, Germany 294
Essner, Walter 117, 122
Etna, Mount 199
Everest, Mount 9, 91
executions of SAS troops 210–11,
223–5, 245–6, 247, 268, 311–12;
trials of perpetrators 224, 246,
271–2, 314–15

Fairford airbase, Gloucestershire 229
Falkland Islands 319
Far East, war in 38, 295, 309
Farran, Rex 320
Farran, Roy ('Paddy McGinty'):
     background, appearance and
     character 253, 254; Mediterra-
     nean and North Africa campaigns
     253–4; joins 2nd SAS Regiment
     254; early Italian operations 254;
     Operation Wallace in France
     255–60; awarded DSO 260; later
     Italian operations 277–8, 280–87;
     post-war life 320
fascism and fascists: British 11, 175–6;
     French 229; Italian 145; see also
     Nazism
Fenwick, Ian 243, 245–7, 249
Fermor, Sir Patrick Leigh 121
Ferté-Alais, La, France 245
Fiddick, Lou 263, 266
Fiesole, Italy 210
Fifth Army (US) 202, 205, 279
First Army (British) 174, 178, 179, 180,
     184
First Army (US) 307
Fletcher (guardsman) 163
Florence 281, 282
food and rations: North Africa 34, 41,
     47, 48, 81, 82, 124, 139, 157;
     France 220, 239, 255, 256
Forced Labour Draft (France) 228
Forester, C. S. 280
Forêt d'Orléans, France 242–3, 246–7
Foster, William 'Bill' 210
France, SAS operations see Bulbasket;
     Gaff; Gain; Haggard; Hounds-
     worth; Kipling; Loyton; Titanic;
     Wallace
Frank, Anne 304
Frankforce (SAS force in Germany)
     290–300, 308–9

Franks, Brian: command of 2nd SAS
     Regiment 215, 262, 290; Oper-
     ation Loyton 262, 264–8; and
     War Crimes Investigation Team
     311, 312; later life 320
Fraser, William 'Bill': appearance,
     character and sexuality 35, 42,
     114, 134, 194, 227, 250–51;
     background and early life 35;
     recruitment to SAS 35; training
     42; practice attack on RAF base
     43; misses Operation Squatter 48;
     returns to active duty 61;
     Agedabia and Marble Arch raids
     63, 72–4, 75, 80, 81–2, 84;
     awarded Military Cross 84; Barce
     raid 95; Fuka/Sidi Haneish raid
     134; Operation Bigamy 160; with
     A Squadron 171; with SRS 194;
     Sicily raids 196; Termoli
     operation 204; command of 1st
     SAS squadron 213–14, 241, 242,
     250–51; Operation Houndsworth
     215–16, 227–9, 234, 247–8;
     Frankforce operations in Ger-
     many 291; invalided home
     291–2; later life 323
French armed forces: 1st Marine
     Infantry Parachute Regiment
     316; 3rd/4th SAS Regiments 257,
     278, 310, 316
French Foreign Legion 184, 185, 238
French resistance 216, 217, 219, 223,
     228–9, 233, 239–40, 248, 263,
     265–6
French troops in SAS operations:
     North Africa 86–7, 119–20, 122,
     124, 128, 167, 178, 179, 180;
     Western Front 213, 215, 257; see
     also Baraud, George; Bergé,
     Georges; Couraud, Raymond;
     Guerpillon, Germain; Jordan,

Augustin; Taxis, Freddie;
Vaculik, Serge; Zirnheld, André
Fuka, Egypt: raids (July 1942) 133, 135,
142–3; see also Sidi Haneish

Gabès Gap, Tunisia 178, 180
Gaddafi, Muammar: birth of 66
Gaff, Operation (France; July–August
1944) 238–9
Gafsa, Tunisia 180, 184–5
Gaggenau concentration camp 311,
315
Gain, Operation (France; June–August
1944) 242–8, 315
Galia, Operation (Italy; December
1944–February 1945) 279–80
Galitzine, Prince Yuri 313–14
Gallenkamp, Curt 224, 314–15
Galloway, Sir Alexander 45, 47
Galsworthy, John: The Forsyte Saga
160
Garden of Remembrance, SAS 322
Garstin, Patrick 245–6, 250, 315
Gaulle, Charles de 87, 263
Gavi, Italy 252
Gazala, Libya 17, 45, 55, 63, 90, 115–16
GB75 (action group) 319
Gehrum, Julius 271
Genoa, Italy 210, 279
German-speaking unit see Special
Interrogation Group
Germany, SAS operations 289–300,
303–6
Gestapo (Nazi secret police) 219, 229,
245, 269
Gibraltar 93, 111
Glasgow, University of 230
Goebbels, Joseph 18
Grandval, Gilbert ('Colonel Maximum')
262, 263, 264, 266, 267
Great Escape, The (film) 270
Greece 120, 253, 323; Greek Sacred

Squadron 179; see also Crete;
Rhodes; Santorini
Grese, Irma 305
Greville-Bell, Anthony 'Tony' 209–10,
255, 321–2
Guerpillon, Germain 87, 114–15, 160,
164–5, 189
Gurdon, Robin 135
Gurney, Hugh 258, 259

Haggard, Operation (August–
September 1944) 248
Haifa, Palestine 193
Hall, James 'Curly' 249
Hamelin, Germany: prison 305, 315
Hamilton, Alexander 106
Hamminkeln, Germany 291
Hanbury, Christine 260
Harrison, Derrick 249
Haas, Peter 123
Haug, Karl 246, 315
'Haw Haw, Lord' (William Joyce) 11
headquarters, regimental see Hylands
House; Stirling Lines
Heidrich, Richard 206, 207
Heliopolis airfield, Egypt 43–4
Hennezel, France 258
Heraklion, Crete: raid (June 1942) 111,
113, 116, 120–21
Hereford: Stirling Lines (regimental
headquarters) 319
Hermann Göring Division 198
Himmler, Heinrich 307
Hiroshima: atomic bomb 309, 310
Hitler, Adolf 18, 129; Commando
Order (October 1942) 207–8,
210–11, 216, 223–4, 244, 311–12,
315
homosexuality 35, 37–8, 42, 227, 300
Houndsworth, Operation (France;
June–August 1944) 215–16,
227–38, 247–8, 312

Housman, A. E. 37
Howard, Operation (n.-w. Europe;
    April–May 1945) 295–300
Hull, William 'Billy' 297
Hunt (21st Army Group major) 271–2
Hylands House, Essex (regimental
    headquarters) 260, 310

Idris I, King of Libya 101
Innsbruck, Austria 252
insignia, SAS 85, 282
Intelligence Corps 160
Inter-Services Liaison Department
    (intelligence service) 94–5, 163
Ion, John 247
Ireland: Army Ranger Wing 316
ISIS (Islamist militant group) xv
Israel: Sayeret Matkal (special forces
    unit) 316
Italian partisans 210, 277, 279–85
Italy: Sicily and Sardinia operations
    195–9, 209, 213; mainland
    operations 199–211, 254, 277–87,
    300–301

Jaghbub Oasis, Libya 57, 60
Jalo Oasis, Libya 60–61, 69, 70, 73, 80,
    90, 92, 153
Japan 309
jargon, troops' 136
Jebel mountains, Libya 94–5, 101, 158,
    164–5
jeeps, SAS use of 131–2, 134–5, 236–7
Jellicoe, John, 1st Earl 120
Jellicoe, George, 2nd Earl: background
    and character 120, 147; SAS raids
    120–21, 124, 133, 134; commander
    of SBS 167, 193, 213, 323; on
    Paddy Mayne 319–20; later life
    323–4
Johnson, 'Razor Blade' (medical
    orderly) 159

Jordan, Augustin: background and
    character 87; Derna and Martuba
    raids 116, 118, 122–3; leader of
    Free French contingent 128;
    Fuka/Sidi Haneish raids 133–4,
    135; capture and imprisonment
    180, 182, 188
Joyce, William ('Lord Haw Haw') 11

Kabrit camp, Egypt 31–2, 82, 90, 149,
    168
Kahane, Karl 126–7
Karlsruhe, Germany 269–70
Keir House, Perthshire 8, 23
Kershaw, David 50, 71, 114
Kesselring, Albert 202, 205
Keyes, Geoffrey 38
Keyes, Sir Roger (later 1st Baron Keyes)
    38
Kiel, Germany 308
Kipling, Operation (France; August–
    September 1944) 248–50
Kirkpatrick, David 282
Kommandobefehl see Commando Order
Köstlin, Herbert 224, 314–15
Kramer, Josef 304–5
Kristallnacht (1938) 18
Kufra Oasis, Libya 138, 158

La Spezia, Italy 210, 279
Lampedusa, Italy 209
Lancaster: by-election (1941) 83
Lassen, Anders 300–301
Laufen, Germany 307
Lawrence, T. E.: Seven Pillars of Wisdom
    101
Laycock, Sir Robert 11, 13, 98
Layforce (commando unit) 11–12,
    17–18, 86, 98, 199; disbanding 24,
    29–30
Lebanon: Battle of Litani River (1941)
    12, 35, 36, 42

'Lee, Jack' see Couraud, Raymond
Lees, Michael 282
Lemelsen (German colonel) 284, 285
Léostic, Pierre 121
Levinsohn, Mikheil 297, 298, 299
Lewes, John Steele 'Jock': appearance
    and character 13, 17, 27–8;
    background and early life 17–19;
    views on Nazism 18–19; meets
    David Stirling 13, 18; idea for
    specialized commando force 18,
    20–21, 27; first desert parachute
    jump 13, 19–20; and defence of
    Tobruk 27, 77; joins SAS as
    Stirling's deputy 27–8; recruit-
    ment of troops 27–9; views on
    Randolph Churchill 98; training
    programme 33–5, 39–43; design
    of operational wings 85; practice
    attack on RAF base 43; develop-
    ment of 'Lewes bomb' 44–5;
    Operation Squatter 46, 48, 50,
    52–4; and role of LRDG as trans-
    port service 57; Agheila raid 61,
    63, 70–72; Nofilia raid 75, 77–9;
    death 79–80, 84, 189
'Lewes bomb' 44–5
Liebling, A. J. 184–6
Lilley, Ernest Thomas 'Bob' 124–5,
    126, 128, 171, 321
Litani River, Battle of (1941) 12, 35, 36,
    42
Lloyd Owen, David 54, 57
Long Range Desert Group (LRDG):
    formation and purpose 21, 57–9;
    and Operation Squatter 46, 48,
    54, 55–6; becomes transport
    service for SAS operations 57,
    59–60; role in SAS raids 61, 63–5,
    72–3, 76, 77, 79, 80; withdraws
    from Jalo Oasis to Siwa Oasis 90,
    92; transportation of intelligence

operatives 94–5; evacuation of
    Siwa base 128; ending of
    partnership with SAS 132; and
    Operation Bigamy 153
Lovat, Simon Fraser, 13th Lord 8
Lovat, Simon Fraser, 15th Lord 11
Loyton, Operation (France; August–
    October 1944) 261–8, 311, 312, 315
LRDG see Long Range Desert Group
    (LRDG)
Lübeck, Germany 308
Lutterotti, Markus 145–52, 324
Lyle-Smythe, Alan ('Alan Caillou')
    161–2, 324

McDiarmid, James 'Jock' 203,
    249–50
'McGinty, Paddy' see Farran, Roy
McGonigal, Eoin: background and
    character 35, 42–3; recruitment
    to SAS 35, 38, 43; friendship
    with Paddy Mayne 42–3, 56,
    90–91; practice attack on RAF
    base 43; Operation Squatter 48,
    51–2; death and grave 51–2, 5–6,
    115–16
McGonigal, Margaret 116
Mackenzie (gunner) 290, 294
Maclean, Sir Fitzroy: background,
    appearance and character 83;
    diplomatic and political career
    83, 154, 323; joins SAS 83–4; at
    Siwa Oasis base 92; mission to
    Benghazi 97, 99–108, 110; injured
    in car accident 109; at dinner
    with Churchill in Cairo 153,
    154–5; Operation Bigamy 157–8,
    160, 163; posting to Yugoslavia
    189, 322–3; later life 323; Eastern
    Approaches 323
McLeod, Sir Roderick 213, 238, 241,
    248, 273

McLuskey, Fraser: background,
    appearance and character 230;
    appointed first SAS military
    chaplain 214, 230; views on SAS
    men 230, 241, 250; with Oper-
    ation Houndsworth 230–32, 234,
    235–6; on French resistance
    fighters 240; at Hylands House
    headquarters 260; with Frank-
    force in Germany 292–3, 308–9;
    at liberation of Bergen-Belsen
    concentration camp 304; later life
    320, 322
McLuskey, Irene (née Calaminus) 230,
    308–9
Mährisch Trübau, Czechoslovakia
    (POW camp) 252
Maingard, Amédée (Agent 'Samuel')
    217
Malaya 309
Malayan Scouts (SAS) 316, 321
Malta 45, 93, 111, 116, 128
maquis (French resistance) 216, 217,
    219, 223, 228–9, 233, 239–40, 248,
    263, 265–6
Marble Arch (Arco dei Fileni), Libya
    75; raid (December 1941) 77, 80,
    81–2
Mareth Line (Tunisia) 178
Markt Pongau, Austria (POW camp)
    252
Marlow, William 159, 165
Mars: sand dunes on 57
Martin, François 142–3
Martuba, Libya 113, 116, 122
'Maximum, Colonel' see Grandval,
    Gilbert
Mayne, Robert Blair 'Paddy': back-
    ground, character and sexuality
    35–8, 42–3, 90–91, 115, 193, 206,
    214, 241, 300, 319–20; recruitment
    to SAS 38–9; relations with

other troops 42–3, 56, 90–91, 115,
    126, 193, 230; practice attack on
    RAF base 43; Operation
    Squatter 48, 49–50, 52–5, 56;
    Tamet raids 63, 65, 66–9, 73–4,
    75–6, 118; promoted to captain
    and awarded DSO 84; brief
    appointment as training officer
    87–8, 90; replaced as training
    officer and returns to active
    service 90–92; first Berka raid
    94, 95–6; searches for Eoin
    McGonigal's grave 115–16;
    second Berka raid 111, 113, 115,
    124–5; Benina raid with Stirling
    126–8; Bagush and Al Daba raids
    133, 135; at Bir el Quseir camp
    136; Sidi Haneish raid 141; and
    escaped German prisoners 151;
    Operation Bigamy 159, 160;
    leader of A Squadron 167, 168,
    171–2, 174, 178; command of SAS
    following Stirling's capture 188,
    189, 193; unit restructured 193;
    leader of Special Raiding
    Squadron 193–4; training
    programme 194; Sicily raids
    195–9; mainland Italy operations
    199–206, 209, 254; disappears
    during home leave 214; com-
    mand of 1st SAS regiment in
    France 214, 231, 241–3, 244, 246,
    247, 250–51, 278; in Paris
    following liberation 251; at
    Hylands House headquarters
    260; Frankforce operations in
    Germany 292–3, 295–9; awarded
    bar to DSO but denied Victoria
    Cross 299–300; disbanding of
    SAS 309, 310; later life 319–20,
    321, 323; death 320
Melot, Robert 'Bob': background,

appearance and character 157, 203; Operation Bigamy 157–8, 159, 160–61, 163, 165; Termoli operation 203; in France 239; death 278
Menzel, Morocco 187
Meppen, Germany 295
Mersa Brega, Libya 70–72
Mersa Matruh, Egypt 171
Merton, Arthur 109
Milice (French paramilitaries) 229, 239–40, 245
'Modena, Victor' see Pirogov, Victor
Monte Gottero, Italy 279–80
Montgomery, Bernard 'Monty' (later 1st Viscount Montgomery of Alamein) 152, 167–9, 171, 173–4, 178, 195, 300
Monts, France 239
Montsauche, France 233, 236
Morocco 173–4, 187
Morocco (Italian captain) 188
Morvan, France 227–9, 233–7, 242, 246, 251
Mosley, Sir Oswald 176
motto, SAS 85, 282
Mottram, Ralph Hale: The Spanish Farm 136
mountaineering 9
Mourdi Depression, Chad 57
Moussey, France 261, 264–6, 268, 312
Movement for True Industrial Democracy (Truemid) 319
Muirhead, Alexander: background and character 194; mortar expert with SRS 194; Sicily raids 196; Operation Houndsworth 229–30, 231, 232–3, 237–8; Frankforce operations in Germany 291, 292; post-war life 321
Münster, Germany 293
Murphey, Alan H. 307

Mussolini, Benito 74, 92, 129, 145, 201

Nancy, France 255
napalm 223
Naples 202, 243–4
Napoleon Bonaparte 96
NASA: Mars research programme 57
Natzweiler-Struthof concentration camp 269, 313
navigation, desert 33, 58–9, 65
Nazism 18–19, 230
Neuschwanger, Heinrich 315
New Yorker (magazine) 184, 186
New Zealand armed forces 32, 54
New Zealanders: in LRDG 59, 79
Newtownards, Co. Down 36, 320
Noble, John 242
Nofilia, Libya 63; raid (December 1941) 75, 77–80
Normandy landings (June 1944) see Overlord, Operation
North Yemen 322
Norway 309

O'Dowd, Christopher 171, 189, 194, 204, 205
Oldenburg, Germany 295, 299
Oliver, F. S.: Alexander Hamilton 106
operational wings, SAS 85
Oradour-sur-Glane massacre (1944) 218
Orczy, Emma, Baroness: The Scarlet Pimpernel 156
Orleans, France 238–9, 243
Ormes, France 249
Ouroux, France 242
Overlord, Operation (1944) 213, 214, 215–16, 250; see also Bulbasket, Operation; Houndsworth, Operation

Pacific War 38, 295, 309
Packman, Leslie 247
Page, Irene 175–6
Palestine 176, 193, 194, 320; German
  Jews from 117, 126
Pantelleria 209
'paratroopers' prayer' 143
Paris 245; liberation (August 1944) 251
Patton, George 195, 239, 248, 266
Peniakoff, Vladimir 'Popski' 138
'Phantom Major' (propaganda figure)
  138
Philippeville, Algeria 179
Pierrepoint, Albert 324
pigeons, carrier 216–17, 218, 228
Pirbright camp, Surrey 9, 11
Pirogov, Victor ('Victor Modena') 281,
  283, 284, 286
Pithiviers, France 244
Planchez, France 233, 236
Pleydell, Malcolm: background and
  character 113; posting as medical
  officer to SAS 112–13; views on SAS
  113, 114–15, 124, 135–6, 139, 173, 179,
  193; with Fuka airfield raid 131, 133,
  134, 135; at Bir el Quseir camp
  136–7, 140; and captured German
  doctor 147–52; and Operation
  Bigamy 158, 159, 160, 161–2, 163–6;
  leaves SAS 189, 193; later life 324–5;
  Born of the Desert 325
Poat, Harold Wall 'Harry' 171–2, 178,
  201, 293–5, 321
Poitiers, France 215, 216, 218, 223–4;
  Hôtel de Dieu hospital 223,
  224–5, 314
post-war reformation and operations
  of SAS xv, 316–17
Pouillac, France 218
Prawitt, Gerhard 307
Prendergast, Guy 59–60, 61
Price, Vincent 321

Pringle, Jack 252
propaganda 138–9, 238

Qaret Tartura, Egypt 131, 135
Qasr Abu Hadi, Libya 66
Qattara Depression 92, 129, 133, 138

Randall, John 303–4, 305, 306
Reggio Emilia, Italy 277, 280–81
Regima airfield, Libya 92–3
Regimental Association, SAS xiii,
  320, 361
regimental status, SAS granted 167
Reid, Denys 60–61, 63, 72, 73
Rennes, France 255
reprisal attacks: Crete 121; France 218,
  233, 236, 250, 264, 268
Revetria, Mario 175, 176, 177, 187
Rhodes 12
Rhodes, Fred 'Dusty' 312, 315
Rhodesia 319, 322
'Richards, John' see Schurch, Theodore
Riding, Cecil 'Jock' 247
Rigg, Dame Diana 321
Riley, Charles 'Pat': background,
  appearance and character 28–9,
  114; recruitment to SAS 29;
  views on David Stirling 32;
  Operation Squatter 48, 50, 52–4,
  56; and role of LRDG as
  transport service 57; Bouerat raid
  86, 89; appointment as training
  officer 91–2; French operations
  291; Frankforce operations in
  Germany 291; later life 321
Ritchie, Sir Neil 23–4, 60
Ritchie (medical orderly) 166
Robson, John 141, 142
Roche-Guyon, Château de la 238, 239
Rome 202, 205; Caserma Castro
  Pretorio (POW camp) 187–8
Rommel, Erwin: command of Afrika

Korps 12, 146, 249; early
advances in North Africa 12, 21;
pushed back by Operation
Crusader 60, 61, 63, 73, 74, 76,
84, 86; counter-attack regains lost
territory 90, 92, 111; on strategic
importance of Malta 93;
advances into Egypt 128–9, 131;
promoted to field marshal 129;
stalemate at El Alamein and
halting of advance 138, 139, 152;
views on Allied commando
operations 138, 152, 174; reaction
to German prisoners' escape from
SAS 151, 152; retreat following
second Battle of Alamein 173–4,
178; reaction to Stirling's capture
187; and Hitler's Commando
Order 208; commander on
Western Front 238; operation to
assassinate 238–9
Rose, Graham 'Johnny' 100, 102, 104,
106–8, 109
Rowan, Sir Leslie 155
Royal Ulster Rifles 35, 36, 42
Rubowitz, Alexander 320
rugby 36–7
Russian troops: with German army
232–4, 236; with French resistance
263, 265; with SAS 277, 281–2

Saales, France 268
Sadler, Willis Michael 'Mike': back-
ground and character 64; joins
LRDG 64–5; acts as navigator
on SAS raids 65–6, 68, 75, 88, 89,
111; joins SAS 132; Sidi Haneish
raid 137, 141; Operation Bigamy
160; B Squadron raid through
French North Africa 180–82,
183–6, 189; tour of US 214;
intelligence officer with 1st SAS

Regiment 214, 241, 250; oper-
ations in France 242, 246, 247; in
Paris following liberation 251;
post-war life 321
Saint Sauvant, France 224, 225, 312,
314
sand dunes, physics of 57–8
Santorini 301
Sardinia 209, 213
Sayeret Matkal (Israeli special forces
unit) 316
SBS see Special Boat Section/Squad-
ron/Service
Schermbeck, Germany 291
Schneider, Wilhelm 269, 271–2, 315
Schönig, Erich 224, 314–15
Schubert, Adolf (Ariyeh Shai) 122
Schubert (SS-Obersturmführer) 245
Schurch, Theodore ('John Richards')
163, 174–8, 187–8, 324
Scots Guards 9, 30, 122, 179
Scott, John 297–9
SD (Nazi intelligence service) 222, 223
Seekings, Albert Reginald 'Reg':
background and character 31,
69–70, 165, 230; recruitment to
SAS 31; training 33, 40, 41–2;
relations with Johnny Cooper 42,
63–4, 69–70, 111, 194, 227;
Operation Squatter 48, 49–50, 53,
55; and role of LRDG as
transport service 57; Sirte/Tamet
raids 64, 67, 68, 69–70; on death
of Jock Lewes 80; Bouerat raid
88; mission to Benghazi 100,
101–2; promoted to sergeant 111;
Benina raids 111, 113, 118–19, 126,
127–8; Sidi Haneish raid 141, 142;
on treatment of captives 147; as
quartermaster 156; Operation
Bigamy 160, 164, 165; B Squadron
operations 171, 174; on Paddy

Seekings, Albert Reginald 'Reg' (*cont.*)
Mayne as commander 193; with
SRS 194; Sicily raids 196, 197;
Termoli operation 201, 204–6;
with reformed 1st SAS Regiment
in France 214, 240; Operation
Houndsworth 227–8, 230, 232–8;
Frankforce operations in Germany
290, 291, 292, 293–4, 308; libera-
tion of Bergen-Belsen
concentration camp 303, 304–5;
receives surrender of German
officers 308; deployment to
liberated Norway 309; on
disbanding of SAS 310; later life
322
Sennecey-le-Grand, France 257
Senussi tribe 92, 94, 95, 101
Seventh Army (US) 195, 259
Seymour, Kenneth: wireless operator
in Operation Loyton 262–3;
capture, imprisonment and
interrogation 264, 268–73, 311,
315
Shai, Ariyeh (Adolf Schubert) 122
Shortall, James 210–11
Sicily 187; Allied invasion (1943)
195–9, 209
Sidi Haneish airfield, Egypt 138; raid
(July 1942) 134, 137, 140–42, 148
SIG *see* Special Interrogation Group
Sillito, John William 'Jack' 172–3
Sirte, Libya 63, 174; raids (December
1941) 61, 63–70, 75–7
Siwa Oasis, Egypt 59–60, 92, 128
Slonta airfield, Libya 92–3; raid
(March 1942) 95
Small Scale Raiding Force (62 Com-
mando) 179
Smith, Sir Arthur 85
Smuts, Jan 153–4, 155
SOE *see* Special Operations Executive

South Africa: 1938 British Lions tour
36–7
Soviet Union 232; *see also* Russian
troops
Spanish Civil War 296
Special Boat Section/Squadron/Service
(SBS) xiv, 86, 167, 179, 193, 213,
300–301, 323
Special Interrogation Group (SIG)
117–18, 122–3, 126
Special Operations Executive (SOE)
216, 217, 223, 262, 282
Special Raiding Squadron (SRS):
formation and training 193–4;
Sicily raids 195–9; mainland Italy
operations 199–206, 209, 254;
reverts to 1st SAS Regiment 213
Speedwell, Operation (Italy; Septem-
ber 1943) 209–11
spies and stool pigeons 123–4, 174–8,
187–8, 324
spiritualism 313–14
Squatter, Operation (N. Africa;
November 1941) 1–2, 45–56, 196,
229
SRS *see* Special Raiding Squadron
SS (Nazi paramilitaries) 216, 222,
223–4, 245, 248, 249, 289, 293,
304–5, 308; Panzer Grenadiers
205, 222, 223, 263, 266
Stalag IX-B, Germany (POW camp)
270
Stalag Luft III, Poland (POW camp)
270
Stalin, Joseph 154
Stirling, Archibald 8, 9, 23
Stirling, Bill *see* Stirling, William
Stirling, Sir (Archibald) David:
background and early life 7–9;
joins Scots Guards 9; officer
training 5, 9–11; volunteers for
Layforce 11–12; posting to Egypt

5, 12–13; meets Jock Lewes 13, 17–18; parachuting accident 5, 13, 19–20; convalescence in Cairo 5–6, 20; idea for desert warfare special forces 6–7, 18, 20–22; submits proposal to Middle East Command 22–4; promotion to captain 24; formation of 'L Detachment, Special Air Service Brigade' 24–5; recruitment of troops 27–8, 29–31, 35, 38–9; establishment of base camp and training of troops 31–3, 40–43; design of insignia 85; practice attack on RAF base 43–4; Operation Squatter (November 1941) 47–9, 54–6; lessons learned and idea for use of LRDG as transport service 57, 59–60; Sirte and Tamet raids (December 1941) 61, 63–4, 66–70, 73–4, 75–7; and death of Lewes 80, 84; recruitment of Fitzroy Maclean 83–4; promoted to major and awarded DSO 84; preparations for expansion of SAS 86–7; appointment of Paddy Mayne as training officer 87–8; Bouerat raid (January 1942) 86, 88–90; replaces Mayne as training officer 90–92; first mission to Benghazi (March 1942) 92–6; and Randolph Churchill 98–9; second mission to Benghazi (May 1942) 97–8, 99–108, 109–10; car accident on road to Cairo 109, 112; recruitment of medical officer 112–13; Benghazi and Heraklion airfields raids (June 1942) 111–12, 113, 116–28; acquisition of transportation fleet and ending of partnership with LRDG 131–2,

139; Bagush and Fuka/Sidi Haneish airfields raids (July 1942) 131–43; and captured German doctor 147, 151; unit ordered to return to base 149; meetings with Churchill in Cairo 153–6; Operation Bigamy (Benghazi; September 1942) 152–3, 154–5, 157–67; promoted to lieutenant colonel 167; granting of regimental status and expansion of force 167, 168; meets Montgomery in Cairo 167–9; B Squadron operations (November–December 1942) 168, 174, 177–8; formation of second SAS regiment 179; mission to link up with advancing First Army (January 1943) 178–82, 185–6; capture and imprisonment 182–3, 186–9, 252; in Colditz 188, 251–2, 273, 307; liberated 301, 307; returns to England 307–8, 309; views on brother's resignation 215; views on denial of VC to Paddy Mayne 300; later life 319, 322, 324
Character & characteristics: as commanding officer 32–3, 114, 126, 167, 193, 230; driving 101, 109; health 10, 20, 112, 114, 179; military tactician 7, 98–9, 101, 118, 155–6, 169, 172; personality traits 5, 8–9, 10–11, 32–3, 114, 155; physical appearance 5, 8, 32, 83, 136; reputation 138–9, 251–2, 273; sexuality 10
Stirling, Margaret (née Fraser) 8, 9, 187
Stirling, Peter 12–13, 86
Stirling, William 'Bill': command of 2nd SAS Regiment 179, 193, 208–9; resignation 214–15

Stirling Lines, Hereford (regimental
  headquarters) 319
stool pigeons *see* spies and stool pigeons
Sudan Defence Force 153
Suez, Egypt 100, 195
Suez Canal 32, 174
Sunday Graphic (newspaper) 317
Sutton, Surrey 268, 270
Szabo, Violette 216

Tait, Duncan Robert 'Bob' 49, 54, 85
Tamet, Libya 63; raids (December
  1941) 66, 67–70, 73–4, 75–7, 118
Taranto, Italy 254
Taxis, Freddie 180, 182, 183–4
Tebessa, Algeria 185
Termoli, Italy 201–6, 249, 254
Terrill, Roy 'Panhandle' 9, 10
Territorial Army 316
Third Army (US) 239, 248, 255, 262,
  266, 267
Thomas, Peter 35
Timimi airfield, Libya 45, 52, 53
Titanic, Operation (France; June–July
  1944) 215
Tito, Josip Broz 189, 322
Tobruk: siege (1941) 12, 27, 29, 45, 84;
  Germans capture (June 1942) 128,
  176; Allied raids on (September–
  October 1942) 152, 166, 171, 172
Tod, William 307
Tombola, Operation (Italy; March–
  April 1945) 277–8, 280–87
Tonkin, John: background and
  character 206, 215; Termoli
  operation 202; capture and
  imprisonment 202, 206–8;
  meeting with General Heidrich
  206, 207; escapes and rejoins unit
  208; Operation Bulbasket 213,
  215–25, 312; Frankforce oper-
  ations in Germany 293; liberation

of Bergen-Belsen concentration
  camp 304–5, 315; later life 322
Tozeur, Tunisia 183, 184
training: Lewes's regimen 33–5, 39–43;
  Mayne as training officer 87–8,
  194; Riley as training officer
  91–2; SBS and SRS 193, 194;
  pre-Normandy landings 214
Travers, William 'Bunner' 36
treachery and traitors 123–4, 174–8,
  187–8, 272–3, 324
Tripoli 174, 178, 180
Triton (Greek submarine) 120
Tunisia 174, 178, 180
turncoats *see* treachery and traitors
Twin Pimples raid (Tobruk; July 1941)
  27, 29

Ulster Monarch, HMS 195–6, 199
United States armed forces 173–4,
  184–5, 309; 1st Special Forces
  Operational Detachment-Delta
  (Delta Force) xiii, 316–17; 9th
  Armored Division 307; Army Air
  Corps 220; Fifth Army 202, 205,
  279; First Army 307; Navy
  SEALs xiii; Seventh Army 195,
  259; Third Army 239, 248, 255,
  262, 266, 267
Urcy, France 239–40
urine, drinking of 81, 173

Vaculik, Serge 245–6
Vaughan, Pamela 270
VC *see* Victoria Cross
VE Day (May 1945) 309
Vermot, France 233, 234, 236
Verrières, France 218–20, 221–3
Vickers K (machine guns) 132, 135
Vickers Valentia (aircraft) 39
Victoria Cross (VC) 301; Paddy
  Mayne denied 299–300

Villaines-les-Prévôtes, France 255–6
Vitriola, Italy 285
Vogt (Oberleutnant) 224, 314
Vokes, Christopher 300
Volkssturm (German militia) 289–90,
    292
Vosges mountains, France 261–8

Waffen-SS *see* SS
Walker-Brown, Robert 'Bob' 279–80
Wallace, Operation (France; August–
    September 1944) 255–60
War Crimes Investigation Team
    (WCIT) 312–14
war crimes trials 225, 271–2, 305,
    314–15
War Diary, SAS xiii, 361–2
Warburton, Kenneth 39–40
Watchguard (International) Ltd
    (private military company) 319
Waugh, Evelyn 5–6, 12, 323
West, Charlie 50–51
Whistler, Rex 17
White, Frederick 'Chalky' 233–4
Whitelaw, William, Viscount 11

White's Club 11
'Who Dares Wins' (motto) 85, 282,
    316
Wilder, Nicholas 146–7
Wilhelmshaven, Germany 295
'winged dagger' motif 85
Wiseman, John 'Johnny': background
    and character 196–7; Italian
    operations 195–6, 203–4; awarded
    Military Cross 197; French
    operations 229–30, 234–5, 237,
    239–40; withdraws from front
    line 251
Withers (Bill Fraser's dog) 42, 61, 82,
    114, 194
Wuppertal, Germany 308–9

Yates, George 49, 54
Yemen 322
Yugoslavia 189, 322–3

Żagań, Poland 270
Zerzura (mythical city) 57
Zirnheld, André 119–20, 124, 133, 134,
    142–3, 189

图书在版编目（CIP）数据

痞子英雄：第二次世界大战期间的特种空勤团／（英）本·麦金泰尔（Ben Macintyre）著；朱叶娜，高鑫译. -- 北京：社会科学文献出版社，2021.1

书名原文：SAS：Rogue Heroes— The Authorized Wartime History

ISBN 978 - 7 - 5201 - 6678 - 2

Ⅰ.①痞… Ⅱ.①本… ②朱… ③高… Ⅲ.①第二次世界大战 - 特种部队 - 史料 - 英国 Ⅳ.①E561.56

中国版本图书馆 CIP 数据核字（2020）第 084388 号

痞子英雄：第二次世界大战期间的特种空勤团

著　　者／〔英〕本·麦金泰尔（Ben Macintyre）
译　　者／朱叶娜　高　鑫

出 版 人／王利民
责任编辑／沈　艺

出　　版／社会科学文献出版社·甲骨文工作室（分社）（010）59366527
　　　　　　地址：北京市北三环中路甲 29 号院华龙大厦　邮编：100029
　　　　　　网址：www.ssap.com.cn
发　　行／市场营销中心（010）59367081　59367083
印　　装／北京盛通印刷股份有限公司

规　　格／开　本：889mm × 1194mm　1/32
　　　　　　印　张：14.375　插　页：1.125　字　数：320 千字
版　　次／2021 年 1 月第 1 版　2021 年 1 月第 1 次印刷
书　　号／ISBN 978 - 7 - 5201 - 6678 - 2
著作权合同
登 记 号／图字 01 - 2017 - 4969 号
定　　价／79.00 元

本书如有印装质量问题，请与读者服务中心（010 - 59367028）联系